Mauro Torres

Hitler im neuen Licht der klassischen und modernen Psychologie

DWV-Schriften zur Geschichte des Nationalsozialismus

Band 6

Deutscher Wissenschafts-Verlag (D W V)
Baden-Baden

Mauro Torres

Hitler im neuen Licht der modernen und klassischen Psychologie

Aus dem Spanischen
von
Jutta Deutmarg

Deutscher Wissenschafts-Verlag (DWV)

Baden-Baden

Cover-Gestaltung: Birgitta Karle

Umschlagabbildung: Rednerposen Hitlers

Bibliografische Information Der Deutschen Nationalbibliothek
Die Deutsche Nationalbibliothek verzeichnet diese Publikation in der Deutschen Nationalbibliografie; detaillierte bibliografische Daten sind im Internet über http://dnb.ddb.de abrufbar.

Bibliographic information published by Die Deutsche Nationalbibliothek
Die Deutsche Nationalbibliothek lists this publication in the Deutsche Nationalbibliografie; detailed bibliographic data are available in the Internet at http://dnb.ddb.de.

Information bibliographique de Die Deutsche Nationalbibliothek
Die Deutsche Nationalbibliothek a répertorié cette publication dans la Deutsche Nationalbibliografie; les données bibliographiques détaillées peuvent être consultées sur Internet à l'adresse http://dnb.ddb.de.

1. Auflage
Gedruckt auf alterungsbeständigem, chlorfrei gebleichtem Papier

© Copyright 2006 by
Deutscher Wissenschafts-Verlag (DWV)®
Postfach 11 01 35
D–76487 Baden-Baden

www.dwv-net.de

Alle Rechte, insbesondere das Recht der Vervielfältigung und Verbreitung sowie der Übersetzung, vorbehalten. Kein Teil des Werkes darf in irgendeiner Form (durch Photokopie, Mikrofilm oder ein anderes Verfahren) ohne schriftliche Genehmigung des Verlages reproduziert oder unter Verwendung elektronischer Systeme verarbeitet, vervielfältigt oder verbreitet werden.

ISBN-13: 978-3-935176-63-7
ISBN-10: 3-935176-63-5

Inhalt

1. Warum noch ein Buch über Hitler? 9

2. Hitler ist als Barbar und kompulsiv geboren 15

3. Hitler im Spiegel der Evolution und der Geschichte 21

4. Die Evolutionsgeschichte der menschlichen Spezies bis zur Familie Schicklgruber 23

5. Adolf Hitler ist kompulsiv geboren und blieb es bis zu seinem Tod 71

    Adolf Hitler war von Geburt an dominant barbarisch veranlagt und erst in zweiter Linie zivilisiert

    Das gemischtrassige Gehirn der Menschheit, und das von Hitler im Besonderen

    Die vierte Mentalität oder die dominant barbarische bzw. dominant zivilisierte Mentalität

    Adolf Hitler war von Geburt an kompulsiv und ist es sein Leben lang geblieben

    Die dritte Mentalität oder die Theorie der starken Kompulsionen

6. Hitlers kompulsiver Familienstammbaum 105

    <u>Großonkel väterlicherseits</u>: Franz Schicklgruber. Alkoholiker und kompulsiv arbeitsscheu

    <u>Großmutter mütterlicherseits</u>: Maria Anna Schicklgruber. Kompulsives Verhalten

    <u>Hitlers Vater</u>: Alois Hitler, geborener Schicklgruber. Alkoholiker, Schürzenjäger, Ehebrecher, gewalttätig, nikotinabhängig, inzestuös veranlagt, pädophile Neigungen

    <u>Hitlers Stiefbruder</u>: Alois Hitler. Alkoholiker, Dieb, bigam und verantwortungslos (deshalb war er drei Mal im Gefängnis), gewalttätig und arbeitsscheu

    <u>Hitlers Neffe</u>: William Patrick Hitler, der Sohn von Alois junior. Verleumder, Erpresser, Mythoman, arbeitsscheu

    <u>Hitlers Stiefschwester</u>: Angela Hitler. Kupplerin

Hitlers Nichte: Angelina Raubal (Geli). Hitlers inzestuöse Geliebte, lernfaul, promiskuitiv

Hitlers jüngere Schwester: Paula Hitler. Keine Kompulsionen

ADOLF HITLER. Folgendes System von Kompulsionen, die süchtig machen, hatte Hitler geerbt:

kompulsive Gewalttätigkeit, angeboren

kompulsive Boshaftigkeit und kompulsiver Sadismus, beides angeboren

kompulsiver Haß und kompulsive Rachsucht, beides angeboren

kompulsive Eßsucht, angeboren

kompulsive Grausamkeit, angeboren

kompulsiver Fanatismus und kompulsive Hartnäckigkeit, beides angeboren

kompulsive Mythomanie, angeboren

kompulsive Lernfaulheit und Arbeitsscheu, beides angeboren

kompulsives Betteln, angeboren

kompulsive Mordsucht, angeboren

7. Adolf Hitler war von Geburt an manisch-depressiv veranlagt und ist es sein Leben lang geblieben..............203

Der frenetische, größenwahnsinnige, hyperaktive und geschwätzige Maniker

Der apathische, verbitterte und empfindliche Depressive

Der Selbstmörder

8. Hitlers seltsamer Antisemitismus war auf einen chronischen systematisierten Wahn zurückzuführen, und zwar in der klinischen Form „verfolgter Verfolger"..............221

Das halluzinatorische Erlebnis

Die Rationalisierung des Irrationalen in seiner „Weltanschauung"

Die Übertragung des Wahns auf das deutsche Volk

9. Hitler verteidigt sich gegen den „gefährlichen Verfolger *Jude*": Auschwitz..............253

Auschwitz, Mord und Völkermord

10. Der barbarische Schicklgruber erwacht 273
Hitlers vierte Mentalität oder Hitlers dominant barbarisch-nomadische und in zweiter Linie zivilisiert-seßhafte Mentalität

11. Bewaffnet mit seiner barbarischen Mentalität stürzt sich Hitler auf die Eroberung der Macht, um den Zweiten Weltkrieg zu entfesseln 321
Das Charisma des Führers

Hat sich das deutsche Volk bewußt an Hitlers Kollektivverbrechen beteiligt?

Der „Mythos" Hitler und die nationalsozialistische Propaganda

Hitler verwandelt sich unter dem Druck seiner mentalen Determinismen in den historischen Tsunami, der seinerseits dann das deutsche Volk überrollte

Literaturverzeichnis 363

1. Warum noch ein Buch über Hitler?

Es liegt auf der Hand, welches Phänomen Biographen und historisch interessierte Menschen am meisten beschäftigt: das ist natürlich HITLER!

Man will die familiären, sozialen, politischen, historischen und wirtschaftlichen Besonderheiten in Hitlers Umfeld ergründen, die sein so außergewöhnliches Wesen geformt haben. Inzwischen leben wir im 21. Jahrhundert und könnten sagen, das Leben dieser einzigartigen Persönlichkeit sowie ihre Auswirkungen auf die Ereignisse in Deutschland und in Europa seien vollständig dokumentiert. Ausführliche wissenschaftliche Forschungsarbeiten nehmen das ungeheuer breite Kielwasser an Ereignissen auf, das dieser sonderbare und außergewöhnliche Mann auf seinem Lebensweg hinterlassen hat. Angefangen mit seiner urwüchsigen Großmutter und seinem unbekannten Großvater, bis hin zu seinen letzten Stunden in einem Berliner Bunker, der von sich immer weiter ausdehnenden Wellen des sowjetischen Geschützfeuers erschüttert wurde. Peinlich genau teilen Historiker und Biographen die Handlungen Hitlers – der bald aufbrausend, bald zögerlich agierte – in feste Zeitabschnitte. Jahr für Jahr, Monat für Monat, Tag für Tag – ja, fast Stunde für Stunde wurden erforscht, um Hitlers Leben möglichst lückenlos aufzuklären. Weder schwarze Löcher noch leere Stellen sollten zurückbleiben. Wenn der führende Hitler-Forscher Werner Maser 1974 bereits zu behaupten wagte, wir könnten nun Hitlers Leben lückenlos aufschreiben, so können wir dies heute, im Jahr 2006, nur bestätigen, nachdem die vorzüglichen jüngeren Arbeiten von Marlis Steinert, Ian Kershaw, Laurence Rees und Robert Gellately erschienen sind und uns Hitlers Monologe und Reden sowie die aufschlußreichen Dokumente über die Beziehungen zu seinen Generälen vorliegen. In einem entscheidenden Punkt irrte Maser allerdings: innerhalb der Grenzen unseres Erkenntnisvermögens ist unser Wissen über Hitler heute lückenlos... *doch dies bezieht sich nur auf die äußeren Fakten!*

Über seine innere Lebensspur, über die Triebfedern in seinem Gehirn, die seine verhängnisvollen Handlungen erst ermöglicht haben, wissen wir dagegen nichts.

Lesen wir mit aller Aufmerksamkeit – wie es ihnen gebührt – die soeben zitierten Werke, und noch sehr viele andere: etwa das des Franzosen Raymond Cartier, der den Führer bis zum 30. Januar 1933, dem Höhepunkt seiner „Machtergreifung" begleitet, ohne seine Spur aus den Augen zu verlieren. Unerklärlicherweise ist dieses Buch von den aktuellen Autoren gar nicht zur Kenntnis genommen worden, auch nicht von Ian Kershaw, dessen drei umfangreiche Bände die ausführlichste Bibliographie enthalten. Lesen wir diese Werke: sie liefern umfassende Informationen, und ohne sie hätte ich meine Forschungsarbeit gar nicht durchführen können.

Aber *ein* schwarzes Loch bleibt, die entscheidende „Lücke", die wir auf dem Weg zur geistigen Natur Adolf Hitlers noch überbrücken müssen.

Auf Grund dieser leeren Stelle drängt sich mir eine Frage auf, die sicher jeder, der sich für die Tiefen der menschlichen Psyche interessiert, nachvollziehen kann: Was gibt es da in der allgemeinen menschlichen Natur, welche Kräfte sind in den Völkern der Erde dafür verantwortlich, daß eine Erscheinung wie Hitler überhaupt möglich ist – und das nicht nur in Deutschland? Und da diese Kräfte offenbar nicht nur in einer einzigen Nation wirksam sind: Besteht die Gefahr, daß dieser Keim, aus dem Hitler mit seinen besonderen Eigenschaften hervorgegangen ist, an einem anderen Ort dieser Welt wieder aufgeht? Wenn das zutrifft, ist ein Wissenschaftler geradezu verpflichtet, die geistigen Kräfte zu erforschen, die in dem nationalsozialistischen Diktator wirksam waren. Denn wenn dieses Phänomen mit der Technologie, die Dschingis Chan und Adolf Hitler zur Verfügung hatten, bereits so zerstörerisch wirken konnte, so wäre ein Dschingis Chan oder ein Hitler mit unserer heutigen Technologie keine bloße „Geißel" mehr – er würde vielmehr unsere gesamte Zivilisation vernichten.

Aus der Geschichte kennen wir Hitlers Verbrechen. Woher kommt der Mörder Hitler? Marlis Steinert behauptet, der Krieg sei tief in Hitlers Wesen eingeprägt gewesen. Warum ist dieser kriegslüsterne und grausame Hitler aufgetaucht? Die Biographen weisen immer wieder auf Hitlers „Größenwahn" hin. Sebastian Haffner bezeichnete Hitler 1939 mit einzigartigem Scharfsinn als „potentiellen Selbstmörder par excellence"[1]. Alle betonen Hitlers „mörderischen Haß" gegen die Juden und seinen „völkermörderischen Antisemitismus", der in seinen schwermütigen Jahren in Wien seinen Anfang nahm, in den Konzentrations- und Vernichtungslagern zu einem Blutbad führte, dem ein ganzes Volk zum Opfer fiel – wobei Hitler Himmler als Werkzeug benutzte – und erst am Ende seines Lebens, im letzten Absatz seines Testamentes, zur Ruhe kam. Wie ist dieser Größenwahn zu erklären, dieser Hang zum Selbstmord, dieser unbarmherzige, verbrecherische antisemitische Haß, der sich so sehr von der üblichen Abneigung unterscheidet, die andere Menschen Juden gegenüber empfinden? Jeder Biograph erwähnt, welch ein Faulenzer und Nichtsnutz Hitler gewesen sei, angefangen von seiner Schulzeit bis zum 2. August 1914, als er das „Privileg" genoß, den Ausbruch des Ersten Weltkrieges in München zu erleben. Worin liegt der Grund für diese lasche Arbeitshaltung und vor allem die negative Ein-

---

[1] Sebastian Haffner, Germany: Jekyll & Hyde, München 2001, S. 24

stellung gegenüber dem Lernen, die Hitler auch während des Krieges nicht überwinden konnte?... Laurence Rees meint dazu:

„Der Adolf Hitler der Geschichte war wesentlich geformt von der Wechselwirkung zwischen dem Vorkriegs-Hitler, einem ziellos treibenden Nichtsnutz, und den Geschehnissen des Ersten Weltkrieges [...]. Ich kenne keinen seriösen Fachmann, der glaubt, daß Hitler ohne die Veränderung, die er in jenem Krieg durchmachte, und die tiefe Bitterkeit, die er fühlte, als Deutschland verlor, zur Bedeutung aufgestiegen wäre. Wir können also über die Aussage 'Ohne Ersten Weltkrieg kein Hitler als Reichskanzler' hinausgehen und sagen: 'Ohne Ersten Weltkrieg keine Persönlichkeit, die zu dem Hitler wurde, den die Geschichte kennt.'"[2]

Was spielte sich also in Hitlers Gehirn vor dem Krieg ab? Rees äußert sich hierzu nicht. Und welche Auswirkung hatten der Krieg und die Niederlage auf dieses Gehirn, daß Hitlers Wesen eine solche Metamorphose erlebte? Krieg und Niederlage allein konnten eine solche Mutation nicht auslösen. Und wie wurde aus dem manischen Schwätzer der eloquente Redner, der die Massen verführte, und der Liebhaber von Kunst und Architektur, der leidenschaftliche Anhänger der Musik Wagners mit ihren befremdlichen mythologischen und heroischen Klängen?

Die kräftigen Strömungen, die Hitlers Gehirn durchzogen, waren sehr vielfältiger Natur. Deshalb ist es so schwer, seine Mentalität und die überraschenden Metamorphosen seines Wesens zu begreifen. All dies führt zu der Schlußfolgerung, daß Hitler die komplexeste Persönlichkeit der Geschichte ist, die ich kenne: weder Alexander der Große noch Cäsar, Dschingis Chan, Napoleon oder Bolívar weisen eine ähnlich verwickelte geistige Struktur auf wie Hitler. *Deshalb ist Hitler vom psychologischen Standpunkt aus betrachtet nach wie vor ein großer Unbekannter,* auch wenn wir historisch gesehen dank gründlicher und erfolgrei-

---

[2] Laurence Rees, Auschwitz, Berlin 2005, S. 23

cher Nachforschungen durch die Wissenschaftler inzwischen alle Einzelheiten kennen.

Den Titel dieser Abhandlung *Hitler im neuen Licht der klassischen und modernen Psychologie* habe ich gewählt, weil meine Forschungsarbeiten über die Evolution der menschlichen Spezies, die Genetik, das Gehirn des normalen Menschen und das des Genies, die erste Aufspaltung der Menschheit bei den barbarischen Völkern, die Theorie der dritten Mentalität oder der starken Kompulsionen sowie die Theorie der vierten Mentalität, die dominant zivilisiert-seßhaft bzw. dominant barbarisch-nomadisch ist – wie wir noch sehen werden – ein neues Licht auf dieses Phänomen werfen, wie das weder die klassische Psychiatrie noch die Psychoanalyse oder der Behaviorismus ermöglichen. Ein Licht, das uns erlauben wird, Grannen der menschlichen Natur aufzudecken, einschließlich der Hitlers, die mit der Psychologie der Vergangenheit verdeckt bleiben.

2. Hitler ist als Barbar und kompulsiv geboren

Bei der Herkunft Adolf Hitlers haben Historiker und Biographen mit großem Nachdruck darauf hingewiesen, daß der Großvater väterlicherseits nicht bekannt ist: „Der große unbekannte Faktor ist der Großvater väterlicherseits.", so beginnt Marlis Steinert ihre Hitler-Biographie.[3] Und diese deutsche Autorin befindet sich damit nur in Übereinstimmung mit allen anderen Forschern, die – zu Recht – gleich am Anfang die Identität des Großvaters väterlicherseits in Hitlers Stammtafel vermissen. Der Mann, der die 42-jährige Maria Anna SCHICKLGRUBER, Hitlers Großmutter, geschwängert hat, taucht tatsächlich nirgends auf. Sie ging als Schwangere in die Geschichte ein, in dem Dorf Strones, im ländlichen Waldviertel, wo ihre Vorfahren bereits seit „vielen Generationen" lebten (Ian Kershaw). Aber Maria Anna weigerte sich hartnäckig, den Vater des Kindes, das in ihrem Schoß heranwuchs, preiszugeben. Sie sprach noch nicht einmal darüber, als ihr Sohn am 7. Juni 1837 geboren wurde. Sicher schämte sie sich, daß sie im Haus ihres Vaters, des Bauern Johann Schicklgruber, ihr Kind zur Welt brachte, in einer einfachen Bauernhütte in Strones. Sie taufte den Jungen, der später einmal der Vater Adolf Hitlers werden sollte, in Döllersheim (einem Dorf in der Nähe von Strones) auf den Namen Alois Schicklgruber. Die Stelle im Geburtenbuch, wo der Name des Vaters eingetragen wird, blieb frei. Auch dem Pfarrer wollte die starrköpfige und geheimnis-

---

[3] Marlis Steinert, Hitler, München 1994, S. 16

volle Maria Anna nicht verraten, wer der Vater ihres Kindes war... Fünf Jahre später heiratete Maria Anna mit 47 Jahren einen 50-jährigen Herumtreiber, Faulenzer und Nomaden aus Spital, einem Ort, der etwa 20 Kilometer von Strones entfernt liegt. Sie brachte 300 Gulden in die Ehe ein – das entsprach dem Preis für 15 Kühe –, damit Johann Georg Hiedler in die Heirat einwilligte. Die Ehe hielt fünf Jahre, und während der ganzen Zeit schwieg Maria Anna sich weiterhin hartnäckig darüber aus, wer denn nun der Vater ihres Sohnes Alois war.

Maria Anna starb 1847 im Alter von 52 Jahren und nahm ihr Geheimnis mit ins Grab. Johann Georg Hiedler starb 1852. Werner Maser weist darauf hin, daß Hiedler Alois nie als seinen Sohn anerkannt hat.[4]

Hitler-Forscher, Genealogen, Biographen, Historiker und selbst die nationalsozialistische Regierung stimmen mit Maser darin überein, daß auch die Angaben über Hitlers Großmutter, Anna Maria Schicklgruber, nicht sehr schlüssig sind. Trotzdem kamen sie nie auf die Idee, sich einmal näher mit dieser merkwürdigen Frau zu beschäftigen, die so dickköpfig war und einen solch starken Charakter hatte, daß sie sehr zugeknöpft reagierte, wenn es um den Namen ihres Liebhabers ging. Vielleicht hatte sie ihm versprochen, dieses Geheimnis streng zu hüten. Meiner Meinung nach ist dieser Eigensinn von Hitlers Großmutter ein Hinweis auf eine bestimmte charakterliche Veranlagung.

So richtet sich der Eifer der Forscher also intensiv auf diesen unbekannten Vater, als wolle man in den Hypothesen das Geheimnis entdecken, das man Maria Anna SCHICKLGRUBER nicht hat entlocken können. Bis zum Alter von 39 Jahren mußte Alois als uneheliches Kind den „ungehobelten ländlichen" Familiennamen der Mutter ertragen: Alois Schicklgruber! Dann befreite sich Alois durch eine schlaue List von dem archaischen Ballast

---

[4] vgl. Werner Maser, Adolf Hitler, München 1972, 5. Aufl., S. 32

seiner Mutter – oder versuchte es wenigstens – und trat von da an offiziell als Alois Hitler auf...

Doch die biologische Bürde seiner Vorfahren mütterlicherseits ließ sich nicht abschütteln, indem er einfach seinen Familiennamen ablegte – weit gefehlt! Vielmehr sollten die ursprünglichen Gene, dieses ganze Spektrum an Möglichkeiten seiner Rasse aus fernen Zeiten, in seinem Sohn Adolf Schicklgruber wieder auftauchen, der von Geburt an seine Abstammung mit der Maske Adolf Hitler überdeckte. Auch er leugnete seinen wahren Familiennamen, wie sein Vater vor ihm, als ahnte er bereits, daß Deutschland nicht dem kulturlosen Schicklgruber salutieren würde, wohl aber dem zivilisierten Hitler, dem reinrassigen „Arier". Alois Schicklgruber fand leicht falsche Zeugen unter den Bauern seines Dorfes, die weder lesen noch schreiben konnten. In ihrer Begleitung gab er vor dem Notar und dem Pfarrer die Erklärung ab, der unstete Nomade Johann Georg Hiedler, der vor 20 Jahren gestorben war, habe schon immer behauptet, daß er, Alois, sein eheliches Kind sei. Außerdem wolle er seinen Familiennamen Hiedler in Hitler umändern lassen. So strich der Pfarrer von Döllersheim am 7. Juni 1876 den Familiennamen Schicklgruber aus dem Geburtenbuch und setzte stattdessen den Familiennamen Hitler ein. Damit erhielt Alois im Alter von 39 Jahren den Status eines ehelichen Kindes. Die drei Zeugen, die nicht schreiben konnten, bekräftigten ihre Aussage, indem sie jeweils ein Kreuz auf das Dokument setzten. Alois sollte also nicht der uneheliche Sohn von Maria Anna Schicklgruber sein, sondern das eheliche Kind von Johann Hitler, dem Nichtsnutz ohne festen Wohnsitz, dem offiziellen Großvater Adolf Hitlers. Das war die offizielle Version für Hitler, für die Parteiführung der Nationalsozialisten, für die Gesellschaft – besteht sie auch vor der Geschichte?

Es war, wie gesagt, kein Problem, den mütterlichen Familiennamen loszuwerden. Doch die Blutsverwandtschaft ließ sich nicht so einfach leugnen. Die Gene, die Maria Anna über ihre DNA weitergegeben hatte, wie dies seit „vielen Generationen" – so Ian Kershaw in seiner Abhandlung über Hitler – der Fall war.

Alles andere als leicht war es also für Hitler, seine ursprüngliche DNA zu löschen, die von archaischen Bauern aus einer bergigen, bewaldeten Gegend im nordwestlichsten Teil Österreichs stammte, deren Bewohner als ziemlich rohes Volk galten. Kershaw beschreibt sie als „mürrisch, stur und unsympathisch". Sein Leben lang sollte Hitler die „niederen Völker" verdammen, die SCHICKLGRUBERS. Ihnen gegenüber entlud sich die brutalste Seite des Schicklgruber-Wesens in ihm, wobei er sich selbst verleugnete – allerdings vergeblich. Denn in der unmenschlichen Brutalität, die er in diesem Bestreben entfesselt hatte, sollte er selbst untergehen.

Ich bin der festen Überzeugung, daß es ebenso wichtig ist wie Nachforschungen über die Identität des Großvaters väterlicherseits anzustellen – ja zweifellos von noch viel entscheidenderer Bedeutung –, die Natur der Großmutter zu untersuchen. Blut aufwärts, also Genom aufwärts. Denn daraus, so viel steht fest, ist das hervorgekeimt, was die gelehrten Wissenschaftler, die sich mit dem Phänomen Hitler beschäftigt haben, nicht finden konnten: die unheilvollsten Triebfedern in Hitlers Gehirn. Bereits sehr früh blitzten sie gelegentlich überraschend auf, entwickelten sich dann allmählich weiter, bis sie ab dem 2. August 1914 mit dem Ausbruch des Ersten Weltkrieges offen hervorbrachen und schließlich am 30. Januar 1933 ihren erstaunlichen Höhepunkt erreichten. Erst mit der Endkatastrophe im Mai 1945 kam diese Entwicklung, wie bekannt, zum Abschluß.

Diese angeborenen zerebralen Triebfedern waren Hitlers barbarische Veranlagung und seine Kompulsionen. Bei Hitler war alles „angeboren", bis hin zu den zivilisierten zerebralen Eigenschaften, wie wir noch sehen werden.

Deshalb ist es von grundlegender Bedeutung, zunächst das „Phänomen Hitler" zu kennen, bevor man sich mit Hitler beschäftigt. Man muß durchschauen, wie es im Schoße unserer Spezies unter Beteiligung von Determinismen zusammengemengt wurde, die der klassischen Psychologie nicht bekannt sind, die ich jedoch sorgfältig erforscht habe. Wenn wir das verstehen wollen und dabei die Fährte der historischen Entwicklung verfolgen, so könnten wir ganze Bibliotheken und unendlich viele Fakten anhäufen, ohne letztlich deren Ursprung herauszufinden – selbst wenn wir jedes Detail berücksichtigen würden. Die Ursachen, die Hitlers Wesen bestimmt haben, lassen sich nicht an seinen Handlungen ablesen, weil sie in seinem mißgestalteten Gehirn verborgen liegen und darüber hinaus in seinem Stammbaum und in der menschlichen Spezies, in dem, was diese ganz in ihrem Inneren birgt, zumindest seit 10.000 Jahren.

Aus all diesen Gründen ist Hitler bzw. sein Gehirn, das durch eine ganze Vielfalt von Kräften mit erstaunlicher Dynamik durchströmt wurde, *ein echtes Rätsel*. Hitler war ein menschliches Wesen. Nur allzu menschlich, doch die Grannen seines Wesens – hauptsächlich die abscheulich negativen – reichen um Längen über die des normalen Menschen hinaus. Aber es ist überhaupt nicht schwer, Menschen zu finden – Männer wie Frauen – die ähnlich gefährlich sind wie er, allerdings in sehr viel geringerem Ausmaß. In „Mikro-Dimensionen" sozusagen gegenüber den übergroßen Ausmaßen bei Hitler. Jedenfalls enthält die menschliche Spezies mit ihrer ethnologischen Vielschichtigkeit und all den kompulsiven Abweichungen im Verhalten, die sich im Laufe der Evolution entwickelt haben, von Natur aus den Nährboden, um das hervorzubringen, was man in den Völkern als „hitleresk" bezeichnen könnte, und zwar in sehr unterschiedlichem Ausmaß. Findet dieser Keim ein soziales Umfeld, das ihm als Resonanzkörper dient, einen Boden, der ihm artverwandt ist, so kann er die Menschheit in Erstaunen versetzen – in mehr oder weniger großem Ausmaß – wie Hitler dies getan hat. Das deutsche Volk hat sich von der Überzeugung mitreißen lassen, daß Hitler ein Führer war, den die Vorsehung den Deutschen geschickt hatte, um sie von all ihrem Elend zu erlösen. Sie gaben ihm bei der Wahl ihre Stimme und mußten dann ein böses Erwachen erleben: Hitler hatte sie in die schlimmste Katastrophe gestürzt, die einem Volk widerfahren kann. Und all dies, weil Goebbels mit seiner Propaganda den Deutschen die Lüge in ihr Gehirn gepflanzt hatte, dieser Mann sei der Messias...

Das deutsche Volk war durch die Propaganda zu einer solch festen Überzeugung gelangt und hatte sich von der Behauptung hinters Licht führen lassen, daß Hitler der geniale Erlöser und allen anderen Parteien und Machthabern überlegen sei, daß er 1932, unmittelbar vor seinem Aufstieg zur Macht, bei Meinungsumfragen auf 92% der Wählerstimmen kam. Und dann standen die Deutschen bis zum Ende bei allen mörderischen Verbrechen hinter ihm, bei Genozid und Kriegen. So stark war der Einfluß der nationalsozialistischen Propaganda bei der Vergötterung Hitlers! Deshalb ist es für den Wissenschaftler einfach unumgänglich herauszufinden, was genau sich im Gehirn dieses Menschen abgespielte, der einen ganzen Kontinent in den Abgrund geführt hat.

3. Hitler im Spiegel der Evolution und der Geschichte

„Nichts in der Biologie ist sinnvoll, wenn man es nicht im Licht der Evolution betrachtet.", schrieb Theodosius Dobzhansky.[5] Nun ist Hitler, auch wenn wir das noch so sehr ablehnen möchten, nicht nur ein biologisches Wesen, sondern auch ein menschliches Phänomen. Deshalb können wir ihn nur verstehen, wenn wir ihn im Licht der Evolution und der Geschichte betrachten.

Doch was suche ich genau in der Evolution der Spezies, das zum Auftauchen von Hitler geführt hat? Ich möchte sein Gehirn erkunden, das so seltsam und so außergewöhnlich war, und dennoch menschlich, das wiederhole ich... Doch aufgrund meiner Forschungsarbeit weiß ich, daß das natürliche Verhalten unserer Spezies durch ungewöhnliches kompulsives Verhalten – das der wissenschaftlichen Gemeinschaft nicht bekannt ist und das ich in meinem Buch *La Desviación compulsiva de la evolución del comportamiento de la especie humana*[6] beschrieben habe – in seiner Entwicklung fehlgeleitet worden ist.

Zunächst einmal gilt es, die Stellung Hitlers innerhalb der Evolution herauszufinden. Dann müssen wir untersuchen, ob seine Entwicklung im Laufe der Menschheitsgeschichte auf der Ebene,

---

[5] Theodosius Dobzhansky, Evolución, Barcelona 1980, S. 1
[6] (Die kompulsive Abweichung der Evolution vom natürlichen Verhalten der menschlichen Spezies), Anm. d. Übersetzerin

die ihn betrifft, kompulsiv in Mitleidenschaft gezogen oder fehlgeleitet wurde.

4. Die Evolutionsgeschichte der menschlichen Spezies bis zur Familie Schicklgruber

Man muß in der Evolutionsgeschichte unserer Spezies nicht weiter zurückgehen als bis ins Jungpaläolithikum, den jüngsten Abschnitt der Altsteinzeit, der – wie meine Forschungen ergeben haben – zahlreiche Schätze und Überraschungen bereithält. Es handelt sich um den Zeitraum zwischen dem Jahr 40.000 v. Chr. – als die archaischen Nomadenvölker, die Vorfahren des Homo sapiens, von Afrika nach Europa kamen – und dem Jahr 10.000 v. Chr., als die Evolutionsphase, die überwiegend biologisch bestimmt war, endete und der historische Prozeß einsetzte, bei dem die kulturelle Entwicklung vorherrschend war. Allerdings nicht ausschließlich, denn die biologische Evolution setzte sich mit Mutationen und neuen genetischen Kombinationen fort, nur mit weniger Kraft als während des Paläolithikums. Als Markstein für diese Epoche gilt die Gründung der Stadt Jericho, die etwa im Jahr 9.000 v. Chr. erfolgte.

Vier Volksstämme treffen während des Jungpaläolithikums in der Alten Welt (Nordafrika, Naher Osten, Mitteleuropa und Westeuropa) aufeinander. Einer davon ist das archaische Volk der Neandertaler, die innerhalb der Evolution dem mittleren Paläolithikum zuzuordnen sind. Die drei anderen Völker gehören schon in die Modernen Geschichte, zwei davon in die frühe Moderne Geschichte, denn sie haben ein großes Gehirn, wie der Neandertaler, und hervorspringende Wölbungen in der okzipitalen Schädelregion, die auf Archaismus hindeuten. Es handelt sich um die Menschen von Aurignac und von Cro-Magnon. An vierter Stelle steht die Menschen von La Madeleine, echte moderne Homo sapiens, wenn auch noch im Stadium des Nomaden. Sie sind Jäger und Sammler wie die anderen, aber hervorragende Künstler, die die Felsenmalereien der Eiszeit geschaffen haben. Die letzten genialen Werke befinden sich in den Höhlen von Lascaux und La Madeleine in Frankreich und in der herrlichen Höhle von Altamira in Spanien, die auch die Sixtinische Kapelle der Eiszeit genannt wird: Diese vier Völker, die unterschiedlichen Entwicklungsschichten innerhalb der Evolution angehören, teilen sich ihren Lebensraum in friedlichem Nebeneinander.

Wie entwickelten sich diese Menschen beim Übergang vom Jungpaläolithikum zum historischen Neolithikum weiter?

Was die Beantwortung dieser Frage angeht, so sind die Wissenschaftler geteilter Meinung. Auf der einen Seite stehen die *Kontinuisten*, die behaupten, es habe in jeder Region eine kontinuierliche Entwicklung der existierenden Völker durch gegenseitige Hybridisierung zwischen Homo erectus, Neandertaler und den Völkern der Modernen Geschichte gegeben. Andere Fachleute weichen von dieser Auffassung ab und bezeichnen sich als *Substitutionalisten*. Sie gehen davon aus, daß es eine dritte Welle von modernen Völkern gegeben hat, die aus Afrika gekommen sind (an die die Kontinuisten nicht glauben), die sich, nachdem sie im Mittleren Osten Station gemacht haben, ausgebreitet und alle weniger entwickelten Populationen eliminiert oder substituiert haben. Auf diese Weise hätten sie sich über den gesamten Planeten verteilt. Die Neandertaler sollen eines der Völker gewesen sein, die ihnen zum Opfer gefallen sind.

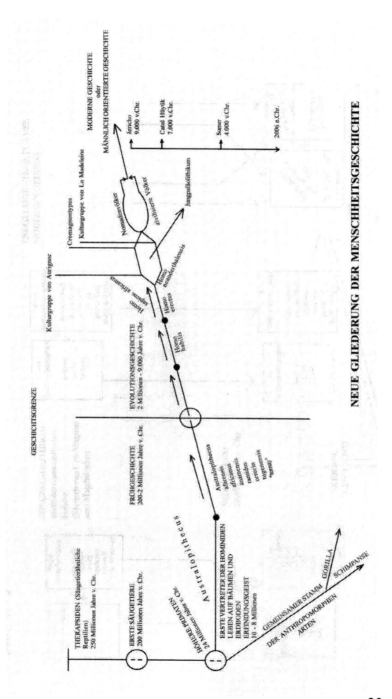

Diese Substitutionalisten unter den Wissenschaftlern argumentieren mit den Mitochondrien und der mitochondrialen DNA, die ausschließlich über die mütterliche Eizelle weitergegeben werden. Wenn es nur eine einzige Spielart der mitochondrialen DNA gibt, würde dies das Vorhandensein anderer Völker ausschließen, so daß die Menschheit homogen von dieser dritten Welle moderner Völker mit dem Rang *sapiens sapiens* abstammen würde, die aus Afrika gekommen sind.

In meinen Büchern *Concepción Moderna de la Historia Universal (1997)* und *El Cerebro Mestizo de la Humanidad (1998),* die nicht nur auf der umstrittenen mitochondrialen DNA gründen, habe ich eine Synthese zwischen den regionalistischen Kontinuisten und den Substitutionalisten als Lösung vorgeschlagen. Denn es steht außer Zweifel, daß es die dritte Welle von modernen Völkern gegeben hat, die aus Afrika nach Asien und nach Europa gekommen sind, wie die Substitutionalisten behaupten – zusätzlich zu den Völkern des Homo erectus und den Neandertalern (spanische Wissenschaftler, die an den Fundorten in der Sierra de Atapuerca Ausgrabungen durchführen, haben 1997 die Meinung vertreten, man müsse den Homo erectus durch den Homo antecessor ersetzen, eine Spezies, die aus Afrika oder aus Asien stammen und aus dem Homo ergaster hervorgegangen sein soll. Dieser sei dann vor einer Million Jahren angeblich nach Europa eingedrungen. Aus dem Homo antecessor seien die Äste entsprungen, die zum Neandertaler und zum heutigen modernen Menschen geführt hätten)... Die modernen Völker der dritten Welle, von denen die Substitutionalisten sprechen, sind zweifellos von den Höhlen aufgebrochen, die sich im äußersten Süden des afrikanischen Kontinents an der Mündung des Flusses Klasies befinden. Trotzdem stimme ich aufgrund anderer Beweise auch den Kontinuisten zu und vertrete die Auffassung, daß diese modernen Völker – vor allem die frühesten, die noch archaische Merkmale aufweisen (die Menschen von Aurignac und von Cro-

Magnon) – mit Völkern hybridisierten, die noch archaischer waren und in der jeweiligen Region lebten, besonders mit den Neandertalern, die in ihrer Entwicklung bereits ein moderneres Niveau erreicht hatten. Dies ging so weit, daß sie ihre Werkzeuge im Stil von Le Moustier, die dem mittleren Paläolithikum entsprechen, durch die von Châtelperron ersetzten, die ziemlich nah am Jungpaläolithikum waren.

Christopher Stringer und Clive Gamble sind überzeugte Substitutionalisten, aber flexibel genug, um die Beweiskraft der Argumentation, die sich auf die mitochondriale DNA stützt, anzuzweifeln. Sie weisen außerdem auf die Notwendigkeit hin, die nukleare menschliche DNA mit einzubeziehen. Solche Überlegungen lassen ernsthafte Zweifel am Wert der substitutionalistischen Argumentation aufkommen. Stringer und Gamble:

„Während die mitochondriale DNA auf sehr polemische Weise dazu gedient hat, den Eindruck zu erwecken, es habe eine vollständige *Substitution* der archaischen Populationen der Neandertaler und der Nachkommen des Homo erectus asiaticus durch die modernen Völker gegeben, kann man die Ergebnisse, zu denen man mit nuklearer DNA gelangt ist (der klassischen DNA unseres Organismus, die sehr klar definiert ist), nicht als entscheidend anführen. *Wir wissen nicht – und vielleicht werden wir das auch nie erfahren –, bis zu welchem Grad es eine Vermischung der neuen Völker mit den archaischen Neandertalern gegeben hat.*"[7]

Auf der anderen Seite stellen diese substitutionalistischen Autoren eine wichtige These auf, die sich gegen ihren eigenen Substitutionalismus richtet:

„Die Bande zwischen Neandertalern und den Menschen von Cro-Magnon müssen sehr eng gewesen sein. Vielleicht gab es ja gar

---

[7] Christopher Stringer/Clive Gamble, En Busca de los Neandertales, Barcelona 1994, Seite 142

keine genetische Schranke, die eine Kreuzung von beiden verhindert hat."[8]

Und ebenso überzeugend wie die beiden vorigen Argumente spricht Folgendes gegen die substitutionalistische These und die Elimination der Neandertaler vom geographischen Horizont des Jungpaläolithikums:

„Das Alter des Stirnbeins, das man in Hahnöfersand (Deutschland) gefunden hat", erklären dieselben Autoren auf Seite 191, „ist mit Hilfe der Radiokarbonmethode auf 33.000 Jahre datiert worden. Die modernen Völker waren aber bereits 7.000 Jahre vorher in Europa eingetroffen. Einige Forscher halten dies für einen handfesten Beweis und ordnen diesen Fund *einer Übergangsform zwischen Neandertaler und modernem Menschen zu, bei der es sich entweder um ein Bindeglied handelt, also eine evolutive Zwischenstufe, oder um einen echten Hybriden.*"[9]

Und noch etwas: In Portugal wurde 1998 ein Fossil entdeckt, dessen Alter man mit Hilfe der Radiokarbonmethode auf 24.000 Jahre festgelegt hat. Dieser Zeitpunkt entspricht nach Aussage portugiesischer Paläontologen einem „Mosaik" von Eigenschaften, das die Züge des Neandertalers mit denen des frühen modernen Menschen vereint.

Zusammenfassend läßt sich sagen, daß die substitutionalistischen Anthropologen ein einziges Volk sehen, den modernen Homo sapiens sapiens, der alle Kontinente der Erde bevölkert und dominiert, nachdem er die übrigen Völker, die weniger entwickelt waren, eliminiert hat.

Ich sehe zwei Völker. Es wäre ein großes Glück für die Menschheit gewesen, wenn sich die Vermutung bestätigt hätte, daß sie

---

[8] Stringer/Gamble, ebd. S. 198
[9] Durch Kursivdruck hebt der Autor Mauro Torres bestimmte Stellen innerhalb seiner Zitate hervor. (Anm. d. Übersetzerin)

ausschließlich in die Völker des Homo sapiens sapiens eingebunden war. Aber die Beweise sprechen dagegen.

Von den vier Völkern, die im Jungpaläolithikum friedlich nebeneinander lebten, stammten zwei aus dem historischen Neolithikum, also aus der Zeit um 10.000 v. Chr., wie ich bereits erwähnt habe.

Meine Forschungsarbeit hat ergeben, daß sich die Ereignisse folgendermaßen abgespielt haben:

Ich sagte bereits, daß die fortgeschrittensten unter den modernen Populationen, die aus Afrika gekommen waren, die Menschen von La Madeleine, etwa um 12.000 v. Chr., in den letzten Jahren des Jungpaläolithikums, die prächtigen Höhlen von La Madeleine, Lascaux und Altamira geschaffen haben. Die Menschen von La Madeleine waren nicht nur hervorragende Künstler, sondern auch Jäger und Sammler, wie die übrigen Völker, mit denen sie ihre ökologische Nische teilten – die Menschen von Cro-Magnon, von Aurignac und die Neandertaler. Alle vier Völker waren selbstverständlich Nomaden.

Demgemäß hatten die Menschen von La Madeleine ihre Entwicklung auch noch nicht abgeschlossen, vor allem ihr Gehirn war noch nicht vollständig entwickelt. Da sie hervorragende Künstler sowie Jäger und Sammler waren, war ihre dominante Großhirnhemisphäre die rechte Seite, die nach meiner Auffassung während des gesamten Alt-, Mittel- und Jungpaläolithikums die dominante Seite war. Die rechte Großhirnhemisphäre war also die prähistorische Hemisphäre, denn in den ersten Entwicklungsstufen war es für unsere Spezies sehr viel wichtiger, schöpferisch tätig zu sein, als die Vernunft zu benutzen und zu sprechen: vor dem Wort war die Kreativität. *Bei den Menschen, die Altamira, Lascaux und La Madeleine geschaffen haben, war das gesamte Bündel der rationalen und bewußten verbalen Funktionen sehr*

DIE EVOLUTION DES MENSCHLICHEN GEHIRNS - AUF DEM WEG ZUR MODERNEN GESCHICHTE
40.000 Jahre v. Chr.

ENDGÜLTIGE STRUKTUR DES MODERNEN GEHIRNS

JUNGPALÄOLITHIKUM
zivilisiert-nomadisches Gehirn
(Mensch von Cro-Magnon und Magdalénien)

- Linke Großhirnhemisphäre: rational, verbal, bewußt
- Rechte Großhirnhemisphäre: schöpferisch, inspirativ, intuitiv, künstlerisch, unbewußt, außerhalb der Vernunft

NEOLITHIKUM
10.000 Jahre v. Chr

- Linke Großhirnhemisphäre: rational, verbal, bewußt
- Rechte Großhirnhemisphäre: schöpferisch, suggestibel, unbewußt, irrational, gewalttätig, leicht erregbar

MODERNE GESCHICHTE

Zivilisiertes Gehirn mit Ablösung der mentalen Funktionen

Nomadisches Gehirn ohne Ablösung der mentalen Funktionen

Linke Großhirnhemisphäre: ZIVILISIERT (erst seit kurzer Zeit) / NOMADISCH (archaisch)

Rechte Großhirnhemisphäre: ZIVILISIERT (erst seit kurzer Zeit) / NOMADISCH (archaisch)

Gemischtrassiges Gehirn, mit Anteilen der zivilisierten und der nomadischen Völker, seit 3000 v. Chr. bis 2006

Erläuterung des Diagramms

Dieses Diagramm stellt das Verständnis *der Evolution des menschlichen Gehirns* – das bisher unerklärlicherweise vernachlässigt worden ist, obwohl von diesem einzigartigen Organ die Veranlagung eines Menschen abhängt – grundlegend auf den Kopf.
Im Gegensatz zu den Anthropologen und Genetikern, die davon ausgehen, daß nur ein einziges Volk den Planeten Erde beherrscht hat, und die sich dabei auf die mitochondriale DNA stützen – nach dieser Auffassung sind *die zivilisierten Völker sapiens sapiens* an die Stelle der Populationen getreten, die in ihrer Entwicklung noch nicht so fortgeschritten waren –, gehe ich nicht von einem, sondern von zwei Völkern aus, die sich gegenseitig den Weltschauplatz streitig gemacht haben. Zu dieser Erkenntnis bin ich aufgrund von paläontologischen, archäologischen, ethnographischen und historischen Tatsachen gelangt. Es gab zwei Völker, die mit Gehirnen einer jeweils unterschiedlichen Evolutionsstufe ausgestattet waren.
Im Jungpaläolithikum, während der letzten Jahre der Evolutionsgeschichte also – einer Zeitspanne, die sich von 40.000 v. Chr. (als die modernen nomadischen Völker des Homo sapiens von Afrika nach Europa kamen) bis zum Jahre 10.000 v. Chr. erstreckt (als das Jungpaläolithikum endet und das historische Neolithikum beginnt) –, gab es, nach den Ergebnissen meiner Forschungsarbeit, zwei Gehirne: das des nomadisch-zivilisierten Homo sapiens und das des reinen Nomaden. Mit dem ersten Gehirn waren die Menschen von Cro-Magnon und die modernen Magdaléniens ausgestattet; mit dem zweiten die Neandertaler, die möglicherweise aus Hybridisierungen mit dem Menschentyp von Aurignac hervorgegangen waren. Sie gehörten zu den modernen Menschen, befanden sich aber noch auf einer primitiven Entwicklungsstufe.
Das Gehirn der Nomaden, die sich bis zum zivilisierten Homo sapiens sapiens weiterentwickeln, verfügt über eine schöpferische rechte Großhirnhemisphäre – der wir die kunstvolle Höhlenmalerei zu verdanken haben – und über eine linke Großhirnhemisphäre, die zwar schon weit entwickelt, aber noch nicht dominant ist. Meine Forschungen haben ergeben, daß die rechte Großhirnhemisphäre während der gesamten Evolutionsgeschichte die dominante Gehirnhälfte war.
In wenigen Jahrtausenden entwickelte sich die linke Großhirnhemisphäre dann weiter und löste schließlich die rechte ab: die linke Gehirnhälfte wurde dominant. Aufgrund dieses Gehirns, in dem die linke Großhirnhemisphäre dominant war – so meine Erkenntnis –, war überhaupt erst der Schritt von der Evolutionsgeschichte zur modernen Geschichte möglich. Denn ab dem Jahr 10.000 v. Chr. wurde das menschliche Verhalten im täglichen Leben von der linken Großhirnhemisphäre gesteuert, während die rechte sozusagen die „Nachhut" bildete – und das ist bis heute so geblieben. Die Kreativität der rechten Großhirnhemisphäre kommt nachts in unseren Träumen zum Ausdruck, während wir schlafen. Oder in der schöpferischen Kraft eines Genies. Diese Menschen besitzen die außergewöhnliche Fähigkeit, auch während des Tages bzw. im Wachzustand die Funktionen beider Großhirnhemisphären nutzen zu können.
Das Gehirn der reinen Nomaden blieb auf dieser Evolutionsstufe stehen und entwickelte sich nicht weiter. Bei diesen Menschen blieb auch in der modernen Geschichte die prähistorische rechte Großhirnhemisphäre dominant. Beide Hemisphären dieses Gehirns blieben in ihrer Entwicklung zurück, deshalb lebten diese Nomaden weiter wie die Menschen des Jungpaläolithikums: als Parasiten der Natur. Ihnen fehlte die Fähigkeit, eine Zivilisation aufzubauen, mit Landwirtschaft und Viehzucht, Dörfern und Städten, mit einer komplexeren, organisierten Gesellschaft – eben all dem, was die zivilisierten Völker des Homo sapiens sapiens auszeichnet. Zwei Völker mit zwei verschiedenen Gehirnen und unterschiedlichen Veranlagungen, die einander bis zum äußersten antithetisch entgegengesetzt sind! Ab dem Jahr 3.000 v. Chr. folgten auf die Kriege, wie wir gesehen haben, die Hybridisierungen zwischen zivilisierten Völkern und barbarische Nomaden. *Daher ist das moderne Gehirn ein gemischtrassiges Gehirn, mit Anteilen der nomadischen und der zivilisierten Völker.*

entwickelt, trotzdem war das Bündel der unbewußten kreativhalluzinatorischen Funktionen noch stärker, denn in diesen Werken drängt der Künstler den Vernunftmenschen in den Hintergrund und – wie meine Forschungen über die Entwicklung des Gehirns ergeben haben – *die rechte Hemisphäre war noch dominant, die des Künstlers und des Nomaden.* Den Menschen von La Madeleine fehlte nur noch „der letzte Schliff" der Evolution, um die linke Großhirnhemisphäre aus Gründen der Anpassung so weit zu entwickeln, daß sie stärker war als die rechte und zur dominanten Hemisphäre wurde. Diesen Metamorphosen des Gehirns ist es meiner Meinung zu verdanken, daß der Entwicklungssprung vom Paläolithikum zur Geschichte der Menschheit möglich wurde. *Das Gehirn mit der linken dominanten Hemisphäre ist das historische Gehirn,* denn dieser Funktionen bedienen wir uns seitdem für all unsere modernen Verhaltensweisen: wir sprechen dank der linken Großhirnhemisphäre, wir argumentieren, denken nach, begreifen, abstrahieren, analysieren, wir teilen uns mit und stellen Verbindungen her. All diese Fähigkeiten werden von der linken Hemisphäre gesteuert, im wachen und bewußten Zustand. *Die linke Hemisphäre ist bewußt, während die rechte unbewußt und halluzinatorisch, intuitiv, dem Traum verbunden und schöpferisch ist.* Diese rechte Hemisphäre tritt mit dem Beginn der Menschheitsgeschichte, die erst anfängt, als die linke Großhirnhemisphäre mit dem gesamten Bündel an bewußten rationalen, verbalen und reflexiven Funktionen dominant wird, die Nachhut an, was unser Verhalten angeht.

2.000 Jahre nachdem sie Altamira und Lascaux geschaffen hatten, entwickelten sich diese Völker von La Madeleine innerhalb der Evolution durch Mutationen und neue genetische Verbindungen weiter, in Wechselwirkung mit einer Umgebung, die sie durch die von ihnen selbst geschaffene Kultur immer mehr bereicherten. Sie verfügten über ein modernes Gehirn und verwandelten sich tatsächlich in historische Völker, deren Streben unwiderstehlich darauf gerichtet war, die Zivilisation aufzubauen. Es war der Zeitpunkt, als die Zivilisation in Gang kam. Das waren die zivilisierten Völker, die um 9.000 v. Chr. Jericho errichteten, wie ich bereits erwähnt habe.

Mit den Umwandlungsprozessen im Gehirn änderte sich natürlich auch das Verhalten, denn das Gehirn ist das Organ des Verhaltens. Die Menschen sind nicht mehr Jäger und Sammler von Wurzeln und Früchten, Parasiten der Natur: sie entwickeln ein produktives Wirtschaftsleben, entdecken die Landwirtschaft und lernen, wie man Tier zähmt und für die Viehzucht nutzt. Sie leben nicht mehr in der Steppe, in den Bergen, Wüsten und in Höhlen: sie werden zu Architekten und konstruieren Häuser, Dörfer und Städte. Sie sind nicht mehr die genialen Künstler des Jungpaläolithikums, denn ihre schöpferische rechte Hemisphäre hat die Nachhut angetreten und bestimmt das Verhalten nicht mehr. Die Menschen sind realistischer und passen sich den neuen Bedingungen leicht an. Sie sprechen fließend und stellen komplexe soziale Organisationen zusammen. Zusammengefaßt kann man sagen: sie schaffen die Zivilisation, und mit ihrem neuen Gehirn verabschieden sie sich von ihrem Nomadenleben und werden seßhaft.

All diese außergewöhnlichen Verhaltensweisen waren möglich, weil sich in den Menschen von La Madeleine ein Prozeß vollzog, den wir als Ablösung der Großhirnhemisphären und damit der geistigen Funktionen bezeichnen können. Die linke Hemisphäre beeinflußte jetzt das Verhalten statt der rechten Hemisphäre, die zwar über bewußte geistige Funktionen verfügt, die mit denen der linken Hemisphäre zusammenarbeiten – wie räumliches Erkennen, synthetisches und ganzheitliches Denken – aber auch der Sitz eines sehr leistungsstarken Bündels von unbewußten schöpferisch-halluzinatorischen und träumerischen Funktionen ist, die sich im normalen Menschen in der Erschaffung von Träumen während des Schlafes äußern – denn jeder Traum ist eine Kreation – und am Tag in den Intuitionen und Schöpfungen des Genies. Träume und Kreationen, die halluzinatorisch und unbewußt sind, wie ich in meinem Buch *Das Genie und die moderne Psychologie* ausführlich beschrieben habe.

Andere Völker des Jungpaläolithikums hatten jedoch nicht die Gene, die den Menschen von La Madeleine die Ablösung der Gehirnfunktionen der beiden Hemisphären ermöglichten und somit die Entwicklung eines Gehirns mit einer dominanten linken Großhirnhemisphäre. In ihrem Gehirn war weiterhin die rechte, prähistorische Hemisphäre dominant, die nicht mit so vielen Funktionen ausgestattet war. Woher man das weiß? Aufgrund ihres Verhaltens! Wie das Gehirn, so auch das Verhalten: Diese Völker blieben weiterhin Nomaden wie im Paläolithikum. Sie raubten weiter als parasitäre Jäger und Sammler die Natur aus, lebten nach wie vor in Steppen, Wüsten und in den Bergen. Sie liebten offene Räume, in denen sie herumschweifen und von einem Ort zum anderen ziehen konnten. Häuser, Dörfer und Städte jagten ihnen Angst ein. Als Sammler von Früchten und Wurzeln fanden sie keinerlei Reiz an der Landwirtschaft; als unbarmherzige Jäger von großen Säugetieren waren ihnen Haustiere und Viehzucht ein Greuel. Ihr gesellschaftliches Zusammenleben war sehr einfach organisiert, und ihre rechte Großhirnhemisphäre konditionierte sie zu gewalttätigen Verhaltensweisen. Meiner Auffassung nach gehörten zu diesen Völkern die Neandertaler, die sich mit den übrigen Völkern des Homo erectus – den Menschen von Aurignac oder Cro-Magnon – vermischt *und so ein gemischtrassiges Volk gebildet haben, aus dem dann die Nomadenvölker hervorgegangen sind, die wir als barbarisch bezeichnen können.* Diese standen in radikalem Gegensatz zu den zivilisierten Völkern, und *ihr ganzes Streben war zwanghaft darauf gerichtet, die Zivilisation zu zerstören.* Hatten sie während des Jungpaläolithikums noch friedlich mit den Nomaden von La Madeleine zusammengelebt, so haßten sie jetzt, wo diese sich in seßhafte und zivilisierte Völker verwandelt hatten, deren Dörfer, Parzellen und ihre zahmen Tiere. Denn sie wollten, daß sie wild waren wie sie selbst.

Wir haben es hier mit der ersten Aufspaltung der Menschheit in zwei verschiedene Volksgruppen zu tun, die in scharfem Gegensatz zueinander standen: barbarische Nomaden auf der einen Seite und zivilisierte, seßhafte Menschen auf der anderen.

Es herrschte Krieg!

Dieses Ereignis könnte man als die ursprüngliche Tragödie der Menschheit bezeichnen.

Hätten sich alle vier Völker, die während des Jungpaläolithikums friedlich nebeneinander lebten, so weiterentwickelt wie die Menschen von La Madeleine – deren Gene eine Ablösung der Großhirnhemisphären ermöglichten und damit ein modernes Gehirn, bei dem die linke Hemisphäre dominant ist – bestünde die gesamte Menschheit heute aus zivilisierten Völkern, die sich friedlich dem Fortschritt widmen würden. Doch die Unterschiede im Evolutionsverlauf haben dies auf fatale Weise verhindert. Dieser unglückselige Tatbestand ermöglichte die antithetische Aufteilung in Zivilisierte und Barbaren: eine Spaltung und Kontrastierung, die allein mit dem Evolutionsprozeß zusammenhing. Die Ursachen waren weder historischer, biologischer, kultureller, ökonomischer noch ideologischer Art. Auch unterschiedliche Klassen oder Religionen waren nicht dafür verantwortlich. Dafür hätte man leicht eine Lösung finden können. Aber der diametrale Gegensatz zwischen zwei Völkern, die unterschiedliche Gene besaßen, stellte ein unlösbares Problem dar, denn zwei biologische Schichten verschiedener Evolutionsstufen wird man niemals miteinander vereinen können.

Die zivilisierten und die barbarischen Völker stehen einander also in aufeinanderfolgenden Kriegen jeweils als Todfeinde gegenüber. Und diese kriegerischen Auseinandersetzungen nehmen mit der Zeit nicht etwa an Heftigkeit ab, sondern werden mit zunehmendem technologischen Fortschritt immer gefährlicher, wie die beiden Weltkriege im 20. Jahrhundert, an denen Hitler als Protagonist beteiligt war: im Ersten Weltkrieg noch als einfacher Gefreiter, im Zweiten als oberster Befehlshaber der deutschen Truppen.

9.000 Jahre v. Chr. beginnt die Moderne Geschichte, zu diesem Zeitpunkt sind die Hände der Menschen bereits bewaffnet und bereit zu zerstören. Hier setzt die Männlich Orientierte Geschichte ein, die auch heute noch andauert. Die Kette der Kriege kann nicht zerschlagen werden, aber sie wird durch Verteidigungsdämme unterbrochen, die die Zivilisierten den barbarischen Nomaden als Schutzwälle entgegensetzen mußten. 1958 entdeckten Archäologen zu ihrer großen Überraschung die Mauern von Jericho. Mit dieser Entdeckung – eine fünf Meter hohe Mauer aus Stein mit einem Wachturm, geschützt durch einen Graben von drei Meter Tiefe – begann ein neuer historischer Abschnitt. Die logische Schlußfolgerung war, daß der barbarische Feind, der die zivilisierten Menschen von Jericho bedrohte, ziemlich stark gewesen sein muß. Zwei Jahrtausende später gründeten diese zivilisierten Völker Hacilar, Jarmo und Catal Hüyük, eine Stadt in Südanatolien, die – wie der Archäologe James Mellaart berichtet, der die Stadt 1963 entdeckt hat – nicht nach urbanen Gesichtspunkten gebaut worden war, sondern nach militärischen. Die Stadt war in Wirklichkeit eine militärische Festung, die den Ansturm der Barbaren verhindern sollte, die aus fernen Ländern kamen und an diesen Mauern auf Widerstand stießen. Tausend Jahre lang hielt die Bevölkerung von Catal Hüyük durch. Etwa im Jahr 5.500 v. Chr. ist sie dann aller Wahrscheinlichkeit nach Richtung Süden gewandert, immer den Fluß Euphrat entlang, um in der Nähe des Persischen Golfes, zwischen Euphrat und Tigris, im heutigen Irak – der durch die brutale Gewalt der USA bezwungen wurde – die bedeutende Zivilisation der Sumerer zu gründen. Der US-amerikanische Gelehrte Samuel Noah Kramer ist der Meinung, daß hier die Geschichte ihren Anfang nahm, im Jahr 4.000 v. Chr. Nach meiner Auffassung begann die Geschichte im Jahr 9.000 v. Chr. in Jericho.

Nun gut, dieses wunderbare Volk der Sumerer wurde jedenfalls von indogermanischen Nomaden angegriffen, die von Zentralasien herunterkamen, den Kaukasus überquerten und sich dann etwa im Jahr 3.000 v. Chr. auf die sumerischen Städte stürzten, so daß diese die Mauern von Akkad hochziehen mußten, um sich zu verteidigen. Ein vergebliches Unterfangen, wie sich herausstellte: die Sumerer wurden durch die indogermanischen Barbaren vernichtend geschlagen.

Während die zivilisierten Völker ihre Städte in den fruchtbaren Gebieten Anatoliens, der Oase von Jericho und dem Golf von Persien gegründet hatten, interessierten sich die barbarischen Nomaden, die keine Städte errichteten, sondern sie zerstörten, vor allem für die Jagd großer Säugetiere. Sie verfolgten die Tiere, die vor den schmelzenden Eismassen flohen, in Richtung Nordasien und verwandelten die großen Wälder der sibirischen Taiga – ein reichhaltiges Jagdrevier –, die sich vom äußersten Osten an den Grenzen zur Mongolei und zu China bis hin zu den skandinavischen Ländern Schweden und Norwegen erstreckte, in ihre ökologische Nische. Von dort stammten die Indoeuropäer, die die Zivilisation der Sumerer heimsuchten, während andere sich am Mittelmeerbecken ausbreiteten. Die Achäer überfielen Kreta und das kontinentale Griechenland. Aus dem östlichsten Teil der sibirischen Taiga lösten sich die Hsiung-nu als Splittergruppe ab, die sich auf China und Indien stürzten. Sie gelten als Vorfahren der Hunnen, barbarische Nomaden, die bis nach Rom gelangten und im Jahre 451 vernichtet wurden. Auch die Mongolen stammen von den Hsiung-nu ab. Um sich vor ihnen zu schützen, begannen die Chinesen im dritten Jahrhundert v. Chr. mit dem Bau ihrer berühmten Mauer. Vergeblich – denn sie sollten durch die mongolischen Nomaden Dschingis Chans überfallen und unterjocht werden. Und schließlich kamen aus dem äußersten europäischen Westen, aus den nordischen Wäldern, die germanischen Barbaren, die sich in dem Gebiet niederließen, das heute zu Deutschland gehört. Die Kelten – ebenfalls Nomaden –, die vorher dort gelebt hatten, hatten sie in den Westen getrieben.

Der Leser sollte sich vor Augen halten, daß es hier nicht um das „Aufeinanderprallen von Zivilisationen" geht, sondern um den ewigen Zusammenstoß zwischen zivilisierten seßhaften Völkern und barbarischen Nomaden; eine Kollision, die in Jericho ihren Anfang genommen hat, mit Anbeginn der Geschichte, 9.000 Jahre v. Chr.

Während der ersten Jahrtausende ging es in den Kriegen nur um Leben und Tod. Aber als die indoeuropäischen Barbaren im Jahr 3.000 v. Chr. die Sumerer besiegten, tauchte ein ganz neues Phänomen auf, das sich seither durch die ganze Geschichte zieht: Sieger und Besiegte gingen Verbindungen miteinander ein, es kam zu einem Austausch von Genen und Kulturen, so daß die Barbaren ein wenig zivilisierter wurden und die zivilisierten Menschen etwas von der Wildheit der Barbaren übernahmen. So widmeten sich die Sumerer dem Krieg, was bis dahin den Barbaren eigen war. *Zwei Völker, deren Gehirn unterschiedliche Evolutionsstufen erreicht hatte, vermischten sich untereinander, so daß eine gemischtrassige Population aus barbarischen Nomaden und seßhaften zivilisierten Menschen entstand.* Der Prozeß dauerte an, griff auf alle geographischen Räume über und ist unter der euphemistischen Bezeichnung „große Völkerwanderungen" bekannt. Das sind diese Invasionskriege, die damit enden, daß Angreifer und Angegriffene sich untereinander vermischen, so daß gemischtrassige Populationen entstehen. Die semitischen Völker, die aus den Wüstengebieten im Süden gekommen waren, fielen ebenfalls über Mesopotamien her. Später überfielen die Hunnen zuerst Osteuropa, und um sich gegen die Bedrohung zu verteidigen, errichtete Konstantinopel im Jahr 447 n. Chr. seine Mauern – was jedoch immer vergeblich war. *Diese nomadischen Barbaren galten als sonderbar, anders als die zivilisierten Menschen, so mißgestaltet und schmutzig, als seien sie „Tiere auf zwei Beinen".* Hier wird jetzt der biologische Unterschied deutlich, der zwischen zivilisierten Menschen und Barbaren existierte, auch wenn beide menschlicher Natur waren. Hätte nämlich jede Volksgruppe einer anderen Spezies angehört, wäre keine Hybridisierung möglich gewesen, noch hätten sie Nachkommen zeugen können. Als die Hunnen in Rom eindrangen, kämpften sie zuerst und vermischten sich dann mit den Römern, bis schließlich ein Gesetz erlassen wurde, das Verbindungen zwischen Hunnen und Römern untersagte. Das half aber nicht viel. Später, im Jahre 622, begann die große Expansion der Araber, die zu 80% Nomaden waren. Sie führten Krieg im gesamten Mittelmeerbecken und vermischten sich 200 Jahre lang mit den dort ansässigen Völkern... Etwa um 1.200 brach die Lawine der Mongolen unter der Führung von Dschingis Chan los, der sich auf Persien und das gesamte Westasien stürzte. Vergeblich bauten die Bewohner von Samarkand 1.200 ihre Mauern und Schutzwälle – es half ihnen nichts, denn die Horden Dschingis Chans machten ihre Städte dem Erdboden gleich, plünderten sie aus und raubten ihre jungen Frauen, nachdem sie zuvor alles in Trümmer verwandelt hatten. Denn wie gesagt: die barbarischen Nomaden wußten mit Häusern und Städten nichts anzufangen, geschlossene Räume machten ihnen Angst... Etwa im 13. Jahrhundert setzte das Osmanische Reich ein, das in seinen letzten Jahren an der Seite der Deutschen im Ersten Weltkrieg kämpfte. Im 14. Jahrhundert begannen die Eroberungskriege der Portugiesen und Spanier in Afrika und in Amerika, wo sie vieles zerstörten und dafür sorgten, daß gemischtrassige Völker mit amerikanischen, spanischen und portugiesischen Genen entstanden... Unmittelbar danach eroberten die englischen, französischen und holländischen Nomaden die Ureinwohner von Nordamerika und vermischten sich mit ihnen, allerdings in kleinerem Ausmaß.

Wie wir sehen, hat sich die Erde seit 5.000 Jahren in eine riesige Retorte verwandelt, in der die Mischung aus zivilisierten seßhaften Menschen und den barbarischen Nomaden entstanden ist, immer noch entsteht und auch weiterhin entstehen wird.

Heute gibt es weder den reinen zivilisierten Menschen, noch den reinen Barbaren: die Weltbevölkerung ist ein Hybride aus Nomade und zivilisiertem Menschen – unsere Gehirne haben etwas von einem modernen zivilisierten Menschen und etwas von einem archaischen Barbaren. Ein einzelner Mensch oder ein Volk sind mehr oder weniger zivilisiert bzw. mehr oder weniger barbarisch, je nach dem, welche Gene sie empfangen haben. Diese fließen aufs Geratewohl zwischen den verschiedenen Völkern, so daß sie nach dem Zufallsprinzip durch Vererbung entweder mehr Gene mit zivilisierten Eigenschaften oder mehr Gene mit barbarischen erhalten. Es hängt dann von den Umständen ab, ob das Zivilisierte oder das Barbarische stärker zum Ausdruck kommt. Genetische Wellen, die zivilisierte Eigenschaften anschwemmen, und solche, die barbarische Eigenschaften mitbringen. Niemandem steht es frei, darüber zu entscheiden, ob er durch Vererbung mehr Gene mit zivilisierten Eigenschaften bekommt oder mehr mit barbarischen. Alles hängt vom Zufall der Übertragung des Erbgutes ab. Einmal überrascht uns jemand mit seinen feinen, zivilisierten Manieren; und einmal staunen wir über das brutale Benehmen eines anderen. Die historischen, sozialen und familiären Bedingungen können die barbarischen oder zivilisierten Verhaltensweisen jeweils fördern, sowohl beim einzelnen Menschen als auch bei einem ganzen Volk.

Die Gene, die unseren Organismus formen, erben wir nach dem Zufallsprinzip. Mal dominieren die zivilisierten Eigenschaften, mal die barbarischen. Daraus ergeben sich die anatomischen Eigenheiten, die uns unser ganzes Leben lang auszeichnen werden, und die Art, wie wir funktionieren. Vor allem der Aufbau des Gehirns wird von der DNA bestimmt, die wir ganz willkürlich erhalten haben. Das Gehirn ist auf Grund der Verbindungen zwischen Individuen und Völkern mit unterschiedlichen Evolutionsstufen überall auf der Welt ein Mischprodukt. Daher weisen die Großhirnhemisphären moderne Strukturen auf, die den zivilisierten Völkern entsprechen, und archaische Strukturen der barbarischen Völker. Durch diesen Zufall bei der Vererbung ist es zu erklären, daß unsere Gehirne mehr oder weniger dem eines zivilisierten Menschen entsprechen oder dem eines Barbaren. Davon hängt es ab, ob wir uns friedfertig und konstruktiv verhalten oder zerstörerisch, kriegslüstern und expansionistisch. Normalerweise kann man das eine vom anderen nicht unterscheiden. Aber in außergewöhnlichen Situationen keimt von Zeit zu Zeit ein großer Zivilisator hervor oder ein großer kriegerischer Barbar. Aus dem Schoß der menschlichen Spezies, die in ihrer Gesamtheit mischrassig ist – der reine moderne, zivilisierte Homo sapiens sapiens aus der ersten Zeit nach dem Jungpaläolithikum oder der reine archaische, umherziehende Barbar existieren nicht mehr – sprießt plötzlich, durch Beimengung einer besonderen DNA, die nach dem Zufallsprinzip weitergegeben wurde und dem genetischen Sturzbach entstammt, der den Körper der Völker durchströmt, ein Gandhi, der die Gewaltlosigkeit auf seine Fahnen geschrieben hat oder ein Hitler, der Verfechter extremer Brutalität.

Ab 3.000 v. Chr., als in Sumer der Austausch von Genen und Kulturen zwischen den zivilisierten Sumerern und den nicht seßhaften barbarischen Indoeuropäern einsetzte, die aus Zentralasien herunterkamen – und zuletzt aus der sibirischen Taiga –, wurde der Boden Europas mit der DNA einiger weniger zivilisierter Völker angereichert, die wahrscheinlich nach Kreta immigriert sind, nachdem sie Catal Hüyük verlassen hatten. Außerdem mit der DNA zahlreicher mischrassiger Völker, die sowohl Gene zivilisierter als auch solche barbarischer Menschen in sich trugen und die aus dem Mittelmeerbecken eindrangen. Mit Genen einer Vielzahl von Völkern, die reine barbarische Nomaden waren und aus dem östlichen Teil der sibirischen Taiga stammten. Hierzu zählen vor allem die Hsiung-nu (Skythen, Slawen aus dem westlichen, südlichen und östlichen Raum, Hunnen und Mongolen). Und schließlich mit der DNA der westlichen indoeuropäischen Nomaden, der Kelten und Germanen, die im 3. Jahrhundert v. Chr. aus Skandinavien und Jütland gekommen waren und sich bereits gegenseitig die germanische Erde streitig machten.

Etrusker, Slawen, Achäer, Dorer, Westgoten, Wandalen, Hunnen, Kelten, Germanen, Franken, Angeln, Sachsen, Lombarden, Schwaben, Goten, Alemannen, Burgunder, Gepiden, Ostgoten, Alanen etc. durchquerten ganz Europa in allen Richtungen und bildeten die ethnische Grundlage, auf der die Völker des modernen Europas entstanden sind. Es gab unendlich viele Hybridisierungen zwischen den Völkern, und so läßt sich unmöglich feststellen, wie viele Gene jedes einzelne Volk jeweils von anderen Völkern empfangen hat. Wir müssen von einem genetischen Strom ausgehen, der alle europäischen Ethnien durchflutet und so seit 5.000 Jahren die gemischte DNA vollkommen beliebig auf das jeweils einheimische Volk verteilt hat. Dabei wurden manche Völker bevorzugt und erhielten mehr Gene mit Eigenschaften zivilisierter Menschen als Gene von Barbaren – wobei es sich niemals um Menschen handelte, die ausschließlich zivilisiert oder rein barbarisch veranlagt waren! Und ich möchte deutlich darauf hinweisen, daß diese Vermischung von Völkern unterschiedlicher Natur und mit Gehirnen, die komplex strukturiert sind, auch heute noch stattfindet.

Die Familie SCHICKLGRUBER konnte auf eine lange ethnische Tradition zurückblicken. Sie war so etwas wie das Sediment irgendeines alten Volksstammes, der sich in diesen bewaldeten Winkel der österreichischen Berge zurückgezogen hatte. Vor langer Zeit schon hatte sie sich in diesem bergigen und bewaldeten

Lebensraum des Waldviertels angesiedelt, einem Kulturraum, der im äußersten Nordosten von Niederösterreich gelegen ist und an die böhmischen Berge grenzt. Wie ich bereits erwähnte, waren die ländlichen Bewohner dort primitive Leute, die sich durch unfreundliches, ungehobeltes Verhalten auszeichneten und nicht sehr umgänglich waren. Von dieser Sippe und aus dieser ökologischen Nische stammte Maria Anna Schicklgruber, die eigensinnige Mutter, die ihre Geheimnisse wohl zu hüten verstand. Die Großmutter Adolf Hitlers, deren Namen dieser niemals getragen hat, obwohl sie es war, die den entscheidenden Anteil seiner DNA beigetragen hat. Diese DNA bildete die Essenz des grausamen Kriegsherrn und machte aus ihm einen Mann, der in die Geschichte einging, da er – aus Gründen, auf die ich später noch zurückkommen werde – keine Möglichkeit hatte, den Künstler und Bildhauer in sich zu entwickeln, die auch in seinem Wesen verborgen lagen. Marlis Steinert hat dies intuitiv erfaßt, wenn sie sagt: „Der Krieg war für ihn ein Teil des Lebens, [...]."[10] Allerdings kann sie diese intuitive Erkenntnis nicht begründen.

Ich bin fest davon überzeugt, daß der genetische Strom der Familie SCHICKLGRUBER einen bedeutenden Anteil an barbarischen Genen mitgerissen hat, die sie von einem der barbarischen Völker in Europa, die Deutschland durchquerten, empfangen hatten. Die Gene akkumulierten in diesen primitiven und sturen Familien, da sie nicht in Kontakt mit höher entwickelten Menschen kamen, mit denen sie sich hätten verbinden können. Maria Anna war die erste Frau, die durch ihr geheimnisvolles Liebesabenteuer im Herbst ihr Genom nach außen getragen und so ihre Gene, die überwiegend barbarischer Natur waren, mit denen eines Menschen vermischt hat, der eine „Portion" Gene von zivilisierten Menschen beisteuerte. Aber leider waren seine Gene sehr primitiv...

---

[10] Marlis Steinert, ebd. S. 90

Am Anfang war Hitler ein Mischling aus barbarischem Nomaden und zivilisiertem Menschen, da auch er an dem universellen Phänomen der globalen Vermischung der menschlichen Rassen auf der ganzen Erde teilhatte. Die Besonderheit liegt in seinem Fall darin, daß er nach dem Zufallsprinzip von seiner Großmutter – über seinen Vater Alois Hitler, geborener SCHICKLGRUBER – dessen Gene geerbt hat, die überwiegend barbarischer Natur waren. Dieser wiederum hatte sie von seiner Mutter erhalten, ebenfalls vollkommen willkürlich. Allerdings sind sie bei ihm nicht mit all ihrer Macht zum Ausdruck gekommen. Bei ihm zeigte sich nur die Sturheit und das mürrische Verhalten, da er lediglich ein einfacher Beamter des österreichischen Staates war, während sein Sohn Adolf durch die intensive und fanatische Teilnahme am Ersten Weltkrieg als Gefreiter dem barbarischen Umfeld dieser kriegerischen Auseinandersetzung ausgesetzt war und so seinen Genotypus aktiviert hat. Dadurch hat er seinen kriegerischen Phänotypus maximal entwickelt, und Hitler sorgte dann dafür, daß gleich vom ersten Tag nach Kriegsende an günstige Bedingungen geschaffen wurden, um diesen Phänotypus offen oder mit Hinterlist zum Ausdruck zu bringen. Der geeignete Moment war gekommen, als er am 30. Januar 1933 zum Reichskanzler des Dritten Reiches ernannt wurde.... Von da ab stürzte er sich mit seiner gesamten außergewöhnlich barbarischen Veranlagung in die wahnwitzige Gewißheit, daß niemand ihn würde aufhalten können.

Sohn und Enkel von Maria Anna Schicklgruber – Alois und Adolf – sind durch ihre ungewöhnliche Fähigkeit aufgefallen, Karriere zu machen, obwohl sie doch von einer Frau und einer Region abstammten, die beide sehr primitiv und unbedeutend waren. Es ist wirklich erstaunlich, mit welcher Entschlossenheit und energischen Tatkraft diese beiden Männer vorgingen, die geboren wurden, um zu siegen. Die Ausgangsposition des Vaters war die eines äußerst bescheidenen Schuhmachers. Die Unruhe, die in seinem Gehirn pochte, brachte ihn nach Wien, wo er sich in seinem Handwerk weiterbildete. Doch da ihn das nicht zufriedenstellte, nutzte er die elementaren Kenntnisse, die er in seinen wenigen Grundschuljahren erworben hatte, und kämpfte sich durch, bis man ihm schließlich ein hohes Amt als Beamter in der Zollbehörde des österreichischen Staates anvertraute. In diesem Sinne war sein öffentliches Leben – nur sein öffentliches Leben! – vorbildlich und ungewöhnlich für diese Gegend. Denn die Stelle als Beamter, die er bekommen hatte, war eigentlich Abiturienten vorbehalten. Durch gewissenhafte Vorbereitung hatte er sich jedoch gegen seine Konkurrenten durchgesetzt...

Da Alois mit seinem Status als uneheliches Kind und seinem bäuerlichen Familiennamen Schicklgruber nicht einverstanden war, täuschte er im Alter von 39 Jahren (er war 1837 geboren) abgefeimt und arglistig Notare und Pfarrer, um deren Amtsstuben als legitimer Sohn zu verlassen – und als jemand, der in jeder Hinsicht ein Hitler war... Aber bei aller scharfsinnigen Gerissenheit konnte Alois seine nomadische Veranlagung nicht verhehlen, die sein Sohn Adolf in seinem Expansionsstreben später extrem ausleben sollte. Alois lebte in ständiger Bewegung, wechselte immer wieder seinen Aufenthaltsort – nicht, weil er aus beruflichen Gründen umziehen mußte, sondern einfach aus der inneren Notwendigkeit heraus, in Bewegung zu bleiben. Und dabei ging es nicht immer darum, eine Verbesserung seiner Situation zu erreichen, wie dies bei den prähistorischen oder historischen Nomaden der Fall war.

August Kubizek – seit 1904, ein Jahr nach Alois' Tod, ein enger Freund Hitlers und seiner Mutter Klara Pölzl – wunderte sich, als man ihm erzählte, wie häufig Alois umgezogen war und etwas verändert hatte. Er konnte sich dies zwar nicht erklären, hat die Umzüge und Veränderungen aber in seinem Buch wortgetreu festgehalten. In diesem Buch ist vieles sehr ungenau dargestellt, doch es enthält einige aufschlußreiche Angaben. Offensichtlich ohne böse Hintergedanken und ohne seinem Jugendidol Adolf Hitler schaden zu wollen. Er schreibt:

„Trotzdem ist der Vater bald nach der Geburt Adolfs dort wieder ausgezogen. Oftmals tauschte Alois Hitler nachweisbar eine schlechte Wohnung gegen eine bessere aus. Nicht die Wohnung, das Umziehen war die Hauptsache. Wie soll man diese seltsame Manie erklären? Man könnte es so bezeichnen: Alois Hitler ertrug es nicht, an einer Stelle zu bleiben. Wenn ihn schon der Dienst zu einer gewissen äußeren Stabilität zwang, in seinem eigenen Bereiche mußte immer Bewegung sein. Kaum hatte er sich an eine bestimmte Umgebung gewöhnt, wurde sie ihm schon überdrüssig. Leben heißt die Verhältnisse ändern, ein Grundzug, den ich ja auch am Wesen Adolfs in aller Deutlichkeit kennenlernte."[11]

Ohne es zu wollen, verrät Kubizek uns hier, daß sowohl Alois als auch Hitler Nomaden waren: der erste war harmlos, der zweite ein äußerst gefährlicher Barbar...

Was Adolf Hitler betrifft, so ist ja bekannt, wie weit er es gebracht hat, aus dem Nichts heraus. Nur diese Nachkommen von Maria Anna haben einen so erstaunlichen Aufstieg geschafft, denn keines von Hitlers Geschwistern (Alois war Einzelkind) ist in irgendeiner Weise besonders in Erscheinung getreten: Seine Stiefschwester Angela heiratete einen Alkoholiker und führte ein sehr bescheidenes Leben, bis Hitler sie als Haushälterin in sein Haus holte; Geli, Angelas Tochter, hatte kaum die Pubertät erreicht, als sie sich bereits in einer inzestuösen Beziehung den Armen ihres bedeutenden Onkels Adolf Hitler anvertraute. Nach Jahren des Zusammenlebens nahm sie sich dann aufgrund seines Verhaltens unter mysteriösen Umständen das Leben. Sein Stiefbruder Alois war ein Trunkenbold, Dieb und Bigamist, der zwei oder drei Mal in Gefängnissen „zu Gast" war. Paula, Hitlers jün-

---

[11] August Kubizek, Adolf Hitler: mein Jugendfreund, Graz 1975, S. 51

gere Schwester, war eine exzentrische Frau, die in einem Mansardenzimmer lebte, abseits vom Ruhm ihres Bruders...

Alois und Adolf mußten also etwas in ihrer DNA haben, das in der genetischen Information Maria Annas nicht vorkam. Bevor ich jedoch auf dieses „Etwas" in Hitlers Gehirn zu sprechen komme, möchte ich meine Behauptung erläutern, daß Hitler von Geburt an ein kriegerischer Barbar war.

Durch seinen engen Freund Kubizek wissen wir bereits, daß Hitler ein Nomade war – auch wenn Kubizek diesen Begriff nicht als wesentlichen Charakterzug des Barbaren begreift – und daß er, wie sein Vater, eine unstillbare Sehnsucht verspürte und ständig die Abwechslung um der bloßen Abwechslung willen suchte. Diese nomadische Veranlagung äußert sich dann im Kriegsherrn Hitler als Expansionsdrang und dem Streben nach Weltmacht, als Forderung von „Lebensraum" auf Kosten anderer Völker. Ebenso wie bei Alexander dem Großen, Napoleon, Attila und Dschingis Chan, nur daß der Expansionsdrang, der zum Völkermord führte, bei Hitler – wie wir noch sehen werden – mit Verbrechen und Kriminalität im üblichen Sinne einherging.

Schon als Kind, vielleicht schon bevor er 1895 im Alter von sechs Jahren in die Schule kam, „stand es ihm frei, sich nach Herzenslust bei Indianer- und Kriegsspielen auszutoben"[12], schreibt der kompetente Ian Kershaw, und weiter:

„Adolf besuchte jetzt die dritte Volksschulklasse. Rasch scheint er sich im Kreis neuer Schulkameraden zurechtgefunden zu haben und wurde 'ein kleiner Rädelsführer', wenn die Dorfjungen in den umliegenden Wäldern und Feldern Räuber und Gendarm spielten. Kriegsspiele waren besonders beliebt."[13]

In seinem Buch *Mein Kampf* wird Hitler 1924 berichten, daß er in seinem Haus ein illustriertes Geschichtswerk in zwei Bänden

---

[12] Ian Kershaw, Hitler 1889-1936, Stuttgart 1998, S. 44
[13] ebd. S. 45

über den Deutsch-Französischen Krieg entdeckt hat, den Bismarck 1870 gegen die Franzosen führte, und daß dieses Buch ihn faszinierte. Fast alle Biographen schildern, daß Hitler unter seinen Schulheften Bücher über die Kämpfe der Indianer versteckte, die er gierig verschlang: es handelte sich um Karl Mays Geschichten über die Abenteuer und Kriege der Indianer in Nordamerika. Obwohl Karl May Nordamerika gar nicht kannte, besaß er solch ein ausgeprägtes Vorstellungsvermögen, daß er Jungen mit seinen phantastischen Romanen regelrecht in seinen Bann zog – vor allem Hitler. Und während seine Kameraden die Geschichten im Laufe der Zeit vergaßen, las Hitler sie sein Leben lang immer wieder. Sie lösten ein Glücksgefühl in ihm aus, wie es bei Büchern ernsthafter Autoren wie Schopenhauer, Nietzsche oder Spengler niemals der Fall war. „... noch als Reichskanzler las er dessen Geschichten", fährt Kershaw fort, „und empfahl sie seinen Generälen, denen er vorwarf, zu wenig Phantasie zu besitzen."[14]

Wir werden noch sehen, daß Hitler ein absoluter Faulpelz war, wenn es um ernsthaftes Studium ging. Aber die Abenteuergeschichten von Karl May „überwältigten" ihn. Am 17. Februar 1942 befindet sich Hitler mitten im Krieg, der sich zunehmend zu seinen Ungunsten entwickelt. Zumindest an der Ostfront, gegen die Sowjetunion. Man sollte meinen, daß er in einer solchen Lage mit voller Konzentration Bücher über militärische Strategien studiert. Doch schauen wir uns einmal an, was er an diesem Tag in seinen privaten Gesprächen über Krieg und Frieden äußert: „Ich habe gerade einen guten Artikel über Karl May gelesen, der mich sehr gefreut hat." – Hitler las zwar keine ernsthaften Bücher, verschlang jedoch die Zeitungen, die für ihn die Hauptquelle seiner Kenntnisse darstellten. „Es sollte eine Neuauflage seines Werkes geben. Ihm verdanke ich meine ersten geographischen Kenntnisse, und er hat mir die Augen für die Welt geöffnet. Ich habe

---

[14] ebd. S. 46

die Bücher bei Kerzenlicht gelesen oder bei hellem Mondenschein, mit Hilfe einer riesigen Lupe. Ich hatte gerade mit *Der letzte Mohikaner* angefangen, als Fritz Seidel mir sofort sagte: 'Fenimore Cooper ist überhaupt nichts, Karl May mußt du lesen!' Das erste Buch, das ich von ihm gelesen habe, war *Durch die Wüste*. Ich war überwältigt. Und ohne Zeit zu verlieren, verschlang ich alle anderen Bücher dieses Autors... *Das wirkte sich unmittelbar negativ auf meine Schulnoten aus.*"[15]

Als Hitler elf Jahre alt war, brach in Südafrika der Burenkrieg gegen die Engländer aus. Adolf entwickelte sich zu einem leidenschaftlichen Verfechter der mutigen Heldentaten der Buren.

Adolf Hitler haßte alle seine Lehrer. Nur gegenüber Leonard Pötsch empfand er einen gewissen Respekt, weil der ihnen die Geschichten und Heldensagen der Nibelungen erzählte. Sehr bald schon sollte die Musik Wagners Hitler mit ihren Klängen, die von weit her zu kommen schienen, und den Heldenfiguren in ihren Bann ziehen. Rienzi zum Beispiel, der italienische Held des 14. Jahrhunderts, versetzte ihn mit seiner populistischen Redekunst und seinem tragischen Ende regelrecht in Ekstase, wie sein Freund Kubizek berichtet, der Hitler zu dieser Aufführung begleitet hat.

Von frühester Kindheit an bis ins Jugendalter ging Hitler vollkommen in seinen Kriegsspielen und entsprechenden Büchern auf. Dies zeigt, daß in ihm die Gene und das Gehirn eines Menschen zur Entfaltung kamen, der von Geburt an ein kriegerischer Barbar war. Aber bis zu diesem Zeitpunkt sollte die barbarische Veranlagung, die intensiv in seinen Spielen und seiner Vorliebe für bestimmte Bücher zum Ausdruck kam, – wobei niemand in seiner Kindheit ahnen konnte, daß diese Neigungen den Molekülen seiner DNA entsprangen – latent in seinem Genom verharren,

---

[15] Adolf Hitler, Conversaciones sobre la Guerra y la Paz, Bogotá 2002, vol. I, S. 524

in Wartestellung. Bis etwas Bedeutendes geschah, das dieser Veranlagung mit ungeheurer Heftigkeit zum Durchbruch verhalf und Hitler in den gefährlichsten barbarischen Nomaden verwandelte, den die Menschheit im Laufe ihrer Geschichte je erlebt hat. Vielleicht ist Dschingis Chan mit ihm zu vergleichen. Als barbarischer mongolischer Nomade war auch für ihn „der Krieg ein Teil des Lebens", wie Steinert in Bezug auf Hitler formuliert hat. Er war für den asiatischen Kontinent – im Osten wie im Westen – was Hitler für den europäischen Kontinent bedeutete, im Osten wie im Westen. Hinsichtlich der brutalen und zerstörerischen Gewalttätigkeit sind sie durchaus vergleichbar. Aber die Übereinstimmung bezieht sich nur auf die Art und Weise, wie die beiden barbarischen Nomaden ihre expansiven und imperialistischen Kriege führten. In allem anderen unterscheiden sie sich: so etwa, was die zivilisierten Anlagen betrifft, die in Hitler vorhanden waren; das Kompulsive und vor allem die ganz offenkundige Geisteskrankheit, die sich in ihm ankündigte.

Ich möchte zunächst auf den Anteil an zivilisierten Eigenschaften zu sprechen kommen, über den Hitler dank des geheimnisvollen Liebesabenteuers seiner Großmutter SCHICKLGRUBER verfügte. Der eigensinnigen und verschwiegenen Maria Anna, der nie in den Sinn gekommen wäre, daß sie mit ihrer Verstocktheit – einer Hartnäckigkeit, die später ein hervorstechender Charakterzug ihres Enkels Adolf sein sollte – den Historikern, Genealogen, Biographen, Hitler-Forschern und Klatschmäulern, die herausfinden wollten, mit welchem Mann sie ihre barbarisch geprägten Gene ausgetauscht hat, einmal die Arbeit sehr erschweren würde.

Ein einziges Rätsel! Und man hat unzählige Vermutungen darüber angestellt, wer wohl der Vater von Alois Hitler, geborener Schicklgruber, sein könnte... Hitler selbst beteiligte sich intensiv an dieser detektivischen Suche – sei es, weil er etwas über seine Herkunft herausfinden oder aber sie vertuschen wollte. Der Forschungseifer der Wissenschaftler und Klatschmäuler setzte im

Jahre 1920 ein, als Hitler 31 Jahre alt, sein Name zunehmend in aller Munde war und sein Antisemitismus öffentlich bekannt wurde. Denn bis zu diesem Zeitpunkt hatte er ihn praktisch in seinem Herzen verborgen gehalten, das mit einem Haß erfüllt war, dessen Beschaffenheit ich später noch erläutern werde.

„Er ist Jude!", sagten die Wissenschaftler und Lästermäuler. „Sein Großvater war Jude! Die abenteuerlustige und nicht mehr ganz junge Maria Anna hatte ein Verhältnis mit diesem Juden, und er hat sie schwanger sitzenlassen! Sie hat als Dienstmädchen bei den Frankenbergers gearbeitet, und das waren Juden! Und noch dazu lebten sie in Graz! Und wenn es nicht in ihrem Haus passiert ist, dann bei dem Juden Leopold Frankenreiter, der noch dazu Metzger ist!" Als „Beweisstück" wurde ein Brief angeführt, den Hitlers Neffe, William Patrick Hitler, an seinen Stiefbruder, Alois Hitler, geschrieben hat... All diese Klatschgeschichten kamen ab 1920 in Gang, als Hitler allmählich etwas darzustellen begann, und sie dauerten bis zu dem Zeitpunkt, als er der strahlende Reichskanzler wurde. Der bekannte nationalsozialistische Jurist Hans Frank schilderte noch in seinen Memoiren, – die er diktiert hatte, ehe er aufs Schafott stieg – Hitler habe ihm anvertraut, wie besorgt er wegen des Briefes sei, den sein Neffe William geschrieben hatte. Außerdem hätte seine Großmutter ihm gesagt, sein Großvater sei nicht der Jude aus Graz... Im Übrigen habe die Familie Frankenberger gar nicht in Graz gewohnt; Maria Anna habe niemals in Graz gewohnt; der Metzger habe überhaupt keine Möglichkeit gehabt, mit Maria Anna eine Verbindung einzugehen; William Patrick Hitler, der Sohn des alkoholsüchtigen und kriminellen Stiefbruders Alois, sei ein verabscheuungswürdiger Erpresser und schließlich: Hitler habe aus dem Mund seiner Großmutter gar nichts erfahren können, denn diese starb 1847 und Hitler ist erst 1889 geboren, also gut vierzig Jahre später.

Also nichts. Weder Jude noch kein Jude. Ein tiefgründiges Geheimnis. Das Bemühen darum, die Identität von Adolf Hitlers

Großvater väterlicherseits aufzudecken, entpuppte sich als eine Aufgabe, die wahrhaft Kopfzerbrechen verursachte. Raymond Cartier fügt ein weiteres Argument hinzu, das fraglich erscheinen läßt, ob man den Namen von Hitlers Großvater je erfahren wird. Er schreibt Folgendes:

„Nach Lage der Dinge kann unmöglich behauptet werden, Alois Schicklgruber sei an einem anderen Ort gezeugt worden als im Waldviertel (jener hügeligen und bewaldeten Gegend). Es erweist sich als illusorisch, etwas über das Aussehen, den Charakter, die Gepflogenheiten und das unstete Leben der alten Jungfer aufdekken zu wollen, die ihr uneheliches Kind 1837 nicht in ihrem Elternhaus zu Welt gebracht hat, sondern bei Nachbarn, dem Ehepaar Trummelschlager, die auch Pateneltern des Neugeborenen wurden. Wer aufrichtig ist, kann nur zu der Schlußfolgerung gelangen..., daß keine Schlußfolgerung möglich ist. Diese ganze familiäre Angelegenheit hat sich bei armen Leuten abgespielt, die kaum lesen oder schreiben konnten, deren Leben kaum Spuren hinterläßt, die eine Generation später bereits vergessen sind. Hitlers Großvater väterlicherseits ist ein Unbekannter, und das wird er aller Wahrscheinlichkeit nach auch immer bleiben."[16]

Auf soliden Tatsachen beruhen am ehesten die Recherchen der verschiedenen Hitler-Forscher, von denen Werner Maser der herausragendste ist. Ihre Argumentation beginnt damit, daß Maria Anna 1842 einen nichtsnutzigen Landstreicher geheiratet hat, der unter dem Namen Johann Georg Hiedler bekannt war. Sie soll 300 Gulden mit in die Ehe gebracht haben, damit er einwilligt. Hitler und die Nationalsozialisten haben ohne weitere Umschweife offiziell anerkannt, daß dies der so gesuchte Großvater väterlicherseits war. Die Hitler-Forscher bestreiten das jedoch: Johann Georg Hiedler könne nicht der Vater von Alois sein. Die Argumente, die sie anführen, sind allerdings alles andere als eindeutig und vermitteln den Eindruck, daß hier Tatsachen verbogen

---

[16] Raymond Cartier, Hitler: Al asalto del poder, Bogotá 1976, S. 12

werden, damit sie zusammenpassen. Das gesamte Gewicht der Argumentation lastet auf Johann Georgs Bruder, dem fünfzehn Jahre jüngeren Johann Nepomuk Hutler oder Hiedler. Dieser hat Alois tatsächlich adoptiert und in seinem Haus aufgenommen, wo er mit seiner Frau und seinen drei Töchtern lebte. Und zwar bereits vor der Hochzeit von Alois' Mutter oder kurze Zeit später, denn Johann, ihr umherstreifender Ehemann, lehnte das Kind offenbar ab.

Daß er Alois adoptiert hat, steht fest. Niemand kennt jedoch die Motive, die Nepomuk veranlaßt haben, dies zu tun. Maser argumentiert folgendermaßen: „Daß sie ihr einziges Kind nicht bei sich behielt, obwohl sie dazu – nicht nur finanziell – mühelos in der Lage war, läßt vermuten, daß ihr im Hause untätig herumsitzender Ehemann, der bereits vor der Eheschließung mit ihr in ihrem Elternhause lebte, das fremde Kind nicht in seiner Umgebung duldete und ihr Schwierigkeiten bereitete."[17] Maser vertritt die feste Überzeugung, daß Nepomuk Alois adoptiert hat – was ja niemand bestreitet – weil er der geheimgehaltene Vater des Jungen sei. Damit erhält die Geschichte eine makabere Note. Nur aus Furcht vor einem Eklat mit seiner Ehefrau Eva Maria, die davon überzeugt war, daß Alois der Sohn des Herumtreibers Johann Georg sei, habe er ihn nicht als leibliches Kind anerkannt. „Daß ihr Mann seinen Bruder ganz offensichtlich angestiftet hatte, die Mutter zu heiraten, damit er selbst Alois ohne Schwierigkeiten offiziell als Kind seines Bruders in sein Haus aufzunehmen vermochte, konnte sie nicht wissen."[18]

Hier verliert die Argumentation an Transparenz. Jedenfalls lautet Werner Masers Hauptargument folgendermaßen: „Als der wohlhabende [...] Johann Nepomuk Hüttler [...] am 17. September 1888 verstarb, fanden die auf Geld hoffenden Erben zu ihrer Überraschung im Nachlaß die Eintragung: 'Vermögen: nichts

---

[17] Werner Maser, ebd. S. 49
[18] ebd. S. 44

vorhanden.' Es war offensichtlich kurz zuvor demjenigen ausgehändigt worden, den offenbar nicht nur Johann Nepomuks Tochter Walburga und deren Mann [...] spätestens seit 1876 (als Alois Schicklgruber sich in Alois Hitler verwandelte) als 'Universalerben' ansehen mußten: Alois Hitler. Ob er das Barvermögen tatsächlich bekommen hatte, [...] ist durch zuverlässige Dokumente nicht belegt. Für die Vermutung, daß Hitlers Vater das Bargeld erbte, spricht jedoch die Tatsache, daß er – bis dahin nachweisbar ohne Vermögen – im Todesjahr Johann Nepomuks [...] ein massiv gebautes Wohnhaus [...] zu einem Preis von [...] 5.000 Gulden kaufte."[19] Ich behaupte: nicht sehr einleuchtend. Der Zweifel ist hartnäckig, und nach wie vor bleibt die Frage offen: Wer war Adolf Hitlers Großvater väterlicherseits?

Diese Frage entspringt nicht der bloßen Neugier, es handelt sich auch nicht um eine rein historische Angabe. *Es ist von fundamentaler Bedeutung, daß dieser gordische Knoten durchgeschlagen wird.* Die Forscher haben nicht umsonst so viel Zeit und Mühe in die Suche nach einer zufriedenstellenden Antwort investiert. Die aber ist entscheidend, wenn man Hitlers Gehirn durchschauen will, von dem seine Existenz und seine erstaunlichen Verhaltensweisen ausgehen. Denn das Gehirn ist das Organ, das unser Verhalten bestimmt. Ohne mir anmaßen zu wollen, ich sei wie Alexander der Große, möchte ich doch die Behauptung wagen, daß man den Knoten durchschlagen kann, indem man die Richtung der Erkenntnissuche ändert. Anstatt uns darauf zu versteifen, herauszufinden, wer Hitlers Großvater war – was unmöglich ist, da alle Wege bereits erschöpfend abgeschritten wurden – müssen wir „das Gesicht" seiner Gene erkunden. Die Frage lautet nicht „Wer", sondern „Was": welche Gene hat der Vater von Alois nach dem Zufallsprinzip an ihn weitergegeben, die dieser dann – ebenfalls vollkommen willkürlich – auf seinen Sohn Adolf übertragen hat? Um diese 50% der Gene geht es, die sich

---

[19] ebd. S. 41/42

von den 50% der Gene mit nomadischen Eigenschaften unterscheiden, die Alois von seiner Mutter Maria Anna erhalten hat.

Für das Verständnis Hitlers ist dies das Einzige, was zählt: diese genetische Größe X, die sich vom Anteil SCHICKLGRUBER unterscheidet...

Denn jeder hat darauf hingewiesen, daß diese beiden Männer, Alois und Adolf, von einem unwiderstehlichen Übereifer angetrieben wurden, einer erstaunlichen Entschlossenheit, wenn man bedenkt, daß Maria Anna eine einfache Frau war, die aus einer langen und umfangreichen Ahnenreihe von Bauern aus dieser ökologischen Nische mit Bäumen und Hügeln abstammte. Von Menschen also, die isoliert von jeglichem Umgang mit der Kultur aufgewachsen waren, abgekapselt in den Bergen – wenn ich das so sagen darf – ungebildete Leute und Analphabeten, die noch nicht einmal ihren Namen schreiben konnten. So mußten denn auch die „Zeugen", die Alois mit zum Notar und ins Pfarramt genommen hatte, um seinen Familiennamen ändern zu lassen, ihre Falschaussagen mit einem Kreuz statt mit ihrer Unterschrift bestätigen.

Und dieser Mann – Alois – spürte, wie in seinem Gehirn ein gebieterisches Drängen pochte, daß ihn dazu antrieb, es zu etwas zu bringen. Und als Zollbeamter des österreichischen Staates ging er weit über das hinaus, was sich ein Schicklgruber jemals erträumt hätte. Von Bradley Smith, den Maser auf Seite 55 zitiert, wissen wir, daß ein Bruder von Maria Anna, Franz Schicklgruber – folglich also der Onkel mütterlicherseits von Alois und Hitlers Großonkel –, „als 'saufender Gelegenheitsarbeiter' endete".[20] Der berufliche Aufstieg von Alois Hitler ist also beeindruckend! Und warum pochte in seinem Gehirn dieser unwiderstehliche Drang, sich weiterzuentwickeln? *Die Gene mütterlicherseits, die dieses Gehirn geformt hatten, konnten es nicht sein.*

---

[20] ebd. S. 55

Die Antwort lautet vielmehr: Alois besaß andere Gene, die von der dritten Woche seiner embryonalen Entwicklung an, wenn die Bildung des Gehirns einsetzt, an der Organisation des Organs beteiligt waren, so daß sich ab der fünften Woche bereits die Strukturen seiner Großhirnhemisphären ausbildeten. Die der linken und die der rechten Seite, mal gemeinsam mit den Strukturen der beiden Hemisphären, die von den mütterlichen Genen bestimmt wurden, mal getrennt von ihnen! Ich habe weiter oben die Behauptung aufgestellt, daß Alois nie ein barbarischer Mensch war, wohl aber eine nomadische Veranlagung besaß. Sei es, weil er durch Zufall nicht die entsprechende Menge und Dominanz der barbarisch bestimmten Gene erhalten hatte, sei es, weil es keine Gelegenheit gab, sie – angestachelt durch die Einwirkung eines Krieges – zu aktivieren. Alois war aber sehr wohl ein Nomade, wie seine Vorfahren aus dem Gebirge: „stur, mürrisch und gewalttätig". Wer ihn auf einem der Photos sieht, die von ihm erhalten sind, würde sagen, er sei ein kleiner „Führer" oder ein Art „Vorgeschmack" auf den Führer... Jedenfalls überwog bei ihm – ich wiederhole: nur in seinem öffentlichen Leben – der ehrenwerte, rechtschaffene Mann, der gewissenhaft bis 1895, als er im Alter von 56 Jahren aus gesundheitlichen Gründen in Rente ging, seine Pflicht erfüllte.

Woher konnten diese Gene stammen, die für die zerebralen Neuronen und Schaltkreise verantwortlich waren, die Alois und Adolf dazu antrieben, als mächtige Triebfedern hervorzutreten – und zwar sogar so weit, daß sie über die geistigen und kulturellen Parameter ihres ungezähmten Volksstammes hinausgingen?

Adolf Hitler wurde in der kleinen Stadt Braunau am Inn geboren, direkt an der Grenze zwischen Deutschland und Österreich: *„Als glückliche Bestimmung gilt es mir heute"*, mit diesen Worten beginnt Hitler sein Buch *Mein Kampf* im Jahr 1924, „daß das Schicksal mir zum Geburtsort gerade Braunau am Inn zuwies. Liegt doch dieses Städtchen an der Grenze jener zwei deutschen

Staaten, deren Wiedervereinigung mindestens uns Jüngeren als eine mit allen Mitteln durchzuführende Lebensaufgabe erscheint!"[21]

Am 20. April 1889, einem Ostersamstag. Er war das vierte Kind von Alois Hitler und Klara Pölzl – und das erste aus dieser Verbindung, das seine Kindheit überlebte.

Am 1. Mai 1895, im Alter von sechs Jahren (von den ersten Jahren Hitlers ist nichts bekannt, außer, daß Alois 1892 zum Zolloberamtsoffizial befördert wurde – dem höchsten Posten, den ein Beamter, der nur die Grundschule besucht hatte, erreichen konnte) kam er im Nachbarort Fischlham in die Schule, wo er allerdings nur für kurze Zeit blieb. Da sein Vater Alois immer wieder den Wohnort wechselte – sei es aus beruflichen Gründen, sei es auf Grund seiner Manie, ständig in Bewegung zu bleiben –, wechselte Adolf an die Schule in Lambach, einem kleinen österreichischen Dorf, wo er sehr gute Noten für seine Leistungen und sein Verhalten erhielt.

Zu diesem Zeitpunkt kommt eine ganz bestimmte Eigenschaft Hitlers sehr deutlich zum Vorschein oder beginnt aufzukeimen, die sich vollkommen von den frühen Manifestationen des kriegerischen Barbaren, die ich zuvor betont habe, unterscheidet, und die ihn sein ganzes Leben lang begleiten sollte: die mystische Leidenschaft für chorale Musik. „Zu der Zeit", schreibt Ian Kershaw, „erhielt er auch Gesangsunterricht im nahe gelegenen Kloster Lambach – wahrscheinlich auf Anregung des Vaters, dem der Chorgesang gefiel. Dabei habe ihn, so Hitler, der Glanz der kirchlichen Feste 'berauscht', und der Abt sei ihm als höchst erstrebenswertes Ideal vorgekommen."[22] Die Beobachtung von Raymond Cartier geht in dieselbe Richtung: „Adolf kam in die Klosterschule der großen Benediktinerabtei von Lambach, die in

---

[21] Adolf Hitler, Mein Kampf, München 1943, S. 1
[22] Ian Kershaw, ebd., S. 45

einem Nebengebäude untergebracht war. Die Grundmauern der Abtei stammen aus dem Jahr 1032. Der Kreuzgang, der Hell-Dunkel-Kontrast, die liturgische Musik und das kirchliche Gepränge hinterließen in dem neunjährigen Jungen einen tiefen Eindruck. Als Meßdiener und Chormitglied faßte er den Entschluß, Mönch zu werden."[23]

Ich wiederhole, daß diese Manifestation des kindlichen Gehirns – die tiefgreifend war, nicht vorübergehend – mit aller Deutlichkeit hervorzuheben ist: sie deutet auf eine genetische Dimension hin, die sich vollkommen von der Dimension unterscheidet, welche die Familie SCHICKLGRUBER weitergegeben hat... Der Psychologe kann diesen Keim des Verhaltens des zukünftigen Hitler nicht einfach oberflächlich übergehen, der bald in dessen Leidenschaft für Wagners Opern mit ihren Heldensagen zum Ausdruck kommen sollte. Dort wird sich die angeborene Hingabe zur Choralmusik mit der Begeisterung des Kriegsherrn für die heroischen Taten der Helden verbinden.

Um den Kontrast zu Hitlers späterer Einstellung gegenüber dem Lernen deutlich zu machen, über die ich an geeigneter Stelle noch sprechen werde, ist es gut zu wissen, wie Hitler seine ersten Schuljahre selbst erlebt hat. In seinem Buch *Mein Kampf* beschreibt er diese ersten Jahre als „glückselige Zeit". „Das lächerlich leichte Lernen in der Schule gab mir so viel freie Zeit, daß mich mehr die Sonne als das Zimmer sah."[24]

Aus sehr wichtigen Gründen, die ich später noch erklären werde – und die trotz des extremen Einflusses, den sie auf Hitlers Leben haben sollten, von keinem der Wissenschaftler, die sich mit dem Phänomen Hitler beschäftigt haben, hervorgehoben noch verstanden worden sind, ohne die wir jedoch sehr viele seiner Handlungen nicht verstehen werden – führte der Übergang von der

---

[23] Raymond Cartier, ebd., S. 15
[24] Adolf Hitler, ebd., S. 6

Grundschule zur weiterführenden Schule, der am 15. September 1900 stattfand, zu einem radikalen Umbruch.

Hitler war in der weiterführenden Schule ein äußerst schlechter Schüler. Ich muß betonen, *daß er nur im Zeichnen und im Malen gute Noten hatte.* Als sein Vater ihn fragte, was er mit solchen Zeugnisnoten einmal anzufangen gedenke, *antwortete ihm Adolf: „daß ich Maler werden würde, Kunstmaler".*[25] Und zu seiner armen Mutter Klara, einer verängstigten Frau, die ihrem Sohn gegenüber vollkommen machtlos war und nicht wußte, wie sie ihn zum Arbeiten bringen sollte, sagte er, er werde ein berühmter Maler werden, der seinem Namen alle Ehre machen werde...

Lassen wir den Größenwahn erst einmal beiseite, auf den ich später noch zurückkommen werde, weil er eine weitere fundamentale Granne in Hitlers Wesen darstellt und wichtig ist, um Hitler zu verstehen. *An dieser Stelle möchte ich sein angeborenes Talent zum Malen, Zeichnen und bald auch seine Fähigkeiten als Architekt hervorheben, die sich meiner Meinung nach sehr gut mit seinem geheimnisvollen Hang zur Musik verbinden lassen. Gemeinsam formen sie den geborenen Künstler, der in Hitler verborgen lag, und die Vorahnung – von der überzogenen Selbstverherrlichung einmal abgesehen –, daß er einmal eine bedeutende historische Persönlichkeit sein würde, allerdings auf dem Gebiet der Malerei und der Architektur. Seine künstlerische Berufung ist dokumentiert und ich habe keine Zweifel daran, daß sie genetisch bedingt war, weil sie tief in Hitler verwurzelt war und bis zu seinem Tod andauerte. Deshalb bin ich überzeugt, daß er sie von einem künstlerisch begabten Erzeuger geerbt ha.* Daß Hitler diese Begabung aus Gründen, die ich später noch darlegen werde, nicht hat entwickeln können, steht auf einem anderen Blatt! Doch daß er begabt war, das belegen die folgenden Anmerkungen von Werner Maser:

---

[25] ebd., S. 7

„Die in Biographien und biographischen Skizzen formulierten Portraits über Adolf Hitler als Künstler sind ausnahmslos unbrauchbar. [...] Pauschalurteile ohne akzeptable Begründungen, Wiederholungen populärer Versionen ohne Detail- und Fachkenntnisse [...]."[26] „'Die ganz Untalentierten zeichneten nach Vorlagen', schrieb Rabitsch [...]." – wie Hitler – „Keines dieser Urteile ist objektiv." „[...] dessen (Hitlers) wenige nach der Natur gemalten Bilder ein ungewöhnliches Talent verraten, [...]."[27] „Hitler schweben spätestens seit Herbst 1907, seit er – trotz der zunächst unzureichenden Voraussetzungen – hofft, einmal Architekt werden zu können, gewaltige, monumentale Bauten vor."[28] 1919 legt Hitler in München „einige seiner jüngsten Arbeiten dem bekannten und angesehenen Maler Max Zeeper zur Beurteilung vor. Zeeper ist von Hitlers Aquarellen und Zeichnungen so überrascht, daß er sich an seinen [...] Kollegen Professor Ferdinand Staeger wendet [...]", der folgende Stellungnahme abgibt: „[...] ein ganz außergewöhnliches Talent."[29]

Seine Kameraden, seinen Vater, seine Mutter und seinen Freund Kubizek überschüttete er schon als Kind mit seinen Ausführungen zu allen möglichen Themen, wobei seine Redegewandtheit immer mehr zunahm. Er hielt endlos lange Vorträge oder Monologe und drängte sich mit seinen Argumentationen regelrecht auf, die meist der reinen Phantasie entsprangen. Und hier haben wir eine weitere angeborene Veranlagung, die in seinem Gehirn verankert ist: die Redekunst! Hitler ist als Redner geboren, und es war nur eine Frage der Zeit, bis sich aus der manischen Geschwätzigkeit der ersten Jahre die sprachgewandte Redekunst entwickelt hatte, die ab 1919 seine Anhänger faszinierte.

---

[26] Werner Maser, ebd. S. 95
[27] ebd. S. 96
[28] ebd. S. 100
[29] ebd. S. 108

Fassen wir all diese angeborenen Eigenschaften Hitlers in einem einzigen Bündel zusammen: die Hingabe zur Choralmusik, seine Geschicklichkeit beim Zeichnen und Malen, sein architektonisches Talent – als die sowjetischen Truppen die Diensträume der Reichskanzlei bombardierten, betrachtete Hitler, der wie ein Maulwurf tief in seinem Bunker saß, begeistert das Modell für die Stadt Linz (dort hatte er in seiner Jugend glückliche Tage des Nichtstuns verlebt), das der Architekt Hermann Giesler auf seine Anordnung hin entworfen hatte – und die Kunst der Rede, die reichlich und spontan floß, ohne daß es irgendeiner Anstrengung oder Arbeit von seiner Seite bedurft hätte. Denn gegen reguläre Arbeit war er allergisch. Fassen wir sie also zusammen, all diese Eigenschaften, die Hitler sein Leben lang auszeichneten – deshalb bezeichne ich sie als tiefgreifend – und wir werden sehen, daß sie eine Größe darstellen, die von der Dimension des kriegerischen Barbaren, die parallel dazu verläuft, getrennt zu sehen ist. *Es handelt sich um zwei genetische Schichten im Wesen Adolf Hitlers, in seinem unverwechselbaren gemischtrassigen Gehirn,* in dem die Schicht mit den barbarischen Eigenschaften günstige Bedingungen gefunden hat, um sich gegenüber der Schicht des Künstlers durchzusetzen, der sich – wie wir noch sehen werden – aufgrund eines zentralen Defektes in Hitlers geistiger Konstitution nicht entwickeln konnte.

Daß Hitler ein gemischtrassiger Mensch war, wird schon in seiner Anatomie deutlich: er hatte „große Füße wie die Nomaden in der Wüste", äußerte Reinhold Hanisch (ebenfalls ein Landstreicher) 1909, denn er hatte Gelegenheit dies zu beobachten, weil beide im Obdachlosenheim in Wien dasselbe Zimmer teilten. Auch Hitlers ausdrucksvolle blaue Augen sind ihm aufgefallen – die meiner Meinung nach fälschlicherweise mit denen der Mutter verglichen worden sind, die zwar schön waren, aber durch den erlittenen Schmerz ihren Glanz verloren hatten. Und seine feingliedrigen Hände, wie die eines Pianisten, die in krassem Gegensatz zu seiner häßlichen Nase und der primitiven fliehenden Stirn standen. *Doch was zählt, ist die Vermischung der Rassen in seinem Gehirn*, die sich in seinem Verhalten zeigte. Ich wiederhole: das Gehirn ist das Organ, das unser Verhalten bestimmt, und einem bestimmten Gehirn entspricht ein spezielles Verhalten, das jeweils den Strukturen und Nervenbahnen gemäß erfolgt, die genetisch festgelegt sind. Mal sind es die eines barbarischen Nomaden, mal die eines seßhaften zivilisierten Menschen. Hitler selbst hat sein zwiespältiges, widersprüchliches Verhalten ziemlich klar durchschaut, auch wenn er natürlich – als jemand, der so fanatisch die Reinheit der Rasse propagierte und alles leugnete, was in ihm von Seiten der Familie SCHICKLGRUBER vorhanden war – in diesen beiden Formen des Verhaltens, die einer unterschiedlichen Entwicklungsstufe entsprachen, nicht den Ausdruck seines gemischtrassigen Wesens erkannte. Aber er spürte in seinem Gehirn mit nahezu gleicher Intensität die Schwingungen des seßhaften, zivilisierten Menschen und die des barbarischen, kriegerischen Nomaden. Hier ist ein Bekenntnis, das er in der Nacht vom 25. auf den 26. Januar 1942 formuliert hat. Und es besteht kein Grund, an der Aufrichtigkeit dieser Aussagen zu zweifeln:

„Es gibt Leute", sagte Hitler zu diesem Zeitpunkt, als der Krieg, den er ausgelöst hatte, sich mit aller Gewalt und Brutalität entwickelte, „die glauben, daß es mir schwerfallen würde, auf meine jetzige Tätigkeit zu verzichten. Da täuschen sie sich aber gewaltig, denn der Tag, an dem ich die Politik mit all ihren Verdrießlichkeiten und Abhängigkeiten hinter mir lassen kann, wird der schönste meines Lebens sein. Wenn der Krieg zu Ende ist, werde ich das Gefühl haben, daß ich meine Pflicht erfüllt habe und mich zurückziehen. Dann möchte ich mir fünf bis zehn Jahre Zeit nehmen, um meine Gedanken zu ordnen und dies in schriftlicher Form festhalten. Kriege gehen vorbei. Bestand haben nur die Zeugnisse des menschlichen Genius." Die Kultur also. „Daraus erklärt sich meine Liebe zur Kunst", fährt Hitler fort. „Die Musik, die Architektur – sind das nicht die Bereiche, in denen die Menschheit den Weg ihrer Weiterentwicklung beschreitet? Wenn ich die Musik Wagners höre, habe ich das Gefühl, ich höre die Rhythmen einer vergangenen Welt. Ich nehme an, daß die Wissenschaft eines Tages in den Wellen, die 'Rheingold' in Bewegung gesetzt hat, geheime Mitteilungen entdecken wird, die mit der Ordnung des Universums in Verbindung stehen."[30]

Hier haben wir es mit einer eindeutigen Schilderung des gemischtrassigen Menschen zu tun, einem Selbstportrait seines Gehirns, das mit einer gewissen Schwärmerei gezeichnet wurde! ... Aus Gründen, auf die ich noch zu sprechen komme, konnte Hitler sich nie den Wunsch erfüllen, seine Dimension des zivilisierten Menschen „zu objektivieren" – sei es durch schriftstellerische Betätigung, in der Malerei oder der Architektur, sei es beruflich. Selbst wenn er den Krieg gewonnen hätte, wovon er noch im Jahr 1942 absolut überzeugt war, als seine anfänglichen Erfolge sich allmählich ins Gegenteil kehrten.

Ein Mischling aus barbarischem Nomaden und zivilisiertem Menschen! Die Frage nach der Identität von Hitlers Großvater väterlicherseits verlagert sich auf die Problemstellung: woher stammten Hitlers Gene mit den Anlagen des zivilisierten Menschen, da seine Großmutter SCHICKLGRUBER ja für die Gene des Barbaren verantwortlich zeichnet? Und nicht nur das: woher stammte das Genie Adolf Hitler, dem wir doch die Bezeichnung „Genie" nicht absprechen können, auch wenn wir das gern möchten?

In meinem Buch *Das Genie und die moderne Psychologie*[31] habe ich gezeigt – und damit befinde ich mich im Widerspruch zu Ernst Kretschmer –, daß Genialität nicht vererbt wird. Bedeu-

---

[30] Adolf Hitler, Conversaciones sobre la Guerra y la Paz, Bogotá 2002, S. 420

[31] Mauro Torres, Das Genie und die moderne Psychologie, Baden-Baden 2005

tende Genies wie Leonardo da Vinci hatten keine genialen Vorfahren: Leonardos Mutter war eine einfache Bäuerin, wenn auch auf einem höheren Entwicklungsstand als Maria Anna Schicklgruber; sein Vater war Anwalt – kein Genie, doch mit einem bürgerlichen Status, der ihn deutlich gegenüber dem Landstreicher Johann Georg Hiedler, dem offiziellen Großvater Hitlers, abgrenzte, und auch gegenüber jenem Nepomuk, den Werner Maser für den „echten" Großvater hält und der nicht mehr als ein ehrenwerter Bauer war... Rembrandt war der Sohn eines Müllers... Newton stammte von Bauern ab, die aber eine höhere Entwicklungsstufe erreicht hatten als die Familie Schicklgruber... Verdis Eltern hatten einen Krämerladen; Haydn war ein Fuhrmannssohn; El Giotto stammte von einem Schafhirten ab; Fichte von einem Gänsehirten; wer Kants Vater war, weiß niemand... Diese Beispiele zeigen deutlich, daß Genialität nicht vererbt wird, und auch, daß sie nicht in einem Umfeld auftaucht, in dem die Menschen sich noch auf einem primitiven Entwicklungsstand befinden.

„Ich bin der Meinung, daß ein inneres Organ wie das Gehirn,", heißt es in dem zitierten Buch, „das 100.000 Millionen Nervenzellen besitzt, also 10^{11}, und das 10^{14} Neuronenverbindungen herstellen kann" – das sind mehr als es Sterne in unserer Galaxie gibt – „den Faktor Zufall in seine intrinsische Organisation einschließen muß, der dem genetischen Determinismus entgeht und damit der absoluten Kontrolle durch die Vererbung. [...] Bei der intrinsischen Organisation eines so komplexen Organs, wie das Gehirn eines ist, spielen meiner Ansicht nach *Notwendigkeit* und *Zufall* eine entscheidende Rolle, wobei beide gegenseitig aufeinander einwirken. Dies erklärt die Besonderheit jedes Individuums der menschlichen Spezies, und insbesondere das Genie. [...]

Ohne genetische Notwendigkeit wird nichts in der allgemeinen Struktur des Gehirns und keiner seiner wesentlichen Züge aufge-

baut. Ohne den Zufall gibt es die besonderen Wesenszüge jedes einzelnen Individuums nicht. [...]

Der Zufall braucht 'seine' spezifische Notwendigkeit, und diese wiederum 'ihren' spezifischen Zufall. Es gibt eine wechselseitige Beziehung zwischen Zufall und Notwendigkeit, in welcher das eine für das andere unbedingt erforderlich ist. Bei der intrinsischen Organisation des Gehirns ist der Zufall das Produkt der genetischen Notwendigkeit, der Art, wie diese zum Ausdruck kommt: *der Zufall, das sind die Strukturen, die Nervenbahnen und Synapsen, die sich außerhalb jener Strukturen, Nervenbahnen und Synapsen bilden, die genetisch festgelegt sind.* Das Gehirn ist genetisch determiniert, aber es ist ohne den Zufall nicht zu verstehen.

Das Genie entsteht aus der genetischen Notwendigkeit unserer Spezies, die durch Vererbung von den Eltern weitergegeben wird, und dem Zufall dieser Notwendigkeit, der sich aus der intrinsischen Organisation 'seines' Gehirns ergibt. Im Übrigen ist das Gehirn jedes Individuums einzigartig und einmalig; es ist das Produkt der genetischen Notwendigkeit und 'seines' persönlichen Zufalls. Das Gehirn des Genies besitzt Nervenbahnen, die bei den anderen Menschen fehlen – und dies aufgrund eines typischen Zufalls seiner persönlichen Entwicklung."[32]

Die Argumente des US-amerikanischen Genetikers Professor Richard Lewontin hinsichtlich der Bedeutung des Zufalls für die Entwicklung des Gehirns, die er in seinem Buch *Human Diversity* entwickelt hat, sind überzeugend. Sie gründen sich auf ernstzunehmende Experimente. Während allgemein behauptet wird, das Individuum oder der Phänotyp sei das Resultat der Interaktion Genotyp-Umwelt, führt Dr. Lewontin dies noch genauer aus: der Phänotyp eines Organismus sei nicht vollständig festgelegt, auch wenn sein Genotyp und die Umwelt, in der er sich entwickele,

---

[32] Mauro Torres, ebd. S. 93/94

gegeben seien. *Es gebe vielmehr eine dritte Ursache der Variation, die zum Gesamtresultat beitrage.*[33]

„Um diese wichtige Behauptung zu belegen, verfolgt Lewontin die Entwicklung der Drosophila. Diese Fliege besitzt auf der rechten Seite sechs Borsten, auf der linken jedoch zehn. Der Genetiker fragt sich, woher diese Asymmetrie komme. Beide Seiten seien genetisch völlig identisch. Die Fliege habe diese Borsten während der Verpuppung gebildet. In der Umwelt gebe es nichts, das man als Beweis für die unterschiedliche Entwicklung der beiden Seiten geltend machen könnte – sie sei vielmehr die Folge von *zufälligen* Ereignissen, die sich während der Entwicklungsphase abgespielt hätten. Lewontin spricht vom *Widerhall der Entwicklung.* Dieser 'Widerhall der Entwicklung' ist der Zufall oder das vom Zufall Abhängige.

Lewontin gelangt zu der Schlußfolgerung, daß man dort, wo es Wachstum und Zellteilung gebe, mit der Wirkung dieses *Widerhalls* rechnen müsse. So könnten sich bei der Geburt Unterschiede zwischen den einzelnen Individuen zeigen, *die nicht als genetische Variation zu erklären seien.* Ihm fehlten zum Beispiel die neuronalen Verbindungen, über die der virtuose Violonist Yehudi Menuhin verfüge, und daher müsse er sich mit eher mittelmäßigen musikalischen Fähigkeiten abfinden. Und nicht nur das. Lewontin hält es für möglich, daß diese Unterschiede bereits vor der Geburt existierten und daß dies nicht mit unserem Genotyp zusammenhänge. *Vielleicht seien die Verbindungen, die im Laufe der Entwicklung zwischen den Tausenden von Millionen Neuronen unseres Gehirns geknüpft werden, gar nicht genau durch den Genotyp festgelegt*, auch nicht durch eine bestimmte Umwelt. *Der Widerhall der Entwicklung müsse irgendeine Rolle bei der Entstehung des Gehirns spielen, vielleicht sogar eine Rolle ersten Ranges.*

---

[33] vgl. Richard Lewontin, La Diversidad Humana, Barcelona 1984, S. 25

Der Zufall spielt also eine Rolle ersten Ranges bei der intrinsischen Organisation des Gehirns. Dies gilt für alle Individuen unserer Spezies und ganz besonders für das Genie. Zufällig besitzt das Gehirn des Genies schöpferische Nervenbahnen, die es von den übrigen Menschen unterscheiden. Wenn diese nicht geerbt, sondern erworben wurden, so gibt das Genie diese nicht an seine Nachkommen weiter."[34]

Zweifellos ist das Genie Hitler durch Zufall entstanden, nicht durch Vererbung. Denn sein Vater Alois war zwar ein talentierter Mann, aber niemals ein Genie.

Ich fühle mich zwar nicht verpflichtet, unbedingt die Identität von Hitlers Großvater väterlicherseits aufdecken zu müssen – denn ich habe ja bereits darauf hingewiesen, daß dies ein unmögliches Unterfangen ist –, *erlaube mir aber dennoch die Behauptung, daß die Gene, die dieser unbekannte Großvater beigesteuert hat, überwiegend solche waren, bei denen die zivilisierten Eigenschaften dominant waren.* Denn grundsätzlich sind wir alle Mischlinge, ob nun die Gene mit barbarischen Merkmalen dominant sind oder die mit zivilisierten Eigenschaften. Was die Familie SCHICKLGRUBER betrifft, so habe ich den Eindruck, daß sie einer europäischen Volksgruppe von reinen nomadischen Barbaren vor der Hybridisierung mit gemischtrassigen Ethnien angehörte, die sich im Waldviertel, das ja innerhalb Österreichs ebenfalls ganz isoliert liegt, abgeschottet oder abgekapselt hat...

Maria Anna – die sich durch ihre Widerspenstigkeit und extreme Verstocktheit auszeichnete, die sie möglicherweise an ihren Enkel Adolf weitergegeben hat – war vielleicht die erste kompulsive Abenteurerin (später werde ich dieses Epitheton noch näher erläutern), die aus dieser Isolation ausgebrochen ist. Sie war eine alte Jungfer um die vierzig, als sie auf einem ihrer Streifzüge, ebenfalls durch Zufall, irgendeinen Sexualpartner traf, der auf ei-

---

[34] Mauro Torres, ebd. S. 97

nem sehr viel höheren Entwicklungsstand war als sie und ihre Artgenossen im abgelegenen Waldviertel. Dieser brachte DNA, in der die Eigenschaften zivilisierter Menschen dominant waren, in den Schoß dieser Frau ein, die ihre ganz besondere Eigenart besaß und die in sexueller Hinsicht kompulsiv war. Denn fünf Jahre, nachdem sie das uneheliche Kind Alois geboren hatte, mit 47 Jahren, zahlte sie 300 Gulden, damit der kompulsive Landstreicher Johann Georg Hiedler sie heiratete – laut Thomas Orr[35] erklärtermaßen ein Faulenzer und Lebemann, gebürtig aus Spital, einer Ortschaft ganz in der Nähe von Strones. Er war damals fünfzig Jahre alt und gilt offiziell als Adolf Hitlers Großvater...

Ob diese Gene mit Eigenschaften zivilisierter Menschen, die der Bourgeois beigesteuert hat (es ist bekannt, daß die barbarischen Nomaden im Laufe ihrer biologischen Entwicklung ökonomisch und kulturell das Niveau des Bürgers übernommen haben) nun jüdischer, österreichischer oder deutscher Abstammung waren, werden wir nie erfahren. Denn wir wissen nicht, welchen Weg die Abenteurerin Maria Anna eingeschlagen hat. *Was wir aber mit Sicherheit sagen können ist, daß Hitlers Großvater väterlicherseits ein Bourgeois war, dessen biologische Strukturen weiter entwickelt waren als die der Großmutter SCHICKLGRUBER.* In meinem Buch *América Latina dos veces herida en sus orígenes* beschreibe ich ausführlich das bedeutende Phänomen, daß der Feudalismus und das Bürgertum nicht nur ökonomische Kategorien sind, sondern auch und ursprünglich entwicklungsgeschichtliche und biologische Begriffe. Der Feudalismus geht nicht nur aus historischen und kulturellen Gründen ins Bürgertum über. Der Mensch des Feudalsystems muß sich genetisch weiterentwickeln, um aus seinem Status des kriegerischen Nomaden, der mit Müßiggang verbunden ist, wenn gerade kein Kampf ansteht, – Krieg führen und Faulenzen sind seine bevorzugten Daseins-

---

[35] (Pseudonym für einen akademischen Mitarbeiter des ehemaligen Hauptarchivs der NSDAP), Anm. d. Übersetzerin

weisen – aufzusteigen zum biologischen Status des Bourgeois, der die Arbeit liebt, sparsam ist und ein seßhaftes Leben führt.

„Auch wenn Werner Sombart", heißt es in dem genannten Werk, „nichts von der Aufspaltung der Menschheit in seßhafte, zivilisierte Völker und barbarische Nomaden wußte, hat sein Genius doch intuitiv die Tatsache erfaßt, daß einige Völker von ihrer biologischen Veranlagung her mehr der Arbeit zugeneigt waren, dem sparsamen und friedlichen bürgerlichen Leben – weil sie sich genetisch auf einer höheren Entwicklungsstufe befanden – und daß andere Völker sich aufgrund ihrer niedrigeren Evolutionsstufe mehr zu Krieg und Müßiggang hingezogen fühlten. Erstere waren jene Völker, die die bürgerliche Produktionsweise entwickelt hatten, während die Nomaden des Feudalsystems dies ablehnten und sich dem Krieg und dem Nichtstun widmeten."[36]

„Zu den Völkern mit kapitalistischer Unterveranlagung rechne ich vor allem die Kelten und einige germanische Stämme, wie namentlich die Goten. [...] Überall, wo Kelten[37] die Mehrheit der Bevölkerung bilden, kommt es überhaupt zu keiner rechten Entwicklung kapitalistischen Wesens [...]."[38]

Das ist die Identität von Hitlers Großvater väterlicherseits: ein braver Bourgeois, der die Evolutionsstufe des Nomaden hinter sich gelassen hatte, bei dem die Erbanlagen des zivilisierten Menschen dominant waren, und der wahrscheinlich über eine künstlerische Begabung verfügte!

---

[36] Mauro Torres, América Latina, dos veces herida en sus orígenes, Bogotá 2001, S. 217
[37] ... und Goten, einschließlich der spanischen Eroberer und Plünderer Lateinamerikas (Mauro Torres)
[38] Werner Sombart, Der Bourgeois, Hamburg 1988, S. 206

5. Adolf Hitler ist kompulsiv geboren und blieb es bis zu seinem Tod

Es handelt sich hier um eine ganz ausschlaggebende Dimension, die Hitlers Gehirn und sein Verhalten bestimmt hat. Bisher wurde sie von Wissenschaftlern im Zusammenhang mit Hitlers sonderbaren Verhaltensweisen eher beiläufig beschrieben, – außer seiner martialischen Unmenschlichkeit, die ursächlich gar nichts damit zu tun hat, obwohl beide sich im Laufe der Jahre schließlich miteinander verbinden und gegenseitig verstärken. Sie sind jedoch nie systematisiert worden, innerhalb eines wissenschaftlichen Konzeptes. Aus dem naheliegenden Grund, daß diese Wissenschaft in der Welt jenseits meiner Forschungsarbeit nicht bekannt ist.

Seit 25 Jahren sind diese sonderbaren Verhaltensweisen, die in aller Welt bekannt sind, nun bereits Gegenstand meiner fundierten und intensiven wissenschaftlichen Forschungsarbeit. Einige davon sind einzeln untersucht worden, nie zuvor sind sie jedoch in ihrer Gesamtheit betrachtet und zum Kernthema einer besonderen Wissenschaft erhoben worden. Dies ist eine bedauerliche Fahrlässigkeit der internationalen Wissenschaftsgemeinschaft, die sich mit der Erforschung des menschlichen Geistes beschäftigt, weil es sich hierbei um äußerst wichtige Phänomene der menschlichen Pathologie handelt, die den einzelnen Menschen und die Gesellschaft schwer in Mitleidenschaft ziehen, und weil die gesamte Menschheit im Begriff ist, sich – ohne es zu merken – in eine kompulsive Spezies zu verwandeln. Obwohl ich meine Forschungsergebnisse in zahlreichen Werken und wissenschaftlichen Artikeln dokumentiert habe – angefangen mit dem Buch *Dostoyevski, Genio Compulsivo*,[39] das 1981 veröffentlicht wurde, bis hin zu den Büchern *Desviación Compulsiva de la Evolución del Comportamiento de la Especie Humana*[40] und *Compulsión y Crimen*[41] –, ist dies bei Wissenschaftlern bisher auf taube Ohren gestoßen. Sei es, weil sie von diesen Werken gar nichts wissen; sei es, weil sie sie mit offenkundiger Leichtfertigkeit einfach ablehnen.

Diese Wissenschaft nenne ich *Die dritte Mentalität* oder *Die Theorie der starken Kompulsionen.*

In diesem Wissenschaftszweig untersuche ich Kompulsionen, d.h. ungewöhnliche Verhaltensweisen der Bevölkerung auf der ganzen Welt, die – obwohl sie allen bekannt sind – nie ihren Charakter der Fremdartigkeit verlieren, denn es handelt sich nicht um natürliche Verhaltensweisen, die sich im Laufe der Evolution der menschlichen Spezies durch natürliche Selektion entwickelt haben.

Kompulsionen sind schwerwiegende Manifestationen menschlichen Verhaltens. Ich bezeichne sie als Kompulsionen, weil ich von dem lateinischen Wort *compulsio* ausgehe, das bedeutet „Nötigung, Zwang." Kompulsionen zwingen einen Menschen, immer wieder anormale Verhaltensweisen auszuführen, selbst gegen seinen Willen: der betroffene Mensch muß sich so verhalten, ob er will oder nicht... Diese Verhaltensweisen entbehren jeglicher adaptiver Absicht, sie sind unwiderstehlich in dem Sinne, daß der Betroffene dem Wunsch, sich so zu verhalten, nicht widerstehen kann, er hat keine Kontrolle darüber.

---

[39] (Dostojewskij, das kompulsive Genie), Anm. d. Übersetzerin
[40] s. Fußnote 6
[41] (Kompulsion und Verbrechen), Anm. d. Übersetzerin

DAS GROSSE SYSTEM DER KOMPULSIONEN, DIE SÜCHTIG MACHEN

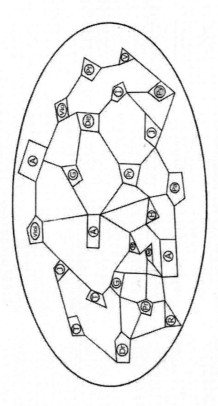

- T = Tabaquismo (Nikotinsucht)
- A = Alkoholismus
- G = Glotonería (Eßsucht)
- I = Incesto (Inzest)
- Viol = Violencia (Gewalttätigkeit)
- Vio = Violación (Vergewaltigung)
- H = Homicidio (Mordsucht)
- Pa = Paidofilia (Pädophilie)
- Dr = Drogadicción (Drogensucht)
- Py = Pyromanie
- R = Robo (Diebstahl)
- J = Juego (Spielsucht)
- V = Vagabundentum
- De = Delincuencia (Kriminalität)
- Pr = Prostitution
- Pro = Promiskuität
- Ad = Adulterio (Ehebruch)
- M = Mythomanie

Dieses System ist nicht anhand von konkreten empirischen Fällen aufgestellt worden, doch die Vernetzung entspricht Verbindungen, die zwischen kompulsiven Menschen wirklich bestehen. Das kann man an den Familienstammbäumen ablesen. Demnach sind alle Kompulsionen innerhalb eines weiten Netzes eng miteinander verknüpft. Aufgrund dieser Tatsache kann man Fritjof Capra voll zustimmen, wenn er schreibt:

"Es gibt keine Teile, die grundlegender sind als andere. Diese Idee hat Geoffrey Chew bereits in der Physik Ausdruck verliehen."[1]

Für den Bereich der Kompulsionen ist dies von enormer Bedeutung, denn es kommt gar nicht darauf an, worauf die jeweilige Kompulsion gerichtet ist: alle befinden sich innerhalb des Systems auf derselben Ebene, alle gehen in derselben Einheit auf.

[1] Fritjof Capra, La trama de la vida, Barcelona 1998, S. 59
(Titel der deutschen Ausgabe: "Das Lebensnetz")

MUTAGENE WIRKUNG DES ALKOHOLS

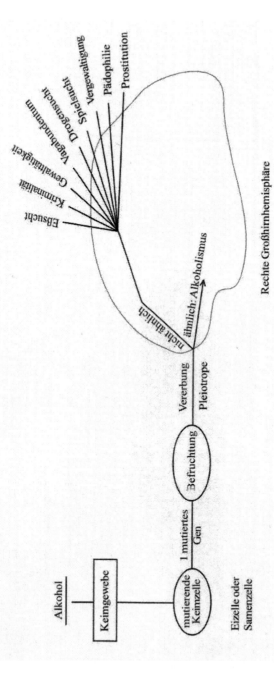

HYPOTHESE A: 1 mutiertes Gen = 1 kompulsives System
(Nach dem Paradox von Changeux
*Einfachheit im Genom –
Komplexität im Gehirn*)

MUTAGENE WIRKUNG DES ALKOHOLS

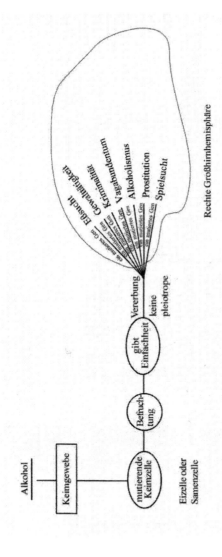

HYPOTHESE B: 1 mutiertes Gen = eine Kompulsion
(Es gibt keine Pleiotropie, auch das Paradox von Changeux
— *Einfachheit im Genom — Komplexität im Gehirn* kommt nicht zur Anwendung)

Und wenn er diese Verhaltensweisen dann ausgeführt hat, erfüllt ihn ein ungeheures Glücksgefühl, obwohl dem Betroffenen paradoxerweise gleichzeitig bewußt ist, daß dieses Verhalten anormal oder verwerflich ist. Der Zwang, den diese Menschen spüren, solche Verhaltensweisen auszuführen, ist sehr stark. Daher ist „Kompulsion" der treffende Ausdruck, da dies so viel bedeutet wie „jemanden zu etwas drängen, nötigen".

Wie jedem anderen auch waren mir diese ungewöhnlichen Phänomene ebenfalls bekannt. Ich fühlte mich herausgefordert, sie zu begreifen, wußte aber nicht, wie ich vorgehen sollte... Zufällig bat mich ein Deutscher um meine Unterstützung als Fachmann für die menschliche Psyche. Seine Frau hatte ihn bedrängt, er solle mich fragen, ob ich ihm helfen könnte, seine Erkrankung zu behandeln: mit 45 Jahren war er Alkoholiker im fortgeschrittenen Stadium. Ganz spontan äußerte er dann bei einem unserer Gespräche, daß er sich darüber wundere, warum er Alkoholiker sei, sein Vater ebenfalls an dieser Krankheit gelitten habe, seine jüngere Schwester aber keinen Alkohol trinke. Er könne sich das nicht erklären. Die Schwester esse allerdings sehr viel und sei bereits übergewichtig, doch was noch merkwürdiger sei: ihr Sohn, der aus ihrer Ehe mit einem Nicht-Alkoholiker stamme, habe den Alkoholismus wiederum geerbt. Unter den Vorfahren des Vaters gab es noch weitere Alkoholiker.

Rasch erfaßte ich das Problem: um einen kompulsiven Patienten zu verstehen, muß man ihn unbedingt in Zusammenhang mit seinem Stammbaum untersuchen, nicht als Einzelperson, wie dies bei anderen Erkrankungen der Fall ist. Was dieser Patient mir zeigte, war ein kleiner Stammbaum, der aber äußerst wertvoll war, wenn man die richtigen wissenschaftlichen Informationen herauszog: ein alkoholkranker Vater, der seinerseits von Alkoholikern unter den entfernteren Vorfahren abstammte, hat einen Sohn, der wiederum unter Alkoholismus leidet, ebenso wie er, aber – welch eine Überraschung: die jüngere Tochter erkrankt an

Bulimie, und noch erstaunlicher: ihr Sohn, der Enkel jenes alkoholkranken Vaters, ist wiederum Alkoholiker! Drei Generationen, jede mit Kompulsionen in einer besonderen Abfolge, aber untereinander wie durch einen unsichtbaren Faden verknüpft. Aus dem, was ich diesem Stammbaum entnehmen konnte, ergaben sich ganz eindeutig zwei Formen von Kompulsionen: der Alkoholismus in drei Fällen und die Eßstörung bei der Frau (erst sehr viel später fand ich mit Hilfe statistischer Daten heraus, daß Frauen eher zur Eßsucht neigen, Männer zum Alkoholismus).

Schon hatte ich den goldenen Schlüssel, um die rätselhafte Welt der Kompulsionen zu betreten: ich mußte die Stammbäume der kompulsiven Patienten studieren. Es gibt Kompulsionen, die toleriert werden – obwohl sie immer schädlich sind für die betroffene Person oder die Familie – wie der Alkoholismus und die Bulimie, die zur Fettleibigkeit führt. Für dieses Phänomen haben die Wissenschaftler übrigens noch keine Ursache finden können, weil sie die Patienten, die an Übergewicht leiden, nur isoliert betrachten und nicht im Rahmen ihrer Familiengeschichte. Daneben gibt es aber auch andere Kompulsionen, die nicht dadurch gekennzeichnet sind, daß der Betroffene bestimmte Substanzen zu sich nimmt (Alkohol, Nahrungsmittel, Tabak, Drogen), sondern daß er bestimmte krankhafte Verhaltensweisen ausführen muß wie Mord oder Diebstahl. Auch Pädophilie und kompulsive Faulheit gehören in diese Kategorie. Letztere kann, wenn es sich um Lernfaulheit handelt, die intelligentesten Menschen zum Scheitern verurteilen. Oder aber jemanden, der in krankhafter Weise zu faul ist, systematische, praktische Arbeiten zu verrichten, an den Bettelstab bringen. Meist handelt es sich leider um universelle Faulenzer, die weder studieren noch einer regulären Arbeit nachgehen wollen. So kommt es zu schwerwiegenden Verhaltensstörungen wie Inzest, Gattenmord, Boshaftigkeit, Prostitution, Spielsucht, sexuelle Perversionen, Mythomanie, Betrügerei, Pyromanie, Terrorismus im strengen Sinne, Sadismus, Ehebruch, Donjuanismus,

Nymphomanie, Zügellosigkeit, kompulsivem Haß, kompulsiver Rache, Pornographie, Exhibitionismus etc., die entweder beschämend sind oder illegal und somit bestraft werden. Um also die Stammbäume zu untersuchen, die sicherlich ein breites Spektrum an Kompulsionen umfassen würden, mußte ich über mein privates Sprechzimmer hinausgehen: ich gründete das Institut für starke Kompulsionen oder die dritte Mentalität, ging lange Zeit in Männer- und Frauengefängnisse, in Spielhöllen, Bordelle, in die Unterwelt, in Schulen und Universitäten.

Diese Arbeit hat viele Jahre meiner Forschungsbemühungen in Anspruch genommen, doch die Entdeckung neuer Kompulsionen und ihrer Beziehungen und Ursachen hat die Mühe gelohnt. Auch in der Literatur habe ich wertvolles Material gefunden, um die Studien mit Autoren wie Dostojewskij zu vertiefen, dessen Anthropologie die des kompulsiven Menschen ist, nicht die des normalen Menschen, und so konnte ich meine erste Abhandlung schreiben: *Dostoyevski, Genio Compulsivo*[42]*,* die mir dazu verhalf, mich in der Welt der ungewöhnlichsten Verhaltensweisen zu orientieren und mir so eine Ahnung davon vermittelte, daß die Kompulsionen ein Universum bildeten, das sich im Laufe der Zeit immer mehr ausweitete. Historisch gesehen fand ich in der Zivilisation der Sumerer, die die Schrift entwickelt hatten, die ersten schriftlichen Dokumente über das Auftauchen der Kompulsionen vor mehr als 5.000 Jahren. All dies habe ich in meinem Buch *Desviación Compulsiva de la Evolución del Comportamiento de la Especie Humana*[43] festgehalten.

Ich konnte beobachten, daß moralischer Verfall und Kompulsionen in dem Maße zunahmen, wie wir uns von der Natur entfernten...

---

[42] s. Fußnote 39
[43] s. Fußnote 6

Mein wertvollstes „Labor" war jedoch das gewissenhafte Studium der Stammbäume – nicht so oberflächlich, wie dies bei Meinungsumfragen für Zeitschriften oder Marketingzwecke geschieht. Vielmehr studierte ich viele der Stammbäume über mehrere Jahre. Denn sie führten zu einer Behandlung oder Prävention von kompulsiven Menschen, einschließlich ihrer Familienangehörigen, die wertvolle Angaben beisteuerten, so daß ich die Patienten besser kennenlernen konnte, zusätzlich zu den Informationen, die diese mir selbst lieferten.

Was ich konkret in der Zivilisation der Sumerer zwischen 4.000 und 3.000 v. Chr. entdeckt habe, war die merkwürdige „Koexistenz" von Alkohol im Blut der Sumerer und neuen seltsamen Verhaltensweisen. Den ersten archäologischen Nachweis für die Existenz von Alkohol habe ich in dem Buch *Catal Hüyük: Stadt aus der Steinzeit* gefunden. Der Autor und Entdecker der Stadt, der Archäologe James Mellaart, berichtet, daß die Bewohner zwischen 7.000 und 6.000 v. Chr. regelmäßig Bier und Wein getrunken haben.[44] Die sumerischen Völker pflegten eine *Bierkultur*: „Trink das starke Bier, wie es bei uns üblich ist!", fordert eine Prostituierte einen Fremden auf. In allen Häusern wurde Bier getrunken, es war ebenso Bestandteil ihrer Ernährungsweise wie das Getreide. Es gab also, sage ich, eine Koexistenz zwischen Alkoholkonsum und dem Auftreten kompulsiver Verhaltensweisen. Diese Tatsache führte mich zu der Vermutung, daß eine kausale Beziehung zwischen Alkohol und Kompulsionen besteht, nicht nur ein rein äußerer Zusammenhang.

---

[44] vgl. James Mellaart, Catal Hüyük: Stadt aus der Steinzeit, Bergisch Gladbach 1973

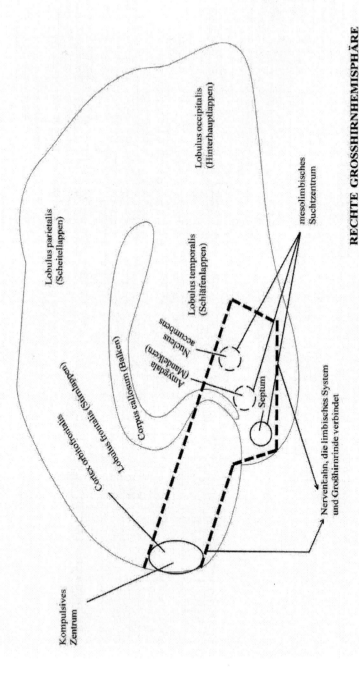

Der Verdacht, daß möglicherweise eine kausale Verbindung besteht zwischen Alkoholismus – der ja selbst eine echte Kompulsion ist – und den übrigen Kompulsionen, verstärkte sich durch die Beobachtung, daß Alkohol über das Gehirn als *Auslöser für weitere Kompulsionen* wirkt. Es ist allgemein bekannt, daß Betrunkene eine ganze Reihe von eindeutig kompulsiven Verhaltensweisen an den Tag legen: mal sind sie gewalttätig, mal lassen sie sich zu kriminellen Handlungen hinreißen, verletzen Verkehrsregeln, begehen Inzest, werden abhängig von Drogen oder Nikotin, tauchen in die Unterwelt ab oder frequentieren Bordelle, werden zu Mythomanen und Betrügern, Mördern und Dieben, führen ein leichtsinniges, ausschweifendes Leben ohne jedes Verantwortungsgefühl, sind Exhibitionisten oder Homosexuelle. Und so löst der Alkohol eben eine ganze Vielfalt von kompulsiven Verhaltensweisen aus. Aufgrund dieser Eigenschaft des Alkohols gelangte ich zu der Schlußfolgerung, daß zwischen Alkohol und Kompulsionen eine Beziehung von Ursache und Wirkung besteht. Anscheinend öffnet der Alkohol die sagenumwobene Büchse der Pandora, aus der dann alle Übel dieser Welt entweichen.

Doch kehren wir zurück in unser Labor: zurück zu den Stammbäumen.

Einige psychologische Schulen gehen gewöhnlich so vor, daß sie die Geburt einer Person als Ausgangspunkt nehmen und dann die Ereignisse des Lebenslaufes aneinanderreihen. Sie halten die Begebenheiten fest, die etwas über den Umgang desjenigen mit anderen Menschen und mit sich selbst aussagen, um daraus dann ätiologisch die Wesensart dieses Menschen zu erklären. Ich halte das für einen grundlegenden Irrtum. *Nach den Gesetzen der Evolution, der Genetik und der Vererbung ist das Individuum gerade einmal ein Moment*, ein Glied in der Kette, ein bloßer Punkt in der unerschöpflichen Aufeinanderfolge der Mitglieder der Spezies und der Familie. Ein großer Teil des Erbgutes seiner

Veranlagung, zumindest der biologischen, stammt von seinen Vorfahren, aus der Information, die im genetischen Code enthalten ist, die das Individuum dann seinerseits wiederum mit gewissen Variationen an seine Nachfahren weitergeben wird.

Dieses genetische Band verknüpft die Generationen und fügt sie sehr eng ineinander, so daß alle Personen, die eingebunden sind, seine Qualitäten und seine Mängel teilen. Darin liegt die Struktur der menschlichen Natur verborgen, die aus Leben, Fleisch, Gehirn und DNA besteht. Den Rest bestimmt die Umwelt: die Gesellschaft und die Kultur. Auch sie passen sich an die Veränderungen der Geschichte an, gehen eine enge Verbindung mit jener biologischen Basis ein und stehen mit ihr in wechselseitiger Beziehung. Natur und Kultur, Genom und Umwelt sind die Elternteile jedes Individuums – und unseres Kompulsiven im Besonderen. Der eine Teil wird von der Natur bestimmt, der andere von der Gesellschaft.

Aus all diesen Gründen betrachte ich den kompulsiven Menschen nicht isoliert, nicht losgelöst vom Gesamtsystem, dem Netzwerk, in das er eingewoben ist. Vielmehr bringe ich ihn sorgfältig in Verbindung mit der Lebensspur, die seine Familie gezogen hat, um Schritt für Schritt die mehr oder weniger weit zurückliegenden Quellen zu untersuchen, die eine zufriedenstellende Erklärung dafür liefern, wie er im tiefsten Inneren beschaffen ist. So stelle ich die entscheidenden Elemente zusammen, die über die gesamte Vergangenheit dieses Menschen verstreut sind und seine kompulsive Veranlagung erklären. Mir ist vollkommen bewußt, daß es bestimmte Menschen gibt, die neue kompulsive Ketten und Reihen in Gang setzen, so daß die kompulsive Veranlagung nicht abklingt, sondern die kompulsiven Menschen der Zukunft entstehen. Sie werden praktisch zu Brutstätten des genannten Übels. Das will ich gar nicht leugnen.

Aber ich habe es immer wieder mit kompulsiven Menschen zu tun, auf denen ganz eindeutig eine Bürde aus der Vergangenheit lastet, und daher ist es auf jeden Fall unerläßlich – gleichgültig, ob ihre Veranlagung nun auf ihre Erzeuger zurückgeht oder ob sie diese ihrerseits auf ihre Nachkommen übertragen – die Lebensbahn der Familie des kompulsiven Menschen in der einen oder der anderen Richtung zu verfolgen.

Jedesmal habe ich den sogenannten „Stammbaum" rekonstruiert oder den *Baum des Übels*, denn in seinem Pflanzensaft zirkulieren – flußaufwärts und flußabwärts – die Keime jener fremdartigen und merkwürdigen kompulsiven Verhaltensweisen, die allerdings in dem Maße immer vertrauter werden, wie sie sich innerhalb der Spezies im Laufe der Jahre ausbreiten. Schicht um Schicht, von einer Generation zur nächsten, von den Ururgroßeltern über die Urgroßeltern, Großeltern und Eltern bis hin zu den Kindern, Enkeln und Urenkeln des Familienstammbaumes.

Dasjenige aber, was alle Mitglieder einer familiären Gemeinschaft unlösbar miteinander verbindet und den biologischen Kern eines Stammbaumes aufbaut, ist *die Vererbung* mit ihren Gesetzen und unterschiedlichen Ausprägungen. Und für den Bereich, der uns beschäftigt, ist es *die Vererbung der kompulsiven Veranlagungen* – nicht der erworbenen Veranlagungen im Sinne Lamarcks! –, die sich unerbittlich in den genetischen Fluß eingegliedert haben. In diese Reihenfolge der *Stickstoff-Basenpaare der DNA*, die übersetzt wird in die Abfolge der Aminosäuren, aus denen dann die Proteine der Gene entstehen, die wiederum die Grundlage der Organismen und ihrer Funktionen bilden. Und zwar sowohl der normalen – als natürliche Basis der Individuen der Spezies – als auch der anormalen, wie beim kompulsiven Menschen. Auf jeden Fall fügen sie sich in die Spezies in ihrer Gesamtheit ein, denn heutzutage stellen sie keine unbedeutende Minderheit mehr dar wie in den ersten Jahren der sumerischen Zivilisation, sondern gefährden einen großen Teil der menschlichen Spezies. Und wenn man ihnen nicht Einhalt gebietet, drohen sie die gesamte menschliche Spezies zu unterwandern. Die DNA der menschlichen Spezies ist aufgrund anormaler *Genmutationen* in einem Veränderungsprozeß begriffen, der durch die Vererbung kompulsiver Veranlagungen ausgelöst wurde. Daher wird der *Genotypus* der Menschheit im Laufe der Zeit mehr *anormale Mutanten im Phänotypus* hervorbringen.

Beim Studium der Stammbäume kompulsiver Menschen habe ich beobachtet, daß alle Formen der Vererbung möglich sind. Ich bin sowohl auf Fälle der *direkten* Vererbung gestoßen, wo eine Kompulsion ganz eindeutig vom Vater auf den Sohn übertragen wurde. Es gibt Eltern, die kompulsive Vorfahren haben, selbst nicht an dem Leiden erkrankt sind, es aber an ihre direkten Nachkommen weitergeben, an ihre Kinder oder Enkel und so der *atavistischen Form der Vererbung* Anlaß geben (nicht im Sinne von Lombroso!). Von *kollateraler* Vererbung spricht man, wenn nicht die eigenen Kinder die kompulsive Last erben, sondern die Neffen bzw. Nichten. Die Vererbung ist *konvergent*, wenn die väterliche und mütterliche Linie sich verbinden und kompulsive Nachkommen zeugen. Man spricht von *präzessiver* Vererbung, wenn die Kompulsionen zuerst bei den Kindern auftreten und erst später bei den Eltern. Tritt die Kompulsion bei der ersten Kreuzung auf oder bleibt sie latent, so bezeichnet man das als *dominante* bzw. *rezessive* Vererbung. *Was jedoch am wichtigsten ist und was ich immer wieder beobachtet habe, ist, daß die Erbanlage eines Vorfahren, der Alkoholiker war, ähnlich übertragen wird* – was an sich schon relativ bemerkenswert ist, da viele Menschen ja der Ansicht sind, daß Alkoholismus nicht vererbt wird – *aber das Überraschende und wirklich Neue ist, daß die Erbanlage des Alkoholikers sich auch nicht ähnlich überträgt.* Und diese Eigenschaft ist es, die den Grundstein bildet, auf dem das SYSTEM DER KOMPULSIONEN, DIE SÜCHTIG MACHEN, aufgebaut ist und die dieser Forschungsarbeit ihren unleugbaren wissenschaftlichen Wert verleiht.

Von den unzähligen Stammbäumen, die ich im Laufe von 25 Jahren gesammelt habe, werde ich willkürlich nur einige wenige herausgreifen, um mich kurz zu fassen. Der Leser soll eine Vorstellung von diesen Stammbäumen erhalten, – denn in diesem einfachen Entwurf, den ich von der *Dritten Mentalität oder der Theorie der starken Kompulsionen* skizziere, kann ich nicht alles ausführlich darlegen –, damit er eine bestimmte Dimension von Hitlers Gehirn versteht:

1. Die Mutter ist promiskuitiv veranlagt, ihre Kinder stammen alle von verschiedenen Männern. Ihre Geschwister sind Alkoholiker und drogenabhängig. Der Vater ist als Trunkenbold bekannt; ein Onkel väterlicherseits ist Alkoholiker und ein dritter Verwandter gewalttätig. Beide Großväter – sowohl mütterlicherseits, als auch väterlicherseits – waren Alkoholiker... Aus dieser Verbindung ist ein Mädchen hervorgegangen, das mit acht Jahren von zu Hause weggelaufen ist und als Prostituierte endete. Eine weitere Tochter lief mit zwölf Jahren davon, trat in ein Bordell ein, wurde kriminell und beging zusammen mit einer Verbrecherbande bewaffnete Raubüberfälle. Einmal verübte sie einen grausamen Mord, sie ist Mythomanin und zeigt Verhaltensweisen, die von abstoßender Brutalität sind. Man kann sagen, daß sie geradezu ein Dämon verbrecherischer Handlungen ist, mit verschiedenen Kompulsionen: Alkoholismus, Gewalttätigkeit, Mythomanie, Boshaftigkeit, Mordsucht, Mitgliedschaft in einer Verbrecherbande, Eßsucht, Nikotinsucht – und alles fing, wie gesagt, sehr früh an: mit zwölf Jahren.

2. Die Urgroßmutter mütterlicherseits ist Kupplerin und Bordellbesitzerin; Sexhändlerin. Kompulsive Raucherin. Die Mutter ist promiskuitiv und hemmungslose Raucherin. Der Vater ist Alkoholiker und Raucher, ein Herumtreiber und Schürzenjäger. Der Großvater, also der Vater dieses Mannes, war in Skandale verwickelt, ein Schürzenjäger und Sexualverbrecher... Die Tochter dieses Ehepaares endete schon in jungen Jahren als Prostituierte.

3. Der Großvater väterlicherseits war Alkoholiker und starker Raucher; zwei Onkel väterlicherseits sind Alkoholiker; zwei Tanten eßsüchtig. Der Vater ist Alkoholiker und kompulsiver Raucher; eine seiner Schwestern hat so stark geraucht, daß sie an einem Lungenemphysem gestorben ist; zwei weitere Geschwister sind eßsüchtig und Raucher, zwei andere Alkoholiker. Sowohl in der aufsteigenden, als auch in der absteigenden Linie der Mutter sind Alkoholiker, ein Onkel mütterlicherseits ist äußerst intelligent, aber ein hoffnungsloser Säufer. Die Mutter trinkt gern Alkohol und ist gewalttätig. Ihre Mutter, also die Großmutter mütterlicherseits der Kinder, starb mit einem Glas Alkohol in der einen und einer Zigarette in der anderen Hand. Aus der Ehe dieser Eltern sind zwei Söhne hervorgegangen, die beide einen Hang zum Alkohol und zu gewalttätigen Handlungen hatten; eine Tochter ist Mythomanin und weder zum Lernen noch zum Arbeiten zu bewegen. Sie ist nachgerade unfähig, sich hinzusetzen und zu lernen. Sie braucht nur ein Buch in die Hand zu nehmen, schon langweilt sie sich, steht auf oder schläft ein; Lernen und Schule sind ihr verhaßt; Arbeit findet sie ebenso unerträglich. Eine ihrer Schwestern ist bis jetzt normal, allerdings hat sie auch gerade erst die Pubertät erreicht.

Ich habe gesagt, daß alle Kompulsionen Verhaltensweisen sind, die schwerwiegende Folgen haben für die Menschen, die unter ihnen leiden. Aber einige sind folgenschwerer als andere. Ich werde jetzt eine Kompulsion beschreiben, die zeigt, welchen Grad von Brutalität und Bestialität das Verhalten eines kompulsiven Menschen erreichen kann, und daß es keine Seltenheit ist, daß die menschliche Natur solche monströsen Fälle hervorbringt:

4. Es handelt sich um einen 45-jährigen Mann. Sein Urteilsvermögen und seine geistigen Fähigkeiten sind vollkommen normal, die zeitliche und räumliche Orientierung ist gut. Er hat nur die Grundschule besucht, ist aber sehr talentiert und ausgesprochen schlau und berechnend. Ich habe mich im Gefängnis

mit ihm unterhalten und darauf folgte ein langer Briefwechsel. Er erweist sich als sehr aufmerksam und respektvoll, in einigen Fällen allerdings als Mythoman. Ich muß seine Informationen sorgfältig filtern, um nicht das falsche empirische Material zu entnehmen. Doch im allgemeinen ist er sehr kooperativ und bewundert meine Arbeit in gewisser Weise, denn er hat eines meiner Bücher über das Verbrechen gelesen, das er sehr interessant fand. Sein Großvater mütterlicherseits war ein so schwerer Alkoholiker, daß er an Leberzirrhose starb. Dieser Mann hatte fünf Kinder: zwei Söhne, die ebenso wie ihre Kinder den Alkoholismus auf ähnliche Weise geerbt haben, und zwei Töchter, die an Eßsucht litten und eine weitere Tochter, die Mutter des Patienten, die zwar nicht trinkt, aber kompulsiv gewalttätig ist. Diese Frau hatte sieben Kinder, vier Töchter, die anscheinend normal sind, und drei Söhne, von denen zwei auf atavistische Weise den Alkoholismus geerbt haben, ebenso wie ihre Kinder. Der Patient hat auf ähnliche, aber atavistische Weise den Alkoholismus geerbt. Mit 15 Jahren hat er angefangen zu trinken. Auf nicht ähnliche Weise – und rein nach dem Zufallsprinzip, wie das bei der Vererbung immer der Fall ist – hatte er eine schwere *pädophile Kompulsion* geerbt, daher fühlte er sich, seit er 10 Jahre alt war, sexuell stark zu Kindern hingezogen. Mit 12 Jahren hat er zum ersten Mal ein 6-jähriges Kind vergewaltigt. Von diesem Zeitpunkt an und verstärkt durch seine Trunksucht stürzte er sich in eine hemmungslose pädophile Laufbahn. Er durchquerte das Land von einem Ende zum anderen und hinterließ eine Spur von Vergewaltigungen und Blut, denn er ermordete die Kinder, nachdem er sie sexuell mißbraucht hatte. Einmal fand man ein Kind, das mit hundert Dolchstößen niedergemetzelt worden war, der Täter hatte ihm den Kopf abgeschnitten und es kastriert. Als die Polizei ihn gefangennahm, war er gerade dabei, ein Kind zu fesseln, um es anschließend zu vergewaltigen und zu töten. Er gab seinem Opfer immer ein paar Pesos, damit das Kind ihn auf einem „Spaziergang" begleitete; dann brachte er es an einen sicheren Ort auf dem Land, fesselte es, mißbrauchte es und brachte es anschließend um. Nach einer Weile verließ er den Tatort dann allein, den blutüberströmten Dolch in der Hand. Er hat gestanden, daß er 200 Vergewaltigungen und Morde begangen hat! Soweit ich weiß, gibt es nur in den Vereinigten Staaten, in Texas, noch einen Täter, der diese Zahl noch übersteigt: er hat Hunderte von Kindern vergewaltigt und erdrosselt (heute – am 20. Juni 2005 – berichten die Zeitungen von einem pädophilen Nordamerikaner, der Tausende von Kindern mißbraucht hat. Allerdings steht in dem Artikel nicht, ob er sie auch umgebracht hat.) Als jener Mann vor dem Richter stand, sagte er ganz klar, es sei besser, wenn man ihn kastrieren würde. Denn er könne diesen ungeheuren Drang zu Vergewaltigung und Mord nicht kontrollieren, und selbst seine eigenen Kinder seien in Gefahr. Bei beiden Tätern kommt zur Pädophilie, Gewalttätigkeit und Mordsucht noch eine eindeutige sadistische Kompulsion hinzu, denn das Morden ist für sie mit einem Gefühl der Lust verbunden.

So ungeheuer brutal können die Kompulsionen sein! Und man kann mit Sicherheit davon ausgehen, daß kompulsive Verhaltensweisen ausschließlich bei Menschen auftreten, nur bei Männern und Frauen, derjenigen Spezies auf der Erde, die die meisten Fähigkeiten und Privilegien besitzt. Tiere leiden nicht unter Kompulsionen...

Das ist die Vererbung der kompulsiven Veranlagungen!

Ich könnte fortfahren und noch *Hunderte von Stammbäumen schildern, die ich für diese Forschungsarbeit als empirisches Material gesammelt habe, um über die bloße Theorie und das rein Begriffliche hinauszugehen.* Es wäre weder monoton noch langweilig, die Beschreibung der Stammbäume fortzusetzen, denn wie man sieht, hat jeder Familienstamm seine besonderen Eigenheiten, andere Kompulsionen. Und wenn man die alle zusammennimmt, entsteht eine beeindruckend große Zahl an sonderbaren Verhaltensweisen, die der natürlichen Evolution der menschlichen Spezies fremd sind. Seit die Kompulsionen zum ersten Mal in Erscheinung getreten sind – der erste schriftliche Nachweis findet sich bei den Sumerern – bis zum heutigen Tage, also 5.000 Jahre später, hat sich ihre Zahl ständig verändert. Neue Kompulsionen sind hinzugekommen, wie etwa die Drogensucht und die transnationalen Mafiaorganisationen, aber der Alkohol und der Alkoholismus haben eine Spitzenposition erreicht. Sie bilden den Anfang aller Kompulsionen und aller Familienstammbäume. Ein bemerkenswertes Ergebnis, denn es bestärkt meine Vermutung, daß eine *kausale Beziehung zwischen Alkoholismus und allen anderen Kompulsionen* besteht. *Quantitativ* steht der Alkohol an der Spitze aller schwerwiegenden Übel. Sollte diese Beziehung auch im qualitativen Sinne vorliegen, ist der Alkohol also möglicherweise die Quelle aller Kompulsionen?

Bereits Platon und Aristoteles haben darauf hingewiesen, daß Alkoholismus in der Familie liegt. Viele Wissenschaftler behaupten das bis heute. In den Fällen, wo Kinder alkoholkranker Eltern von Eltern adoptiert wurden, die keine Alkoholiker waren, war das Risiko, daß die Kinder später der Trunksucht verfallen, mindestens viermal so hoch wie bei anderen Kindern. Studien mit eineiigen Zwillingen haben ebenfalls gezeigt, daß es eine Übereinstimmung in Bezug auf den Alkoholismus gibt: ist einer der Zwillinge Alkoholiker, so trifft das auch für den zweiten zu.

Allerdings bleiben die Dinge nicht auf die Vererbbarkeit des Alkoholismus in *ähnlicher* Form beschränkt.

Professor Muñoz Jofré, der sich auf Drogensucht spezialisiert hat, berichtet, daß nach seiner Erfahrung 95% der Drogenabhängigen aus Familien mit alkoholkranken Vorfahren stammen. Das bedeutet, daß die Nachkommen von Alkoholikern nicht an Alkoholismus leiden, sondern an Drogensucht... Auf der anderen Seite hat der nordamerikanische Kriminologe Richard Dugdale im vergangenen Jahrhundert 700 Nachkommen der Familie Juke untersucht. Gegründet wurde diese Familie von einem Deutschen,

Herrn Juke, einem leidenschaftlichen Trinker. Dabei ist Dugdale auf folgende überraschende Entdeckungen gestoßen, die er allerdings in ihrer ganzen Tragweite gar nicht einschätzen konnte: unter den Nachkommen dieses Alkoholikers waren 77 Kriminelle der verschiedensten Art: 200 Prostituierte und Dirnen, 142 Menschen, die weder lernen noch arbeiten wollten, Bettler und Lebemänner aus der Unterwelt...

Was mich betrifft, so habe ich den Schwerpunkt meiner Arbeit auf die Analyse der Stammbäume gelegt und konnte dabei in den vier Fällen, die ich hier geschildert – und in den 500, die ich über diese ganzen Jahre hinweg untersucht habe – feststellen, daß der Alkoholismus über die *ähnliche* Vererbung dazu führt, daß die Nachkommen ebenfalls Alkoholiker werden. Über die *nicht ähnliche* Vererbung führt der Alkoholismus dazu, daß die Nachkommen entweder krankhaft arbeitsscheu sind oder als kompulsive Prostituierte, Mörder, Drogenabhängige, Raucher, Gewalttäter, Pädophile, Totschläger, Sadisten, Mythomanen, übergewichtige Eßsüchtige, bösartige Menschen voller Haß etc. enden.

Wenn man die Stammbäume gewissenhaft studiert, entdeckt man fast immer, – wenn nicht sogar immer –, daß an der Spitze Alkoholiker stehen und daß ihre Nachkommen den Alkoholismus geerbt haben oder auch nicht. Forscht man andererseits nach den Ursprüngen eines Drogenabhängigen, einer Eßsüchtigen, eines Menschen, der weder lernen noch arbeiten will, eines Verbrechers verschiedenster Couleur, eines Gewalttäters, eines pädophilen Sexualverbrechers etc., so stößt man auf die Tatsache, daß in ihrem Stammbaum der Alkoholismus dominant ist.

Der Alkoholismus ist somit quantitativ und qualitativ die Kompulsion, die in den Familienstammbäumen am häufigsten auftritt. Der Alkoholismus ist der Ursprung aller Kompulsionen. *Doch das Schlimme ist, daß der Alkoholismus sich nicht darauf beschränkt, daß Menschen zu Alkoholikern werden und diese Veranlagung über die ähnliche Vererbung an ihre Nachkommen weitergeben. Er führt darüber hinaus zu anderen Formen von Kompulsionen, die anscheinend in gar keinem Zusammenhang mit dem Alkohol stehen*: denn was hat ein Alkoholiker z. B. mit einem Eßsüchtigen zu tun? Dennoch zeigt das empirische Material, das sich aus meinen Untersuchungen zahlreicher Familiengeschichten ergeben hat, daß es in den meisten Fällen Alkoholiker unter den Vorfahren gab, wenn jemand an Übergewicht erkrankt ist. Und das ist noch nicht alles: ein Alkoholiker kann nicht nur Nachkommen haben, die an Eßsucht leiden und übergewichtig werden, wie wir in dem kleinen Stammbaum des Deutschen gesehen haben. Es kommt auch vor, daß das Kind einer eßsüchtigen Frau Alkoholiker wird. Und daran ist überhaupt nichts Geheimnisvolles, denn chemisch gesehen sind Alkoholismus und Eßsucht ganz ähnlich: während der eine fermentierte Kohlenhydrate konsumiert, nimmt der andere Kohlenhydrate zu sich, die nicht fermentiert sind (vor allem Süßigkeiten und Weißmehlprodukte): die Eßsucht ist ein verkappter Alkoholismus... Und noch etwas: die Ähnlichkeit zwischen Alkoholismus und kompulsiver Eßsucht läßt sich – abgesehen von dieser chemischen Beziehung – auch daran festmachen, daß der Organismus des eßsüchtigen Menschen (nicht der oder die Betroffene selbst) „weiß", daß diese Kohlenhydrate, von denen er solche Mengen zu sich nimmt, im Verdauungstrakt einen Gärungsprozeß durchlaufen. Ich wiederhole: die kompulsive Eßsucht ist ein verkappter Alkoholismus... Was hat ein Alkoholiker mit einem Faulpelz zu tun, der weder lernen noch arbeiten möchte? Schauen Sie sich den Familienstammbaum des Nichtsnutzes an, den seine Unfähigkeit, irgendeine Arbeit zu verrichten oder zu lernen an den Bettelstab bringen kann, oder dahin, daß er ein ungebildeter Mensch bleibt, wie dies bei Hitler der Fall war. Unweigerlich werden Sie in seinem Stammbaum auf einen Alkoholiker unter seinen Vorfahren stoßen, etc.

Die nicht ähnliche Vererbung! Dieses Phänomen, das ich entdeckt habe, stellt eine große Bedrohung für die Menschheit dar: Sie ist im Begriff, die normalen Verhaltensweisen ihres Gehirns, die sie über Millionen von Jahren dank der natürlichen Selektion im Laufe der Evolution erworben hat, – wobei sich jeweils die besten Verhaltensweisen durchgesetzt haben, diejenigen, die den jeweiligen Lebensumständen am besten angepaßt waren – durch die Vererbung kompulsiver Veranlagungen gegen anormale kompulsive Verhaltensweisen einzutauschen.

Bereits zu Beginn dieser Forschungsarbeit, im Jahr 1987, als ich gerade einmal 160 Familienstammbäume gesammelt hatte, habe ich das Buch *La Tercera Mentalidad* [45] veröffentlicht. Und dabei konnte ich schon beobachten, daß jeder Stammbaum von unterschiedlichen Kompulsionen belastet war. So konnte ich mir quasi einen Phantasiebaum vorstellen, an dem gleichzeitig Orangen, Bananen, Pfirsiche, Äpfel, Trauben, Zitronen, Ananas und Papayas wuchsen. Daraufhin habe ich das *Gesetz des biologischen Proteismus bei der Vererbung des Alkoholismus* erarbeitet. Proteismus als Äquivalent zu dem neurogenetischen Prinzip der *Pleiotropie*. Dies ist ein griechisches Wort und bedeutet „auf vielfältige Weise". „In der Genetik", schreibt der berühmte Neurologe Jean-Pierre Changeux, „wird diese Wirkungsvielfalt einer Mutation mit dem griechischen Ausdruck *pleiotrop* bezeichnet. Mutationen, die das Nervensystem betreffen, wirken sehr häufig pleiotrop."[46] Das bedeutet: da der Alkohol (als chemische Substanz Ethanol) mutagen wirkt, zeigt das veränderte Gen in der Eizelle oder in der männlichen Samenzelle „vielfältige Formen" von Kompulsionen, denn es hat Auswirkungen auf das Gehirn – das Organ, das unser Verhalten steuert.

Dies ist eine ganz fundamentale Erkenntnis, denn in dem Augenblick, wo man den Alkoholismus als Matrix zahlreicher Kompul-

---

[45] (Die dritte Mentalität), Anm. d. Übersetzerin
[46] Jean-Pierre Changeux, Der neuronale Mensch, Hamburg 1984, S. 222

sionen anerkennt, wird das Band innerhalb des Vererbungsprozesses deutlich, das alle miteinander verbindet, auch wenn sich ihre Ziele zutiefst unterscheiden. Denn ein Eßsüchtiger ist nicht dasselbe wie ein Alkoholiker, ein Taugenichts etwas anderes als ein Verbrecher, eine Prostituierte nicht zu vergleichen mit einem Spieler, ein Sexualverbrecher nicht mit einem kompulsiven Raucher etc. – aber alle hüten im Verborgenen unverwechselbare Bindungen, die sie innerhalb der Vererbungskette aneinanderschmieden. Das sind echte *innere Beziehungen*. Daneben gibt es auch *äußere Beziehungen* zwischen allen Kompulsionen: wenn wir uns an die Definition von Kompulsion erinnern, wird es uns leicht fallen, diese externen Beziehungen zu erkennen. *Denn die Kompulsion ist kein adaptives, sondern ein nicht angepaßtes Verhalten*; außerdem ist die Kompulsion eine *unwiderstehliche Kraft*, die denjenigen, der unter ihr leidet, dazu drängt, bestimmte pathologische Handlungen immer wieder auszuführen. Selbst gegen seinen Willen, ohne daß er die Freiheit hat, sich zu entscheiden. Und schließlich wird die Kompulsion mit einem *intensiven Lustgefühl* durchgeführt, obwohl es sich um eine schwere Krankheit handelt. Daß es sich nicht um adaptive Verhaltensweisen handelt, daß der Betroffene den Kompulsionen nicht widerstehen kann und daß sie alle als höchst lustvoll empfunden werden, verbindet äußerlich alle Kompulsionen miteinander. Zusätzlich sind sie über die Vererbung durch eine innere Kette aneinander geschmiedet.

Auf diese Weise ist es mir gelungen, *Das große System der Kompulsionen, die süchtig machen* aufzubauen, wobei die Wahrheit in der Totalität liegt, wie der deutsche Philosoph Georg Wilhelm Friedrich Hegel sich ausdrückte. Wir werden die Kompulsionen jetzt nicht mehr isoliert betrachten, sondern als Teile einer großen einheitlichen Gesamtheit, die ein ausgedehntes Netz aus wechselseitigen Beziehungen bilden, alle mit einer gewissen „Familienähnlichkeit". Denn auch wenn ein großer Unterschied besteht zwischen einem Eßsüchtigen und einem Verbrecher, stammen beide über die Vererbung vom Alkoholiker ab. Darin besteht ihre innere Verbindung. Und beide, Eßsucht und Verbrechen – so seltsam und inakzeptabel es auch erscheinen mag – sind nicht-adaptive Verhaltensweisen, sie werden aufgrund eines unwiderstehlichen Zwangs durchgeführt. Denn der Eßsüchtige will seine Süßigkeiten und sein Gebäck mit dergleichen unwiderstehlichen Kraft wie der Verbrecher sein Opfer; und schließlich ist es für den Eßsüchtigen ein ebensolcher Genuß, seine Essensmengen zu verschlingen, wie der Verbrecher sich daran berauscht, zu stehlen, sein Opfer zu überfallen, es zu vergewaltigen und zu töten. Es ist also nicht zu bestreiten, daß beide durch äußere Beziehungen verbunden sind. Im Übrigen können wir aufgrund dieser äußeren und inneren Verbindungen zwischen den Kompulsiven den einen nicht ohne den anderen verstehen, zusätzlich müssen wir das gesamte System kennen.

Auf welche Tatsachen könnte man die Behauptung gründen, daß der Alkoholismus proteisch ist, wenn er als Erbanlage übertragen wird, oder pleiotrop, wenn das veränderte Gen in vielfältigen Formen auftritt und so Auswirkungen auf das Gehirn hat?

Zunächst sah ich mich – angesichts der Vererbungsketten verschiedener Kompulsionen, die aus dem Alkoholismus hervorsprießen – *seit 1987 gezwungen, den Grundsatz zu postulieren, daß der Alkohol eine chemische Substanz (Ethanol) mit mutagener Wirkung ist, und zwar mit schwach mutagener Wirkung.* Denn hätte sie eine stark mutagene Wirkung, so würde sie ausgedehnte Mutationen in den Stickstoff-Basenpaaren der DNA auslösen, außerdem in den Chromosomen der DNA und so teratologische Schäden hervorrufen. Wäre der Alkohol eine chemische Substanz mit stark mutagener Wirkung, so hätte man dies schon entdeckt, und das wäre paradoxerweise ein großes Glück für die Menschheit gewesen: denn dann wären alkoholische Getränke schon lange aus dem Handel genommen worden, wie dies mit anderen stark mutagenen Substanzen geschehen ist. Wenn Ethanol eine Substanz mit stark mutagener Wirkung wäre, hätte man das schon herausgefunden, und nicht ich wäre derjenige, der das entdeckt hätte.

Nein. Ich behaupte, daß der Alkohol eine chemische Substanz mit schwach mutagener Wirkung ist, die punktuelle genetische Mutationen hervorruft. Gerade so viel, daß keine Chromosom-Mutationen in der Keimzelle (Ovozyt oder Spermatozoon) ausgelöst werden. *Und sie erzeugt nur Verhaltensstörungen* – schwerwiegende, ja – aber keine Veränderungen des sinnvollen und kohärenten Verhaltens. Die Verhaltensveränderungen des „Verrückten" sind nicht kohärent: sie wollen den Mond vom Himmel holen oder die Tür des Hauses stehlen, in das sie einbrechen wollen. Der Kompulsive dagegen zeigt durchaus sinnvolle Verhaltensweisen, er richtet sogar seine ganze Aufmerksamkeit darauf und setzt seinen ganzen Erfindungsgeist dafür ein, damit er „keine Verrücktheiten anstellt".

Bleiben wir noch bei den ähnlichen Nachkommen, die den Alkoholismus von ihren alkoholkranken Vorfahren erben. Was ist da passiert? Beim Großvater, Onkel oder Vater, die Alkoholiker geworden sind, muß notwendigerweise eine Mutation in einem oder mehreren Genen der Samenzelle (bzw. bei alkoholkranken Müttern in der Eizelle) stattgefunden haben, damit sie den Alkoholismus an ihre Nachkommen weitergeben konnten. Meine These lautet, *daß die Wirkung des Alkohols auf das Keimgewebe (Hoden und Eierstöcke) schwache Mutationen in den Geschlechtszellen (in diesem Fall in der Samenzelle) eines Gens oder mehrerer Gene auslöst*. Wenn die Mutation, die der Alkohol herbeigeführt hat, schwach ist, so muß sie *durch eine Substitution* eines Stickstoff-Basenpaares erfolgt sein. Dies verändert nur eine Aminosäure in der Polypeptidkette. Wenn die Mutation, die der Alkohol ausgelöst hat, durch *Hinzufügung oder Auswahl* von Stickstoff-Basenpaaren erfolgt wäre, würde dies eine oder mehrere

Aminosäuren der Polypeptidkette verändern. Da ich mich auf das sog. *Paradox von Changeux* stütze, der *von der Einfachheit des Genoms und der Komplexität des Gehirns* spricht[47] - wenige Gene lösen demnach bei Säugetieren große Veränderungen im Gehirn aus – halte ich die These aufrecht, daß nur ein einziges Gen verändert ist und stelle die Gleichung auf: *ein mutiertes Gen = ein kompulsives System*. Das heißt: wenn ein Gen eine Mutation erleidet, wird dies im Gehirn verschiedene Kompulsionen produzieren.

Wenn nun *die mutierten Geschlechtszellen* an der Befruchtung während des Geschlechtsverkehrs teilnehmen, wird die Mutation an die nächste Generation weitergegeben: Kinder, Neffen und Enkel werden *auf ähnliche Weise* die Alkoholkrankheit des Alkoholikers erben. Ich behaupte daher, daß der Alkoholismus erblich ist. Die Begründung habe ich soeben dargelegt.

Wie kommt es wohl, daß Ethanol bei einem gewissen Prozentsatz von Trinkern (die Schätzung von 7% ist nicht sehr überzeugend) mutagen wirkt, die die Mutation erleiden, unabhängig davon, ob sie Alkoholiker werden oder nicht? Meine Hypothese lautet, daß bei den Trinkern, die die Mutation erleiden und zu Überträgern der Alkoholkrankheit werden, eine Störung beim Abbau des Alkohols vorlag, den sie getrunken hatten. Normalerweise wird Ethanol zuerst in Acetaldehyd und dann in Essigsäure umgewandelt. Der erste Schritt der Verstoffwechselung erfolgt durch das Enzym Alkoholdehydrogenase (ADH), der Alkohol wird zu Acetaldehyd abgebaut. Es kann nicht sein, daß dieses Enzym fehlt, denn es ist in großen Mengen in der Leber und in anderen Organen vorhanden. Um seine Funktion ausüben zu können, benötigt ADH ein Koenzym, das Nikotinamid-Adenin-Dinukleotid (NAD), das den Wasserstoff aufnimmt, der bei der Umwandlung von Ethanol in Acetaldehyd frei wird. Dieses Koenzym kann zu einem einschränkenden Faktor beim Abbau des Alkohols werden,

---

[47] vgl. ebd. S. 231 ff.

den der Betroffene zu sich genommen hat. Wenn also der Abbau des Alkohols in der ersten Phase behindert wird, zirkuliert der Alkohol länger im Blutkreislauf des gesamten Organismus ganz allgemein, und im Keimgewebe (Hoden und Eierstöcken) im Besondern, auf das er über einen längeren Zeitraum hinweg einwirkt als dies bei Trinkern der Fall ist, bei denen das Koenzym NAD einwandfrei funktioniert. Diese erleiden dann keine Mutationen und übertragen somit die Alkoholkrankheit auch nicht auf ihre Nachkommen. In dieser wichtigen Phase der Interaktion mit dem Keimgewebe kann der Alkohol, der aus sehr kleinen Molekülen besteht, dann per Diffusion durch die Membran in die Geschlechtszellen eindringen und in deren Zellkern eintreten, der die Gene enthält. In einem der Gene kann er dann eine Mutation auslösen.

Das ist meine These, die eine Erklärung dafür liefert, warum die Alkoholkrankheit auf ähnliche Weise vererbt wird, wie das auch in den Familienstammbäumen immer wieder zu beobachten ist. Aber ich habe bereits erwähnt, daß der Alkoholismus eine Mutation produziert und daß diese Mutation bei der Befruchtung auf die Nachkommen übertragen wird und deren Gehirn pleiotrop beeinträchtigt, so daß sich viele Kompulsionen entwickeln. Nicht nur ähnliche, sondern auch nicht ähnliche, immer nach dem Zufallsprinzip der Vererbung: bei den einen zeigt sich eine ähnliche Beeinträchtigung, die sich als Alkoholismus äußert, bei anderen eine ähnliche oder eine *nicht ähnliche* Beeinträchtigung mit einer Vielfalt von Kompulsionen wie Eßsucht, Kriminalität, Lernfaulheit, Arbeitsscheu, Gewalttätigkeit, Nikotinsucht, Boshaftigkeit, Haß, Rachegefühle, Pädophilie etc. Alle unterscheiden sich vom Alkoholismus, sind mit ihm aber über innere Verbindungen verknüpft. *Das System der Kompulsionen, die süchtig machen* ist aus ähnlichen und nicht ähnlichen Kompulsionen aufgebaut, die sich in ein großes Netz einfügen, in dem alles miteinander verbunden ist und in dem es keine Kompulsionen gibt, die grundsätzlich wichtiger sind als andere. Denn trotz der großen Unterschiede ist allen die „Familienähnlichkeit" eigen, die sie einander annähert. Ob es sich nun um einen Faulenzer handelt, der weder lernen noch seinen Lebensunterhalt durch Arbeit verdienen kann und so als Bettler endet, oder um einen abscheulichen Pädophilen wie denjenigen, den ich zuvor beschrieben habe.

Die Interaktionen sind vom philosophischen Standpunkt aus betrachtet sehr tiefgreifend, im dialektischen Sinne *schaffen sie etwas Neues*. So wirkt sich der Alkohol in doppelter Weise auf das Gehirn aus – durch den Rausch und durch die genetische Mutation im Keimgewebe, das pleiotrop in Mitleidenschaft gezogen wird: somit sorgt der Alkohol für neue Verhaltensweisen, denn in der menschlichen Evolution sind Alkoholismus, Kriminalität, Prostitution, Ehebruch, Faulenzerei, Eßsucht, Brandstiftung. ausschweifender Lebenswandel, Drogen- und Nikotinsucht, Boshaftigkeit und Haß – all diese Übel der Menschheit, die der Büchse der Pandora entweichen – NEU.

Schauen wir uns doch – zur zusätzlichen Untermauerung meiner These – ein paar statistische Zahlen an, die die zuverlässige empirische Grundlage von 440 Familienstammbäumen ergeben hat:

Anzahl der Personen, die in diese Forschungsarbeit einbezogen wurden: 2.800

Anzahl der Kompulsionen insgesamt (einschließlich der Kompulsionen, die mehrfach auftraten): 3.398

Anzahl der verschiedenen Formen von Kompulsionen insgesamt: 25:
1. kompulsiver Alkoholismus: 45, 99 % (1.563 Alkoholiker)
2. kompulsive Eßsucht, die zu Übergewicht führt: 9, 74 % (331 Eßsüchtige)
3. kompulsive Kriminalität in ihren unterschiedlichen Manifestationen: 6, 74 % (229 Verbrecher)
4. kompulsive Faulheit, Unfähigkeit zu lernen oder zu arbeiten: 5, 44 % (185 Lernfaule bzw. Arbeitsscheue)

5. kompulsive Gewalttätigkeit: 4, 65 % (158 Gewalttätige)
6. kompulsiver Donjuanismus: 4, 03 % (137 Hypersexuelle)
7. kompulsive Nikotinsucht: 3, 94 % (134 Raucher)
8. kompulsive Drogensucht: 3, 85 % (131 Drogenabhängige)
9. kompulsiver Messalinismus[48]: 2, 79 % (95 'Messalinas')
10. kompulsive Spielsucht: 2, 68 % (91 Spieler)
11. kompulsive Prostitution: 2, 62 % (89 Prostituierte)
12. kompulsive Mythomanie: 1, 65 % (56 Mythomanen)
13. kompulsiver Ehebruch 1,08 % (37 Ehebrecher)
14. kompulsive sexuelle Perversion: 0, 82 % (28 sexuell Perverse)
15. grundlose Aufsässigkeit: 0, 76 % (26 Rebellen ohne Ursache)
16. kompulsive Boshaftigkeit: 0, 70 % (24 boshafte Menschen)
17. kompulsive Verschwendungssucht: 0, 59 % (20 Verschwendungssüchtige)
18. kompulsiver Inzest: 0, 47 % (16 inzestuöse Menschen)
19. kompulsiver Sadismus: 0, 38 % (13 Sadisten)
20. kompulsive Vergewaltigung: 0, 23 % (8 Vergewaltiger)
21. kompulsive Zuhälterei: 0, 18 % (6 Zuhälter)
22. kompulsiver Voyeurismus: 0, 18 % (6 Voyeure)
23. kompulsive Pyromanie: 0, 18 % (6 Pyromanen)
24. kompulsive Pädophilie oder (*gr.*) Paidophilia: 0, 12% (5 Pädophile)
25. kompulsive Pornographie: 0, 12 % (4 Betroffene)

Das sind keine absoluten Zahlen. Es gibt Abweichungen von einem statistischen Rahmen zum anderen. Es können neue Kompulsionen auftreten. Aber die Variationen in den statistischen Zahlen sind gradueller Art, *nicht grundsätzlicher Natur*. Damit meine ich, daß keine Kompulsion dem Alkoholismus die Spitzenstellung streitig machen könnte, das würde nie passieren. Ebensowenig könnten andere Kompulsionen so zahlreich werden, daß

---

[48] Mit 'mesalinismo' bezeichnet man im Spanischen die weibliche Variante des Donjuanismus – eine 'mesalina' ist also eine Frau, die mit zahlreichen Männern sexuellen Verkehr hat. Nach Valeria Messalina, der Frau des römischen Kaisers Claudius. Deutlicher als bei dem Begriff 'Nymphomanie' kommt bei der Bezeichnung 'Messalinismus' zum Ausdruck, daß sich das gesteigerte sexuelle Verlangen der Frau auf <u>mehrere</u> Männer richtet. (Anm. d. Übersetzerin)

sie den zweiten, dritten, vierten oder fünften Platz einnehmen und so jeweils an die Stelle der Eßsucht, der Kriminalität, der Faulheit oder der Gewalttätigkeit träten... Wie man in diesem statistischen Rahmen sehen kann, verändern sich diese ersten 5 Plätze nicht, denn ich habe andere statistische Rahmen mit weniger Stammbäumen angelegt und die Reihenfolge bleibt erhalten... *Schauen Sie sich an, wie der kompulsive Alkoholismus immer an der Spitze aller Kompulsionen steht und sich zahlenmäßig deutlich von ihnen absetzt. Danach fällt die Skala senkrecht ab auf die zweitwichtigste Kompulsion, die Eßsucht* mit gerade einmal 9,74 %.

Diese ungeheure quantitative Vorrangstellung des Alkoholismus würde an sich schon die Vermutung nahelegen, daß es sich auch um eine qualitative Überlegenheit handelt, daß also der Alkoholismus den Ursprung aller anderen Kompulsionen darstellt. Und das bestätigt sich auch, wenn man diese Familienstammbäume gründlich studiert: alle übrigen Kompulsionen gehen aus dem Alkoholismus hervor, und es ist der Alkoholismus, der die mutagene und pleiotrope Kraft besitzt, um im Gehirn eine Vielfalt von Kompulsionen hervorzubringen, die – als sie zum ersten Mal auftraten – vollkommen neue Verhaltensweisen darstellten.

Die natürlichen adaptiven Verhaltensweisen sind intrinsisch motivierte Verhaltensweisen. Sie haben sich im Laufe der Evolution durch natürliche Selektion entwickelt, wobei sich jeweils die Verhaltensweisen durchgesetzt haben, die für die Reproduktion, das Überleben der Tüchtigsten und die Anpassung an die ökologische Nische, in der die Populationen und Individuen sich befanden, am vorteilhaftesten waren. *Die kompulsiven Verhaltensweisen dagegen sind extrinsisch motiviert.* Sie wurden durch die Einflußnahme eines äußeren Faktors hervorgerufen, durch den Alkohol. Er löst anomale genetische Mutationen aus, die sich in die DNA der menschlichen Spezies eingliedern und ganz allmählich ihre Form verändern. Und diese Mutationen erzeugen aufgrund der pleiotropen Wirkung eine Vielfalt kompulsiver Verhaltensweisen, die nach und nach an die Stelle des Verhaltens treten, das die Spezies im Laufe der Evolution erworben und sich angeeignet hat. *Die kompulsiven Verhaltensweisen „verhöhnen" also die natürliche Selektion*, die sie nicht eliminieren kann, weil sie pathologisch sind. Vielmehr besitzen sie die Fähigkeit zu überleben und sich im Laufe der Generationen fortzupflanzen, so daß unser Planet mit immer mehr kompulsiven Menschen bevölkert wird. Und da der Alkoholkonsum weiter anhält und in allen Ländern der Welt noch ansteigt, führt die Vererbung der kompulsiven Veranlagungen dazu, daß unsere Spezies sich in eine kompulsive Spezies verwandelt, ohne daß uns dies bewußt ist. Denn unter den Wissenschaftlern ist dieser Wissenschaftszweig der *dritten Mentalität oder der Theorie der starken Kompulsionen* nicht bekannt. Länder wie Rußland und die Vereinigten Staaten sind durch den Kult, den sie mit Wodka und Bier treiben, von innen her von Kompulsionen unterminiert, und auch die anderen Länder bleiben nicht verschont.

Die erste Mentalität ist diejenige, die sich ganz normal entwickelt hat, mit ihren perzeptiven und intellektuellen Funktionen, mit ihrem Urteilsvermögen und ihrem Weltbild. *Die zweite oder auch pathologische Mentalität* ist die der Geisteskrankheiten im klassischen Sinne: Schizophrenie, manisch-depressive Psychose, Epilepsie, panische Angstzustände und Obsessionen (Psychose und Neurose). Mit diesen beiden geistigen Zuständen arbeitet die psychiatrische Wissenschaft. Ich halte es für notwendig, auf die *dritte Mentalität oder auch Theorie der starken Kompulsionen* hinzuweisen. Mindestens seit der Zeit der sumerischen Zivilisation, also seit fünf- bis sechstausend Jahren, ist diese geistige Veranlagung bereits in unserem Gehirn vorhanden. Sie hat dort ihren eigenen Raum, und jetzt habe ich sie entdeckt bzw. festgestellt, daß es sie gibt. Die dritte Mentalität ist dadurch gekennzeichnet, daß die betreffende Person – wie bei der ersten Mentalität – ihre üblichen geistigen Fähigkeiten besitzt, mit Urteilsvermögen und Rationalität, vollkommen normal, aber zusätzlich unter einer oder mehreren Kompulsionen leidet. Alle kompulsiven Menschen verfügen über ihre normalen geistigen Fähigkeiten – es sei denn, es handelt sich um gemischte Fälle, bei denen die zweite, pathologische Mentalität noch eine Rolle spielt... Ich hatte bereits das ethnologische Phänomen angesprochen, daß die Menschheit sich aufgeteilt hat in Völker und Individuen, die überwiegend zivilisiert und seßhaft waren, und in Völker oder Individuen, bei denen die Lebensweise der barbarischen Nomaden dominierte. Aufgrund dieser folgenschweren Aufspaltung (der ursprünglichen Tragödie der Menschheit), die den Vernichtungskrieg entfesselt hat (die primäre Ursache aller nachfolgenden Kriege bis zum heutigen Tage und für zukünftige Jahrhunderte – wenn die menschliche Natur sich nicht ändert) trat eine *vierte Mentalität* auf, sowohl bei den Menschen, die überwiegend zivilisiert waren, als auch bei denjenigen, die überwiegend barbarisch-kriegerisch veranlagt waren.

Ein Gen, das durch Alkohol in den Keimzellen (Ei- oder Samenzelle) eine Mutation erfahren hat, produziert *mutierende Geschlechtszellen*, die sich, wenn sie zufällig bei der Befruchtung während des Geschlechtsaktes miteinbezogen werden, unbarmherzig auf die Nachkommen übertragen: ab der dritten Woche des Embryonalstadiums ist das mutierte Gen an der Entwicklung des Gehirns beteiligt, und in der fünften Embryonalwoche greift es in den Aufbau der Gehirnhemisphären ein. Forschungsarbeiten, die ich hier nicht näher erläutern kann, die aber ausführlich in meinen Büchern *Compulsión y Crimen*[49] (2005) und *Desviación compulsiva de la evolución del comportamiento de la Especie Humana*[50] (2005) erläutert sind, haben gezeigt, daß *dieses Gen das Gehirn beeinflußt und die neuronalen Strukturen der supraorbitalen*

---

[49] s. Fußnote 41
[50] s. Fußnote 6

Großhirnrinde des Lobulus frontalis der rechten Großhirnhemisphäre hervorbringt, einschließlich der entsprechenden Nervenbahnen. Und in diesen Strukturen entsteht *das kompulsive Zentrum, von dem die mächtigen Impulse ausgehen, die die Befriedigung der Kompulsionen einfordern*, die dieses Individuum per Zufall getroffen haben: aufgrund des Phänomens der Pleiotropie, was so viel bedeutet wie „Vielfalt der kompulsiven Formen". Diese Impulse sind so mächtig, der Zwang, Alkohol zu trinken, übermäßig zu essen, Süßigkeiten und Gebäck zu verschlingen, Verbrechen zu begehen, zu faulenzen etc. so stark, daß die betroffene Person keine Kontrolle mehr darüber hat. *Diese Impulse zirkulieren in den Nervenbahnen der Neuronen im supraorbitalen Bereich des Lobulus frontalis der rechten Großhirnhemisphäre, die an die Stelle der normalen neuronalen Strukturen getreten sind, welche die natürlichen Verhaltensweisen steuern. Und sie verlangen dringend danach, befriedigt zu werden, indem sie die Belohnungszentren des limbischen Systems (Nucleus accumbens, Corpus amygdaloideum und die Nuclei septales) stark anregen, die daraufhin,* sobald dem kompulsiven Wunsch nachgegeben wird – der Betroffene sein Glas Alkohol trinkt, Süßigkeiten und Gebäck verschlingt, sein Opfer ermordet – *eine starke Dosis Dopamin, Enzephalin oder Endorphin freisetzen, so daß die Person den Höhepunkt des Lustgefühls erreicht.* Das ist der Grund, warum der kompulsive Mensch immer wieder in dieselben kompulsiven Verhaltensweisen verfällt und sie wiederholt: er möchte dieses intensive Glücksgefühl erleben. *Es gibt zwei Aspekte*, die bei jeder Kompulsion eine Rolle spielen: *den Aspekt der Kompulsion*, wenn der Impuls abgegeben wird, der mit Nachdruck die Befriedigung einer bestimmten Kompulsion verlangt, und *den Aspekt der Sucht*, für den die Belohnungszentren des limbischen Systems zuständig sind. Jede Kompulsion hat Suchtcharakter (der Betroffene ist süchtig nach einer bestimmten Substanz oder bestimmten Verhaltensweisen), aber nicht jede Sucht ist eine Kompulsion: viele Menschen werden süchtig, weil sie bei irgendeiner

Gelegenheit zum Beispiel Morphium nehmen mußten, als Schmerzmittel. Und da bei der Einnahme von Morphium eine extrem hohe Suchtgefahr besteht, kann dieser Mensch abhängig werden. Dies ist eine erworbene Sucht, keine, die man geerbt hat in dem Sinne, wie wir dies hier besprechen.

Die dritte Mentalität ist also exakt in einer bestimmten kleinen Region des Gehirns lokalisiert: in den neuronalen Strukturen und den supraorbitalen Nervenbahnen des rechten Stirnlappens sowie den Nuclei accumbens, amygdaloideum und septales des limbischen Systems, das für die Regulierung des intensiven Lustgefühls nach jeder befriedigten Kompulsion zuständig ist. Die übrigen Gehirnregionen mit ihren geistigen Fähigkeiten funktionieren ganz normal.

Es gibt demnach Menschen, denen die erste oder normale Mentalität eigen ist, ihre mentalen Funktionen sind in Ordnung. Andere sind mit der zweiten oder pathologischen Mentalität ausgestattet, ihre geistigen Funktionen sind anormal – je nach Erkrankung, an der sie leiden (Psychosen und Neurosen). Dann gibt es Menschen – und ihre Zahl steigt immer mehr an, was von enormer pathologischer Bedeutung ist, weil die Kompulsionen krankhafte Verhaltensstörungen sind, die über die Geisteskrankheiten im klassischen Sinne hinausgehen –, deren geistige Konstitution *der dritten Mentalität* entspricht. Lokalisiert ist sie in der Gehirnregion, in der die starken Kompulsionen erzeugt werden. Das ganze System der Kompulsionen, die süchtig machen. Und schließlich gibt es Menschen mit der vierten Mentalität. Ihr Geisteszustand ist dominant zivilisiert bzw. dominant barbarisch geprägt.

Nach dieser kurzen Zusammenfassung der Theorie der dritten Mentalität sind wir nun in der Lage, die kompulsive Veranlagung Adolf Hitlers zu verstehen.

6. Hitlers kompulsiver Familienstammbaum

Franz SCHICKLGRUBER, Adolf Hitlers Großonkel väterlicherseits, starb als Trunkenbold und verdiente seinen Lebensunterhalt als Gelegenheitsarbeiter. Er arbeitete also nur von Zeit zu Zeit, möglicherweise litt er an kompulsiver Arbeitsscheu. Dagegen kann mit Sicherheit behauptet werden – ohne den Tatsachen Gewalt anzutun – daß seine Schwester, Maria Anna, Hitlers Großmutter, sexuelle Verhaltensweisen und ein Benehmen gegenüber Männern an den Tag legte, die kompulsiv gefärbt waren: so z.B. ihr Abenteuer als alte Jungfer, das ihr die „historische" Schwangerschaft eingebracht hat; die erzwungene Ehe mit dem 50-jährigen Nichtsnutz Johann Georg Hiedler, der als Herumtreiber bekannt war, die sie sich im Alter von 47 Jahren erkauft hat; die kompulsive Hartnäckigkeit und Sturheit dieser Frau, mit der sie die Identität des Vaters ihres Sohnes geheimhielt und schließlich – so wenig wir auch über sie wissen – der Tatbestand, daß sie Alois im Stich gelassen und Nepomuk übergeben hat, weil ihr herumlungernder Ehemann sich durch das Kind gestört fühlte... Wenn also Franz Schicklgruber, nach Smiths Worten, die Werner Maser in seinem Buch Hitler zitiert, ein „saufender Gelegenheitsarbeiter"[51] war, muß er Vorfahren in der Linie SCHICKLGRUBER gehabt haben, die Alkoholiker waren. Denn dem *prädiktiven Wert* jeder Wissenschaft zufolge – so auch nach der *Theorie der dritten Mentalität oder der starken Kompulsionen* – konnte der Alkoholismus von Hitlers Großonkel väterlicherseits, Franz

---

[51] Werner Maser, ebd. S. 55

Schicklgruber, nicht aus dem Nichts auftauchen, er mußte ihn von seinen unmittelbaren und entfernteren Vorfahren geerbt haben. Und genau das zeigen auch die Familienstammbäume. Die Behauptung, Franz habe den Alkoholismus erworben, ist übrigens nicht zulässig, denn seine Schwester hat kompulsive Veranlagungen, die nicht zu bestreiten sind. Dies legt die Vermutung nahe, daß die Familie kompulsiv war, oder mehrere ihrer Mitglieder – sei es, daß sie den Alkoholismus ähnlich geerbt haben, wie Franz, oder nicht ähnlich, wie Maria Anna.

Hitlers Kompulsionen leiten sich also von der Linie seiner Großmutter Maria Anna ab, die ihr unter Einwirkung von Alkohol mutiertes Gen durch kollaterale Vererbung auf ihren einzigen Sohn, Alois Hitler, geborener Schicklgruber, übertragen hat. Bei dieser Form der Vererbung erkrankt der Onkel an Alkoholismus – in diesem Fall Franz – und ein Neffe erbt die Krankheit, in diesem Fall Alois Hitler, der als Alkoholiker bekannt war. Hitler erbt somit auf nicht ähnliche Weise ein System mit äußerst schwerwiegenden Kompulsionen.

Ich habe an früherer Stelle gesagt, man könnte bei Alois nur von einer brillanten Karriere sprechen, was sein Leben in der Öffentlichkeit betrifft. Denn sein Privatleben war aufgrund der Kompulsionen, denen er ausgeliefert war, ein Desaster. Ein weiteres Argument dafür, daß seine Mutter Maria Anna kompulsiv war – über seinen Vater wissen wir ja nichts. Dies kam noch zu seiner „sturen" Veranlagung hinzu, die nicht kompulsiv war, sondern eine Eigenart des Bergvolkes, dem er angehörte.

Das Erste, was einem ins Auge springt, wenn man sich seine Photos anschaut und liest, wie er sich verhalten hat, ist – abgesehen von seiner Sturheit – die kompulsive Gewalttätigkeit, zu der Alois neigte. Er sieht aus wie eine cholerische Miniaturausgabe des Führers, und seine Verhaltensweisen sind anerkanntermaßen die eines äußerst aggressiven Menschen. Eine kompulsive Gewalttätigkeit, die gegenüber seiner armen Frau Klara Pölzl zum

Ausdruck kam, die ihn mit der Unterwürfigkeit ihres Charakters wie eine Dienstmagd in seinem Haus ertrug, die sie vor ihrer Heirat auch gewesen war. Und auch in ihrer Eigenschaft als seine Nichte. Sie nannte ihn immer „Onkel", so große Angst hatte sie wohl vor ihm. Eine kompulsive Gewalttätigkeit, die sein Sohn Alois zu spüren bekam, der aus der Ehe mit seiner zweiten Frau Franziska stammte und anläßlich einer der lautstarken Streitigkeiten von zu Hause weglief und damit zum Ruhme seines Vaters Alois senior deutlich machte, daß Alois junior schon als kleiner Junge ein Schurke war. Eine kompulsive Gewalttätigkeit schließlich, die auf dramatische Weise in der Konfrontation mit seinem Sohn Adolf Hitler offenbar wurde, einem anderen äußerst gewalttätigen Menschen, der ganz besonders zornig wurde, wenn sein Vater ihm befahl, daß er lernen sollte – die Streitigkeiten hingen nämlich gar nicht so sehr damit zusammen, daß der Vater ihn zwingen wollte, „Beamter" zu werden wie er selbst, wie Hitler in *Mein Kampf* behauptet –, daß er nicht so herumhängen und nicht so viel schlafen sollte. Das hat ihm einige Prügel eingebracht. Klar, wenn Alois nicht so gewalttätig veranlagt gewesen wäre, hätte er vielleicht regulierend auf Hitler einwirken können. Auch wenn das keine leichte Aufgabe war, denn Hitler war ein eingefleischter Faulpelz und in seiner Starrköpfigkeit hart wie Granit. Als Alois starb, fiel die ganze Verantwortung der armen Mutter zu, die Hitler betrog, manipulierte und bis zur ohnmächtigen Verzweiflung trieb, weil sie ihn vollkommen anders behandelte. „Mit Liebe", wie die Psychologen sagen. Doch weder auf Strenge, noch auf Gewalt oder Zärtlichkeit sprach der Nichtsnutz an. In ihrer Hilflosigkeit zeigte Hitlers Mutter, Klara Pölzl, ihrem Sohn die verschiedenen Tabakpfeifen, die Alois benutzt hatte, um ihm die Autorität des Vaters ins Gedächtnis zu rufen. Doch an Hitler prallte dies alles ab. Selbst von den liebevollsten Ratschlägen, die sie ihm gab, nahm er keinerlei Notiz, hörte einfach nicht hin. Klara litt unsäglich. Wer ihr Photo anschaut, sieht, wie ihre schönen Augen von Schmerz erfüllt sind.

Alois litt noch an einer anderen Kompulsion: er war süchtig nach alkoholischen Getränken. Manche behaupten, er war ein Trunkenbold. Und Hitler hat einmal ausgesagt, daß er ihn betrunken aus der Kneipe nach Hause holen mußte und daß ihm das sehr peinlich gewesen sei. Andere halten dagegen, das stimme nicht. Auf jeden Fall hat Alois senior jeden Tag getrunken. Eine der Anmerkungen von Ian Kershaw ergänzt das Bild mit den folgenden Informationen über dessen Faible für alkoholische Getränke: „Laut Hans Frank hat Hitler ihm von der Scham erzählt, die er als Junge empfand, wenn er abends den betrunkenen Vater vom Wirtshaus nach Hause holen mußte. [...] Emanuel Lugert, der eine Zeit lang mit Alois Hitler in Passau zusammengearbeitet hatte, erzählte Jetzinger, Hitlers Vater habe höchstens vier Halbe Bier pro Tag getrunken, sei seines Wissens niemals betrunken gewesen und zur rechten Zeit für die Abendmahlzeit nach Hause gegangen. [...] Derselbe Zeuge hat offenbar (Thomas) Orr erzählt, Alois Hitler habe manchmal an einem Abend bis zu sechs Halbe Starkbier getrunken, jedoch wiederholt, betrunken habe er ihn niemals gesehen."[52]

So weit zu den Abenden. Was die Vormittage angeht, so berichtet der Freund der Familie August Kubizek, Alois sei regelmäßig jeden Morgen um Punkt 10.00 Uhr im Wirtshaus erschienen, um Wein zu trinken. Und andere Autoren, die sich mit dem Thema beschäftigen, stimmen darin überein, daß Alois an einem Kreislaufkollaps gestorben sei, als er sein morgendliches Glas Wein leerte. Das schreibt auch Kershaw, der sehr gut informiert ist: Alois brach am 3. Januar 1903 „über dem morgendlichen Glas Wein im Gasthaus Wiesinger" zusammen und starb.[53] Wenn das kein Alkoholismus ist, dann weiß ich es nicht. Es muß nicht sein, daß die betroffene Person ständig betrunken ist. Auf die Sucht nach dem Alkohol kommt es an: die Tatsache, daß Alois regel-

---

[52] Ian Kershaw, ebd. S. 760, Anm. 62
[53] ebd. S. 49

mäßig morgens seinen Wein und abends sein Bier brauchte, zeigt, daß er Alkoholiker war. Außerdem ist er nicht zufällig zum Alkoholiker geworden, sondern litt an kompulsivem Alkoholismus, den er von seinem Onkel mütterlicherseits, Franz, über *kollaterale* Vererbung geerbt hatte – und mit Sicherheit von seinen Vorfahren, der Familie Schicklgruber... Mir ist aufgefallen, daß keiner der Hitler-Forscher die außerordentliche Tragweite bemerkt hat, die die Kompulsionen und insbesondere der Alkoholismus für Hitlers Gehirn und sein Verhalten hatten. Sie beschreiben einfach seine Kindheit und Jugendzeit, dann gehen sie zu den Tatsachen über, die den Politiker und Kriegsherrn betreffen – als ob nichts von dem, was Hitler geerbt hat, irgendetwas mit den verheerenden Ereignissen für die Menschheit zu tun hätte. Hitlers Gehirn und seine Art zu denken waren ausgesprochen komplex – in einem Maße, wie es dies vielleicht noch nie zuvor in der Geschichte gegeben hat, denn weder Alexander der Große, noch Dschingis Chan, Napoleon oder Bolívar, mit denen ich mich ausführlich beschäftigt habe, hatten solch verworrene Denkmuster und ein solch komplexes Gehirn – und alle typischen Eigenschaften des erwachsenen Hitler waren bereits von Kindheit an vorhanden, sowohl diejenigen, die er geerbt hatte, als auch die erworbenen. Sie mußten sich nur im Laufe der Jahre noch entwickeln, bis wir Hitler schließlich fix und fertig vor uns hatten.

Wie ich bereits erwähnt habe, richtete sich die Gewalttätigkeit von Hitlers Vater Alois gegen Klara, seine Ehefrau und Hitlers Mutter. Und dies ganz besonders, wenn er betrunken war. Diesbezüglich gibt es eine Textstelle in Hitlers *Mein Kampf,* in der mehrere Autoren eine Anspielung auf die betrübliche Atmosphäre in der Familie, vor allem aber auf Hitlers eigene traurige Situation sehen:

„So werden die kleinen Kinder in ihrer frühesten Jugend mit diesem Jammer vertraut gemacht. Übel aber endet es, wenn der Mann von Anfang an seine eigenen Wege geht und das Weib, gerade den Kindern zuliebe, dagegen auftritt. Dann gibt es Streit und Hader, und in dem Maße, *in dem der Mann der Frau nun fremder wird, kommt er dem Alkohol näher*. Jeden Samstag ist er nun betrunken und im Selbsterhaltungstrieb für sich und seine Kinder rauft sich das Weib um die wenigen Groschen, die sie ihm, noch dazu meistens auf dem Wege von der Fabrik zur Spelunke, abjagen muß. Kommt er endlich Sonntag oder Montag nachts selbst nach Hause, *betrunken und brutal*, immer aber befreit vom letzten Heller und Pfennig, dann spielen sich oft Szenen ab, daß Gott erbarm."[54]...

Was den Hinweis auf das eigene Leben betrifft, so entspricht dies nicht den Tatsachen. Die Familie hatte ihr gutes Auskommen und Klara mußte nie arbeiten gehen, nur vor der Heirat hatte sie ihren Lebensunterhalt als Dienstmädchen verdient. Vielleicht bezieht sich die persönliche Anspielung auf die Ausdrücke „betrunken und gewalttätig", doch das läßt sich nicht mit Sicherheit sagen.

Alois war ein kompulsiver Mensch wie er im Buche steht. Er war Alkoholiker, Nachkomme von Alkoholikern, und er starb, wie es für einen Alkoholiker typisch ist. Er war kompulsiv gewalttätig. Der statistischen Aufstellung konnten wir bereits entnehmen, daß die kompulsive Gewalttätigkeit an fünfter Stelle steht, nach dem Alkoholismus, der Eßsucht, der kompulsiven Kriminalität in ihren unterschiedlichen Manifestationen und der kompulsiven Faulheit (der Unfähigkeit zu lernen oder zu arbeiten). Die Gewalttätigkeit fehlt fast nie, wenn in den Familienstammbäumen der Alkoholismus an erster Stelle steht.

Kommen wir zur sechsten Kompulsion, dem Donjuanismus... Man weiß, daß Alois vor seiner ersten Ehe ein uneheliches Kind hatte, dessen Name nicht bekannt ist. 1883 heiratete er Anna Glassl – eine Frau, die sehr viel älter war als er. Sie war 50 Jahre alt, sehr wohlhabend und hatte gute Beziehungen zu einflußrei-

---

[54] Adolf Hitler, Mein Kampf, S. 28

chen Leuten. Mit Sicherheit ist Alois diese Ehe aus Eigennutz eingegangen, nicht aus Liebe. Anna erkrankte, und ihr Zustand muß sich verschlimmert haben, als sie erfuhr, daß Alois seit Jahren außereheliche Beziehungen zu einem jungen Dienstmädchen namens Franziska pflegte. Anna konnte die Untreue ihres Mannes nicht ertragen: sie verlangte die Scheidung und setzte sie auch durch. Alois wartete nicht darauf, daß Anna starb, ehe er mit Franziska zusammenzog. Vielmehr holte er sich noch Klara Pölzl ins Haus, seine Nichte. Sie sollte sich als Dienstmädchen um den Haushalt kümmern. Doch Franziska, die wußte, daß Alois ein Schürzenjäger war, verlangte, daß Klara auszog. Alois hatte zwei Kinder mit Franziska, Alois und Angela. Unter dem Vorwand, jemand müsse sich um die Kinder kümmern, forderte er Klara – die zu dem Zeitpunkt 20 Jahre alt war, genauso alt wie Franziska – in zweideutiger Absicht auf, doch zurückzukehren. Franziska wurde krank und starb 1884 an Tuberkulose, im Alter von nur 23 Jahren. Alois war damals bereits 47 Jahre alt. Während Franziska im Sterben lag, wurde Klara Pölzl, die als Dienstmädchen im Hause tätig war und die Tochter des Hausherrn hätte sein können, schwanger von Alois.[55] Alois ergriff rasch die notwendigen Maßnahmen, damit die Kirche ihm die Erlaubnis erteilte, seine Verwandte, bzw. als Onkel seine Nichte zu heiraten. Auf jeden Fall war diese Heirat eindeutig inzestuös. Alois und Klara Pölzl heirateten im Januar 1885, und nach mehreren Fehlgeburten war Adolf Hitler das erste ihrer Kinder, das überlebte. Er wurde am 20. April 1889 geboren.

Zu den bereits genannten Kompulsionen kommt noch der kompulsive Ehebruch, den Alois wiederholt begangen hat und dem er einfach nicht widerstehen konnte. Nicht zu vergessen seine pädophile Neigung: er suchte sich immer Frauen aus, die seine Töchter hätten sein können. Und die inzestuöse Kompulsion, die in seiner Beziehung und der Ehe mit seiner Nichte zum Ausdruck

---

[55] vgl. Ian Kershaw, ebd. S. 38

kam (Klara war die Tochter einer Stiefschwester von Alois, wenn man von der Annahme ausgeht, daß Nepomuk sein Vater war).

Als sei dies nicht schon mehr als genug, bleibt noch die kompulsive Nikotinsucht zu erwähnen, die bei Alois besonders ausgeprägt war: „Er rauchte wie ein Schlot [...]"[56], schreibt Kershaw. Wir hatten bereits Gelegenheit zu erfahren, daß Alois eine ganze Anzahl von Tabakpfeifen hinterließ, als er starb. Die arme Klara zeigte dem faulen Hitler die Sammlung, als sie bereits Witwe war, um ihn zum Gehorchen zu bewegen – in einem verzweifelten Versuch, sich mit der Autorität des verstorbenen Vaters zu wappnen.

Alois litt somit an mindestens sechs Kompulsionen. Womit das neurogenetische Prinzip der Pleiotropie oder der biologische Proteismus der Vererbung des Alkoholismus erfüllt ist: das mutierte Gen, das Alois von seiner Mutter geerbt hatte, löste in seinem Gehirn zahlreiche Kompulsionen aus, oder um es mit dem Paradox von Jean-Pierre Changeux auszudrücken: Einfachheit des Genoms, Komplexität im Gehirn[57]. Das bedeutet: geringe genetische Veränderungen können im Gehirn eine Vielfalt von Wirkungen auslösen, daraus habe ich die Gleichung abgeleitet: ein mutiertes Gen = ein kompulsives System. Bei Alois umfaßt dieses System mindestens sechs Kompulsionen...

Alois Hitler junior stammt aus der ehelichen Verbindung zwischen Alois und Franziska. Zweifellos war sein schlechtes Benehmen der Grund dafür, daß es häufig zu gewalttätigen Auseinandersetzungen mit dem Vater kam. Er lief von zu Hause weg, worüber sein Vater natürlich sehr verärgert war. Er endete als Vagabund und Alkoholiker, die väterlichen Erbanlagen kamen also deutlich zum Ausdruck. Zweimal kam er ins Gefängnis, einmal wegen Diebstahls, ein weiteres Mal wegen Bigamie und

---

[56] ebd. S. 39
[57] vgl. Fußnote 46

rücksichtslosen Verhaltens. Gewalttätig, obdachlos, alkoholabhängig, kriminell, bigam – Alois junior war ein durch und durch kompulsiver Mensch, ganz nach den Regeln seines Familienstammbaumes. Er ging nach England, wo er einen Sohn bekam – *William Patrick Hitler*, den Enkel von Alois und Urenkel von Maria Anna Schicklgruber: ein Herumtreiber, Lügner und Erpresser, der sogar so dreist war und keinem geringeren als dem Führer persönlich 1939 Geld abschwatzen wollte, indem er behauptete, sein Onkel Adolf Hitler sei Jude... Und da die Kompulsionen durch Vererbung unerbittlich weitergegeben werden, fast schon mechanisch, erkrankte *Angela*, das zweite Kind von Alois und Franziska, die jüngere Schwester von Alois junior, ebenfalls an einer schwerwiegenden Kompulsion und wurde Kupplerin. So ließ sie es zu, daß ihre Tochter Angelina (bekannt unter der Abkürzung *Geli*) als junges Mädchen zu Adolf Hitler zog und eine inzestuöse Beziehung mit ihrem „abscheulichen" Onkel einging (Angelas Stiefbruder)...

Es ist von außerordentlich großer Bedeutung zu wissen, daß Franziska, die Mutter von Alois junior und Angela, nicht kompulsiv veranlagt war.

Dasselbe gilt für Klara Pölzl-Hitler. Für den Inzest ist eher der gebieterische und autoritäre Alois verantwortlich, nicht Klara, die einfach den Befehlen ihres „Onkels" gehorchte.

Die Bedeutung dieser Feststellung liegt darin, daß die gesamte kompulsive Last auf die Gene von Alois zurückzuführen ist, die er von seiner Mutter Maria Anna Schicklgruber geerbt hat,... und von seinem Onkel Franz, über die kollaterale Vererbung.

Dieses Ergebnis soll uns nicht an der Erkenntnis hindern, daß Hitler den mächtigen Impuls, es im Leben zu etwas zu bringen, über die Gene seines Vaters Alois empfangen hat, denn seine Mutter Klara war ja eine kleinmütige und depressive Frau, deren DNA mit dem erstaunlichen Aufstieg ihres einzigen Sohnes nichts zu tun hatte. Paula dagegen, Adolf Hitlers jüngere Schwester, gleicht in ihrer Mentalität der Mutter wie ein Wassertropfen dem anderen: ängstlich und zurückgezogen von der Welt, bis hin zur Mittelmäßigkeit, führt sie in einer bescheidenen Dachkammer das trübsinnige Leben einer depressiven Einzelgängerin.

Adolf Hitler. Die Kompulsionen von Adolf Hitler werden in Zukunft von historischer Bedeutung sein und auf große Resonanz stoßen. Es ist sehr viel über diese Eigenschaften seiner Natur spekuliert worden, die sein Verhalten so grundlegend bestimmt haben. Doch diese Methode hat kein Ergebnis gebracht, das zu dem Hitler führen oder ihn erklären würde, den die Geschichte kennt. Kein Resultat, das eine Antwort auf die Fragen liefern würde: Warum war dieser Mann von Geburt an so bösartig, so gewalttätig, von so maßlosem Haß erfüllt, unfähig zu lernen und seinen Lebensunterhalt mit Arbeit zu verdienen? Wie ist es zu erklären, daß er ein solches Talent zum Verbrecher und Despoten besaß, wie konnte er so brutal und so grenzenlos ehrgeizig sein, warum hatte er solch eine Schwäche für Süßigkeiten und Kuchen, die er mit unstillbarer Gier in sich hineinstopfte? Ohne mit Weisheiten prahlen zu wollen, die ich nicht besitze: diese ganze Unwissenheit, was Hitlers Wesen betrifft – und dies, obwohl es den Forschern zum Glück gelungen ist, Hitlers Leben bis ins kleinste Detail auszuleuchten, eine Leistung, die sehr wertvoll für meine eigenen Forschungsarbeiten war –, diese Unkenntnis bezüglich der entscheidenden Triebfedern Hitlers, ich wiederhole, hängt damit zusammen, daß man die wissenschaftliche Disziplin der dritten Mentalität oder die Theorie der starken Kompulsionen nicht miteinbezogen hat. Und gerade diese Erkenntnisse führen zum Verständnis einer der wichtigsten Dimensionen dieses Mannes: seiner Kompulsionen. Denn die andere Seite seiner Persönlichkeit – die des barbarischen Kriegsherrn – habe ich, wie ich meine, ausreichend erläutert. Ich stelle der internationalen Wissenschaftsgemeinschaft meine Forschungsergebnisse über die dritte Mentalität, die ich auf den vorangegangenen Seiten in einer kurzen Zusammenfassung dargestellt habe, zur Verfügung, damit sie diese in Betracht zieht. Die Wissenschaftsgemeinschaft möge dann in ihrer Weisheit beurteilen, ob diese Erkenntnisse von wissenschaftlicher Bedeutung sind oder nicht.

Wenn man die Entdeckungen der Historiker, Hitler-Forscher, Biographen sowie die recht zweifelhaften biographischen Beiträge von Hitler selbst aufmerksam verfolgt, so war die erste Kompulsion, die bei Hitler im Kindesalter aufgetreten ist, die *kompulsive Gewalttätigkeit*. Die finden wir sogar noch während seiner letzten Stunden in Berlin, als er tief in seinem Bunker festsitzt und es immer wieder zu Wutanfällen kommt. Trotz aller Bemühungen ist es den Verfassern der verschiedenen Abhandlungen nicht gelungen, Informationen über Hitlers frühe Kindheit zu finden. Nur die glorifizierenden und tendenziösen Kampagnen hinsichtlich seiner Kindheit von Seiten der nationalsozialistischen Partei und von Hitler selbst sind bekannt. Soweit dies möglich ist, und indem wir die Angaben der Forscher auswerten, können wir die einzelnen Schritte der Familie rekonstruieren, allerdings nicht speziell die des kleinen Adolf. 1892, als Adolf drei Jahre alt war, wurde sein Vater Alois befördert und die Familie zog von Braunau am Inn auf die andere Seite der deutsch-österreichischen Grenze nach Passau. 1894 führt ein erneuter Umzug Alois nach Linz – zu diesem Zeitpunkt war gerade Edmund geboren, Adolfs jüngerer Bruder – während Klara in Passau bleiben und sich um die beiden Stiefkinder, Alois junior und Angela, sowie um ihre eigenen Kinder, Adolf und den kurz zuvor geborenen Edmund kümmern muß. Wenn man bedenkt, wie Adolf Hitler veranlagt war – der auch später immer als herrschsüchtiger, opportunistischer und bühnenwirksamer Choleriker auftrat, wenn nicht alles nach seinem Willen ging (einmal Choleriker, immer Choleriker, wie es im Volksmund heißt…) –, hat Kershaw mit seiner Schilderung wohl Recht, denn anscheinend „[…] gab Adolf eine Zeit lang im Haus den Ton an."⁵⁸ Außerdem – und das steht mit Sicherheit fest – sprach Adolfs Schwester Paula in einem Interview, das sie nach dem Krieg gab, von „[...] den sehr lebhaften Kindern, die vielleicht etwas schwer erziehbar waren."⁵⁹ Und Kershaw fügt, unter Berufung auf Bradley Smith, hinzu: „In diesen Monaten kündigte sich die Neigung zu Wutausbrüchen an, wenn er seinen Willen nicht durchsetzen konnte."⁶⁰

Es ist tatsächlich so – das haben die Fälle von kompulsiven Kindern gezeigt, die ich untersucht habe – daß die gewalttätige Veranlagung bereits sehr früh zum Ausdruck kommt. Das gilt auch für die übrigen Kompulsionen, bis hin zum Alkoholismus, – sie können sich, da sie ja geerbt sind, sogar schon im Babyalter zeigen. Aufgrund der Vererbung treten die Kompulsionen von Anfang an in Erscheinung, im Babyalter, in der Kindheit oder zu Beginn der Pubertät. Ein kompulsiv gewalttätiger Vater, der seine Frau brutal mißhandelte, kam mit seinem zweijährigen Töchterchen in meine Sprechstunde. Er erzählte mir, er sei Alkoholiker – ebenso wie seine Mutter, die sehr viel Bier trank, – und berichtete dann – unterstützt von seiner Ehefrau, die ihn begleitete und deren Auge durch das Hämatom vom letzten Faustschlag, den er ihr versetzt hatte, blau unterlaufen war –, ihnen sei aufgefallen, wie gewalttätig ihr kleines Mädchen, das doch erst zwei Jahre alt sei, sich verhalte. Wenn man ihr nicht das gebe, was sie äußerst energisch verlangte, ginge sie mit ihren kleinen Fäusten auf die Eltern los und werfe sich sogar zornig gegen die Wand. Und dann äußerte er die Vermutung, – da wir doch über seinen Alkoholismus gesprochen hätten, den er ebenso wie die Gewalttätigkeit von seiner Mutter geerbt hatte –, daß seine Tochter diese ebenfalls von ihrer Großmutter geerbt haben könnte. Denn u.a. käme es dann zu diesen hysterischen Wutanfällen, wenn sie sich weigerten, ihr ein

---

⁵⁸ Ian Kershaw, ebd. S. 44
⁵⁹ ebd. S. 43
⁶⁰ ebd. S. 44

Bier aus dem Kühlschrank zu geben – sie will nicht etwa Cola, sondern Bier, wie die Großmutter! Die Kleine trinkt Bier mit Genuß, als sei es Cola, ohne im geringsten die Miene zu verziehen wegen des bitteren Geschmacks...

Es gibt viele Fälle, wo die Kompulsionen sehr frühzeitig auftreten, nicht nur die Gewalttätigkeit. So hatte ich zum Beispiel den Fall, daß eine Mutter ihrem Baby immer eine ganze Reihe von Fläschchen vorsetzen mußte – nicht nur eins, wie dies normalerweise üblich ist. Das Kind trank sie alle gierig aus. Die Mutter hatte Angst und fühlte sich gezwungen, dem Willen des Babys nachzugeben, weil sie seine Wutanfälle fürchtete. Ich lernte den Jungen in meiner Praxis kennen, als er zwölf Jahre alt war: er war eßsüchtig, übergewichtig, drogenabhängig, kriminell und ausgesprochen sexsüchtig. Er holte sich heimlich oder auch ganz ungeniert Prostituierte ins Haus, ohne daß seine Eltern etwas dagegen unternehmen konnten, aus Angst vor seinen Zornausbrüchen.

Bei Hitler trat die kompulsive Gewalttätigkeit jedenfalls sehr früh und in sehr energischer Form auf.

Wer immer ihm in die Quere geriet, bekam die Wirkung seiner Kraft zu spüren – allerdings mehr verbal als körperlich, das muß man mit der gebührenden Betonung hinzufügen, denn Hitler bediente sich von klein auf des Wortes als *Reitgerte* um seine Gegner anzugreifen. Der Ausdruck „Reitgerte" ist hier durchaus angebracht, weil der Führer Hitler immer eine Reitgerte aus Nilpferdhaut dabei hatte, oder auch seinen deutschen Schäferhund – klare Symbole für Gewalttätigkeit und Macht. Der Schäferhund starb im Bunker in Berlin. Hitler hatte ihn vergiftet, kurz bevor Eva Braun sich vergiftete, die vor Hitler starb: das waren die beiden einzigen Lebewesen, die Hitler je geliebt hatten, der Hund wohl noch mehr als Eva... Seine Schulkameraden mußten ihn als „Indianerhäuptling" anerkennen. „Er war ein kleiner Rädelsführer [...]", schreibt Marlis Steinert. „Mit seinen Schulkameraden spielte er am liebsten Cowboys und Indianer oder – aktueller –

Burenkrieg. Schon damals bevorzugte er bei Auseinandersetzungen mit Mitschülern den verbalen Schlagabtausch, während er physischen Konfrontationen möglichst aus dem Weg ging."[61]

Das ganze Ausmaß seiner frühzeitig in Erscheinung tretenden Gewalttätigkeit entfaltete Hitler allerdings zu Hause: gegenüber seiner kleinen Schwester Paula, die er nicht ausstehen konnte – und das blieb bis zu den letzten Jahren seines Ruhmes so. Etwa auf den musikalischen Soiréen in Bayreuth, zu denen Paula ihn begleiten durfte. Dabei ignorierte er sie dann aber völlig, stellte sie noch nicht einmal als seine Schwester vor. Noch wichtiger war die Brutalität, mit der er seine Mutter Klara behandelte. Das wird viele überraschen, die immer von der „zärtlichen" Liebe sprechen, die Hitler für seine Mutter empfunden haben soll. Das war eine einseitige Liebe, die der Mutter zu ihrem Sohn. Dieses „er hat sie immer geliebt" diente nur als Mittel zum Zweck. Er benutzte sie für seine Launen, und er war schlau genug, die Schwäche seiner Mutter zu erkennen und auszunutzen, um alle Sonderrechte für sich zu beanspruchen. Nicht nur als Kind, sondern auch noch als Jugendlicher, als seine Mutter – damals bereits Witwe – starb. Er hatte diese arme Frau völlig in der Hand und quälte sie. Sie hat unendlich gelitten, weil dieser Sohn so gewalttätig und sadistisch war, und noch dazu ein vollkommener Nichtsnutz, weder zum Lernen noch zum Arbeiten zu bewegen. Klara mußte hilflos zusehen, ohne ihn auch nur im geringsten Maße ändern zu können:

Ich bin sicher, daß Klara unter Hitler sehr viel mehr gelitten hat als unter ihrem Mann Alois. Letzterer war herrschsüchtig und autoritär, das stimmt. Aber ihm fehlte doch die Boshaftigkeit seines Sohnes, der Klara sich in ihrer Naivität und mangels intellektueller Fähigkeiten wehrlos ausgeliefert sah. Viele Konflikte in der Familie wurden durch diesen Jungen ausgelöst, der durch und durch kompulsiv veranlagt war. Man spricht allzu leichtfertig von

---

[61] Marlis Steinert, ebd. S. 29/30

der Gewalttätigkeit, die Hitlers Vater Alois an den Tag gelegt hat, wobei ich der Letzte wäre, der dies leugnen würde. Was jedoch die Konfrontationen mit seinem Sohn Adolf betrifft, so hat Hitler diese durch sein miserables Benehmen provoziert – durch seine kategorische Weigerung, auch nur irgendetwas zu lernen. In seinem Buch *Mein Kampf* hat er 1924 die Lüge erfunden, die Streitigkeiten mit seinem Vater hingen damit zusammen, daß dieser ihn zwingen wollte zu „lernen", damit er Beamter werden könne wie er selbst. Diese Lüge wird leider viel zu oft wiederholt, denn sie vermittelt ein ganz falsches Bild: Was Alois wollte, war, daß Adolf überhaupt irgendetwas tat. Daß er nicht nur herumhing, denn so würde er es im Leben zu nichts bringen. Und das sagte Alois, der ein verantwortungsvoller, fleißiger Mann war, der alles seiner eigenen Anstrengung zu verdanken hatte – einer Anstrengung, die er bei seinem Sohn vermißte. Und das mußte natürlich seinen Zorn entfachen.

In dem Interview, das Hitlers Schwester Paula 1946 – also nach Kriegsende – gegeben hat, findet sich folgende Aussage, die den wahren Sachverhalt widerspiegelt. Schließlich hat Paula die Dramen, die sich in ihrer Familie abspielten, selbst miterlebt: „Besonders mein Bruder Adolf forderte meinen Vater zu extremer Strenge heraus und erhielt dafür jeden Tag eine richtige Tracht Prügel [...]. Wie oft hat andererseits meine Mutter ihn gestreichelt und versucht, mit Liebenswürdigkeit das zu erreichen, was meinem Vater mit Strenge nicht gelang."[62] Hier zeigt sich also eine kompulsive Verstocktheit, die Hitler meines Erachtens von seiner Großmutter Maria Anna Schicklgruber geerbt hatte, die bis zu ihrem Tod auf ihrem Eigensinn beharrte. Paula liefert uns hier ein wertvolles Dokument, denn sie hatte keinerlei Interesse daran, ihren Bruder schlecht zu machen. Ganz im Gegenteil. Aber sie hat diese Tatsache einfach ganz arglos geschildert. Für uns ist sie jedoch von großer Bedeutung, weist sie doch darauf

---

[62] Ian Kershaw, ebd. S. 43

hin, daß Hitlers Boshaftigkeit bereits in seiner frühen Kindheit zum Ausdruck kam. Wäre das nicht der Fall, würden wir auch sein späteres Verhalten nicht begreifen können.

In meiner beruflichen Praxis habe ich die Erfahrung gemacht, daß der Umgang mit kompulsiven Menschen sehr schwierig ist. Es ist kaum möglich, einen kompulsiven Faulenzer dazu zu bewegen, einer regelmäßigen Arbeit nachzugehen oder etwas zu lernen. Und die Eltern sind erst recht überfordert und fühlen sich machtlos, wenn es darum geht, ihr Kind dazu zu bringen, systematisch und diszipliniert zu lernen. Ohne therapeutische Behandlung ist es praktisch unmöglich, bei einem kompulsiv faulen Kind zu erreichen, daß es lernt und seine Hausaufgaben macht. Die Eltern können schimpfen, versuchen, ihr Kind anzuspornen, es mit Belohnungen locken, ihm liebevolle Ratschläge erteilen – es nützt alles nichts: selbst die gelassensten Eltern geraten irgendwann aus der Fassung, wenn ihr Kind derart faul ist – wie muß es dann erst bei Alois Hitler gewesen sein? Er fuhr natürlich total aus der Haut, und es hagelte ordentlich Strafen. Klara dagegen, Hitlers Mutter, litt unendlich und wußte sich nicht mehr zu trösten. Und dabei sprechen viele Psychoanalytiker noch vom Ödipus-Komplex, wie Marlis Steinert schreibt:

„Dafür (um herauszufinden, ob die Wurzeln für Hitlers Untaten in seiner frühen Kindheit liegen)[63] muß man auf Erklärungen aus dem psychoanalytischen Denkgebäude zurückgreifen, die zum großen Teil den *ödipalen Konflikt* in den Vordergrund stellen: der kleine Junge findet einen brutalen und autoritären Vater vor sich, der ihn in 'Kastrationsangst' versetzt, und daneben eine ihm zugewandte, zärtliche und liebevolle Mutter. Nach der Mehrzahl der historischen Darstellungen ließe sich dieses Schema wunderbar auf die Situation des kleinen Adolf anwenden."[64]

---

[63] (Anm. d. Übersetzerin)
[64] Marlis Steinert, ebd. S. 23

Die Einschätzung des Hitler-Forschers Raymond Cartier trifft da schon eher zu, hier handelt es sich wirklich um einen Wissenschaftler mit gesundem Menschenverstand:

„Überspannte Psychoanalytiker", schreibt Cartier, „haben Hitlers Karriere damit erklärt, daß er Österreich mit seinem Vater gleichgesetzt habe – den er verabscheute – und Deutschland mit seiner Mutter, die er verehrte... Die Realität ist sehr viel banaler: Der Vater litt und war zornig, weil er einen Faulpelz zum Sohn hatte, der das Leben eines Bohemien führte; der Sohn wiederum biß sich in seinem Widerstand fest und steigerte sich in einen zunehmenden Haß hinein, auf alles, was mit Lernen zu tun hatte und ihn in eine Richtung treiben sollte, die seinem eigenen Ideal entgegengesetzt war."[65]

Ich habe bereits erwähnt, daß Hitlers kompulsive Gewalttätigkeit zu Hause gegenüber seiner Familie zum Ausbruch kam, vor allem gegenüber seiner Mutter und seinem Vater. Die Naivität und Schwäche der Mutter nutzte er ebenso aus wie die zärtliche Liebe, die sie für ihn empfand, um seinen Willen, seine Launen und all seine Kompulsionen durchzusetzen. Er verlangte ihr auch finanzielle Opfer ab und zwang sie, seine wahnwitzigen Projekte zu tolerieren – als der Vater noch lebte, umso mehr jedoch während der vier Jahre, die der Mutter als Witwe noch vor ihrem eigenen Tod blieben... Lautstärker und noch dramatischer kam Hitlers Gewalttätigkeit gegenüber seinem Vater zum Ausdruck, der ebenfalls stur veranlagt, vor allem aber eine Kämpfernatur war. Von klein auf hatte er hart gearbeitet und für ein einfaches Waisenkind vom Lande sehr viel erreicht. Ihm war es zu verdanken, daß die Familie ihr Auskommen hatte und vom ökonomischen Standpunkt aus sorgenfrei leben konnte. Er ertrug es nicht, mitanzusehen, wie sein Sohn den größten Teil des Tages verschlief, sich herumtrieb und endlose Schundromane mit Kriegsgeschichten las. Und sich dann noch Tag für Tag mit unglaubli-

---

[65] Raymond Cartier, Hitler, al asalto del poder, Bogotá 1976, S.17

cher Unverschämtheit und Niedertracht mit ihm auf eine Stufe stellen und ihm die Stirn bieten wollte!

Doch Alois hatte – anders als Klara – genügend Mut und Charakter, um sich gegen das unverschämte Verhalten und die Provokationen seines Sohnes zur Wehr zu setzen, der nicht nur ein unverbesserlicher Faulpelz war, sondern seine Nichtsnutzigkeit auch noch mit Gewalt verteidigen wollte. Auch Alois litt sehr unter dieser Situation. Er ärgerte sich und mußte den ungezogenen Adolf bestrafen. Doch die Mutter litt sehr viel mehr, weil sie aufgrund ihrer körperlichen und charakterlichen Schwäche ihrem Sohn hilflos ausgeliefert war.

Wir werden noch sehen, wie diese Gewalttätigkeit, da sie kompulsiv war, sich im Laufe der Jahre immer mehr verstärkte. Bis sie schließlich solch extreme Ausmaße annahm, wie es kaum zu fassen ist. Bis hin zum Mord im üblichen Sinne, aber auch bis hin zum vollkommen erbarmungslosen Völkermord des Barbaren, der diese Gewalttaten von Kindheit an in aller Stille hatte keimen lassen und auf seine Gelegenheit wartete... Nein, nein. Wenn wir wissen wollen, wer Hitler wirklich war, dürfen wir die Gewalttätigkeit, die er als Kind an den Tag legte, nicht mit der Gewalttätigkeit verwechseln, die allgemein unter Kindern üblich ist. Seine Gewalttätigkeit war ungeheuerlich, in einem Wort: kompulsiv. Am 27. Februar 1924 wurde Hitler vom damaligen bayerischen Ministerpräsidenten Heinrich Held empfangen, einer Persönlichkeit, die sehr große Menschenkenntnis besaß. Nach dem Gespräch erklärte Held: „Die wilde Bestie ist gezähmt; jetzt kann man sie am Zügel führen."[66]

Das war also der Eindruck, den kluge Menschenkenner von Hitler hatten: daß er einer „Bestie" glich, davon bin ich überzeugt. Denn schon als Kind fuhr er seine Krallen aus und fletschte die Zähne.

---

[66] Raymond Cartier, ebd. S. 199

Doch daß diese Bestie sich würde zähmen lassen, darin täuschten sie sich.

Ich wiederhole: seine ersten Opfer waren seine Angehörigen. An erster Stelle nenne ich die Mutter, weil sie Hitlers Angriffen, die er hinterlistig unter falscher Zärtlichkeit verbarg, wehrlos gegenüberstand. Dann den Vater, der den Fehler beging, auf Biegen und Brechen gegen seinen Sohn zu kämpfen. Dabei hatte er mit seinem anderen Sohn, Alois, der ebenso boshaft und ein ebensolcher Vagabund war wie Adolf, schon die bittere Erfahrung machen müssen, daß seine Bemühungen, den Sohn zu bessern, vergeblich waren. Ich habe ja bereits geschildert, daß Alois junior an verschiedenen Kompulsionen litt, die so tief in ihm wurzelten, daß sie ihn mehrfach ins Gefängnis brachten. Alois senior ist mit seinen Erziehungsversuchen kläglich gescheitert, und nach einem lautstarken Streit zwischen Vater und Sohn verließ Alois junior das Elternhaus und zog mit seinem Alkoholismus, seiner Nichtsnutzigkeit, seiner kriminellen Veranlagung und seiner Rücksichtslosigkeit in die Welt hinaus. Ein weiteres Opfer war Hitlers Schwester Paula: sie war ebenso wehrlos wie die Mutter, der sie – wie gesagt – sehr ähnelte. Sie reagierte praktisch genauso resigniert und naiv. Und schließlich Geli Raubal, die er mit seinem brutalen Verhalten in den Selbstmord getrieben hat.

Um diese Beschreibung der schweren Kompulsionen von Adolf Hitler etwas zu versüßen, komme ich jetzt zu einer kompulsiven Verhaltensweise, mit der er nur sich selbst Schaden zugefügt hat: ich meine seine Eßsucht, die von den Hitler-Forschern selten erwähnt wird. In der statistischen Aufstellung haben wir ja gesehen, daß die Eßsucht nach dem Alkoholismus die häufigste Kompulsion ist, und daß sie von Vorfahren geerbt wird, die Alkoholiker sind. Frauen sind häufiger betroffen als Männer, doch auch sie bleiben nicht verschont. Sie erben allerdings eher die Alkoholkrankheit oder zeigen kriminelle Verhaltensweisen. Ich habe auch darauf hingewiesen, daß die Eßsucht meist zu Übergewicht führt.

Bei Hitler war das nicht der Fall, aber er machte sich immer Sorgen um sein Gewicht, und sein ausgesprochenes Interesse an Ernährungsfragen ist bekannt – 1929 wurde er sogar Vegetarier. Wir haben gesehen, daß Eßsüchtige von alkoholkranken Vorfahren abstammen, und daß ihre Nachkommen wiederum an Alkoholismus leiden, daß man die Eßsucht daher als verkappten Alkoholismus bezeichnen kann. Ich habe den Leser zudem darüber informiert, daß der Eßsüchtige Lebensmittel verschlingt, vor allem aber Süßigkeiten und Gebäck, also nicht fermentierte Kohlenhydrate, die dann aber im Verdauungsapparat einen Gärungsprozeß durchlaufen, während der Alkoholiker – sein chemisches Pendant – fermentierte oder destillierte Kohlenhydrate schluckt. Professor Marlis Steinert erwähnt Hitlers Eßsucht oder Bulimie, verfällt aber auch in Gemeinplätze wie etwa die Behauptung, Hitler sei zu lange gestillt worden. Dafür gibt es keine Belege, es handelt sich also um eine reine Vermutung. Oder daß seine Mutter Klara sehr gute Nachspeisen zubereitet habe und Adolf so zur Eßsucht „erzogen" worden sei. Selbst die Hypothese, Hitler sei von dieser verfluchten Eßsucht dazu getrieben worden, „Lebensraum" zu suchen, fehlt nicht. Glücklicherweise weist Marlis Steinert diese jedoch zurück. Ich zitiere den vollständigen Text von Professor Steinert zu diesem Thema, damit man sich ein Bild davon machen kann, wie wenig die Kompulsion der Eßsucht und das gesamte System der Kompulsionen, die süchtig machen, verstanden wird.

„Auch der Umstand, daß Klara das kränkelnde Kind ungewöhnlich lange gestillt haben soll, veranlaßte einige Autoren, darin die Ursache für eine ausgeprägte Naschhaftigkeit und eine besondere Schwäche für Schokolade, Kuchen und Zuckerwerk zu finden. Aber wird diese Neigung nicht von vielen Österreichern geteilt, ohne daß man ihr immer diesen Ursprung zuschreiben könnte? Im übrigen kann man für seine Neigung zu Leckereien auch leicht andere Gründe angeben. Dienten sie vielleicht nicht einfach der Ersatzbefriedigung für andere Entsagungen? Denn Hitler rauchte nicht, trank Wein nur in Ausnahmefällen, wurde spätestens zum Ende seiner zwanziger Jahre zum Vegetarier und ordnete sein Sexualleben zunehmend seinen politischen Ambitionen unter. So könnte sich sein Heißhunger auch als Abreagieren von Frustration erklären."

Es ist doch nicht verwunderlich, daß die Süßspeisen ihn manchmal an seine Mutter erinnert haben, denn diese hat ihm sicherlich häufig Kuchen und andere süße Gerichte angeboten. Als Frau vom Land hat sie bestimmt ausgezeichnete Nachspeisen zubereitet.

„Noch zweifelhafter erscheint die direkte Verbindung, die zwischen Hitlers Besessenheit von der Idee des 'Lebensraumes' und der durch Überfütterung erzeugten Freßgier hergestellt wurde. Und noch schlimmer: man erklärt manchmal seine Weigerung, während des Rußlandfeldzuges Rückzugsbewegungen anzuordnen, damit, daß ein solcher 'Vielfraß' unfähig sei, etwas 'herzugeben'."[67]

Mit großem Respekt vor der Autorin zitiere ich hier den ganzen Text. Erstens, weil darin Hitlers Eßsucht dokumentiert ist, die sich in seiner Vorliebe für Süßigkeiten, Sahnetorten, Schokolade und Naschwerk äußerte. Also genau den Lebensmitteln, die Eßsüchtige bevorzugen, wie wir wissen, weil die Eßsucht ein verkappter Alkoholismus ist. Daher sind die Kohlenhydrate, die im Verdauungsapparat einen Gärungsprozeß durchlaufen, besonders reizvoll. Der Alkoholiker nimmt Kohlenhydrate ja in bereits fermentierter oder destillierter Form zu sich. Zweitens möchte ich anhand dieser Textstelle deutlich machen, daß für die Verfasser solcher wissenschaftlichen Abhandlungen das Universum der Kompulsionen ganz offenkundig vollkommenes Neuland ist. Auf der einen Seite beschreiben sie die Kompulsion, ohne die Ursa-

---

[67] Marlis Steinert, ebd. S. 23

chen zu nennen – noch dazu völlig isoliert, ohne die Verbindung zu den anderen Kompulsionen herzustellen, an denen Hitler litt. Auf der anderen Seite erklärt diese Unkenntnis bezüglich der Theorie der starken Kompulsionen, warum so viele Hypothesen aufgestellt werden. Denn wenn das bei der Eßsucht der Fall ist, so wird es für die übrigen Kompulsionen ebenso zutreffen. Selbst Marlis Steinert kann am Ende die Parallele, die einige Forscher zwischen Hitlers Sucht nach Süßigkeiten und Kuchen auf der einen, und seiner „Gier" nach Lebensraum beim Rußlandfeldzug auf der anderen Seite herstellen, nicht ganz ernst nehmen...

Alkoholismus und Eßsucht sind nicht nur in chemischer Hinsicht, sondern auch von der Art her, wie sie sich äußern, miteinander verwandt. Wenn ein Alkoholiker einmal anfängt zu trinken, so kann er nicht mehr aufhören. Dasselbe gilt für den Eßsüchtigen: von dem Augenblick an, da er anfängt zu essen, ist er unersättlich. Er ißt nicht mehr, er *schlingt* seine heißgeliebten Süßigkeiten und Kuchenstücke nur so hinunter – und das, obwohl er gar keinen Hunger hat.

Reinhold Hanisch, ein Kamerad aus der Zeit des Vagabundentums und Bettlerdaseins in Wien, schildert etwa um 1909, daß Hitler, sobald es dem Freund gelungen war, eines der Bilder zu verkaufen, die er so nebenbei angefertigt hatte, ohne sich besonders viel Mühe dabei zu geben, mit dem Erlös „ganze Berge" von Eis, Schokolade, Keksen und Sahnetorten anhäufte, die er dann gierig in sich hineinstopfte. Und in den 1930er Jahren, als Adolf Hitler bereits reiche Freunde hatte, schaufelte er – zum großen Entsetzen seiner Gäste – löffelweise Zucker in die besten Weine Europas.

Die kompulsive Faulheit. Diesbezüglich habe ich ja schon einiges vorausgeschickt. Adolf Hitler hatte gute Noten in der Grundschule, weil das Lernen ihm dort sehr leicht fiel und keine besondere Anstrengung von ihm erforderte. Doch als er 1900 auf die Realschule kam, fingen die Probleme an. In Mathematik und

Naturwissenschaften hatte er die Note „ungenügend" und mußte die Klasse wiederholen. Für sein Betragen erhielt er „unterschiedliche" Noten. Wahrscheinlich haben die Eltern ihn bestraft, damit er sich etwas besserte, als er das Jahr wiederholte. Während der folgenden Jahre bis 1905 waren seine Schulnoten „schlecht bis mittelmäßig". Kershaw schildert, daß Hitlers einstiger Klassenlehrer, Dr. Eduard Huemer, ihn nach dem fehlgeschlagenen Putschversuch von München in einem Brief an dessen Anwalt als einen Jungen beschrieb, der „'seine Begabungen vernachlässigte, nicht sonderlich fleißig und außerstande war, sich in die Schuldisziplin zu fügen.' Er charakterisierte ihn als 'widerborstig, eigenmächtig, rechthaberisch und jähzornig'. Auf Kritik der Lehrer reagierte er mit kaum verhohlenem Widerwillen. Von den Klassenkameraden habe er 'unbedingte Unterordnung' verlangt [und] eine 'Führerrolle' bei den unreifen Streichen gespielt, die Huemer einem übermäßigen Genuß der Indianergeschichten Karl Mays [...] zuschrieb [...]."[68]

Ich hatte schon Gelegenheit zu zeigen, daß Hitler selbst diese Aussage seines Lehrers Huemer bestätigt hat, als er am 17. Februar 1942 äußerte: „Das erste Buch, das ich von Karl May gelesen habe, war *Durch die Wüste*. Ich war überwältigt und verschlang gleich alle anderen Bücher desselben Autors. *Das wirkte sich unmittelbar auf meine Schulnoten aus, die sich entsprechend verschlechterten.*"[69] Die Schulkameraden erzählten sogar, Hitler habe nur so getan, als folge er dem Unterricht – in Wirklichkeit habe er die ganze Zeit die Abenteuerromane von Karl May gelesen, die er unter seiner Bank versteckt hielt.

Man beachte – denn wir werden später noch Gelegenheit haben, dies ganz unverblümt zu sehen –, *daß bei Hitler die kriegerische Barbarei bei weitem die zivilisierte Kultur ersetzt!* Und das wird charakteristisch sein für sein Schicksal und seinen Lebensweg

---

[68] Ian Kershaw, ebd. S. 47
[69] Adolf Hitler, Conversaciones sobre la Guerra y la Paz, S. 524

bestimmen… *Es ist natürlich kein Zufall, daß Hitler sich dem Krieg verschreibt und dafür seine Begabung für Kunst und Architektur vernachlässigt*!

Hitler stand Schule und Lehrern „schroff ablehnend" gegenüber. „Er verließ die Schule mit einem 'elementaren Haß' […]"[70], schreibt Kershaw, und ich füge ergänzend hinzu: dieser Haß, den Kershaw als elementar bezeichnet, war kompulsiver Natur!

Ich habe bereits erklärt, daß die Kompulsion zum Landstreicherleben (zur Nichtsnutzigkeit, Faulheit, Trägheit, Bummelei, zum Müßiggang etc.) eine schwere Verhaltensstörung ist. Es handelt sich hierbei um eine echte Krankheit, wie bei allen Kompulsionen, die zum großen System der Kompulsionen gehören. Sie zeigt sich zum einen in der Unfähigkeit, etwas zu lernen, zum anderen in einer Abscheu gegenüber jeglicher Form von Arbeit. Bei Hitler traf beides zu. Die Krankheit äußert sich so, daß der Betroffene sich schrecklich langweilt, sobald er auch nur ein Buch in die Hand nimmt oder dem Unterricht des Lehrers folgen soll. Diese Menschen schweifen dann mit ihren Gedanken vollkommen ab, sie schlafen ein oder sie ergreifen die Flucht und streifen ziellos durch die Straßen oder die Felder. Heute kommt noch das Surfen im Internet hinzu. Bei praktischen Arbeiten ist es genauso: sie ertragen es nicht, wenn sie arbeiten sollen. Sie möchten lieber etwas anderes machen und sind nicht in der Lage, einer regelmäßigen, disziplinierten und systematischen Tätigkeit nachzugehen. Das war auch bei Hitler der Fall – von klein auf und bis hin zu seiner Zeit als Reichskanzler. Viele Bettler leiden an kompulsiver Faulheit – allerdings nicht alle. Ihre extreme Lage haben sie ihrer Arbeitsscheu zu verdanken. Wir werden noch sehen, wie Hitler sich in Wien an den Bettelstab gebracht hat, weil er einfach nicht arbeiten konnte… Die Unfähigkeit zu lernen entwickelt sich zu einer wirklich tragischen Erkrankung, denn die intelligentesten Menschen gehen so zugrunde, weil sie einfach kein Buch in die

---

[70] Ian Kershaw, ebd. S. 47

Hand nehmen können, ohne sogleich automatisch eine quälende Langeweile zu verspüren oder gar einzuschlafen. Hitler litt ebenfalls an dieser Form der Kompulsion, und so kam es, daß er „seine Begabungen vernachlässigte" – als Kind, als Jugendlicher, als junger Mann in Wien und als imposanter Führer.

Welche fatalen Folgen diese schwere Erkrankung für Adolf Hitler hatte, wird jeder verstehen. Ich bin der tiefen Überzeugung, daß Hitler eine Karriere als Maler und/oder Architekt gemacht hätte, wenn er nur die Disziplin für ein Studium aufgebracht hätte. Er wäre an der Akademie der Schönen Künste in Wien aufgenommen worden und hätte sich als Maler oder Architekt einen Namen gemacht. Aber die Kompulsion hat ihn rigoros davon abgehalten, ein fleißiger Student zu sein. Am 10. Mai 1942 erklärte er in seinem Hauptquartier: Wenn der Krieg nicht ausgebrochen wäre, wäre er jetzt Architekt, vielleicht einer der besten, wenn nicht sogar der beste in ganz Deutschland… Mit dieser Prahlerei täuschte er sich aber gewaltig…

Werner Maser weist Rabitschs Kritik an Hitler, nur „die ganz Untalentierten" zeichneten nach Vorlagen, zurück. „Keines dieser Urteile ist objektiv." Hitler schuf zwar nie etwas aus der eigenen Kreativität heraus, sondern zeichnete vor allem Postkarten ab oder kopierte die Bilder anderer. Aber er tat dies – auch noch in München, während der ersten Monate des Jahres 1914 – „nicht weil er talentlos war, [...] sondern ganz einfach, weil er zu faul war, sich auf die Straße zu stellen und zu malen."[71] Als der berühmte Professor Ferdinand Staeger einige Arbeiten Hitlers prüft und zu dem Urteil gelangt, Hitler sei „[...] ein ganz außergewöhnliches Talent", kommentiert Maser: „Das Urteil der 'Meister' hat Hitler [...] nicht dazu bewegen können, nun auch endlich nachzuholen, was ihm bis dahin unmöglich gewesen war [sich

---

[71] Werner Maser, ebd. S. 96

ganz der Kunst zu widmen]. Die Politik [...] nimmt ihn auch innerlich anscheinend ganz gefangen."[72]

Hätte Hitler nicht unter kompulsiver Faulheit gelitten, hätte er sich mit Sicherheit dem Studium der Malerei oder der Architektur gewidmet. Selbst dann wäre er seinem Schicksal wahrscheinlich nicht entkommen – seine Erblast war einfach zu groß, der Krieg lag ihm praktisch im Blut. Doch eine gute akademische Ausbildung hätte die barbarische Veranlagung abgemildert, ein Gleichgewicht hergestellt zwischen dem barbarischen Nomaden und dem seßhaften zivilisierten Menschen.

Bei meiner Arbeit mit Menschen, die nicht lernen können, ist mir aufgefallen, wie ungeheuer schwierig es für sie ist, dieser Kompulsion Herr zu werden. Es bedarf einer langfristigen, beharrlichen therapeutischen Arbeit, um positive Resultate zu erzielen – und selbst dann ist der Erfolg ungewiß. Aussichtsreicher ist dagegen die sog. Präventivbehandlung, wenn man also bereits im Kindes- oder Jugendalter mit der Therapie beginnt.

Auf jeden Fall – und das muß zur Verteidigung Hitlers und aller kompulsiven Menschen dieser Welt ganz allgemein gesagt werden – sind sie nicht schuldig: weder Hitler, noch irgendein anderer kompulsiver Patient, an welcher Kompulsion er auch immer leidet. Sowohl Hitler als auch alle anderen kompulsiven Patienten haben ihre jeweiligen Kompulsionen von ihren kompulsiven Vorfahren geerbt, wobei an der Spitze jedes Familienstammbaumes der Alkoholismus steht. Sie haben ihre Eltern nicht darum gebeten, ihnen genau diese kompulsiven Gene zu übertragen. Sie sind so geboren, sie haben sie geerbt – und daran trägt niemand Schuld.

Die Wissenschaft der dritten Mentalität nimmt keine Schuldzuweisungen vor, sie erklärt die kompulsiven Verhaltensweisen und ihre Ursachen sowie Möglichkeiten, wie man diesen Menschen

---

[72] ebd. S. 108/109

Erleichterung verschaffen kann. Denn sie leiden sehr, es sind Patienten. Sie sind krank, auch wenn sie gleichzeitig anderen Menschen Leid zufügen. Sie sind Opfer, auch wenn sie selbst andere Menschen zu Opfern machen. Alle kompulsiven Patienten haben einen Familienstammbaum mit kompulsiven Vorfahren, und das bis zurück in die vierte oder fünfte Generation, oder sogar noch weiter. Und sie sind über die Vererbungskette mit der Vergangenheit verknüpft, die die verschiedenen Glieder einer langen Generationenkette aneinanderreiht. Und diese Vererbung – das habe ich ja bereits ausgeführt, und das wird auch allgemein akzeptiert – erfolgt nach dem Zufallsprinzip. Rein zufällig hat dieses pädophile „Monster", das ich beschrieben habe, von seinen Vorfahren eine entsetzliche Kompulsion geerbt, die diesen Menschen dann dazu verdammt hat, einer der abscheulichsten Verbrecher der Welt zu werden. Er hat Pech gehabt und diese Krankheit geerbt, während seine Geschwister heil davon gekommen sind: sie haben nur den Alkoholismus geerbt, nicht die Pädophilie. Und ebenfalls dem Zufall ist es zu verdanken, daß seine Schwestern gar keine Kompulsion geerbt haben. Dasselbe gilt für Hitler: er hatte das Pech, zufällig all diese schwerwiegenden Kompulsionen zu erben, die ich geschildert habe. Seine Schwester hat sie nicht geerbt, sie hatte Glück. Sein Stiefbruder Alois aber sehr wohl, er hat viele schwere Kompulsionen geerbt. Doch weil ihm die entsprechende Genialität fehlte, endete er im Gefängnis statt in die Geschichte einzugehen wie Hitler – auch wenn dies durch Ereignisse erfolgt ist, die jeder am liebsten ungeschehen machen würde.

Wie könnte man diese kompulsiven Menschen für schuldig erklären? Sie haben bei der Befruchtung, ohne ihr eigenes Zutun, die DNA erhalten, die sie zu Übeltätern verdammt hat: sie mußten Faulpelze werden, Gewalttäter, Verbrecher oder Eßsüchtige. Auf der anderen Seite haben die Familie des Pädophilen und all die Familien, deren Kinder unglücklicherweise einige dieser schrecklichen Krankheiten geerbt haben, dasselbe Drama erlebt wie Hitlers Familie mit ihrem kompulsiv veranlagten Sohn.

Sie werden sich fragen, ob denn die Umwelt gar keinen Einfluß auf das Auftreten, die Geburt und die Entwicklung kompulsiver Patienten hat. Ich muß Ihnen antworten, daß kompulsive Menschen geboren werden, und daß dies ausschließlich von der genetischen Dynamik abhängt...

Das ist unausweichlich. Dennoch ist das Umfeld von Bedeutung. Diese Menschen sind zwar von Geburt an kompulsiv, denn es ist erwiesen, daß sie ihre Veranlagung geerbt haben und ihre kompulsive Seite bereits im Kindesalter, spätestens aber in der Pubertät zum Vorschein kommt. Die Umgebung kann nur dann therapeutisch eingreifen, wenn die Menschen, die mit dem Betroffenen umgehen, die Krankheit erkennen und wissen, wie man sie aufhalten kann. Und zwar vor allem in der Kindheit, wenn die Umgebung noch vorbeugend Einfluß nehmen kann. Denn wenn ein kompulsiver Patient einmal erwachsen ist, wird es sehr schwer, ihm zu helfen, unabhängig davon, an welchen Kompulsionen er leidet. Unmöglich ist es jedoch nicht... Wenn aber die Wissenschaft der dritten Mentalität schon in Wissenschaftskreisen unbekannt ist, wie soll es dann erst in den normalen Familien sein? Deshalb prügeln die Eltern aus Unkenntnis blind auf ihre kompulsiven Kinder ein, zudem viele von ihnen selbst kompulsiv veranlagt sind. Daher ist das Drama vorprogrammiert, und Menschen wie Hitler sind auch heute noch keine Ausnahme. Es wäre wünschenswert, daß diese Wissenschaft an die Öffentlichkeit und ins Bewußtsein der Menschen gelangt. Dann könnten sie Maßnahmen ergreifen, um zu verhindern, daß die Menschheit sich in eine kompulsive Menschheit verwandelt, wie dies zur Zeit geschieht... Außerdem leiden die kompulsiven Patienten nicht nur selbst, sie stellen auch eine Gefahr für die Gesellschaft dar.

Hitler schuf unter Verdrehung der Tatsachen den Mythos – an den er selbst glaubte –, das entscheidende Problem für seine

Lernschwierigkeiten sei der Konflikt mit dem Vater, der ihn dazu zwingen wollte, „Beamter" zu werden wie er selbst. Und es gibt Hitler-Forscher, die sich auf diese Fährte haben locken lassen: sie ließen sich einreden, Hitlers Weigerung zu lernen sei Ausdruck seiner Rebellion gegen den Vater. Als Alois jedoch am 03. Januar 1903 starb, gab es diesen Druck nicht mehr – und trotzdem ließen Hitlers schulische Leistungen weiterhin zu wünschen übrig. Oder, wie Marlis Steinert schreibt: „Das abrupte Ende des Konflikts mit dem Vater änderte indessen nichts an seinen Leistungen in der Schule."[73]

Ich kenne diese kompulsive Abscheu gegen das Lernen und habe beobachtet, daß sie – da sie genetisch bedingt ist – nicht von heute auf morgen verschwindet, sondern im Laufe der Jahre weiterhin anhält. Und Hitler ist da keine Ausnahme. Ganz im Gegenteil, da der Vater der einzige Mensch war, der mit ihm schimpfte und ihn dazu drängte, er solle lernen und sein Lotterleben aufgeben, war Hitler nach dem Tod des Vaters von diesem Druck befreit und sicherlich sehr froh darüber. Denn für seinen Vater empfand er „Haß und Furcht", wie er einmal bekannte, und er war sich sicher, daß er seine Mutter nach Lust und Laune würde lenken können, wie es dann auch tatsächlich geschah. Bei Ian Kershaw lesen wir: Adolf Hitler wird, „jetzt der 'einzige Mann im Haus', kaum um seinen Vater getrauert haben. Mit dem Tod des Vaters war der Druck der Eltern größtenteils von ihm gewichen. Die Mutter tat ihr Bestes, um ihn zu überreden, die väterlichen Wünsche zu erfüllen. Obwohl sie in großer Sorge um Adolfs Zukunft war, mied sie die Konfrontation und gab bereitwillig seinen Launen nach."[74]

Er scheiterte dann endgültig auf der Realschule in Linz und durfte die Klasse auch nicht wiederholen. Er wurde praktisch von der Schule gewiesen. Auf die flehentlichen Bitten der Mutter hin

---

[73] Marlis Steinert, ebd. S. 31
[74] Ian Kershaw, ebd. S. 49/50

wurde er an der Realschule in Steyr aufgenommen, wo Adolf seinen Abschluß machen sollte. Doch alles war vergeblich. Er versprach der Mutter, daß er trotz seiner Abneigung gegenüber der Schule[75] entschlossen sei, weiterzumachen. Wenn man weiß, wie stark die zwanghafte Veranlagung zur Faulenzerei und zu niederträchtigem Verhalten bei Hitler war, ist die Vorstellung vollkommen illusorisch, daß er dieses Versprechen hätte einhalten können. Ein Junge mit dieser Veranlagung, mit derart perversen Gefühlen, konnte nur schlechte Absichten hegen. Er führte die Mutter an der Nase herum, die ihn über alles liebte, vollkommen schwach war und unendlich litt. Nicht nur, weil sie mit ansehen mußte, wie ihr Kind einem ungewissen Schicksal entgegenging, weil es zu keiner Arbeit fähig war, sondern auch, weil sie intuitiv erkannte, wie schwerwiegend Hitlers Krankheit war. Immer wenn sie seine Gewalttätigkeit miterlebte, hatte sie große Angst, sich ihm entgegenzustellen und „mied die Konfrontation", wie Kershaw dies sehr deutlich zum Ausdruck bringt. In vielen Fällen habe ich es erlebt, daß die Eltern (vor allem, wenn sie selbst schwach sind, wie Klara) Angst vor ihren Kindern haben und es nicht wagen, sie auf ihre Fehler hinzuweisen. So gab sie seinem Willen nach, wohl wissend, daß er sie in der Hand hatte. Man wird es nicht glauben: nach oder neben der vielgepriesenen Liebe, die Klara für ihren Sohn empfand, und als sie später sah, wie unmenschlich er sich verhielt, hatte sie Angst vor ihm und hat sehr gelitten. Ich wiederhole: *Klara war Adolf Hitlers erstes Opfer*, vor allem während der vier Jahre nach dem Tod ihres Mannes.

Hitler war in seiner Kindheit und den ersten Jahren der Pubertät bereits so verrucht, daß er sich am Ende des Schuljahres an der Realschule in Steyr, nachdem er sein miserables Zeugnis erhalten hatte, mit seinen Schulkameraden betrank und sich dann in seinem Suff mit dem Zeugnis den Hintern abwischte. Ein unge-

---

[75] vgl. Maser, ebd. S. 66

wöhnliches Vorkommnis. So etwas macht nicht jedes Kind, das ist pervers. Das macht nur jemand, der die Welt mit all ihren „blöden" Vorschriften zum Teufel wünscht, der sich als Einzigen betrachtet, der in dieser Welt der bescheuerten Arbeiter und fleißigen Schüler überhaupt etwas wert ist…Werner Maser schildert Hitlers dreiste Verdrehung der Tatsachen so, daß dieser als Heuchler entlarvt wird: der „Politiker" Hitler wird das deutsche Volk später ebenso belügen wie einst seine Mutter. Nicht in dem Sinne: weil er seine Mutter betrogen hat, wird er auch Deutschland und Europa betrügen – vielmehr hat Hitler ganz allgemein einfach jeden belogen, der ihm geglaubt hat.

Maser nimmt Hitlers Version auf und schreibt:

„Nach Semester-Schluß haben wir immer eine große Feier veranstaltet. Dabei ging es sehr lustig zu: es wurde gezecht. Da war es auch, das einzige Mal in meinem Leben, wo ich einen Rausch gehabt habe. Wir hatten die Zeugnisse bekommen und sollten an sich fortfahren. [...] Wir sind im Geheimen zu einer Bauernwirtschaft hinaus und haben dort Mordssprüche gerissen und getrunken. [...] Ich hatte mein Zeugnis in der Tasche. Den nächsten Tag wurde ich aufgeweckt von einer Milchfrau, die mich auf dem Weg [...] fand. Ich war in derangiertem Zustand, komme zu meiner Crux[76]: 'Um Gottes willen, Adolf, wie sehen Sie denn aus!' Ich bade, sie gibt mir schwarzen Kaffee [...] und dann fragt sie: 'Was haben Sie denn überhaupt für ein Zeugnis gekriegt?' Ich greife in die Tasche: das Zeugnis fehlt! [...] In der Gedankenlosigkeit hatte ich das verwechselt mit einem Klosettpapier. Es war niederschmetternd. Was der Rektor gesagt hat, kann ich gar nicht erzählen. Es war furchtbar. Ich habe einen heiligen Schwur getan, in meinem Leben niemals mehr zu trinken. Ich habe ein Duplikat bekommen [...]. Wie ich zur Crux kam, frug sie mich: 'Ja, was hat er denn gesagt?' 'Das kann ich nicht sagen, gnädige Frau.

---

[76] So hießen in Österreich die sog. Studentenmütter. Hitler wohnte in Steyr auch bei einer „Crux". (Anm. d. Übersetzerin)

Aber eines kann ich Ihnen sagen: Ich werde nie in meinem Leben mehr trinken.' [...] Dann bin ich fröhlichen Herzens heim, ganz fröhlich auch nicht, weil das Zeugnis nicht ganz wunderbar ausgesehen hat."[77] Maser zitiert hier aus einem geheimen Protokoll vom 8. Januar 1942, von dem er eine Kopie besitzt. Doch er korrigiert Hitlers Version, denn er weiß, welche Noten dieser tatsächlich erhalten hat: „Das von Adolf als Toilettenpapier benutzte Zeugnis vom 11. Februar 1905 sah nicht nur 'nicht ganz wunderbar', sondern miserabel aus. Seine Leistungen in den Fächern Deutsch, Französisch, Mathematik und Stenographie waren mit 'nicht genügend' bewertet worden. Außer im Freihandzeichnen und Turnen, wofür er 'lobenswert' und 'vorzüglich' erhielt, hatte er nur 'befriedigend' und 'genügend' bekommen."[78] Es ist auch nicht sicher, ob er tatsächlich nicht mehr getrunken hat. Ich hatte ja schon erwähnt, daß Hitler in den 1930er Jahren aufgrund seiner Eßsucht löffelweise Zucker in seinen Wein geschüttet hat. Und auch Maser schreibt, Hitler habe um 1930 herum Filets gleich im Doppelpack gegessen und bis zu sieben Maß Bier dazu getrunken, wenn er mit seiner Nichte und Geliebten Geli Raubal in München ausging.

Das Ereignis, das ich soeben geschildert habe, zeigt sehr deutlich Hitlers Arroganz und die Verachtung, die er gegenüber jeglicher Form von Regel oder Prinzipien empfand. Der Vorfall ist sehr unterschiedlich interpretiert worden, der Psychoanalytiker Raymond Cartier meint dazu Folgendes:

„Etwas überspannte Psychoanalytiker haben aus dieser Episode, die Hitler so geschildert hat, als sei dies der einzige Sieg gewesen, den der Alkohol je über ihn davongetragen hat, den glorreichen Schluß gezogen, die Milch, Schwester des Spermas, habe

---

[77] Werner Maser, ebd. S. 69/70
[78] ebd. S. 70

eine sexuelle Störung hervorgerufen und diese sei für das spätere Verhalten des Führers verantwortlich."[79]

Die Lektion, die wir aus dieser kritischen Beobachtung von Raymond Cartier ableiten können, ist, daß wir nicht auf „subjektive" Interpretationen zurückgreifen dürfen, wenn wir einen Menschen wirklich verstehen wollen. Das gilt erst recht für Hitler, dessen Geisteszustand sehr komplex und verworren war. Sein Gehirn war von zahlreichen, miteinander verflochtenen Strömungen durchzogen. Daher müssen wir den sorgfältig recherchierten Linien der persönlichen Geschichte folgen, die der Wahrheit am nächsten kommen, und nicht rein hypothetischen Vermutungen.

Wir haben nicht nur die Pflicht, uns fundierte wissenschaftliche Erkenntnisse anzueignen, sondern müssen auch unermüdlich weiterforschen, damit wir nicht ständig – wie einfallslose Pedanten – dasselbe wiederholen, was Freud zu seiner Zeit herausgefunden hat. Wir müssen die Fortschritte der modernen Wissenschaft miteinbeziehen: die Erkenntnisse der Genetik, der fortgeschrittenen Theorie von der Evolution unserer Spezies, die Entdeckungen über den Aufbau unseres Gehirns und seine Funktionen, das System der Kompulsionen, die süchtig machen etc.

Ich möchte die Beschreibung von Hitlers kompulsiver Arbeitsscheu gern fortsetzen, weil sich daraus nicht nur seine Unfähigkeit, ernsthafte Bücher zu lesen erklärt, sondern auch, weil sie bedeutende Auswirkungen auf seine Karriere hatte: ich erwähnte ja bereits, daß Hitlers Schicksal ein völlig anderes gewesen wäre – und damit auch das von Deutschland und von Europa – wenn er nicht an dieser Kompulsion gelitten hätte, die ihn zur Untätigkeit zwang. Denn er besaß auf der anderen Seite diese künstlerische Begabung, die genetisch bedingt war – deshalb hatte ich die Hypothese aufgestellt, daß sein Großvater väterlicherseits ein Bourgeois gewesen sein muß, der überwiegend zivilisiert und

---

[79] Raymond Cartier, ebd. S. 20

künstlerisch veranlagt war. Hitler wäre von der Akademie der Schönen Künste in Wien aufgenommen und ein berühmter Maler oder Architekt geworden – hätte also einen eindeutig zivilisierten Beruf ergriffen. Auch dann hätte sich seine Veranlagung des barbarischen Nomaden gegenüber dem gebildeten Menschen – zu dem Hitler sich entwickelt hätte, wäre er nur in der Lage gewesen, wissenschaftliche und ernsthafte Bücher zu lesen – durchgesetzt. Sie war ja ebenfalls genetisch bedingt und tief in ihm verwurzelt. Doch das Barbarische wäre abgemildert worden, seine kriegerischen Instinkte wären nicht so brutal zu Tage getreten – und sein Leben hätte einen anderen Verlauf genommen, ebenso wie die Geschichte Deutschlands und Europas.

Doch nach all dem, was wir jetzt über Hitler wissen, sind diese Vermutungen reine Hirngespinste. Schauen wir uns nur seine letzten Schuljahre in Steyr an, wo er sein Abitur machen sollte. Da kommt seine Fähigkeit, andere zu betrügen und zu manipulieren in voller Blüte zum Ausdruck: damals war seine Mutter das Opfer, später all diejenigen, die sich von dem, was er sagte und tat hinters Licht führen ließen...

Hitler täuschte eine Lungenerkrankung vor, um seiner Mutter Angst einzujagen und von ihr die Erlaubnis für ein Vorhaben zu erhalten, von dem ihn niemand – noch nicht einmal sein Vater, wenn er noch gelebt hätte – hätte abbringen können: Hitler wollte die Schule abbrechen! Die Tatsache, daß er vielleicht eine normale Grippe hatte, die er vor seiner verangstigten Mutter aufbauschte, ändert nichts daran, daß er auf hinterhältige Weise seine schlechten Absichten mit Gewalt durchsetzen wollte. Meine Nachforschungen haben ergeben, daß Dr. Bloch – ein jüdischer Arzt – in seinen Unterlagen keine ernsthafte Erkrankung zu diesem Zeitpunkt dokumentiert, sondern nur eine Mandelentzündung, Husten und Grippe erwähnt hat... Hitlers eigene Version entspricht zwar nicht der Wahrheit, vermittelt aber doch einen Eindruck davon, wie hinterlistig er vorging:

„Die Mutter fühlte sich wohl verpflichtet, gemäß dem Wunsche des Vaters meine Erziehung weiter zu leiten, d.h. also mich für die Beamtenlaufbahn studieren zu lassen. Ich selber war mehr als je zuvor entschlossen, unter keinen Umständen Beamter zu werden. In eben dem Maße nun, in dem die Mittelschule sich in Lehrstoff und Ausbildung von meinem Ideal entfernte, wurde ich innerlich gleichgültiger. *Da kam mir plötzlich eine Krankheit zu Hilfe* und entschied in wenigen Wochen über meine Zukunft und die dauernde Streitfrage des väterlichen Hauses. *Mein schweres Lungenleiden* ließ einen Arzt der Mutter auf das dringendste anraten (!), mich später einmal unter keinen Umständen in ein Büro zu geben. *Der Besuch der Realschule mußte ebenfalls auf mindestens ein Jahr eingestellt werden.*"[80]

Ich halte es für sinnvoll, an dieser Stelle darauf hinzuweisen, daß diese Lügen und noch viele andere, die in diesem Buch enthalten sind – mit Ausnahme einiger Enthüllungen, die Hitler aus Unkenntnis nicht verdreht hat und auf die ich bei passender Gelegenheit zurückkommen werde – von Millionen Deutschen gelesen und akzeptiert wurden.

1905, als Adolf Hitler 16 Jahre alt war, brach er die Schule endgültig ab und war glücklich, daß er seinen Willen durchgesetzt hatte. Doch was er damals für einen geschickten Schachzug hielt, sollte sich als seine größte Katastrophe herausstellen, sowohl kurz- als auch langfristig. Wer hier gesiegt hatte, das war seine kompulsive Unfähigkeit zu lernen. Ein fataler Triumph!

Die beiden darauffolgenden Jahre bis 1907 werden in Hitlers Buch *Mein Kampf*, das er 1924 diktiert hat, fast nicht erwähnt. Hitler-Forscher haben diese Zeit immer als Phase der langen Reden bezeichnet. Hitler habe in dieser Zeit kaum geschrieben, dafür aber endlose Tiraden abgehalten.

---

[80] Adolf Hitler, Mein Kampf, S. 16

„In den beiden Jahren führte Hitler das Leben eines schmarotzenden Faulenzers" (oder, wie Cartier sich ausdrückt: „Hitler überließ sich dem absoluten Müßiggang.") – „finanziell abgesichert, umsorgt, verwöhnt und abgöttisch geliebt von der Mutter – mit einem eigenen Zimmer in der bequemen Wohnung in der Humboldtstraße in Linz [...]. Tagsüber verbrachte er die Zeit mit Zeichnen, Malen, Lesen oder 'Gedichte' schreiben. Abends ging er in die Oper oder ins Konzert, und die ganze Zeit träumte er in den Tag hinein, phantasierte von seiner Zukunft als großer Künstler. *Abends blieb er bis spät in die Nacht wach und schlief morgens lange aus.* Er hatte kein klares Ziel vor Augen. Die träge Lebensführung, die grandiosen Phantasien, die *mangelhafte Disziplin für regelmäßige Arbeit* – alles Merkmale des späteren Hitler – in den beiden Jahren in Linz waren sie schon sichtbar."[81] Die durch Kursivdruck hervorgehobenen Stellen zeigen, daß Kershaw in Hitlers Faulenzerei die Symptome der Kompulsion klar erkannte, auch wenn er sie nicht so bezeichnet.

Es kam Hitler plötzlich in den Sinn, Pianist zu werden und er überzeugte (ich würde sagen „zwang") seine Mutter, daß sie ihm einen Flügel kaufte. Er nahm Unterricht bei einer Klavierlehrerin, aber als diese von ihm verlangte, er sollte disziplinierte Übungen machen, um die Beweglichkeit seiner Finger zu trainieren, roch ihm das zu sehr nach „Anstrengung" – eine Vorstellung, die Arbeitsscheue einfach nicht ertragen können – und er gab die Klavierstunden nach nur vier Monaten wieder auf. So tief verwurzelt und so schwerwiegend war seine Kompulsion.

Ich glaube, daß es von grundlegender Bedeutung ist, darauf hinzuweisen – nach allem, was ich bisher gesagt habe und auch aufgrund dessen, worauf ich noch eingehen werde –, daß Adolf Hitlers Entwicklung auf seinen Familienstammbaum zurückzuführen ist, nicht auf die österreichische Kultur. Für die war er nicht zugänglich, er gehorchte nur dem Ruf seiner Veranlagung, die er

---

[81] Ian Kershaw, ebd. S. 51

geerbt hatte. Die bestimmte sein Wesen, war dafür verantwortlich, daß er so in sich gekehrt war und in seiner Phantasie lebte, sich seinem Größenwahn hingab und Lehrer wie Schulkameraden brutal zurückwies, alleine blieb, mit seiner Familie, die er dazu benutzte, seine Befehle auszuführen, eingetaucht in seine Wagnersche – fast autistische – Welt mit ihren Helden aus fernen Zeiten und ihren Kriegen. Er hatte zwar einen Freund, August Kubizek, aber auch den benutzte er nur, sozusagen als „privates Publikum": er mußte sich seine endlos langen Reden anhören. Und als er ihn nicht mehr brauchte, machte er sich in Wien einfach aus dem Staub, ohne Kubizek auch nur „einen Gruß" zu hinterlassen. Hitler war ein Exemplar ganz besonderer Art des barbarisch und kompulsiv veranlagten Menschen. Er igelte sich vollkommen ein und ließ die Einflüsse der Umwelt einfach an sich abprallen, ausgenommen die Zeitungslektüren, die ihn in seinem Haß und seinen Wahnvorstellungen „bestätigten." Zumindest gilt dies für die Zeit bis zum 02. August 1914. Die Zivilisation dringt nicht bis zu seinem Wesen vor, das tief im Inneren kriegerisch und kompulsiv war und nur auf den geeigneten Augenblick wartete, um sich auszutoben. Später wird es Politiker geben, die ihn bei seinen kriegerischen Aktivitäten begleiten und Generäle, die ihn bei seinen Kriegen unterstützen – aber im Grunde wird er immer eingeschlossen bleiben in seinen größenwahnsinnigen Phantasien. Und so einsam stirbt er dann auch später, tief unten in seinem Bunker. Nur sein Hund ist bei ihm, das einzige Lebewesen, das er liebt. Denn die Gesellschaft von Eva Braun kann er nur schwer ertragen, deshalb hat er die Beziehung auch immer geheim gehalten. Erst kurz vor seinem Tod stimmt er einer Eheschließung zu, als posthume Belohnung sozusagen dafür, daß sie sich gemeinsam mit ihm das Leben genommen hat…

„Die arme Klara unterwarf sich den kostspieligen Launen ihres Sohnes. Im Frühjahr 1906 *verlangte* Adolf, daß er ihr einen vierwöchigen Aufenthalt in Wien finanzierte. Während der ganzen Zeit hat er praktisch nichts von sich hören lassen. Nur seinem Freund Kubizek hat er vier Postkarten geschickt – mit zahlreichen Rechtschreibfehlern."[82]

Am 14. Januar 1907 sucht Klara Dr. Bloch in seiner Praxis auf. Seine Schilderung paßt genau in das Bild, das wir bisher von Klara gewonnen haben: er spricht von einem „zarten, von mütterlicher Sorge erfüllten und resignierten Geschöpf" – meiner Ansicht kommt in dieser Beschreibung die tiefe Depression zum Ausdruck, die Klara quälte... Die Diagnose ist rasch gestellt: Brustkrebs. Dr. Bloch setzt Klaras Kinder davon in Kenntnis, wie schwer krank die Mutter ist. Sie selbst hatte aus Resignation und auch aus Angst, Adolf damit lästig zu fallen, nie über die grausamen Schmerzen in ihrer Brust gesprochen, die ihr den Schlaf raubten. Klara wurde am 17. Januar desselben Jahres operiert, wobei, wie wir wissen, damals bei dieser tödlichen Erkrankung wenig Aussicht auf Heilung bestand.

„Mit 18 Jahren hatte Adolf Hitler noch an keinem einzigen Tag seinen Lebensunterhalt verdient und setzte seine Existenz als 'Drohne' ohne berufliche Perspektive fort. Trotz der Ratschläge der Verwandten, es sei an der Zeit, daß er Arbeit finde, überredete er die Mutter, ihn nach Wien zurückkehren zu lassen, dieses Mal mit der Absicht, in die Akademie einzutreten."[83]

Adolf Hitler kaufte, völlig versunken in die Träumereien seines Vagabundenlebens, gemeinsam mit seinem Freund Kubizek ein Lotterielos und war in seinem manischen Optimismus vollkommen zuversichtlich, daß er den ersten Preis gewinnen würde. Ja, daß er ihn einfach gewinnen *mußte*. Er versprach dem Freund, daß sie sich von dem Geld eine Luxusvilla kaufen und sich fortan ausschließlich der Kunst widmen und das Leben einfach nur noch

---

[82] Raymond Cartier, ebd. S. 24
[83] Ian Kershaw, ebd. S. 54

genießen würden. Als er erfuhr, daß sie absolut gar nichts gewonnen hatten, kam es zu einem Gewaltausbruch. Und weil er davon überzeugt war, daß ihm einfach alles zustand, schlicht und ergreifend weil er ein so toller Kerl war, verfluchte er diejenigen, die angeblich für diese Ungerechtigkeit „verantwortlich" waren mit allen möglichen Beschimpfungen...

Dieses Ereignis macht deutlich, daß Hitlers Phantasien nicht die eines Genies waren, das der Wahrheit auf der Spur ist – auch nicht die eines Künstlers, denn er bemühte sich in keinster Weise um ein Studium. Seine Träume waren vielmehr einzig und allein darauf gerichtet, sich ein angenehmes Leben ohne Arbeit zu verschaffen... Ich möchte in Hinblick auf das, was ich noch schildern werde, an dieser Stelle betonen, daß es sich hierbei um eine sehr schwerwiegende Kompulsion handelte. Denn sie betraf nicht nur den Bereich des Studiums und der Disziplin (als die Klavierlehrerin versucht hat, Hitler zu regelmäßigen Fingerübungen zu bewegen und damit eine gewisse Anstrengung und Konzentration von ihm forderte, wurde er bekanntlich zornig, gab den Unterricht abrupt auf und überließ die finanziellen Probleme der Mutter, die sich von ihrem Sohn hatte „zwingen" lassen, einen Flügel zu kaufen und damit in wirtschaftliche Schwierigkeiten geraten war), sondern auch den der praktischen Arbeit. *Hitler war nicht in der Lage, irgendeiner regelmäßigen Tätigkeit dauerhaft nachzugehen, damit war die Prognose eindeutig: er würde irgendwann am Bettelstab enden. Seine Mutter bettelte er ja bereits an, nach ihrem Tod würde er in aller Öffentlichkeit betteln gehen müssen...*

Genau zu dem Zeitpunkt, als Klara an der Brust operiert wurde, zog die Familie in ein anderes Stadtviertel von Linz, nach Urfahr. Sie hatten eine schöne Wohnung gemietet, in der Adolf das größte Zimmer bekam. Ein alter Bekannter der Familie, der Postbeamte Preßlmayer, unterstützte die Witwe finanziell. Er hatte Hitler auch einmal eine Stelle angeboten, aber dieselbe arrogante und unverschämte Absage erhalten wie einst der Vater. Hitler hatte die Tatsachen diesbezüglich verdreht und behauptet, die Konfrontation mit dem Vater sei dadurch ausgelöst worden, daß dieser ihn zwingen wollte „Beamter" zu werden, und dem habe er sich widersetzt. Nein: was sein Vater und alle anderen Familienmitglieder von ihm wollten – bis hin zu seinem Schwager Leo Raubal – war, daß er überhaupt „irgendetwas" tat, daß er sich eine Arbeit suchte, statt faul herumzuhängen. Deshalb entflammte Hitler in heiligem Zorn gegenüber jedem, der es wagte, ihn auf etwas anzusprechen, das in Richtung Studium oder Arbeit ging. Und wir haben ja erlebt, wie gewalttätig er auf seinen Vater reagierte und wie er seine Mutter manipulierte. Jetzt richtete sich sein Haß auf seinen Schwager und seine Schwestern (Angela und Paula), die er als „dumme Gänse" bezeichnete. Die zwanghafte Arbeitsscheu hatte Hitler fest im Griff, er war praktisch hermetisch gegen die Umwelt abgeschlossen, sie konnte nicht zu ihm vordringen, ihm nicht helfen. Deshalb steuerte Hitler auf ein Dasein als Bettler zu – wobei wir, um der Wahrheit die Ehre zu geben und Hitler sowie allen kompulsiv Arbeitsscheuen dieser Erde nicht unrecht zu tun, nicht vergessen wollen, daß sie diesen Zwang zur Untätigkeit über ihren Familienstammbaum geerbt haben. Sie sind also krank, verhaltensgestört – und das ist nicht ihre Schuld.

Klara ging es natürlich nach ihrer Operation, der sie sich im Januar 1907 unterzogen hatte, schlecht. Die Metastasen ließen nicht lange auf sich warten. Doch statt sich eine Arbeit zu suchen, um die Mutter zu unterstützen, drängte Adolf Hitler sie – wie bereits erwähnt –, ihm erneut eine Reise nach Wien zu finanzieren, wo er sich an der Akademie der Schönen Künste bewerben wollte. Hitler war in seinem Größenwahn ganz optimistisch und fest davon überzeugt, daß man ihn annehmen würde. Daß sie ihn annehmen *mußten*, denn er wollte Maler werden. Diese Gewißheit gründete ebenso auf einer Illusion wie vorher das Lotteriespiel: er konnte nicht ernsthaft studieren und gewissenhaft an seinen Bildern arbeiten, auch wenn es immer heißt, er habe ständig gemalt und gelesen – das ist absolut undenkbar.

Auf der anderen Seite war er überzeugt, daß das Studium an der Akademie bedeutend leichter sein würde als die Vorbereitung auf das Abitur, und daß es ihm daher nicht schwerfallen würde, an der Wiener Akademie angenommen zu werden und dort zu studieren.

Er verläßt also die schwerkranke Mutter und reist nach Wien. „Trotz der zunehmend schlechteren Verfassung der Mutter", schreibt Kershaw, „setzte Hitler die Pläne, nach Wien zu ziehen, in die Tat um."[84] Es war ganz offensichtlich, daß Klara im Sterben lag, und der Arzt hat auch eindeutig auf ihren kritischen Gesundheitszustand hingewiesen. Trotzdem reiste Hitler Anfang September 1907 nach Wien, um die Aufnahmeprüfung an der Akademie der Schönen Künste abzulegen. Drei Monate später kehrt Adolf Hitler ans Sterbebett seiner Mutter zurück. Klara starb am 21. Dezember 1907. Wie Hitler später in seinem Buch bekennt, war der Tod der Mutter ein „entsetzlicher Schlag", vor allem für ihn. Was Hitlers Gefühle betrifft, so kann man sich leicht vorstellen, daß der Verlust Ängste in ihm auslöste: seine Mutter hatte all seine Eskapaden unterstützt, jetzt stand er vollkommen alleine da. Weder zu seinen Schwestern noch zu seiner Tante Johanna bestanden irgendwelche gefühlsmäßigen Bindungen, und seinen Schwager Leo Raubal, Angelas Ehemann, verabscheute er geradezu. Nach den Äußerungen zu urteilen, die er 1924 in seinem Buch *Mein Kampf* zu Papier gebracht hat und hinter denen bereits eine politische Absicht stand, ist Hitler nicht ehrlich, was seine Gefühle angeht: „Dennoch traf mich der Schlag (der Tod der Mutter) entsetzlich. *Ich hatte den Vater verehrt, die Mutter jedoch geliebt.*"[85] Wenn Hitler hier behauptet, er

---

[84] ebd. S. 55
[85] Adolf Hitler, ebd., S. 16

habe den Vater „verehrt", so ist das eine flagrante Lüge, die Zweifel daran aufkommen läßt, ob er seine Mutter tatsächlich „geliebt" hat. Sie war wichtig für ihn, sehr sogar. Denn er hat sie nicht aus „Liebe" nach seinen Wünschen manipuliert, gegen ihren Rat gehandelt und sie für seine Zwecke ausgenutzt, ohne daß es ihn auch nur irgendeine Anstrengung gekostet hätte. Damit meine ich nicht, daß er als Gegenleistung etwas hätte lernen können, dazu war er nicht in der Lage. Aber er hätte doch irgendeine Arbeit annehmen können, um der Mutter finanziell unter die Arme zu greifen, als kleines Zeichen seiner Dankbarkeit für alles, was sie für ihn getan hat. Doch ganz das Gegenteil war der Fall: er nutzte seine Mutter zunehmend aus und verlangte immer wieder Geld von ihr, um sein Leben als Dandy, das die Hitler-Forscher beschrieben haben, zu finanzieren. Das ist alles andere als „Liebe", genauso wenig wie man das Gefühl, das er seinem Vater entgegenbrachte, als „Verehrung" bezeichnen kann – es war vielmehr „Haß und Furcht". Hitler blieb allein zurück, mit einer psychischen Erkrankung, die ihn daran hinderte, seinen Lebensunterhalt zu verdienen. Das ist die unbestreitbare Wahrheit, wenn man Hitlers Entwicklung aufmerksam verfolgt, denn die Kompulsion zur Untätigkeit verschwand nicht etwa von heute auf morgen, und auch im Laufe seines weiteren Lebens nicht...

Ebenso falsch ist die Behauptung, er habe sich nach dem Tod der Mutter sofort eine Arbeit gesucht, wie Hitler in seinem Buch *Mein Kampf* schreibt. Ich habe bereits darauf hingewiesen, daß dieses Buch voller Lügen ist, und das wird von allen Hitler-Forschern einhellig bestätigt. Wir wissen inzwischen, daß Hitler sich unmöglich eine Arbeit gesucht haben kann, weil ihm jegliche Art von Arbeit verhaßt war. Stattdessen schreibt Hitler:

„Not und harte Wirklichkeit zwangen mich nun, einen schnellen Entschluß zu fassen. Die geringen väterlichen Mittel waren durch die schwere Krankheit der Mutter zum großen Teil verbraucht worden; die mir zukommende Waisenpension genügte nicht, um auch nur leben zu können, also war ich nun angewiesen, mir irgendwie mein Brot selber zu verdienen."[86] Außerdem schreibt er in einem Brief am 29. November 1921:

„Nach dem Tod meiner Mutter, fuhr ich mit nur 80 Kronen in der Tasche nach Wien. Ich war also, gerade einmal 18 Jahre alt, sofort gezwungen, meinen Lebensunterhalt als Hilfsarbeiter auf dem Bau zu verdienen."[87]

Der französische Biograph Raymond Cartier widerlegt diese Aussage. Lassen wir ihn zu Wort kommen:

„Diese Geschichte wird er vier Jahre später in *Mein Kampf* erzählen, und sie wird als offizielle Wahrheit des deutschen Führers gelten. Die Aussage entspricht jedoch nachgewiesenermaßen nicht den Tatsachen. Als Adolf nach Wien fuhr, verfügte er über ausreichend Geldmittel, um mindestens ein Jahr lang als Student zu leben."[88]

Und auch Marlis Steinert versichert: „Finanziell brauchte sich der junge Hitler keine Sorgen zu machen, denn die Mutter hatte ihm sein Erbteil – 650 Kronen – bereits ausbezahlt."[89]

Diese genauen Angaben sind sehr wichtig, denn so wird deutlich, daß die kompulsive Verhaltensstörung, an der Hitler litt, ihn rigoros daran hinderte, irgendeiner regelmäßigen und systematischen Arbeit nachzugehen. Diese Unfähigkeit sollte ihn sein Leben lang begleiten. Das einzige, was er würde machen können, war, Politiker zu werden und den Krieg vorzubereiten. Bei keiner anderen Arbeit würde er es aushalten können, und auch als Politiker brauchte er Leute, die die „richtige Arbeit" für ihn erledigten, die regelmäßigen und systematischen Verwaltungstätigkeiten, so daß er sich mit seinem angeborenen rhetorischen Talent ganz der

---

[86] ebd. S. 16/17
[87] Raymond Cartier, ebd. S. 27
[88] Raymond Cartier, ebd. S. 28
[89] Marlis Steinert, ebd. S. 36

Propaganda und der Agitation der Massen widmen und Reden halten konnte, die ganz spontan aus ihm herausflossen, ohne daß es ihn die geringste Anstrengung kostete.

Wie zu erwarten war, wurde die Aufnahmeprüfung an der Akademie die reinste Katastrophe: Menschen, die sich mit Hitler intensiv beschäftigt haben, wird das nicht überraschen. Hitler selbst aber war wie vor den Kopf gestoßen. Mit seinem aufgebauschten, größenwahnsinnigen Ego, – das sich auf keinerlei Tatsachen stützen konnte, da Hitler ja keine Anstrengungen unternahm, oder, besser gesagt: unternehmen *konnte*, um genau zu sein und ihm nicht unrecht zu tun –, war er sich vollkommen sicher, daß er die Prüfung an der Wiener Akademie mit links schaffen würde. Wo er sich doch selbst bereits als Führer fühlte!

Die anspruchsvolle dreistündige Prüfung fand im Oktober 1907 statt und bestand darin, daß die Studenten Zeichnungen zu vorgegebenen Themen anfertigen mußten. Hitler war einer von 113 Bewerbern. „Nur 28 Kandidaten bestanden. Hitler war nicht dabei. Das Urteil lautete: 'Probez.(eichnung) ungenügend, wenig Köpfe.'"[90]

Für Hitler war das ein ungeheuer harter Schlag, der ihn umso schlimmer traf, da er mit einer solchen Niederlage überhaupt nicht gerechnet hatte. Wie er bei der Lotterie absolut sicher gewesen war, daß er den ersten Preis gewinnen würde, so war er diesmal zutiefst davon überzeugt gewesen, daß man ihn mit allen Ehren aufnehmen würde. Hitler selbst kommentiert das Ereignis so:

„Nun also war ich zum zweiten Mal in der schönen Stadt und wartete mit brennender Ungeduld, aber auch stolzer Zuversicht auf das Ergebnis meiner Aufnahmeprüfung. Ich war vom Erfolg so überzeugt, daß die mir verkündete Ablehnung mich wie ein jäher Schlag aus heiterem Himmel traf. Und doch war es so. Als

---

[90] Ian Kershaw, ebd. S. 55

ich mich dem Direktor vorstellen ließ[91] und die Bitte um Erklärung der Gründe wegen meiner Nichtaufnahme in die Allgemeine Malerschule der Akademie vorbrachte, versicherte mir der Herr, daß aus meinen mitgebrachten Zeichnungen einwandfrei meine Nichteignung zum Maler hervorgehe, da meine Fähigkeit doch ersichtlich auf dem Gebiet der Architektur liege; für mich käme niemals die Malerschule, sondern nur die Architekturschule der Akademie in Frage. Daß ich bisher weder eine Bauschule besucht, noch sonst einen Unterricht in Architektur erhalten hatte, konnte man zunächst gar nicht verstehen."[92]

Und Werner Maser schreibt dazu:

„Nach der Ablehnung durch die Allgemeine Malerschule der Akademie bewirbt sich Hitler um die Zulassung zum Studium an der Architekturschule der Akademie, obwohl ihm dafür die grundsätzlichen Voraussetzungen fehlen. Das Abitur, das er nicht besitzt, hätte ihm sehr nützlich sein können."[93]

Meiner Meinung nach will Hitler hier unbedingt seine Version durchsetzen, um vor seinen Anhängern und seinen Lesern nicht schlecht dazustehen. Denn der „Hitler-Mythos" war gerade im vollen Aufstieg begriffen, als Hitler sein Buch diktierte: als Zeichner haben sie mich zwar abgelehnt, aber als Architekt haben sie mich akzeptiert, will er seinen Lesern durch das fingierte Gespräch mit dem Direktor der Akademie suggerieren. Und schon sieht es so aus, als sei Hitler durch die Akademie zum Architekten erklärt worden...

Wie wir wissen, kehrte Hitler Ende 1907 nach Linz zurück, wo er nach der Beerdigung seiner Mutter noch die ersten Monate des Jahres 1908 verbrachte:

---

[91] Ich habe meine Zweifel daran, daß dieses Gespräch tatsächlich stattgefunden hat, meiner Ansicht nach wollte Hitler durch diese Schilderung sein Scheitern nur beschönigen. (Mauro Torres)
[92] Adolf Hitler, ebd. S. 18/19
[93] Werner Maser, ebd. S. 78

„Im Februar 1908 kehrte er wirklich nach Wien zurück, jedoch nicht, um mit aller Kraft die Weichen für den Architektenberuf zu stellen", schreibt Kershaw, *„sondern um ins träge, faule und bequeme Leben zurückzugleiten, das er vor dem Tod der Mutter geführt hatte."*[94] Hitler, der ganz damit beschäftigt war, den Mythos auszubauen, den er und die nationalsozialistische Partei geschaffen hatten, behauptet dagegen etwas anderes:

„Indem mich die Göttin der Not in ihre Arme nahm und mich so oft zu zerbrechen drohte, wuchs der Wille zum Widerstand, und endlich blieb der Wille Sieger. Das danke ich der damaligen Zeit, daß ich hart geworden bin und hart sein kann. Und mehr noch als dieses preise ich sie dafür, daß sie mich losriß von der Hohlheit des gemächlichen Lebens, daß sie das Muttersöhnchen aus den weichen Daunen zog und ihm Frau Sorge zur neuen Mutter gab, daß sie den Widerstrebenden hineinwarf in die Welt des Elends und der Armut und ihn so die kennenlernen ließ, für die er später kämpfen sollte. [...] Auch heute noch kann diese Stadt (Wien) nur trübe Gedanken in mir erwecken. Fünf Jahre Elend und Jammer sind im Namen dieser Phäakenstadt für mich enthalten. Fünf Jahre, in denen ich erst als Hilfsarbeiter, dann als kleiner Maler mir mein Brot verdienen mußte; mein wahrhaft kärglich Brot, das noch nie langte, um auch nur den gewöhnlichen Hunger zu stillen. Er war damals mein getreuer Wächter, der mich als einziger fast nie verließ [...] es war ein dauernder Kampf mit meinem mitleidslosen Freunde. Und doch habe ich in dieser Zeit gelernt wie nie zuvor. Außer meiner Baukunst, dem seltenen, vom Munde abgesparten Besuch der Oper hatte ich als einzige Freude nur mehr Bücher. Ich las damals unendlich viel, und zwar gründlich. Was mir so an freier Zeit von meiner Arbeit übrigblieb, ging restlos für mein Studium auf. In wenigen Jahren schuf ich mir damit die Grundlagen meines Wissens, von denen ich auch heute noch zehre. Aber mehr noch als dieses. *In dieser Zeit bildeten*

---

[94] Ian Kershaw, ebd. S. 58

sich mir ein Weltbild und eine Weltanschauung, die zum granitenen Fundament meines derzeitigen Handelns wurden. Ich habe zu dem, was ich mir so einst schuf, nur weniges hinzulernen müssen, zu ändern brauchte ich nichts."[95] Dieser Text Hitlers ist wirklich sehr aufschlußreich. Erstens, weil es gelogen ist, wenn Hitler behauptet, er habe gleich von Anfang an und dann fünf Jahre lang in Wien als Hilfsarbeiter gearbeitet. Zweitens, weil es absolut unwahrscheinlich ist, daß die Bücher seine ganze Freude waren, daß er sehr viel las und noch dazu so gewissenhaft – dazu war ein kompulsiver Faulpelz wie er gar nicht in der Lage. Und wenn der Leser meint, Hitler habe zu diesem Zeitpunkt seine Verhaltensstörung, die ihn am Lernen hinderte, eben überwunden, so muß er wissen, daß Hitler diese nicht überwinden konnte. Das hatte ich an anderer Stelle schon angedeutet. Denn diese Arbeitsscheu war bei Hitler so bis in die kleinsten Moleküle hinein verwurzelt, daß niemand in seiner Kindheit ihm hätte helfen können. Er hätte sich von niemandem dazu bewegen lassen, etwas zu lernen oder zu arbeiten. Und so setzte sich diese kompulsive Faulheit im Laufe der Zeit immer stärker in seinem Wesen fest.

Ah! Aber Hitler hatte eine ganz eigene und sehr dehnbare „Auffassung" von dem, was er unter „Lektüre" verstand: „Freilich verstehe ich unter 'lesen' vielleicht etwas anderes als der große Durchschnitt unserer sogenannten 'Intelligenz'. Ich kenne Menschen, die unendlich viel 'lesen', und zwar Buch für Buch, Buchstaben um Buchstaben, und die ich doch nicht als 'belesen' bezeichnen möchte. […] Es fehlt ihnen die Kunst, im Buche das für sie Wertvolle vom Wertlosen zu sondern […]. Würde das Schicksal bei seinen Anforderungen des täglichen Lebens ihn immer an die richtige Anwendung des einst Gelesenen erinnern, so müßte es aber auch noch Buch und Seitenzahl erwähnen, da der arme Tropf sonst in aller Ewigkeit das Richtige nicht finden würde. […] Wer aber die Kunst des richtigen Lesens innehat, den wird

---

[95] Adolf Hitler, ebd. S. 20/21

das Gefühl beim Studieren jedes Buches, jeder Zeitschrift oder Broschüre augenblicklich auf all das aufmerksam machen, was seiner Meinung nach für ihn zur dauernden Festhaltung geeignet ist, weil entweder zweckmäßig oder allgemein wissenswert."[96]

Da es Hitler unmöglich ist, ernsthafte oder wissenschaftliche Bücher zu lesen, macht er diejenigen lächerlich, die sehr wohl gute Leser sind und die er verächtlich als „unsere sogenannte Intelligenz" bezeichnet. Den Intellektuellen gegenüber empfindet er sein Leben lang einen tiefen Haß. Andererseits verrät er uns seine Lesemethode, die darin bestand, das herauszufiltern, was seine „Meinungen und Vorurteile" bestätigte, oder – um es mit seinen Worten auszudrücken: „seine granitene Weltanschauung". Er vermeidet es tunlichst, irgendein Buch zu zitieren, das er gelesen hat, und auf einmal erwähnt er dann in seinem Buch[97] *Das Kapital* von Marx, einfach so nebenbei und auf die Schnelle. Er sagt noch nicht einmal, auf welchen Band er sich bezieht. Was er später tatsächlich lesen wird – und das ist auch das einzige, was ein kompulsiver Faulpelz wie er lesen kann – sind Zeitungen, aus denen er sein ganzes Wissen bezieht: „Ich las eifrig die sogenannte Weltpresse […]"[98], und da er ein gutes Gedächtnis hatte, behielt er das, was ihn interessierte.

Diese genauen Angaben bezüglich Hitlers „Lektüre und seines Studiums" in Wien sind unerläßlich, denn daraus sollte er später seine „Weltanschauung" entwickeln. Allerdings einfach aus dem, was er so mitbekam, er hat diesen Begriff gar nicht verstanden. Denn philosophisch denken konnte er nicht. Er hätte philosophische Schriften lesen können, z.B. von Dilthey, Spranger, Scheler, Wundt, die sich auf philosophische oder ontologische Systeme bezogen, wenn sie von *Weltanschauung* sprachen, auf den Idealismus, Realismus oder Materialismus.

---

[96] ebd. S. 36/37
[97] Adolfo Hitler, Mi lucha, Barcelona 1995, S. 166
[98] ebd. S. 56

Deshalb möchte ich an dieser Stelle zwei Gedanken Hitlers wiederholen, die ich schon einmal hervorgehoben hatte: „In dieser Zeit (in Wien) bildeten sich mir ein Weltbild und eine Weltanschauung, die zum granitenen Fundament meines derzeitigen Handelns wurden. Ich habe zu dem, was ich mir so einst schuf, nur weniges hinzulernen müssen, zu ändern brauchte ich nichts."[99]... All seine „Vorurteile und Phobien" hat Hitler in dieser Zeit entwickelt. Die Lektüre der Zeitungen, in denen er Artikel fand, die gegen die Sozialdemokraten, die Marxisten und die Juden gerichtet waren, half ihm dabei. In Wirklichkeit aber standen seine vorgefaßten, „granitenen" Meinungen schon fest, mit denen wir uns später noch ausführlicher beschäftigen werden. Es handelte sich hierbei vor allem um seinen brutalen Antisemitismus und Antibolschewismus. 1924 kam dann noch sein Expansionsstreben hinzu, das auf Hitlers nomadische Veranlagung zurückzuführen ist und in dem Begriff „Lebensraum" seinen Ausdruck fand. Hinzufügen brauchte er seiner „Philosophie" also wenig bzw. gar nichts, denn in Hitlers Gehirn hatten sich zwei oder drei Ideen vollkommen unverrückbar festgesetzt. Und wenn er uns mitteilt, er habe später nichts mehr daran ändern müssen, so liegt der Grund dafür in seinem begrenzten Erkenntnisvermögen. Er konnte seinen Wissensstand nicht mit neuen Ideen befruchten und bereichern, weil seine kompulsive Erkrankung ihn daran hinderte, ernsthafte Literatur zu lesen, durch die er seine rigiden Vorurteile, die er sein Leben lang beibehalten hat, hätte aufbrechen können. Hitler predigte seine „Weltanschauung" bis zu seinem Tod. Wie gesagt: hätte Hitler nicht an krankhafter Arbeitsscheu gelitten, die ihn vom Studium abhielt, wäre er ein anderer geworden; vielleicht weiser und gebildeter, weniger barbarisch und kompulsiv.

---

[99] ebd. S. 21

Hier kommt uns Marlis Steinert zu Hilfe, die folgende Anmerkungen zu Hitlers Leseverhalten macht und dazu, wie er durch diese Lektüre zu seiner Weltanschauung gelangt ist:

„Die Wiener Zeit war somit ein Katalysator, ja sogar die Initialzündung für seine Weltanschauung. Sie bildet eine Periode, in der Hitler neue Gedanken aufgreift und einige Ideen Form annehmen, sich herauskristallisieren. Da er wahllos alles liest – Klassiker, historische Werke, Flugblätter, Hefte und *vor allem Tageszeitungen – und sich nur das einprägt, was ihn interessiert und was er in sein Weltbild einfügen kann*, versteht man, daß er sich einbildete, damals seine eigene 'Weltanschauung' geschaffen zu haben. Doch die flache und willkürliche Auswahl seiner 'geistigen Nahrung' und seine beschränkte Wahrnehmung der Wirklichkeit ließen das Gebäude seiner Ideologie erstarren. Jede Möglichkeit einer Alternative war ausgeschlossen, wodurch sich – zu seinem Vorteil, wenn man so sagen darf – seine Gedanken immer kohärenter zusammenfügten."[100]

Und sein „bester" Freund August Kubizek, der Hitler immer sehr verteidigt hat, und der von dessen überwältigendem Redeschwall oft so überschüttet wurde, daß er ganz benommen war, versichert in seinem Buch *Adolf Hitler: Mein Jugendfreund*, daß Hitler seine Zeit damit verbrachte, Unmengen von Büchern zu lesen. Wenn man ihn aber danach fragte, um welche Bücher es sich denn konkret gehandelt habe, konnte er nur eins nennen. Und das war kein philosophisches Buch, es war weder von Schopenhauer noch von Nietzsche…:

„Wenn ich nun aus der ungeheuren Fülle dessen, was Adolf in Linz und später in Wien gelesen hat, aufzählen soll, welche Bücher ihm besonderen Eindruck machten, gerate ich in Verlegenheit. Leider besitze ich nicht das einzigartige Gedächtnis meines Freundes für den Inhalt der Bücher. Mir bleibt Erlebtes viel stär-

---

[100] Marlis Steinert, ebd. S. 52

ker im Gedächtnis als 'Erlesenes'. [...] Den ersten Rang unter allen Büchern nahmen, wie ich schon erwähnte, die deutschen Heldensagen ein. Unberührt von der jeweiligen Stimmung und der äußeren Situation, in der er sich befand, wurden sie immer wieder vorgenommen und gelesen. [...] Das Buch, das er in Wien besaß, hieß, wenn ich nicht irre: *'Götter- und Heldensagen, germanisch-deutscher Sagenschatz'*."[101] Darauf beschränkte sich also die „ungeheure Fülle" an Büchern, die Hitler in Linz und Wien gelesen hat.

Der kompetente Ian Kershaw schreibt dazu: „Hitler sei ständig in seine Studien vertieft gewesen. Ohne Bücher, so Kubizek, könne er sich den Freund nicht vorstellen: 'Bücher waren seine Welt.' In Wien sei Hitler mit vier Koffern angekommen, hauptsächlich mit Büchern gefüllt. [...] Im Zimmer in der Stumpergasse hätten die Bücher immer stapelweise gelegen, fügte Kubizek hinzu. *Konkret erinnert sich Kubizek an einen Titel: 'Götter- und Heldensagen, germanisch-deutscher Sagenschatz'.* Kurz nach dem Krieg über Hitlers Lektüre befragt, fiel ihm nur ein, er habe zwei Bücher mehrere Wochen lang im Zimmer aufbewahrt und auch einen Reiseführer besessen. Kubizeks spätere Behauptung, wonach Hitler einen beeindruckenden Kanon klassischer Werke von Goethe, Schiller, Dante, Herder, Ibsen, Schopenhauer und Nietzsche gelesen habe, *ist kaum für bare Münze zu nehmen.*"[102]

In einer Anmerkung ergänzt Kershaw dann noch: „Später konnte sich Hitler über die jeweiligen Verdiensten von Kant, Schopenhauer und Nietzsche unterhalten, *obwohl das nicht beweist, daß er ihre Werke gelesen hatte.* [...] Tatsächlich war er im Männerheim in Wien ertappt worden, als er über Schopenhauer 'Vorträge hielt', bevor er einräumte, nur 'einiges' gelesen zu haben, was

---

[101] August Kubizek, ebd. S. 189/190
[102] Ian Kershaw, ebd. S. 75

ihm die Ermahnung eintrug, 'von Dingen zu sprechen, von denen er etwas verstehe'".[103]

„Was Hitler während seiner Wiener Jahre gelesen hat – und außer einer Reihe von Zeitungen, die er in *Mein Kampf* erwähnt, gibt es darüber keine sicheren Erkenntnisse –, war wahrscheinlich weit weniger elaboriert. [...] Wie bei allen Tätigkeiten zu der Zeit, *verfuhr er auch beim Lesen unsystematisch*. Und das Faktenwissen, das er dem enormen Gedächtnis einverleibte, diente letztlich allein der Bestätigung bereits vorhandener Meinungen."[104]

Aufgrund all dieser Informationen, und insbesondere aufgrund meiner Diagnose, daß Hitler an einer Kompulsion litt, die es ihm unmöglich machte, ein systematisches Studium oder eine regelmäßige Arbeit durchzuhalten, gehe ich noch einen Schritt weiter: Man kann mit Sicherheit davon ausgehen, daß Hitler zwar eifrig Zeitschriften und Broschüren gelesen hat, niemals jedoch ein komplettes Buch. Abgesehen von den Karl-May-Bänden mit den Abenteuergeschichten über die Indianerkriege und die germanischen Götter- und Heldensagen. Er war gar nicht dazu in der Lage, seine kompulsive Erkrankung war zu schwerwiegend. Sie hat ihn zwangsläufig daran gehindert, ein belesener Mensch zu werden. Dank seiner Begabung und seines ausgezeichneten Gedächtnisses – wie es bei vielen kompulsiven Faulenzern der Fall ist, die ich in meiner Praxis behandelt habe – nahm er alles, was er las oder hörte, auf und behielt es so genau in seiner Erinnerung, daß man den Eindruck hatte, er sei sehr gebildet. Und er konnte „Reden halten" über Kant, Schopenhauer und Nietzsche, selbst wenn er nur eine Unterhaltung zu diesem Thema mitbekommen, einen Vortrag gehört oder etwas darüber in der Zeitung gelesen hatte. Letztere bildeten tatsächlich seine „geistige Nahrung". Dank seiner rhetorischen Begabung, die er von klein auf besaß, brauchte er nur irgendeine Information zu irgendeinem

---

[103] ebd. S. 771, Anm. 103 zum zweiten Kapitel
[104] ebd. S. 75

beliebigen Thema, und schon konnte er darüber eine ganze Rede halten, die sich über mehrere Stunden hinzog.

Als Ergänzung – und weil man nie genug betonen kann, daß die kompulsive Arbeitsscheu Hitler vom Studium abhielt und er somit einfach nicht fähig war, sich ernsthafte Erkenntnisse zu erarbeiten, sondern nur seine Kriegsgeschichten und mythologischen Sagen lesen konnte sowie insbesondere seine Tageszeitungen, die er in den Kaffeehäusern „eifrig las", wie er sich ausdrückte –, werde ich eine kurze Textstelle von Raymond Cartier zitieren, die einen sehr interessanten Gedanken des Hitler-Forschers Franz Jetzinger widerspiegelt. Dieser widerspricht völlig zu Recht dem sehr naiven und ergebenen Jugendfreund August Kubizek – in dieser Hinsicht ähnelte dieser erstaunlicherweise Hitlers Mutter –, der in Wien und Linz blind an die „Größe" seines Freundes Adolf glaubte, auch wenn er trotz dieser Leichtgläubigkeit sein Idol gelegentlich kritisiert hat, was sehr aufschlußreich ist. Kubizek ist allerdings nicht immer aufrichtig, sondern gehorcht der Vergötterungskampagne, die die nationalsozialistische Partei, der er angehörte, für ihren Führer angezettelt hatte, um dem deutschen Volk zu suggerieren, Hitler sei ein sehr weiser Mann. Dementsprechend behauptete Kubizek in den Erinnerungen an seinen Jugendfreund, daß „Bücher seine Welt waren", daß sich in seinem Zimmer die Bücher „stapelten" und daß er unablässig Bücher der großen Klassiker und Philosophen las. Wissenschaftler jedoch, die sich auskennen – wie Franz Jetzinger – akzeptieren diese offensichtlichen, eindeutig tendenziösen Lügen Kubizeks nicht.

Bei Cartier heißt es:

„Kubizek, der alles andere als ein Intellektueller war, und der lediglich die Volksschule besucht hatte, staunte darüber, daß sein Freund so viele Bücher las. 'Ich kann mir Adolf gar nicht ohne Bücher vorstellen.'"[105] Bei schönem Wetter setzte sich Hitler al-

---

[105] August Kubizek, ebd. S. 188

lein auf eine Bank im Tiergarten Schönbrunn; wenn es regnete, ging er in die Hofbibliothek. Homer, Horaz, Shakespeare, Schiller, Schopenhauer und Nietzsche gehören zu den zahlreichen Autoren, die Hitler angeblich gelesen haben soll. Aber hat er diese Autoren tatsächlich gelesen? Jetzinger behauptet in seinem Eifer, Kubizek zu widersprechen[106], *daß Hitler in seinem ganzen Leben kein einziges ernsthaftes Buch gelesen hat.*[107] Andere Autoren gehen nicht so weit und haben ihre Zweifel, ob dies tatsächlich so war. Mit Sicherheit kann man jedoch davon ausgehen, daß Hitler aufgrund der *Unbeständigkeit* seines Charakters und seiner immer wechselnden Interessen niemals ein gewissenhafter Leser war. Selbst Kubizek gibt zu, daß Hitler bei seiner Lektüre Argumente und Begründungen suchte, die mit seinen Ideen übereinstimmten. Aber er besaß eine außergewöhnliche Auffassungsgabe und noch dazu das wunderbarste Gedächtnis, das je einem Menschen geschenkt wurde. *Ich glaube nicht, daß Hitler seine Grundsätze in Büchern gefunden hat*, und deshalb messe ich den detaillierten Forschungsarbeiten über den Ursprung seines Gedankengutes auch keine große Bedeutung bei. Ich bin allerdings davon überzeugt, *daß er in seiner Lektüre ein mächtiges dialektisches Arsenal gefunden hat.*"[108]

Stellen, die mir besonders wichtig erscheinen, habe ich durch Kursivdruck hervorgehoben: zum einen die Aussage Jetzingers, „daß Hitler in seinem ganzen Leben kein einziges ernsthaftes Buch gelesen hat", weil dies genau meiner Auffassung entspricht; zum anderen den Ausdruck „Unbeständigkeit", mit dem Cartier Hitlers Wesensart beschreibt und damit begründet, warum er niemals ein gewissenhafter Leser sein konnte. Ich setze an die Stelle der „Unbeständigkeit" die Kompulsion. Drittens stimme ich Cartier zu, daß Hitler seine Prinzipien nicht aus Büchern be-

---

[106] Meiner Ansicht nach ist es gar kein Eifer, sondern echte Überzeugung. (Mauro Torres)
[107] Da bin ich ganz seiner Meinung! (Mauro Torres)
[108] Raymond Cartier, ebd. S. 35

zogen hat. Ich glaube, daß er sie aus Zeitungen und Broschüren sowie aus Gesprächen und Vorträgen übernommen hat; und viertens glaube ich auch, „daß er in seiner Lektüre ein mächtiges dialektisches Arsenal gefunden hat" und möchte noch ergänzen, daß er dieses Arsenal aus den Zeitungen und Zeitschriften aufgebaut hat, die er damals las.

Das Bemerkenswerte an Walter C. Langers Buch *Das Adolf-Hitler-Psychogramm* besteht darin, daß man ihn „heimlich" damit beauftragt hat, um herauszufinden, wer dieser Adolf Hitler eigentlich war. Und Langer hat sehr gute Quellen befragt, um diesen Auftrag auszuführen. Schon 1936 war das Buch fertig. Bezüglich des Phänomens der kompulsiven Arbeitsscheu, das uns hier beschäftigt, und ihrer Manifestationen in Wien, heißt es bei Langer:

In Wien begann er „*alle möglichen politischen Pamphlete* zu lesen [...]. Allerdings ging es ihm dabei nicht darum, die Probleme im Zusammenhang zu verstehen und sich eine rationale Übersicht zu verschaffen, sondern er suchte nur nach Beweisen für die Richtigkeit seiner vorgefaßten Meinungen. Dieser Zug geht durch sein ganzes Leben. Nie studiert er, um etwas zu lernen, sondern nur, um rechtfertigen zu können, was er fühlt."[109] [...] „Da Hitler nur arbeitete, wenn er wirklich hungerte, hatte er immer wieder Zeit, Pamphlete zu lesen, in den Cafés zu sitzen, Zeitungen zu verschlingen und schwungvolle Reden im Männerheim von sich zu geben."[110]

Und aufgrund dieser Lektüre behauptete Hitler später: „In wenigen Jahren schuf ich mir damit die Grundlagen meines Wissens, von denen ich auch heute noch zehre. [...] In dieser Zeit bildeten

---

[109] Walter C. Langer, Das Adolf-Hitler-Psychogramm, Wien 1973, S. 132/133
[110] ebd. S. 136

sich mir ein Weltbild und eine Weltanschauung, die zum granitenen Fundament meines derzeitigen Handelns wurden."[111]

Durch Kompulsion zum Bettlerdasein verdammt . Es gibt verschiedene Ursachen dafür, warum jemand zum Bettler wird. Bei Hitler war es eindeutig seine kompulsive Veranlagung, die ihn an den Bettelstab gebracht hat. Die zwanghafte, extreme, radikale Faulenzerei über einen langen Zeitraum hinweg. Bei vielen Bettlern kann man beobachten, daß es einfach keinen Ausweg für sie gibt, wenn sich die Kompulsion so umfassend auswirkt, den Patienten also sowohl am Lernen hindert, als auch daran, einer praktischen und regelmäßigen Arbeit nachzugehen. Der Weg führt dann direkt ins Bettlerdasein.

Bei seinem dritten Besuch in Wien hatte Hitler seinen Freund August Kubizek mitgenommen. Er hatte all seine Wortgewalt und Redekunst aufbringen müssen, um dessen Eltern zu überreden, denn die sahen das überhaupt nicht gerne, weil sie Hitler als Versager kennengelernt hatten, der bisher mit seinem Studium immer gescheitert war. Jedenfalls war Kubizek im Februar 1908 zusammen mit Adolf in Wien, der sich wie ein Dandy kleidete und damit großen Eindruck auf seinen Freund machte. Auch in Linz hatte August ihn so gesehen. Im Juli oder August mußte Kubizek nach Linz fahren, um seinen Militärdienst abzuleisten. Hitler war gewiß nicht erfreut über die Abreise des Freundes, er schickte ihm sogar einige Postkarten. Etwa im August 1909 kehrte Kubizek nach Wien zurück und wollte wieder mit Hitler zusammen wohnen. In seinem Buch schildert er, was sich dann ereignet hat. Er ging zu der Wohnung, in der beide gelebt hatten, fand aber nur die Hausbesitzerin vor:

„Frau Zakreys begrüßte mich freudig, fügte aber gleich hinzu, daß das Zimmer schon vergeben sei. 'Ja und Adolf, mein Freund?', fragte ich erstaunt. [...] 'Ja wissen Sie denn nicht, daß

---

[111] Adolf Hitler, ebd. S. 21

der Herr Hitler ausgezogen ist?' Nein, das wußte ich nicht. 'Wohin ist er denn übergesiedelt?', wollte ich wissen. 'Das hat der Herr Hitler nicht gesagt.' 'Aber er muß doch eine Nachricht für mich hinterlassen haben, einen Brief vielleicht oder eine kurze Notiz.' [...] 'Nein, der Herr Hitler hat nichts hinterlassen.' 'Auch keinen Gruß?' 'Er hat nichts gesagt.'"[112]

„Das Jahr ging um", fährt Kubizek fort, „ohne daß ich von Adolf irgendetwas gehört oder gesehen hätte. Erst vierzig Jahre später erfuhr ich von jenem Linzer Archivar, der sich mit der Erforschung der Lebensdaten Adolf Hitlers befaßte, daß mein Freund von der Wohnung aus der Stumpergasse ausgezogen war, weil ihm dort die Miete zu hoch gewesen war. [...] Adolf war im Dunkel der Großstadt untergetaucht."[113]

Heute weiß man, daß Hitler damals in ein billigeres Zimmer in der Sechshauserstraße in Wien gezogen ist, wo er aber nur kurze Zeit gewohnt hat. Am 16. September 1909 ist er von dort spurlos verschwunden, ohne sich polizeilich abzumelden oder seinem Freund irgendeine Nachricht zu hinterlassen.

Was war wohl der Grund für dieses mysteriöse Verschwinden? Hierüber gibt es nur Spekulationen. Die beliebteste Hypothese ist, daß Hitler sich vielleicht ein zweites Mal an der Akademie der Schönen Künste beworben hatte und wieder bei der Prüfung durchgefallen war. Er habe sich so geschämt, daß niemand davon erfahren sollte, noch nicht einmal sein Freund Kubizek.

Mein Version gründet sich auf die schwere Kompulsion, an der Hitler litt, seine umfassende Arbeitsscheu, die ihn sowohl am Lernen als auch am Arbeiten hinderte.

Ich bin überzeugt, daß Hitler, nachdem er in ein billigeres Zimmer umgezogen war, auch dort die Miete nicht mehr bezahlen konnte, weil das Geld, das seine Mutter ihm nach dem Verkauf

---

[112] August Kubizek, ebd. S. 261
[113] ebd. S. 263

des Hauses in Linz überlassen hatte, verbraucht war. Nun mußte er bis zum 20. April 1913 warten, also bis zu seinem 24. Geburtstag. Nach österreichischem Gesetz konnte er erst zu diesem Zeitpunkt das Erbe seines Vaters Alois antreten. Ganze vier Jahre Wartezeit! Wie sollte er die überbrücken? Arbeiten? Wir haben ja während der vergangenen Jahre gesehen, wie sehr Hitler Arbeit verabscheute. Er war psychisch nicht in der Lage, diese zwanghafte Abneigung von heute auf morgen abzuschütteln und sich vier endlose Jahre lang im Schweiße seines Angesichts sein tägliches Brot zu verdienen... Unmöglich!

Alles, was Hitler und die nationalsozialistische Partei über seine Arbeit als Hilfsarbeiter erzählt haben, die angeblich seinen Charakter auf die Probe gestellt und seinen Willen gestärkt haben soll, ist nicht glaubwürdig... Hitler hatte eine krankhafte Verhaltensstörung geerbt, die ihn rigoros daran hinderte, zu arbeiten. Darüber konnte er sich nicht von einem Tag auf den anderen hinwegsetzen .... Gerade weil diese Faulheit so extrem war, wie alle seriösen Hitler-Forscher bestätigen, die seinen Lebenslauf verfolgt haben – auch wenn sie nicht von einer kompulsiven allgemeinen Arbeitsscheu sprechen, die sich sowohl auf praktisches Arbeiten als auch auf ein Studium bezieht. Mit dem Studium war Hitler ja grundweg gescheitert. Einmal, wenn man so will auch zweimal. Ich glaube allerdings nicht, daß Hitler sich ein zweites Mal an der Akademie beworben hat. Dazu fehlten ihm einfach die Voraussetzungen.

Wenn wir Hitlers Lebensweg getreu verfolgen, dem jegliche Form der Arbeit und jeder, der ihn zur Arbeit ermuntern wollte, verhaßt war, können wir sicher sein, daß er am 16. September 1909 aufgegeben hat und betteln ging...

„Bei seinem Auszug am 16. September", schreibt Kershaw, „füllte er weder das erforderliche Meldeformular der Polizei aus, noch hinterließ er seine neue Postanschrift, und wahrscheinlich hatte er auch die Miete nicht bezahlt. Während der nächsten Monate lernte Hitler die Bedeutung der Armut kennen."[114]

Ich behaupte, daß diese Armut die natürliche Konsequenz seiner Faulheit war. Er konnte sich einfach keine Arbeit suchen, auch nicht irgendeinen Job, mit dem er seinen Lebensunterhalt hätte finanzieren können, zumal er ja nur für sich allein aufkommen mußte und sonst für niemanden verantwortlich war. Wir müssen konsequent sein mit unserer Diagnose – die Symptome sind ja für alle deutlich zu erkennen – und sagen, daß Hitler einfach nicht arbeiten konnte. Es war ihm schlicht unmöglich, zu kämpfen, sich anzustrengen und sich im Schweiße seines Angesichts zu behaupten.

Das ist keine Anklageschrift gegen Hitler. Im Gegenteil: ich betone ja gerade, daß er aufgrund seiner kompulsiven Erkrankung – die er sich nicht freiwillig ausgesucht hatte, sondern die ihm auferlegt worden war – nicht anders handeln konnte. Denn ich weiß, wovon ich rede und wie vernichtend diese Erkrankung sich auswirkt: die Unfähigkeit, systematisch zu lernen, verurteilt die intelligentesten Menschen zum Scheitern, und die krankhafte Abneigung gegen praktische Arbeit macht die Betroffenen unweigerlich zu Bettlern. Hitlers krankhafte Verhaltensstörung hat ihn an den Bettelstab gebracht. Ich weise darauf hin, daß ich nicht sage „Hitler hat sich selbst an den Bettelstab gebracht", als habe es sich dabei um eine freie Entscheidung gehandelt. Nein. Hitler hat nicht aus freiem Willen behauptet, daß er in dieser bedrückenden Situation nicht arbeiten oder kämpfen wollte: der biologische Determinismus der Vererbung hat ihn unbarmherzig gezwungen, um Almosen zu betteln. Ich kenne viele ähnliche Fälle in unserer modernen Gesellschaft. Und es fehlt nicht an Kritikern, die die psychischen Ursachen dieses Phänomens nicht kennen. Dabei handelt es sich nicht nur um einfache Menschen oder Proletarier: in allen Gesellschaftsschichten findet man Bettler. Sei es,

---

[114] Ian Kershaw, ebd. S. 87

daß sie von Tür zu Tür ziehen und um Hilfe bitten; sei es, daß es sich um Menschen handelt, die wie Parasiten auf Kosten ihrer Familie, ihrer Freunde oder ihres Staates leben. Es gibt viele Formen des Bettelns. Und Hitler hat es in die Unterwelt verschlagen. Ich bin der Erste, der ihn wegen seiner Veranlagung bedauert. Wäre er nicht kompulsiv faul gewesen, wäre er nicht zum Bettler herabgesunken und hätte sich auch nicht zu dem Ungeheuer entwickelt, das die Geschichte kennt. Ich habe ja schon darauf hingewiesen, daß er ein bedeutender Maler oder ein gebildeter Architekt, also ein zivilisierter Mensch, hätte werden können, wenn er nur in der Lage gewesen wäre zu lernen. Vielleicht wäre er dann nicht in die kriegerische Barbarei verfallen, in die ihn ebenfalls der biologische Determinismus geführt hat, indem diese Veranlagung über die Vererbung von den Vorfahren an Hitler weitergeben wurde. Wenn man mich jetzt fragen würde „Was für ein Mensch war Hitler?", so würde ich antworten: ein armer Teufel, der zufällig von seinen Vorfahren entsetzliche Veranlagungen geerbt hat, die ihn dahin gebracht haben, daß er – ebenso wie Jossif Stalin, der ebenfalls von primitiven Eltern abstammte, die Alkoholiker waren, der allerdings nicht krankhaft arbeitsscheu war – zum gefährlichsten Mann wurde, den die Menschheit je erlebt hat (vorausgesetzt, daß in Zukunft nicht ein Hitler auftaucht, der mit einer Atombombe bewaffnet ist…).

Doch zwischen 1909 und 1913, als Hitler in Wien lebte, war er ein bedauernswerter Mensch.

Adolf Hitler war zu dieser Zeit vollkommen hilflos und schwach. Er rutschte auf der sozialen Leiter Stufe um Stufe immer weiter nach unten. Er bettelte um ein Stück Brot und um Unterschlupf während der kalten Herbstnächte. Zu allem Übel war er sicher auch noch deprimiert, denn er litt unter Stimmungsschwankungen und wechselte ständig zwischen frenetischem Aktionismus und apathischer Traurigkeit.

Alan Bullock berichtet, wie Reinhold Hanisch 1909 sein erstes Zusammentreffen mit Hitler im Obdachlosenasyl von Meidling erlebt hat:

„Am allerersten Tag saß auf dem Bett neben mir ein Mann, der nichts als eine zerrissene Hose anhatte – Hitler. Seine Kleider waren in der Entlausung, denn er war seit Tagen obdachlos gewesen und in fürchterlich verwahrlostem Zustand herumgelaufen."[115] (Bullock zitiert hier eine Stelle aus *Hitler, the Pawn* von Rudolf Olden, London 1936, S. 45).

Und bei Ian Kershaw erfahren wir:

„Hanisch nahm ihn zum Schneeschippen mit, aber ohne Mantel konnte Hitler nicht durchhalten. Am Westbahnhof wollte er den Fahrgästen seine Dienste als Gepäckträger anbieten, aber bei seinem Äußeren fand er wohl kaum viele Kunden. Ob er während der Wiener Jahre viele Hilfsarbeiten verrichtete, ist zu bezweifeln. Solange die Ersparnisse ihn über Wasser hielten, war er nicht willens gewesen, an Arbeit auch nur zu denken. Als er am dringendsten Geld benötigte, fehlte es ihm an Körperkraft.[116] Später verlor sogar Hanisch, sein Geschäftspartner, bei Hitlers Faulheit die Geduld, während er sich mit dem Verkauf von Bildern mehr schlecht als recht durchschlug."[117]

Helmut Heiber schreibt in seinem Buch *Hitler: Habla el Führer*:

„Er äußerte sich nur verächtlich über die „anderen" Tagediebe, obwohl er doch selbst ein ganz besonders ausgeprägtes Exemplar war – sowohl zu diesem Zeitpunkt, als auch in vergangenen Jahren."[118]

Alan Bullock fährt fort:

---

[115] Alan Bullock, Hitler: eine Studie über Tyrannei, Düsseldorf 1969, S. 11
[116] Ich würde eher sagen: *an psychischer Kraft*! (Mauro Torres)
[117] Ian Kershaw, ebd. S. 88/89
[118] Helmut Heiber, Hitler: Habla el Führer, Barcelona 1973, S. 13

„Da Hitler keinen Mantel hatte, litt er sehr unter der Kälte. Hanisch kam dann auf eine bessere Idee. Eines Tages fragte er Hitler, welchen Beruf er erlernt habe. 'Ich bin Maler.', war die Antwort. 'In der Meinung, er sei Anstreicher, sagte ich, es müsse doch leichter sein, in diesem Beruf Geld zu verdienen. Er war beleidigt und erwiderte, er gehöre nicht zu dieser Sorte Maler, sondern sei Akademiker und Künstler.' Als die beiden nach der Meldemannstraße übersiedelten[119], 'mußten wir bessere Wege ersinnen, um zu Geld zu kommen. Hitler schlug vor, Bildfälschungen zu machen. Er erzählte, er hätte schon in Linz kleine Landschaften in Öl gemalt und sie dann auf den Ofen gelegt, bis sie ganz braun wurden. Es sei ihm auch mehrfach gelungen, sie an Händler als wertvolle alte Meister zu verkaufen.' Das klingt sehr unwahrscheinlich, aber wie es auch gewesen sei: Hanisch, der sich unter einem anderen Namen – als Fritz Walter – hatte registrieren lassen, hatte Angst vor der Polizei. 'So schlug ich Hitler vor, lieber bei einem ehrlichen Gewerbe zu bleiben und Postkarten zu malen. Ich selbst wollte die Postkarten verkaufen. Wir beschlossen, zusammen zu arbeiten und das verdiente Geld zu teilen'."

Hitler bestätigte diese Abmachung, als er 1910 nach einem Streit Klage gegen Hanisch einreichte. Weiter heißt es bei Bullock:

„Auf diese Weise verdienten sie genug für ihren Lebensunterhalt, bis im Sommer 1910 zwischen ihnen ein Streit über die Teilung des Verdienstes ausbrach. [...] Als dann Hanisch nicht mehr ins Heim zurückkehrte, reichte Hitler die Klage gegen ihn ein. Mit dem Erfolg, daß Hanisch für eine Woche ins Gefängnis mußte und ihre Partnerschaft in die Brüche ging."[120]

---

[119] Hier befand sich das Männerheim. (Mauro Torres)
[120] Alan Bullock, ebd. S. 14

Der Grund für seine Festnahme war allerdings, daß er unter falschem Namen lebte. Nach Aussage Hanischs lebten im Heim „nur Tagediebe, Trinker und dergleichen Leute [...]"[121]

Bei Bullock findet sich auch folgende Textstelle, die Hanischs Eindruck von Hitler aus dem Jahr 1910 widerspiegelt:

„'Hitler trug einen bis über die Knie hinabreichenden Gehrock, den ihm ein ungarischer Jude mit Namen Neumann geschenkt hatte. Neumann, der mit alten Kleidern handelte, lebte ebenfalls im Männerheim. Unter einem speckigen, schwarzen Melonenhut fiel sein zottiges Haar bis auf den Kragen herab. In seinem schmalen, verhungerten Gesicht, das rund ums Kinn von einem schwarzen Bart bedeckt war, *bildeten die großen, weit aufgerissenen Augen das hervorstechendste Merkmal*. Alles in allem', fügte Hanisch hinzu, 'eine Erscheinung, wie sie eigentlich bei uns Christenmenschen selten vorkommt.'"[122]

Hausierer und kleine Händler, die Hitlers Bilder kauften, haben diese Beschreibung bestätigt. Noch im Jahr 1930 erinnerten sich einige von ihnen an die skurrile Gestalt.

Bullock schreibt weiter:

„Hanisch schildert Hitler als faul und launisch – zwei Züge, die sich bei ihm noch häufig zeigen sollten. *Geregelte Arbeit liebte er nicht*. Wenn er ein paar Kronen verdient hatte, weigerte er sich tagelang, an seinen Zeichnungen zu arbeiten. Er ging dann in ein Café, um Sahnekuchen zu essen und Zeitungen zu lesen. Sonst übliche Laster hatte er nicht. Er rauchte nicht, noch trank er. Um bei Frauen Erfolg zu haben, war er – nach Hanisch – zu scheu und ungeschickt. Zeitunglesen und Politisieren, das waren seine Leidenschaften. 'Immer und immer wieder', erinnert sich Hanisch 'gab es Tage, *an denen er sich einfach weigerte, zu arbeiten. Dann klopfte er die Wärmestuben ab, lebte von dem Brot und*

---

[121] ebd. S. 15
[122] ebd. S. 15

der Suppe, die man dort bekam, und diskutierte über Politik, wobei es häufig zu hitzigen Auseinandersetzungen kam.'"[123]

Für uns ist die Tatsache von großer Bedeutung – die immer wieder und konstant auftaucht –, daß Hitler sich lieber mit Politik beschäftigte statt zu arbeiten... Das liegt daran, daß Hitlers Geschwätzigkeit und seine rhetorische Begabung, die von klein auf zum Ausdruck gekommen waren und sich später in seinen endlosen Reden fortsetzen sollten, ganz spontan aus ihm herausdrängten, ohne daß es ihn irgendeine Anstrengung gekostet hätte. So konnte er sich mit großer Befriedigung in politische Diskussionen stürzen und die normale Arbeit unterbrechen. *Kurz: Hitler beschäftigte sich lieber mit Politik, weil er sich dazu nicht anstrengen mußte. Für ihn bedeutete das: Zeitungen lesen, dabei Sahnetorten und Süßigkeiten in sich hineinschaufeln – und reden, und zwar ohne Unterlaß. Denn die Worte sprudelten nur so aus ihm heraus, ohne jede Mühe. Ich wiederhole: Hitler beschäftigte sich lieber mit Politik als sich einer kontinuierlichen Arbeit zu widmen – die verabscheute er*. Diese Beobachtung ist deshalb so bedeutsam, weil Hitler später, als er mitten im politischen Leben steht, den Bereich der „Propaganda" für sich beanspruchen wird. So konnte er ganz spontan sein rhetorisches Talent ausleben, was ihn nicht die geringste Mühe kostete, weil er mit dieser Gabe geboren wurde. Die Verwaltung und Organisation einer Partei erfordert dagegen sehr viel Anstrengung und Arbeit, die hat er anderen überlassen. *Das war Hitlers Art, sich mit der politischen Aktivität zu arrangieren!*

„Wenn er sich beim Diskutieren aufregte", fährt Bullock fort, „schrie er auf und fuchtelte mit den Armen, bis die anderen im Raum zu fluchen begannen [...]" – hier zeigt sich sein dogmatischer Fanatismus – „oder der Verwalter kam, um Ruhe zu gebieten."[124]

---

[123] ebd. S. 15
[124] ebd. S. 15

Ich weise darauf hin, daß bei Hitler die Worte nur so in Strömen hervorsprudelten, ohne daß er sie zurückhalten konnte. Die Zuhörer mußten einen manischen Redeschwall über sich ergehen lassen. Später erst, ab 1920, konnte er diesen Strom gezielt lenken und in wirkungsvolle Redekunst verwandeln.

„Manchmal lachten die Leute über ihn, manchmal fühlten sie sich auch seltsam berührt. 'Eines Abends', berichtet Hanisch, 'ging Hitler in ein Kino, in dem Kellermanns *Tunnel* gegeben wurde. In diesem Film tritt ein Volksredner auf, der die arbeitenden Massen durch seine Reden in Aufruhr versetzt. Hitler wurde fast verrückt. Der Eindruck war so stark, daß er tagelang von nichts anderem sprach als von *der Macht der Rede.*' *Solchen Ausbrüchen heftiger Streitsucht folgten indessen häufig Stimmungen der Verzagtheit.*"[125]

Merken wir uns diesen Wechsel zwischen manischer und depressiver Stimmung bei Hitler.

„Jedermann, der ihn damals kannte, war erstaunt über *die seltsame Mischung von Ehrgeiz, Energie und Indolenz bei Hitler.*" (Ich hebe diese Stelle hervor, um zu betonen, daß dieser Stimmungswechsel zwischen Manie und Depression bei Hitler während seines gesamten Lebens einer allgemeinen Beobachtung entsprach). „Er war nicht nur verzweifelt darauf aus, auf seine Mitmenschen Eindruck zu machen, sondern hatte auch den Kopf voll von gescheiten Ideen, die Vermögen und Ruhm verhießen [...]. *War er in seiner Erfinderlaune, so redete er unaufhörlich*" – das ist typisch für seinen manischen Zustand – „und begann, das in Aussicht stehende Vermögen im Voraus auszugeben. [...] *Seine Begeisterung war rasch dahin, er verfiel in dumpfes Brüten und verschwand* " – hier zeigt sich die depressive Seite seiner bipolaren (manisch-depressiven) Erkrankung – „bis ihn eine neue Idee fesselte, die den Weg zum Erfolg abzukürzen versprach." –Rück-

---

[125] ebd. S. 15/16

kehr zum manischen Pol –. „Seine geistigen Interessen waren der gleichen Sprunghaftigkeit unterworfen. Er verbrachte viele Stunden in den öffentlichen Bibliotheken. Aber er las wahllos und unsystematisch. Das antike Rom, orientalische Religionen, Yoga, Okkultismus, Hypnotismus, Astrologie, Protestantismus – das alles interessierte ihn abwechselnd und jeweils für kurze Zeit. *Er versuchte sich in allen möglichen Beschäftigungen, blieb aber niemals lange bei einer Sache.*" – Das ist typisch für den kompulsiven Faulenzer –. „*Immer wieder fiel er in den Zustand zurück, von der Hand in den Mund und von Gelegenheitsarbeiten zu leben, die keine große Anstrengung kosteten.* Mit der Zeit wurde ihm dieses Leben zur Gewohnheit und er selbst immer exzentrischer und *verschlossener. Die Leute sahen in ihm einen Sonderling.*"[126]

Hier möchte ich Bullocks wichtige Schilderung kurz unterbrechen, um die Verhaltensweisen hervorzuheben, die *nicht* kompulsiv sind. Sie sind also nicht Teil der dritten Mentalität oder der Theorie der starken Kompulsionen, sondern gehören in den Bereich der zweiten oder auch pathologischen Mentalität. Verhaltensweisen wie „Introversion", „exzentrisches Benehmen", „Isolation und fehlender Freundeskreis", „Introvertiertheit", „Verschrobenheit und eine gewisse Unausgeglichenheit" weisen auf eine schizoide Persönlichkeitsstörung hin, wie etwa bei Hitlers Schwester Paula, von der es bei Walter C. Langer heißt:

„Sie lebte in Wien in den ärmlichsten Verhältnissen. Entdeckt wurde sie in einer Dachkammer. [...] Dr. Bloch besuchte sie [...]. Er klopfte mehrmals an ihre Türe, erhielt aber keine Antwort. Schließlich erschien eine Nachbarin vom selben Stockwerk und teilte Dr. Bloch mit, daß Frau Wolf niemanden empfange und '*wohl nicht ganz beisammen*' sei."[127] (Bei anderen Autoren findet man ähnliche Aussagen.)...

---

[126] ebd. S. 16
[127] Walter C. Langer, ebd. S. 125

Wir werden noch Gelegenheit haben zu verstehen, wie diese schizoiden Verhaltensweisen bei Hitler einem seiner auffälligsten Symptome zugrundeliegen, das gleichzeitig am wenigsten verstanden worden ist: der besonderen Eigenart seines Antisemitismus.

Bei Bullock heißt es weiter:

„Hemmungslos ließ er seinen Haßgefühlen die Zügel schießen – gegen die Juden[128], die Priester, die Sozialdemokraten, die Habsburger. Mit seinem seltsamen Benehmen und seinem wilden Gerede verscherzte er sich schließlich die Gunst der wenigen Menschen, mit denen er befreundet war. Neumann, der Jude, der ihm hilfreich beigestanden hatte, fühlte sich von der Heftigkeit seiner antisemitischen Ausbrüche verletzt; Kanya, der Verwalter des Männerheims, betrachtete ihn als einen der seltsamsten Kunden, mit denen er je zu tun gehabt hatte. Doch die Wiener Tage haben in seinen Charakter und in sein Gemüt unverwischbare Züge eingeprägt."[129]

Um Alan Bullocks Angaben über Hitlers Leben als Obdachloser während dieser Jahre in Wien (September 1909 – Mai 1913) zu vervollständigen, möchte ich noch Raymond Cartier hinzuziehen, der Hitlers Schritte minutiös verfolgt hat:

„Hitler zahlte für seine Zelle im Männerheim im 20. Distrikt in Wien 50 Pfennig pro Tag, aber er mußte den Raum morgens um 9.00 Uhr freimachen und abends um 21.00 Uhr wieder dort einziehen. Er arbeitete im Gemeinschaftsraum, wo sich auch die anderen Bewohner aufhielten, die Adressen schrieben oder Musikstücke transkribierten. Er malte farbige Postkarten und Aquarelle.

---

[128] Halten wir fest, daß dieser besondere Antisemitismus zu diesem Zeitpunkt zum Ausbruch kam, also etwa um das Jahr 1910! (Mauro Torres)
[129] Alan Bullock, ebd. S. 16

Er malte von Photos ab und reproduzierte fast ausschließlich Baudenkmäler."[130]

Im Männerheim fing Hitler an, langsam wieder Fuß zu fassen. In seinem Buch *Mein Kampf* schrieb er dazu:

„In den Jahren 1909 auf 1910 hatte sich auch meine eigene Lage insofern etwas geändert, als ich nun selber nicht mehr als Hilfsarbeiter mein tägliches Brot zu verdienen brauchte. Ich arbeitete damals schon selbständig als kleiner Zeichner und Aquarellist."[131]

Trotzdem besaß er lange Zeit nur ein einziges Hemd, das er sich abends im Keller auswaschen hat.

Im Männerheim hatte Hitler zum ersten Mal ein richtiges Publikum. In den Gemeinschaftsräumen, die von morgens bis abends besetzt waren, fanden regelrechte Debatten statt. Der Rezitator von Monologen aus Linz, der Einzelgänger aus der Stumpergasse, verwandelte sich im Männerheim in einen Menschen, der offener war und plötzlich die ganze Vehemenz herausließ, die er bis dahin nur an seinem Freund Kubizek abreagiert hatte. Er hielt ganze Vorträge über Musik, Theater, Philosophie, verherrlichte Wagner und Schiller, äußerte sich abfällig über Mozart und Goethe und gab Kommentare zu Schopenhauer ab – und das alles, obwohl er – wie wir ja wissen – diese Autoren gar nicht gelesen hatte und sich mit ihrer Philosophie überhaupt nicht auskannte. Mit Ausnahme von Wagner, von dessen Musik war er absolut begeistert.

Karl Lueger[132] war gerade gestorben. Hitler hatte in ihm den Antisemiten bewundert, der die Juden für sämtliche Übel der österreichischen Gesellschaft verantwortlich gemacht hatte.

---

[130] Raymond Cartier, ebd. S. 42
[131] Adolf Hitler, ebd. S. 35
[132] Bürgermeister von Wien und Führer der christlich-sozialen Partei (Anm. d. Übersetzerin)

An dieser Stelle müssen wir unbedingt auf folgende Beobachtung zu sprechen kommen, die Alan Bullock in einem anderen seiner bedeutenden Bücher festgehalten hat, *Hitler und Stalin: parallele Leben,* 1991:

„Als Hitler im November 1908 in der Anonymität der Großstadt untertauchte, war von seinem Erbteil noch ein wenig übrig, und indem er sich in billigeren Behausungen einquartierte, konnte er sich damit noch ein Jahr lang über Wasser halten. Er hatte niemanden mehr, mit dem er reden konnte, zog sich mehr und mehr in sich selbst zurück und verbrachte viel Zeit ..." (...mit Schlafen? ...mit der Lektüre von Broschüren?)

„Im Herbst 1909 *ging ihm jedoch das Geld aus*; er zog aus seinem möblierten Zimmer aus, ohne seine Miete zu bezahlen. Als es kälter wurde, stellte er sich vor der Armenküche eines Klosters nach einem Teller Suppe an und fand schließlich einen Platz in einem von einem Wohltätigkeitsverein unterhaltenen Obdachlosenasyl. *Zur Jahreswende 1909/10 langte er am Tiefpunkt seiner Existenz an*: hungernd, heimatlos, nicht einmal im Besitz eines Mantels, körperlich geschwächt und ohne Perspektive."

In seiner Ohnmacht als krankhafter Faulenzer kommt er nicht auf die Idee, daß es einen leichten Weg gäbe, wie er seinen Lebensunterhalt verdienen könnte. Ein anderer Nichtsnutz, Hanisch, muß ihm erst auf die Sprünge helfen.

„Zum Scheitern seines Traumes, Künstler zu werden, gesellte sich jetzt noch das demütigende Erlebnis, daß er, der verwöhnte und hochnäsige junge Mann aus bürgerlichen Verhältnissen, *auf das Niveau eines Stadtstreichers herabgesunken war.*"[133]

Anschließend lebte er drei Jahre im Männerwohnheim (1910-1913), einer anderen karitativen Einrichtung, die jedoch um einige Klassen besser war als das Obdachlosen-Asyl. Er zog sich

---

[133] Alan Bullock, Hitler und Stalin: parallele Leben, Berlin 1991, S. 36

vollkommen zurück – sowohl von seiner Familie, als auch von seinem Freund Kubizek – und tauchte „im Dunkel der Großstadt"[134] unter.

„Hitler blieb im Männerwohnheim wohnen, weil er dort nicht nur weit bessere Lebensbedingungen fand, sondern auch den psychischen Rückhalt, dessen er bedurfte. Er gehörte zum kleinen Stamm der Dauerbewohner des Heims, die eine herausgehobene Stellung innehatten (zum Beispiel Vorrechte bei der Benutzung des Lesezimmers, in dem Hitler zeichnete), die sich selbst gern 'die Intellektuellen' nannten und sich scharf von den wechselnden Hausgästen abgrenzten, denen sie mit Herablassung gegenübertraten. Die Lesezimmer-Gruppe bescherte Hitler das *Minimum an zwischenmenschlichem Kontakt*, das auch ein Einzelgänger wie er brauchte, beließ ihm aber zugleich die Aura der Unnahbarkeit, mit der er sich umgab, *und mutete ihm nicht zu, tiefere menschliche Bindungen einzugehen*. Noch etwas anderes, das er brauchte, lieferte ihm die Gruppe: Zuhörer. Wie Karl Honisch, der dem Kreis 1913 angehörte, sich später erinnerte, pflegte Hitler still zu arbeiten, bis etwas zu einem politischen oder gesellschaftlichen Thema gesagt wurde, das ihn ärgerte. Er konnte sich dann unvermittelt in einen anderen Menschen verwandeln, aufspringen und sich in eine furiose Philippika hineinsteigern, die ebenso abrupt endete, wie sie begonnen hatte [...]."[135]

Hitler weigerte sich, sich ernsthaft um einen Broterwerb zu kümmern. Am meisten litt er unter der Verletzung seiner Selbstachtung, der kränkenden Erfahrung, daß der große Künstler oder Schriftsteller, als den er sich selbst sah – der bedeutende „Was-auch-immer", der in die Geschichte eingehen würde – jetzt auf das Existenzniveau des von ihm so verachteten Bodensatzes der Gesellschaft hinabgesunken war.

---

[134] August Kubizek, ebd. S. 263
[135] Alan Bullock, ebd. S. 36/37

„In psychologischer Hinsicht sind diese Wiener Jahre aus zwei Gründen von Bedeutung. *Zum einen gab Hitler trotz aller Rückschläge sein narzißtisches Bild von sich selbst nicht auf.* [...] Die Frustrationen und Demütigungen, die er weiterhin einstecken mußte, nährten gleichzeitig seine Verbitterung und seinen Wunsch, es einer Welt, die ihn verschmähte, heimzuzahlen; *hieraus bezog er*, als seine Chance schließlich kam, *einen zusätzlichen Energieschub für seinen ohnehin ausgeprägten Durchsetzungswillen.*"[136]

Unter dem Vorbehalt, daß ich später auf diesen wichtigen Wesenszug Hitlers noch einmal zurückkommen werde, möchte ich an dieser Stelle gleich erklären, wie dieses Verhalten hirnorganisch begründet ist: Als Maniker litt Hitler an Größenwahn. Er fühlte sich von klein auf als bedeutende Persönlichkeit, und diese Wahnvorstellung beherrschte ihn sein Leben lang. Er hatte keinerlei Einfluß darauf, konnte diese Vorstellungen auch nicht abwandeln, denn es handelt sich hierbei um eine bekannte psychische Erkrankung. Aufgrund seines Größenwahns entwickelte er ein überzogenes Gefühl der Überlegenheit und Omnipotenz, das nur während seiner depressiven Phasen vorübergehend verschwand. Dann war er davon überzeugt, daß er überhaupt nichts wert sei und wollte sich umbringen, immer wieder.

Kehren wir nun zu den psychologischen Schlußfolgerungen zurück, die Bullock aus Hitlers Zeit in Wien gezogen hat:

„Die zweite wichtige Entwicklung, die Hitler in seiner Wiener Zeit durchmachte: [...] *(Hitler) überzeichnete das Maß, in dem seine Weltanschauung bereits festgelegt war, als er 1913 aus Wien wegzog*, ganz so, als hätten die Kriegserfahrungen der Jahre 1914 bis 1918 und seine Reaktion auf die deutsche Niederlage [...] keine prägende Wirkung mehr gehabt. Trotzdem gibt es keinen Grund, seine Aussage zu bezweifeln, *daß es die Wiener Er-*

---

[136] ebd. S. 37

fahrungen waren, unter deren Eindruck sich sein 'Weltbild' und seine 'Weltanschauung' bildeten. [...] Hitler kam schon als überzeugter Nationalist in Wien an."[137]

„Die beiden neuen Gefahren, auf die Hitler seinem eigenen Zeugnis nach in Wien erstmals aufmerksam wurde, waren 'der Marxismus' und 'das Judentum'."[138]

„In *Mein Kampf* betont Hitler mehr als einmal, wieviel er in seinen Wiener Jahren gelesen und wie gründlich er theoretische Fragen studiert habe. An anderer Stelle schreibt er allerdings über seine Lesegewohnheiten: ‚Freilich verstehe ich unter «lesen» vielleicht etwas anderes als der große Durchschnitt unserer sogenannten «Intelligenz»'."[139]

„Deshalb ist es so schwierig, die Bücher zu benennen, die Hitler gelesen hat. [...] Es scheint, daß ein großer Teil seiner Lektüre aus popularisierender Sekundärliteratur bestand. *Darin fand er zahlreiche Zitate aus Originalwerken, die er sich einprägte* und später so zitierte, als habe er das Werk gelesen, aus dem sie stammten. Er hatte ein bemerkenswert gutes Gedächtnis, insbesondere für Fakten und Zahlen, [...] und er nutzte dieses Wissen, um Fachleute zu verblüffen. [...] Die meisten Historiker haben inzwischen eingesehen, daß es ein Fehler wäre, Hitlers geistige Potenz und die Kohärenz des Denksystems, das er sich aus seinem Bücherwissen und seinem Fundus von Erfahrungen zusammenbaute, zu unterschätzen. Doch alles, was er je gesagt und geschrieben hat, zeigt, daß seinem Denken die Menschlichkeit ebenso fehlte, wie die Fähigkeit zu kritischer Bewertung, zu objektiver und vernünftiger Prüfung bei der Aufnahme von Wissen – Fähigkeiten, die gemeinhin als Wesensattribute wirklicher Bildung gelten, die Hitler jedoch erklärtermaßen verachtete.

---

[137] ebd. S. 38
[138] ebd. S. 39
[139] ebd. S. 40

Wie bei seinem 'Studium' der Sozialdemokratie und des Marxismus, will Hitler auch sein Wissen über die Juden durch Bücherlektüre vertieft haben. Wir finden in diesem Fall sogar seinen ausdrücklichen Hinweis darauf, daß es sich bei diesen Büchern um antisemitische Blättchen handelte, die er für ein paar Groschen kaufte, sowie um Zeitschriften wie *Ostara*. Herausgegeben wurde das letztgenannte Heft, dessen graphisches Markenzeichen ein Hakenkreuz war, von einem ehemaligen Mönch, der sich Lanz von Liebenfels nannte; gewidmet war es der 'praktischen Anwendung der anthropologischen Forschung zum Zwecke der Bewahrung der europäischen Herrenrassen vor der Vernichtung durch die Aufrechterhaltung der Rassenreinheit.' *Solche Publikationen waren charakteristisch für eine Wiener Subkultur* jener Zeit, sie bedienten sich oft pornographischer Mittel und einer rückhaltlos gewalttätigen und obszönen Sprache. Die Passagen in *Mein Kampf*, in denen Hitler sich über die Juden ausläßt, stehen in dieser Tradition, was zum Beispiel an seinem Herumreiten auf sexuellen Dingen wie der 'Schändung deutschen Blutes' deutlich wird: 'der alptraumhaften Vision der Verführung von Hunderttausenden deutscher Mädchen durch widerliche krummbeinige jüdische Bastarde.' [...] 'Seit ich mich mit dieser Frage zu beschäftigen begonnen hatte, auf den Juden erst einmal aufmerksam wurde, erschien mir Wien in einem anderen Licht als vorher... Gab es denn einen Unrat, eine Schamlosigkeit in irgendeiner Form, vor allem des kulturellen Lebens, an der nicht wenigstens *ein* Jude beteiligt gewesen wäre? Sowie man nur vorsichtig in eine solche Geschwulst hineinschnitt, fand man, wie die Made im faulenden Leibe, oft ganz geblendet vom plötzlichen Lichte, ein Jüdlein.'"[140]

Kehren wir zu Raymond Cartier und seinem Buch über Hitlers Machtergreifung zurück, das uns wertvolle Informationen über den obdachlosen und manisch-depressiven Hitler liefert: „Hitler

---

[140] ebd. S. 41/42

akzeptierte, daß er um 21.00 Uhr abends wieder in seiner vergitterten Zelle sein mußte und verdiente sich weiterhin seine erbärmliche Armenkost, indem er lustlos und ohne besonderes Talent seine schlechten Aquarelle malte. *Es ist kein Versuch bekannt, den er unternommen hätte, um dieser Mittelmäßigkeit zu entrinnen.* Gleichzeitig tritt etwas zutage, das bis zu seinem Todeskampf in Berlin *eine der paradoxen Eigenschaften Adolf Hitlers* darstellen wird: *eine Mischung aus Passivität und frenetischer Begeisterung.* Nie gab er die Hoffnung auf das entscheidende Ereignis auf. Und dieses Ereignis trat auch ein und brachte ihn ganz nach oben –, um ihn dann zu vernichten."[141]

Hitler vegetiert 1913 anscheinend nur noch so dahin – mit erst 24 Jahren! Er sucht keinerlei Kontakt zur Außenwelt, schließt sich auch keinem Verein an...

„Er ist keine 'menschliche Ruine', wie einige Biographen behaupten. Es ist noch viel schlimmer: *man könnte meinen, er hätte sich mit dieser Mittelmäßigkeit abgefunden!*"[142]

Diese Beurteilung Cartiers wird von renommierten Historikern der jüngsten Zeit rückhaltlos bestätigt: „Im Frühjahr 1913 trieb Hitler nach drei Jahren im Männerwohnheim immer noch dahin [...]."[143]

Nachdem der Geldmangel Hitler 1909 zum Betteln gezwungen hatte, da er aufgrund seiner Kompulsion unfähig war, einer regelmäßigen praktischen Arbeit nachzugehen, – 1907 war er ja mit seinen künstlerischen Ambitionen bereits an der Akademie der Schönen Künste in Wien gründlich gescheitert, weil seine Kompulsion ihn daran gehindert hatte, systematisch zu lernen und sich so auf die Aufnahmeprüfung vorzubereiten – war er jetzt, am 20. April 1913, nach vollendetem 24. Lebensjahr endlich berechtigt,

---

[141] Raymond Cartier, ebd. S. 48
[142] ebd. S. 52
[143] Ian Kershaw, ebd. S. 105

das Erbe seines Vaters Alois anzutreten. Am 16. Mai 1913 wurde ihm dann auch tatsächlich in Linz vor Gericht die stattliche Summe von 819 Kronen zugesprochen. Jetzt endlich, mit diesem Geld seines Vaters in der Tasche, den er so gehaßt hatte, hob Hitler den Kopf und wurde wieder aktiv. Am 24. Mai 1913 fuhr er nach München und entkam so gleichzeitig den österreichischen Behörden, die ihn so nicht mehr dafür belangen konnten – zumindest glaubte Hitler das – daß er keinen Militärdienst abgeleistet hatte. Endlich, nach vier Jahren Bettlerdasein, war jetzt München in Sicht!

Kommen wir nun zu Hitlers kompulsivem Haß, seiner kompulsiven Boshaftigkeit, Rachsucht, Mythomanie, seinem kompulsiven Fanatismus, seiner kompulsiven Sturheit, seinem kompulsiven Inzest, seiner kompulsiven Kriminalität.

Ich werde all diese kompulsiven Veranlagungen Hitlers nicht so detailliert beschreiben wie seine kompulsive Faulheit, denn sie sind ja ganz offensichtlich und nicht nur den Hitler-Forschern bekannt, sondern auch der Allgemeinheit. Was fehlt, ist die klinische Bezeichnung „Kompulsion", die ihnen erst ihren ätiologischen Wert innerhalb des großen kompulsiven Systems verleiht, an dem Hitler litt. Denn auch wenn Menschen verschiedene Kompulsionen erben, so haben wir es doch bei Hitler mit einer ganzen Vielfalt von konkreten kompulsiven Symptomen zu tun. Hinzukommen seine persönlichen Wesenszüge in seinen zwischenmenschlichen Beziehungen, die so von Haß gekennzeichnet waren, daß sie Furcht einflößten, Haß und Rachegefühle.

Das durch Alkohol mutierte Gen, das Hitler über seinen Familienstammbaum geerbt hatte, hat sein Gehirn proteisch und pleiotrop „durch vielfältige Formen" der Kompulsion beeinträchtigt. Bei Hitler ist es wissenschaftlich vollkommen gerechtfertigt vom „Paradox von Changeux" zu sprechen, das ich haargenau übernommen habe, weil es eine offenkundige Wahrheit darstellt: Einfachheit im Genom – Komplexität im Gehirn.

Daraus ergibt sich die Formel: ein mutiertes Gen = ein kompulsives System im Gehirn

Hitler litt an mehr Kompulsionen als jeder andere Patient, den ich in meiner Praxis kennengelernt habe. Alle hatte er rein zufällig geerbt, er hat einfach ungeheures Pech gehabt. Unglücklicherweise hatte er zufällig das durch Alkohol mutierte Gen geerbt, während seine Schwester Paula es nicht geerbt hatte. Wohl aber sein Stiefbruder Alois Hitler, der im Gefängnis gelandet ist. Hitler hat auch deswegen großes Pech gehabt, weil dieses mutierte Gen, das er geerbt hatte, in seinem Gehirn so viele und so gefährliche Kompulsionen ausgelöst hat... Ich wiederhole: *Hitler ist nicht schuld daran, daß er so extrem kompulsiv veranlagt war*! Hitler hat Pech gehabt, auch wenn er auf der anderen Seite – und dieses grausame Paradox trifft auf alle kompulsiv veranlagten Menschen zu – große Befriedigung darin gefunden hat, seine schweren kompulsiven Verhaltensstörungen auszuleben. Gleichzeitig gibt es noch einen zweiten Grund, warum er nicht schuldig ist: er ist zwar kompulsiv geboren, diese Veranlagung hätte sich aber nicht so extrem entwickeln müssen, wenn er in einem anderen Umfeld aufgewachsen wäre. Umgeben von Menschen, die sich in der Wissenschaft auskennen. *Wenn er Eltern mit gewissen Kenntnissen gehabt hätte – statt solcher, „die es gut mit ihm meinten" –, die therapeutisch auf ihn hätten einwirken können.* Oder professionelle Hilfe von jemandem, der sich mit starken Kompulsionen auskennt und sie bei Hitler in der frühen Kindheit bis zu seinem 18. Lebensjahr, als er nach Wien zog, hätte eindämmen können...

Der Junge ist mit seiner *kompulsiven Veranlagung* geboren, und dementsprechend hat er sich verhalten, ganz natürlich und spontan. Gerade so als sei es natürlich und richtig, gewalttätig, eßsüchtig und arbeitsscheu zu sein – Hitler hatte es noch dazu so unglücklich getroffen, daß er nicht nur zu faul zum Lernen war, sondern auch keiner geregelten Arbeit nachgehen konnte. Wäre dies der Fall gewesen, hätte er wenigstens nicht bis hinab in den Bettelstand sinken müssen... Er benahm sich also so, als sei es vollkommen normal, boshaft zu sein, zu hassen, rachsüchtig zu sein, fanatisch bis zum Äußersten etc. Und bei all diesen Verhaltensweisen kam ihm keine weise Hand zu Hilfe – ebensowenig wie die Kinder heute Unterstützung finden, die an Kompulsionen erkrankt sind. Denn die Wissenschaft der dritten Mentalität ist von der Weltgesundheitsorganisation (WHO) noch nicht anerkannt worden. Der kleine Adolf traf daher nur auf den gesunden Menschenverstand und das jeweilige Temperament seiner Eltern, die sich „antikompulsiv" verhielten, der einen Kompulsion also eine andere entgegensetzten. Und so stieß er eben heftig mit seinem Vater zusammen, der ebenfalls gewalttätig war, und traf auf eine Mutter, die solch ein duldsames Wesen hatte, daß er sie nach Belieben für seine Zwecke ausnutzen konnte. Und er hatte es mit verschiedenen Lehrern zu tun, die ebenfalls ganz unterschiedlich veranlagt waren. Doch überall stieß er auf Widerstand. Auch ihnen ist kein Vorwurf zu machen, denn sie sind alle Opfer ihrer Unwissenheit. Einer Unwissenheit, die leider nicht der Vergangenheit angehört, sondern erschreckend aktuell ist...

Wenn jemand mich fragen würde, ob Hitler denn auf eine präventive Therapie angesprochen hätte, wäre er bereits als Kind und bis ins Jugendalter hinein behandelt worden, so würde ich sagen: ja. Vorausgesetzt, diese Behandlung wäre von einem Therapeuten durchgeführt worden, der sich auf diesem Gebiet auskennt, und er wäre durch die Familienangehörigen und die Lehrer unterstützt worden. Es hätte eine sehr intensive und tiefgreifende Therapie sein müssen, wie dies bei Erkrankungen dieser Art immer erforderlich ist, damit das Gehirn – das in diesem Alter noch formbar ist, also verändert werden kann – neue Nervenbahnen ausbildet, die denen entgegenwirken, die durch das mutierte Gen entstanden sind. So werden rechtzeitig nicht-kompulsive Verhaltensweisen erzeugt, nach demselben Prinzip wie bei der Krebstherapie. Denn die Kompulsionen sind die Krebserkrankungen des menschlichen Geistes. Wenn Hitler auf diese Weise therapiert worden wäre, hätte die Behandlung zufriedenstellende Ergebnisse gebracht. Hitler hätte eine gewisse Anpassungsfähigkeit entwickelt. Er wäre immer noch sehr reizbar gewesen, aber nicht kompulsiv gewalttätig; er hätte mit gutem Appetit gegessen, wäre aber nicht eßsüchtig geworden; er wäre zwar kein besonders fleißiger Student, aber auch kein kompulsiver Faulpelz geworden, der überhaupt nichts lernen konnte; er hätte nie besonders gern gearbeitet, aber auch nicht diese krankhafte Abscheu gegen jede Form der regelmäßigen Betätigung entwickelt, die ihn an den Bettelstab gebracht hat; er hätte trotz Therapie Haßgefühle entwickelt, aber nicht in diesem „elementaren", „tiefgreifenden", „viszeralen" Sinne, von dem die Biographen sprechen.

Wenn man mich während der imaginären Therapie Hitlers fragen würde, was denn geschehen wäre, wenn ich erst später mit der Behandlung begonnen hätte, als Hitler bereits 10 Jahre alt war, dann würde ich antworten: zu diesem Zeitpunkt wäre er schon zu einem unheilbaren Satan geworden, denn seine Erblast war ungeheuer schwer. In diesem Alter waren all seine Anlagen bereits entwickelt, seine Gewalttätigkeit, seine Eßsucht, sein Haß, seine kompulsive Faulheit, seine Boshaftigkeit... Sein Talent, seine Schlauheit, und seine rhetorische Begabung – die man in der Therapie hätte nutzen können, um eine fruchtbare dialektische Interaktion aufzubauen – hätte sich der Genius des Bösen bereits unwiderruflich zunutze gemacht, denn Hitler verwandelte sich in einen Menschen mit „granitenen", unwandelbaren Ideen, Überzeugungen, Vorurteilen und Obsessionen.

Wie für die übrigen Kompulsionen, so gilt auch für Hitlers Haßgefühle, daß er damit bereits geboren wurde. Der Haß ist eine ungeheuerliche Kompulsion! Mit seinem scharfen Verstand erkannte Hitler sofort, wer auf seiner Seite war und wer nicht, wer ihn in seine Schranken weisen wollte und wer nicht. Und so haßte er den Vater schon sehr früh und begriff, daß er die Mutter leicht nach Belieben lenken und seinen Undank an ihr auslassen konnte. Auch wenn es Leute gibt, die behaupten, Hitler hätte seine Mutter sehr geliebt, ja, die sogar von einer „ödipalen Liebe" sprechen... Als der Vater starb, fiel die ungeheure Verantwortung, Hitler zum Lernen zu bewegen, damit er einen Berufsabschluß machen konnte, auf die Mutter zurück. Aber Hitler wickelte sie ein, nutzte ihre Naivität und Weichheit aus. So gab sie all seinen Launen nach, beschenkte ihn während der Jahre in Linz mit eleganter Kleidung, damit er wie ein Dandy herumspazieren konnte, kaufte ihm einen Flügel, als er plötzlich Lust verspürte, Musik „zu studieren", zahlte ihm Reisen nach Wien – und als Antwort erhielt sie nichts als Undank. Das ist nicht übertrieben, denn dann würde ich meiner Verpflichtung zur wissenschaftlichen Objektivität nicht gerecht. Als Beweis zitiere ich eine Textstelle aus den Erinnerungen von August Kubizek: Klara Hitler kommt Adolfs Forderung nach und zahlt ihm die Reise nach Wien. Dafür schreibt er der Mutter noch nicht einmal eine Postkarte als Zeichen seiner Zuneigung und Dankbarkeit:

„Aber was war nur mit Adolf los? Keine Zeile kam von ihm. Frau Klara öffnete mir und begrüßte mich herzlich. Ich merkte ihr an, daß sie schon sehnsüchtig auf mich gewartet hatte. 'Haben Sie Nachricht von Adolf?', fragte sie mich unter der Türe. Er hatte also auch der Mutter noch nicht geschrieben. [...] Frau Klara bot mir einen Stuhl an. Ich sah, wie wohl es ihr tat, mir ihr Herz ausschütten zu können. *Ach, die alte Klage*, die ich schon Wort für Wort auswendig kannte! Aber geduldig hörte ich zu: 'Wenn er in der Realschule ordentlich gelernt hätte, könnte er jetzt schon bald seine Matura machen. *Aber er läßt sich ja nichts sagen.*' Wörtlich setzte sie hinzu: 'Er ist der gleiche Dickschädel wie sein Vater. – Was soll diese überstürzte Fahrt nach Wien? Anstatt das kleine Erbteil zusammenzuhalten, wird es leichtfertig vertan. Und was dann? *Mit der Malerei, das wird nichts.* [...] *Ich kann ihm dann auch nicht helfen.* Ich hab' ja noch die Kleine. Sie wissen selbst, was für ein schwächliches Kind sie ist. Und doch soll sie etwas Ordentliches lernen. Aber daran denkt Adolf nicht. *Der geht seinen Weg weiter, als wäre er allein auf der Welt.* Ich werde es nicht mehr erleben, daß er sich eine selbständige Existenz schafft...'.

Frau Klara kam mir bekümmerter vor als sonst. Tiefe Furchen standen in ihrem Antlitz. *Die Augen waren verschleiert, die Stimme klang müde und resigniert.* Ich hatte den Eindruck, daß sie sich jetzt, da Adolf nicht mehr bei ihr war, völlig gehen ließ und *älter, kränklicher aussah als sonst.* Gewiß hatte sie, um ihrem Sohne den Abschied leichter zu machen, diesem verschwiegen, wie es um sie stand.[144] [...] Nun aber, da sie allein war, erschien sie mir als eine alte, kranke Frau."[145]

Wer würde nach dieser herzzerreißenden Schilderung, die zeigt, wie sehr diese arme Frau leiden mußte – denn „arme Frau" ist der passende Ausdruck – noch behaupten, daß ihr Sohn sie geliebt hat? Wer würde diesen Sohn nicht als niederträchtig und sadistisch bezeichnen, der nur an sich selbst und seine egoistischen Interessen dachte, der seinen Weg ging, „als wäre er allein auf der Welt"?

Hitler empfand einen „tiefgreifenden und elementaren" Haß gegenüber seinen Lehrern und Mitschülern, er verabscheute sie alle kompulsiv. Er haßte jeden, der ihn auch nur in irgendeiner Weise dazu bewegen wollte, daß er lernte. Seine Schwestern und seinen Schwager Leo Raubal verabscheute er „auf viszerale Weise". In Wien haßte und fürchtete er dann die Sozialdemokraten; er haßte und fürchtete die Juden; er haßte und fürchtete die Marxisten. Es war ein universeller Haß, der eindeutig kompulsiver Natur war, er tauchte immer wieder und ganz konstant auf.

---

[144] Nach der schlecht verlaufenen Krebsoperation (Mauro Torres)
[145] August Kubizek, ebd. S. 131/132

Seinen Freund Kubizek – den einzigen Menschen, mit dem er es eine Zeit lang ausgehalten hat, bis er sich dann 1909 einfach aus dem Staub machte, ohne dem Freund auch nur einen Gruß zu hinterlassen[146] – behandelte er wie ein Tyrann seinen Untertan: Kubizek mußte ihm zuhören und ihm zustimmen, er hinderte ihn sogar daran, zu schlafen. Hitler flößte dem Freund Angst ein, wie Kubizek im nun folgenden Text bekennt, den er einmal in tiefster Verzweiflung geschrieben hat, weil Hitler so brutal Zwang auf ihn ausübte. Der fühlte sich schon 20 Jahre, bevor es tatsächlich so weit war, als Führer. Eigentlich hat Kubizek sein Buch geschrieben, um den Mythos Hitler hochzuhalten und so der nationalsozialistischen Partei zu gehorchen. Er wollte nicht schlecht über Hitler reden und verheimlichte viele seiner unmenschlichen Bosheiten. Als Kubizek diese Worte schrieb, konnte er die Situation aber einfach nicht mehr ertragen. Er wußte nicht, wie er den Krallen dieses grausamen Mannes entfliehen konnte, der seine Mutter schon schlecht behandelte, seinen „besten Freund" jedoch noch viel schlimmer:

„Doch ich zwang mich mit Gewalt, wach zu bleiben und zuzuhören. Keine der Fragen, die mich mit Sorge um ihn erfüllten, kam über meine Lippen. Es wäre für mich leicht gewesen, eine der häufigen Auseinandersetzungen zu benützen, um auszuziehen. Man hätte mir am Konservatorium bereitwillig geholfen, ein anderes Zimmer zu finden.[147] Warum tat ich es nicht? Ich hatte mir doch des öfteren schon selbst eingestanden, *daß diese seltsame Freundschaft meinem Studium nicht gut bekam.* Wieviel Zeit, wieviel Kraft kosteten mich allein diese unnötigen nächtlichen Unternehmungen meines Freundes?[148] Warum also ging ich nicht fort? Weil ich Heimweh hatte, gewiß, das gab ich mir selbst gern

---

[146] vgl. August Kubizek, ebd. S. 261

[147] ...um der Tortur zu entgehen, mit Hitler das Zimmer zu teilen. (Mauro Torres)

[148] ...der ihn nicht schlafen ließ, denn er selbst schlief ja tagsüber! (Mauro Torres)

zu, und weil Adolf für mich eben ein Stück Heimat darstellte. Aber schließlich ist Heimweh eine Angelegenheit, über die ein junger Mann von zwanzig Jahren hinwegkommen kann. Was war es dann? Was hielt mich fest?"[149]

Ich kann es ihm sagen: Angst, eine tiefsitzende Angst vor Hitlers Wutausbrüchen! *Hitlers Wut war gefährlich*, und wer ihn kannte und in seiner Nähe leben mußte, wußte das und fürchtete sich vor ihm. Er verlangte von seinen „engsten Freunden" absolute und bedingungslose Unterwerfung. Der unterwürfige Kubizek mußte sich, während er mit Hitler das Zimmer teilte, den Anordnungen dieses angehenden Führers stoisch unterwerfen. So wie Hitler ab 1933 als Reichskanzler die bedingungslose Unterwerfung der Massen, der Politiker, der Generäle und der eroberten Nationen forderte, so kommandierte er schon von Kindheit an die Menschen in seiner Umgebung herum wie ein Tyrann: *„Aber er läßt sich ja nichts sagen."*, ruft die eingeschüchterte Frau Klara aus, die arme Mutter, die diesen Tyrannen bereits im Kindesalter und später als Jugendlicher ertragen mußte. Klara war das erste Opfer dieses geborenen Despoten Adolf Hitler. Die Qualen, die Kubizek ertragen mußte, sind uns bekannt, weil er sie in seinem Buch geschildert hat. Dabei war er sehr vorsichtig, um Hitler bloß nicht in einem schlechten Licht erscheinen zu lassen. Ganz im Gegenteil: er hat sich bemüht, Hitlers Verhalten, seine gehässigen und gefährlichen Forderungen noch durch die rosarote Brille zu betrachten, statt die finsteren Tatsachen zu schildern: Hitler zwang Kubizek, ihm zuzuhören und ihm für seine endlosen Tiraden über alle möglichen Themen auch noch zu applaudieren; wenn sie allein waren, mußte der Freund Hitlers langweilige Reden über die Musik Wagners anhören, weil Kubizek etwas von Musik verstand und Hitler leidenschaftlich für Wagner schwärmte, wobei es ihm jedoch mehr um die Helden als um die Musik ging. Kubizek mußte sich mit einer „Oper" beschäftigen, an der Hitler schrieb,

---

[149] August Kubizek, ebd. S. 206

weil er unbedingt berühmt werden wollte und sein manischer Aktionismus ihn nicht zur Ruhe kommen ließ. Kubizek mußte also die Qual ertragen, sich etwas anzuhören und seine Bewunderung für etwas auszudrücken, das ganz offensichtlich schlecht war – und Kubizek wußte das. Hitler zwang ihn sogar, die Musik für das Libretto der erwähnten Oper zu schreiben, von dem selbstverständlich nur wenige Seiten existierten, denn Hitler war ja nicht in der Lage, ernsthaft eine Arbeit zu Ende zu bringen. Und schöpferisch tätig sein konnte er erst recht nicht. All dies spielte sich nachts ab, wenn Kubizek eigentlich schlafen mußte. Denn er ging ja morgens früh zum Konservatorium, wo er Musikunterricht nahm. Während der Taugenichts Hitler erst spät am Tag aus den Federn kroch…

Kubizek ist verzweifelt und will sich von dieser „seltsamen Freundschaft", wie er sich ausdrückt, befreien. Aber er wagte es nicht. Er war wie gelähmt vor lauter Angst, der Angst vor Hitlers Aggressionen. Diese äußerten sich nicht nur verbal in endlosen Reden, die nur so aus ihm heraussprudelten, sondern auch in direkten körperlichen Angriffen. *Denn die Krallen des potentiellen Mörders, die in Hitler lauerten, waren bereits zu ahnen.* Kubizek hat dies mit Sicherheit gespürt, und es graute ihm vor Hitler… *Alle Menschen, die Hitler aus unmittelbarer Nähe erlebt haben – und das waren nur wenige – verfielen in tiefe Verzweiflung und Furcht*: Die Mutter war vollkommen eingeschüchtert und traute sich nicht, ihrem Sohn von den schrecklichen Schmerzen zu erzählen, die sie aufgrund der Krebserkrankung erleiden mußte. Zu groß war ihre Angst vor Adolfs Zorn, den dieses Geständnis möglicherweise entfacht hätte. Aus Furcht muß Kubizek die Qual ertragen, mit diesem Mann zusammenzuleben, der schon mit 19 Jahren seine verbrecherischen Reißzähne voll ausgebildet hatte, auch wenn er sie in der Öffentlichkeit noch nicht zeigte. Sein „bester Freund" bekam sie bereits zu spüren… Am schrecklichsten aber litt wohl Hitlers Nichte und Geliebte Geli unter dem Tyrannen: mit seiner ungeheuren „viszeralen" Gewalttätigkeit, die ich als kompulsiv bezeichne, wollte er sie „erziehen", um aus ihr eine ergebene Sklavin zu machen, die sich seinem despotischen Willen vollständig unterwarf. Geli war gerade einmal der Pubertät entwachsen, als sie einer Freundin gestand: *„Mein Onkel ist ein Ungeheuer*!" Und bei anderer Gelegenheit: *„Du kannst dir nicht vorstellen, was mein Onkel Adolf mir alles vorschlägt."* Wobei mit diesen „Vorschlägen" sicherlich sexuelle Perversitäten gemeint waren. Geli war zunehmend verzweifelt und ertrug Hitlers Nötigungen nicht mehr. Seine erdrückende Eifersucht, seine Forderungen nach absoluter Unterwerfung – wer den Tyrannen Hitler von seinen öffentlichen Auftritten her kennt, kann sich vielleicht vorstellen, mit welch ungeheurer Kraft diese Zwangsherrschaft auf Geli lastete – einem wehrlosen jungen Mädchen. Und am 17. September 1931 kam es zu einem Streit zwischen Hitler und Geli, von dem wir annehmen müssen, daß er sehr viel heftiger war als die üblichen Streitigkeiten zwischen Eheleuten. Es muß sich um einen Streit „hitlerschen Ausmaßes" gehandelt haben, die Haushälterin Anni Winter hat ihn mit angehört. Wodurch diese Konfrontation ausgelöst wurde, ist nicht bekannt. Aber es hatte schon öfter Streit gegeben, weil Geli sich wohl gegen Hitler aufgelehnt oder sich gleichaltrige Liebhaber gesucht hatte. Ihr Onkel Adolf war ja doppelt so alt wie sie. Am nächsten Tag verließ Hitler das Zimmer und Geli blieb allein zurück. Kurze Zeit später öffnete man die Tür und fand Geli ausgestreckt im Zimmer liegen, tot. Sie hatte sich in die Schläfe geschossen, Hitlers automatische Pistole lag zu ihren Füßen. Es wurde keine Autopsie durchgeführt, weil der damalige Justizminister Franz Gürtner ein großer Freund Hitlers war und das Notwendige veranlaßte, damit der Leichnam der jungen Frau von München nach Wien überführt und dort beerdigt wurde... Viele hegten den Verdacht, Hitler habe seine Geliebte ermordet. Feststeht allerdings nur eins: er ist der psychologische Urheber dieses Selbstmordes. Denn es besteht kein Zweifel daran, daß er Geli – ebenso wie seine Mutter und wie Kubizek – durch sein extrem tyrannisches Verhalten, das sie einfach nicht mehr ertragen konnte, in die Verzweiflung getrieben hat. *Und da sie – ebensowenig wie Kubizek – aus lauter Angst auch nicht vor ihrem Onkel und Liebhaber fliehen konnte,* blieb ihr kein anderer Ausweg als der Selbstmord...

Hitlers viertes Opfer war Eva Braun, die er sich nach der Tragödie mit Geli zur Geliebten genommen hatte. Auch in diesem Fall blieb er konsequent seiner Linie treu und setzte sein despotisches und sadistisches Verhalten fort, das er gegenüber den „geliebten" Menschen, die ihm am nächsten standen, – und das waren nur vier Lebewesen in seinem ganzen Leben, wenn wir seinen Hund nicht mitrechnen – immer an den Tag gelegt hatte. Eva Braun war sein letztes Opfer, und es besteht guter Grund zu der Annahme, daß er auch sie in die Verzweiflung getrieben hat. Erinnern wir uns an Gelis Worte: „Mein Onkel ist ein Ungeheuer!" Ich will gar nicht von Evas tragischem Ende reden. Hitler hatte sie ja mit seiner diabolischen „Eloquenz" dazu überredet, sich gemeinsam mit ihm das Leben zu nehmen. Er wollte sie dafür dann im letzten Augenblick noch heiraten, wo es für sie keine Möglichkeit mehr gab, aus dem Bunker in Berlin zu entfliehen. Nein. Sprechen wir lieber von der ersten Zeit ihrer Liebelei mit Hitler. Auch Eva war erst 20 Jahre alt – „Gespenster" der Vergangenheit, die uns Hitlers kompulsive Vergangenheit in Erinnerung rufen, denn auch sein Vater hatte sich immer ganz junge Mädchen für seine Liebesabenteuer gesucht – und Hitler hat sie mit seinen brutalen Methoden und indem er sich wie eine wilde Bestie aufführte und bedingungslose Unterwerfung von seiner „Sklavin" verlangte, sicher in die Verzweiflung getrieben.

„Am 11. August 1932 erfuhr Dr. Plate, daß Eva versucht hatte, ihn an seinem Arbeitsplatz telefonisch zu erreichen und kaum sprechen konnte. Sie sagte, sie habe versucht, sich umzubringen und sich eine Kugel vom Kaliber 6,35 mm in die Herzgegend geschossen. Sie beklagte sich darüber, daß Hitler sie gar nicht beachtete, daß sie sich so einsam fühlte und lieber sterben wollte…"[150]

Hitler war sehr erschrocken – denn schließlich war seit Gelis Tod noch kein Jahr vergangen – und nahm Kontakt mit Dr. Plate auf:

„'Sagen Sie mir die Wahrheit! Glauben Sie, daß Fräulein Braun sich nur interessant machen wollte, damit ich mich mehr um sie kümmere?'... Dr. Plate schüttelte den Kopf. 'Der Schuß war direkt aufs Herz gerichtet. Die Kugel hat die Aorta nur um wenige Millimeter verfehlt. Alles weist darauf hin, daß es sich um einen echten Selbstmordversuch gehandelt hat.'"[151]

Alle vier Menschen, die ihm am engsten verbunden waren, hat Hitler in die Verzweiflung getrieben und in Angst und Schrecken versetzt, weil er sich wie eine brutale Bestie aufführte – schon als Kind, dann als Jugendlicher und schließlich als Erwachsener: seine Mutter Klara, seinen besten Freund August Kubizek, seine Nichte und Geliebte Geli und schließlich Eva… Die „arme" Eva, die er sich als heimliche Geliebte gehalten hatte, bis er sich sicher sein konnte, daß sie mit ihm gemeinsam Selbstmord begehen würde. Erst da erklärte Hitler sich bereit, sie zu heiraten.

Jetzt sollten die nationalsozialistischen Politiker erzittern, die Hitlers Untergebene waren; das deutsche Volk sollte unter der Peitsche seiner theatralischen und niederschmetternden Reden erzittern, die führenden Generäle der Truppen an den verschiedenen Fronten der Schlachtfelder sollten erzittern; und schließlich sollten jetzt die einzelnen Nationen erzittern, die eine nach der anderen unter sein Joch fallen sollten…!

So viel zu Hitlers Haß, seiner unaufhaltsamen Boshaftigkeit und seinem Sadismus.

---

[150] Raymond Cartier, ebd. S. 308
[151] ebd. S. 309

Was soll ich nun zu Hitlers kompulsiver krimineller Veranlagung und seiner Rachsucht sagen? Von dem Augenblick an, da Hitler sich vollkommen der „Politik" zuwandte, war klar – zumindest sehe ich das so – daß es sich hierbei nicht um Politik im Sinne der klassischen politischen Parteien handelte, sondern um eine kriminelle Politik, die direkt, aber ganz heimtückisch in den Krieg führte. Heimtückisch deswegen, weil Hitler der einzige war, der das wußte – und Sie als Leser wissen es auch. Denn Hitler trug die kriegerische Veranlagung ja in seinen Molekülen, weil er sie von der Sippe Schicklgruber geerbt hatte. Deshalb heckte er den hinterlistigen Plan aus, die nationalsozialistische „Partei" mit einem entsprechenden Werkzeug auszurüsten, der grausamen SA oder Sturmabteilung. Diese Truppe wurde von einem niederträchtigen, sexuell perversen Mörder gegründet und angeführt: Ernst Röhm. Er war Hitlers Komplize, wenn es um kriminelle Handlungen und Vorhaben ging. Denn Politik war für Hitler nur „ein Mittel zum Zweck", und dieser Zweck war der Krieg, den er *in seinem Innersten* verborgen hielt...

Später erst, als Röhm sich von Hitler nicht mehr unterdrücken lassen wollte – diese widerspenstige Haltung sollte ihn teuer zu stehen kommen – setzte Hitler dann jene andere schreckliche verbrecherische Truppe ein, die den euphemistischen Namen „Schutzstaffel" erhielt und als SS bekannt ist. Das war 1934. Die SS war ein unheilverheißender Truppenverband, der von dem nicht minder unheilvollen Heinrich Himmler angeführt wurde. Ein Mörder und Völkermörder, ebenfalls ein Freund und Komplize Hitlers. Die SS mit Himmler an der Spitze war Hitlers Idee, denn Himmler gehorchte blind und führte Hitlers finstere Pläne aus. Mit der SS und der Gestapo sollten sich Angst und Schrecken in Deutschland und in Europa verbreiten. Das war Hitlers „politische" Basis: Gewalt und Verbrechen, um jede Opposition zu zerstören. Mit Hinrichtungen und Drohungen, die die klassischen politischen Parteien mit Schrecken erfüllten. Diese gingen zwar auch gewalttätig vor, wie etwa die Kommunistische Partei oder die Sozialdemokraten, aber solcher Organisationen von Mördern, die Hitler einsetzte, haben sie sich nie bedient. Am 01. Januar 1931 wurde das *Braune Haus* eingeweiht, die Parteizentrale der Nationalsozialisten, dessen bloße Erwähnung bereits erschaudern läßt. All dies ist auf Hitlers Einfälle zurückzuführen, wenn er die Durchführung dann auch anderen überlassen hat.

Im April kam es in Berlin zu einem Versuch, gegen Hitler zu rebellieren. Der Führer begab sich also nach Berlin, entfaltete dort sein ganzes „Können" und brachte die Meuterer zur Ruhe. „Nur mit seiner Redekunst und seinen Tränen hat er die Unruhestifter überzeugt...", heißt es. Angeblich ist Hitler von Stadtviertel zu Stadtviertel, von Haus zu Haus gegangen, „wie ein Hexenmeister, der mit einem Wort die Gemüter beruhigen und sogar hungrige Mägen besänftigen kann...".[152] So geht zumindest die Sage... Aber wie sah die Wirklichkeit aus? Otto Strasser behauptet, Hitler habe mit ganz anderen Waffen gesiegt, die sehr viel brutaler waren als seine Krokodilstränen und seine Rhetorik. Demnach hat Hitler einen bekannten Mörder eingesetzt, um die aufständischen Berliner zur Ordnung zu rufen.

Hitlers Sieg über die Berliner, die sich aus seiner eisernen Faust befreien wollten, hing damit zusammen, daß er zusätzlich zu seinen „diplomatischen Fähigkeiten" die grausame SS mit nach Berlin genommen hat, die damals gerade erst aufgebaut wurde. Die Truppe stand bereits unter der Führung des niederträchtigen Heinrich Himmler. Während Hitler mit seiner Redekunst und seinen Tränen ein paar Aufständische überzeugte, wurde er von der Berliner SS unter Leitung von Kurt Daluege eskortiert, die die Mehrheit der Rebellen mit ihren brutalen Methoden ruhigstellte... Mit dieser Aktion der SS gegen den Aufstand der Berliner, die aus Verzweiflung über Hitlers Gewaltherrschaft den Widerstand gewagt hatten, begann im April 1931 der Aufstieg dieses

---

[152] ebd. S. 265

paramilitärischen Truppenverbandes, der 1934 die SA und ihren Stabschef Ernst Röhm ersetzen sollte.

Apropos Mörder. Die SA oder „Sturmabteilung" war eine paramilitärische Organisation, die Röhm gegründet hatte, dessen brutale Gesinnung von Hitler geleitet wurde – wie dies immer der Fall war. Unter Röhms Führung wurde die Truppe sehr stark. Sie war wie ein zweites Heer und wollte an die Stelle der Reichswehr treten. Die Truppe sollte zu einem echten Heer unter der Flagge der Nationalsozialisten werden, und sie fing an, den Händen ihres Schirmherrn Adolf Hitler zu entgleiten. Diese paramilitärischen Kräfte hatten ihre eigene Dynamik erlangt, was ganz natürlich war. Sie hatten sich zu einer Kraft entwickelt, die parallel zur nationalsozialistischen Partei verlief, der sie nicht gut gesinnt waren. Von dem Moment an, als die Nationalsozialisten 1933 an die Macht kamen, wollten sie zur Spitze an der Lanze der nationalsozialistischen „Revolution" werden. Und sie stießen mit dieser Lanze schneller zu als es Hitler lieb war, denn der hatte seine eigenen, geheimen Pläne: er wollte den bevorstehenden Tod des Reichspräsidenten Feldmarschall Hindenburg abwarten, der an der Spitze des Deutschen Reiches stand, und dann gleich das Präsidentenamt übernehmen. So wäre er gleichzeitig Reichskanzler und Reichspräsident gewesen und hätte damit auch die Befehlsgewalt über die Reichswehr gehabt – was natürlich von großer Bedeutung war –, die damals General von Blomberg unterstand. Hitler erkannte, daß die SA und ihr Stabschef Röhm diesen Plänen im Wege stand, was ihn sehr verärgerte. Umso mehr, als Röhm und alle anderen Truppenführer der SA sich von Tag zu Tag kriegerischer und radikaler aufführten. Sie hatten es eilig, voranzukommen und Hitler ging für ihren Geschmack viel zu langsam vor. Wobei? Bei der Umsetzung seines Planes, mit allen politischen Gegnern abzurechnen. Hauptsächlich mit den Kommunisten, den Sozialdemokraten und allen Parteien, die sich ihm nicht anschlossen. Nicht zu vergessen sein Plan, die Juden zu

„vernichten", vor allem auf internationaler Ebene. Hitler konnte es kaum abwarten, endlich mit der Umsetzung seiner unbarmherzigen Kriegspläne anzufangen. Schon als kleiner Junge hatte er sich nach Krieg gesehnt, als er Karl Mays Geschichten über die Indianerkriege las. Aber Hitler war schlauer: mit kühler Berechnung verfolgte er sein Ziel. Er wollte seine unheilvollen Absichten, die auf seine verbrecherische und barbarische Kompulsion zurückzuführen waren, in die Tat umsetzen, indem er zunächst die ganze Macht an sich riß, sie eisern auf seine Person konzentrierte, um sie dann nie mehr loszulassen („Wenn wir an der Macht sind, werden wir sie nie mehr abgeben.", hatte er zu Göring gesagt, so Cartier.) Dann hätte er die Hände frei und wäre mit den notwendigen Waffen ausgerüstet, die er für die Zerstörung der Linksparteien und die Ermordung der Juden brauchte. Er würde Deutschland schnell aufrüsten und könnte endlich seine barbarische, kriegerische Veranlagung ausleben... Röhm dagegen dachte weniger „politisch". Er hatte es eilig, seine ganze paramilitärische Truppe hatte es eilig, und sie gehorchten Hitlers Befehlen nicht, der sie aufforderte, noch abzuwarten, auch was die sozialen Reformen betraf... Nicht nur Hitler, auch Hindenburg und Blomberg äußerten Kritik an der Situation und sahen in der SA eine nationale Bedrohung.

Es war nicht leicht für Hitler, den Forderungen des Präsidenten und des Oberbefehlshabers der Reichswehr nachzukommen, denn die SA war sein Werk und er stützte sich auf diese paramilitärischen Kräfte. Wir haben ja gesehen, daß sich die SA mit Knüppeln und Fäusten in Berlin durchgesetzt hatte, wo Hitlers Redekunst und seine Krokodilstränen allein nicht ausreichten. Röhm hatte die SA ganz allein ausgetüftelt, aber Hitler hatte die Idee mit Begeisterung aufgenommen. Als militärische Dimension der nationalsozialistischen Partei, die – nach meiner Einschätzung der Dinge – seit 1920 darauf ausgerichtet war, den Weltkrieg auszulösen. Auf der anderen Seite war Ernst Röhm Hitlers unmittelbarer Kampfgenosse, ein fundamentaler Faktor in der Dynamik der nationalsozialistischen Partei. Röhm und Hitler waren von der gleichen Machart, sie standen in gegenseitiger Verbindung miteinander, der eine war auf den anderen angewiesen und Hitler erkannte den unschätzbaren Wert, den Röhms ständige Unterstützung für die Partei und vor allem für seine eigene Person bedeutete. Und nicht nur das: Hitler hatte Röhm extra aus Südamerika kommen lassen, wo er im Chaco-Krieg auf der Seite Boliviens gegen Paraguay kämpfte. Er sollte die SA zu einer „eisernen" Kampftruppe aufbauen. Wie sollte er Röhm jetzt aus dem Weg räumen, nachdem er ihm so unschätzbare Dienste geleistet hatte?

Tatsache ist, daß die Dinge komplizierter wurden, wobei hinterhältige Absichten eine große Rolle spielten. So wurde fälschlicherweise das Gerücht verbreitet, Röhm plane einen Anschlag auf Hitler, obwohl dieser immer auf Hitlers Seite gestanden hatte. Damit nahm die Katastrophe ihren Lauf. Die angeheizte Atmosphäre entfachte die mörderische Kompulsion in Hitler, und von diesem Moment an – wie in allen Fällen, wenn die mächtigen kompulsiven Begierden in Gang kommen, ob es sich nun um einen Alkoholiker, einen Spieler, einen Drogensüchtigen oder einen Pädophilen handelt – war kein Widerstand mehr möglich. Keiner kann diesen Trieb kontrollieren oder aufhalten. Man weiß, daß der Sicherheitsdienst (SD) unter der Leitung von Reinhard Heydrich, einer weiteren finsteren Persönlichkeit, und die Gestapo die alarmierende Nachricht in Umlauf brachten, es stünde ein Staatsstreich der SA bevor, unter der Führung von Röhm. Hitler, dessen kompulsive Motoren bereits warmgelaufen waren, verlor jetzt keine Zeit mehr: am 30. Juni 1934 versammelte er alle Gruppenleiter der SA in der Pension Hanselbauer in Bad Wiessee. Hitler war ganz benommen vor Wut, wie dies bei Mördern vor oder im Augenblick des Verbrechens üblich ist. Diese Wut steigerte sich im Laufe der nächsten Stunden noch – „Es war der düsterste Tag meines Lebens.", wird er später bekennen[153] – und auf dem Höhepunkt seiner Kompulsion betrat er dann mit der Pistole in der Hand Röhms Zimmer. Der lag nach durchzechter Nacht noch im Bett, als er Hitler sah, der die Waffe auf ihn richtete und ihn anbrüllte, er sei verhaftet. Man führte eine große Razzia durch, bei der auch unschuldige Personen, die gar nicht der SA angehörten, festgenommen wurden. Ritter von Kahr wurde mit Messerstichen ermordet. Andere wurden durch die Kugeln der SS niedergeschmettert, die Hitler unterstützte, der in seiner kriminellen Raserei „außer sich" war... Trotzdem wagte er es nicht, die Ermordung Röhms anzuordnen, der ihm so viele wertvolle Dienste erwiesen hatte. Um den Mord zu vertuschen, der vollkommen ungerechtfertigt war, – denn selbst Hitler wußte, daß Röhm auf seiner Seite stand; aber die „politischen" Interessen waren eben wichtiger als die Gerechtigkeit... – ließ er eine Pistole in Röhms Nachttisch legen, damit dieser sich umbringen konnte. Der Selbstmord war ein beliebtes Hilfsmittel, dessen Hitler sich öfter bedient hat... Aber Röhm, als alter Seebär, nahm das Angebot nicht an. Die Schuld sollte ruhig auf seinen ehemaligen Kampfgefährten fallen, für dessen Pläne er jetzt einen Störfaktor darstellte. Zwei Mitglieder der SS, zwei Schläger der paramilitärischen Gruppe, übernahmen den Rest und so war das Hindernis für Adolf Hitler aus dem Weg geräumt.

Dieses schreckliche Gemetzel, das viele Menschenleben gekostet hat, ist als „die Nacht der langen Messer" in die Geschichte eingegangen und sie geht zu Lasten von Hitlers verbrecherischem Konto während des Dritten Reiches... An dem Verbrechen von Potempa war Hitler in zweifacher Hinsicht beteiligt: als Inspirator der rachsüchtigen nationalsozialistischen „Politik" und als Komplize der Mörder.

Im August 1932 waren zwei Nationalsozialisten ermordet worden. Doch das Gesetz, nach dem in Preußen politische Verbre-

---

[153] Ian Kershaw, Hitler 1889-1936, Barcelona 2000, S. 503

chen mit der Todesstrafe geahndet wurden, war noch nicht in Kraft. Aber eine Stunde nach der Verabschiedung dieses Gesetzes drang eine Gruppe rachedurstiger Nazis in das Dorf Potempa ein; sie suchten das Haus des ortsansässigen Kommunistenführers. Das war ein junger Arbeiter, der gerade schlief. Die Braunhemden zerrten ihn aus dem Bett und schleiften ihn ins nächste Zimmer, wo sie ihm Schläge und Fußtritte verpaßten. Später fand die Mutter den vollkommen verstümmelten Leichnam ihres Sohnes. Natürlich verurteilte die Öffentlichkeit das Verbrechen der Kommunisten, aber das Verbrechen von Potempa, wo die Nazis mit ihren Stiefeln die Knochen eines wehrlosen jungen Mannes zertrümmert hatten, löste maßloses Entsetzen aus. Die Mörder des Arbeiters von Potempa wurden zum Tode verurteilt, denn zu dem Zeitpunkt, als sie ihre grausame Tat begingen, war das entsprechende Gesetz, das politische Verbrechen mit der Todesstrafe belegte, seit einer Stunde in Kraft. Die kommunistischen Mörder der beiden Nationalsozialisten kamen dagegen mit einer Freiheitsstrafe von nur 4 Jahren davon, weil ihr Vergehen noch nicht unter das neue Gesetz fiel. Die Diskrepanz zwischen den beiden Maßstäben der Bestrafung war natürlich enorm… Was einen aber erschaudern läßt, ist das Telegramm, das Hitler den fünf Mördern schickte, als er kurz davor war, Reichskanzler zu werden: „Meine Kameraden", wandte sich Hitler an die Mörder, „angesichts dieses ungeheuerlichsten und blutigsten Urteils fühle ich mich euch in restloser Treue verbunden. […]"[154]

Adolf Hitlers kompulsive Veranlagung zum Inzest hat große Ähnlichkeit mit der seines Vaters Alois. Dennoch kann man nicht sagen, der Sohn habe sie vom Vater geerbt, denn diese Übereinstimmung ist rein zufällig. Alois' erste Ehe mit Anna zählt nicht, weil er sie nur aus wirtschaftlichen Gründen geschlossen hat, und um nach oben zu kommen. Die beiden Ehen, die dann folgten – die erste mit Franziska und die zweite mit Klara, Hitlers Mutter –

---

[154] Alan Bullock, Hitler: eine Studie über Tyrannei, S. 204

waren aber echt. Franziska war nicht mit Alois verwandt, wohl aber Klara. Sie war die Tochter seiner Stiefschwester. Beide Frauen hätten außerdem seine Töchter sein können, man kann also auch bis zu einem gewissen Grad von Pädophilie sprechen. Hitler seinerseits hatte Beziehungen zu zwei Frauen, wenn man von der vorübergehenden, rein platonischen Liebe zu Stefanie in Linz einmal absieht, mit der er noch nicht einmal ein Wort gewechselt hat.

Adolf Hitlers einzige Liebe war eindeutig inzestuös – er hat die Tochter seiner Stiefschwester Angela, Angelina, bekannt als Geli, noch als ganz junges Mädchen in seine Münchner Wohnung geholt. Hitler hätte ihr Vater sein können, denn zu diesem Zeitpunkt – 1929 – war er bereits vierzig Jahre alt. Gelis Vater, Leo Raubal, war Alkoholiker. Seine Tochter Geli litt unter kompulsiver Faulheit, sie konnte nicht lernen. Daher konnte sie auch ihren Plan, an der Universität zu studieren, nicht in die Tat umsetzen. Hitler zahlte ihre Gesangsstunden, doch bald schon langweilte sie sich im Unterricht. Ihr gefiel der Müßiggang, sie wollte sich einfach ein schönes Leben machen. Diese kompulsive Faulheit konnte sie von ihrer Mutter Angela geerbt haben, der Tochter von Alois Hitler, der als Alkoholiker bekannt war. Angela war kompulsive Kupplerin: sie ließ es zu, daß ihre eigene Tochter, die gerade einmal der Pubertät entwachsen war, mit Hitler zusammenzog. Geli hätte ihre Kompulsionen auch von ihrem alkoholkranken Vater erben können. Sie war nicht nur zu faul zum Studieren, sondern auch zu faul zum Arbeiten – ebenso wie ihr Onkel Adolf, und sie hatte eine kompulsive Neigung zum Inzest. Sie war zwar krankhaft promiskuitiv – auch das ist eine Kompulsion! – und ließ es zu, daß andere Männer ihr den Hof machten (z.B. Emil Maurice, Hitlers Chauffeur und Leibwächter), aber offensichtlich machte sie das inzestuöse Spiel ihres Onkels mit.

Von Hitler weiß man, daß die Liebe zu diesem Mädchen die einzige Liebe war, der er sich jemals hingegeben hat. Niemand kann allerdings sagen, wie intensiv seine Leidenschaft tatsächlich war. Man hat behauptet, Hitler sei von Geli in ähnlicher Weise abhängig gewesen wie von seiner Mutter Klara, aber ich bin da anderer Meinung. Denn Hitlers Abhängigkeit von seiner Mutter war eindeutig parasitärer Art – er manipulierte sie, um sich Vorteile zu verschaffen, Geld, Geschenke, Reisen, Unterhalt. Bei Geli war es umgekehrt: hier war Hitler derjenige, der gab. Er führte sie ins Theater, in die Oper, kaufte ihr Kleidung, schenkte ihr Geld, finanzierte ihr Studium. Was allerdings ähnlich war – doch galt das nicht nur für die Beziehung zur Mutter, sondern auch für die zu Kubizek und zu Eva Braun – das war die extrem besitzergreifende und tyrannische Art, wie er sie behandelte. Damit stürzte er sie in tödliche Verzweiflung und jagte ihnen Angst ein... Hitler entwickelte eine krankhafte Eifersucht und erlaubte niemandem, sich Geli auch nur zu nähern. Er stellte extra eine Frau ein, die Geli begleiten und bewachen mußte... Ich habe schon auf die Tatsache hingewiesen, daß Hitler sein gesamtes rhetorisches Können und seine geistigen Fähigkeiten aufbot, um diese vier Menschen zu beherrschen – Kubizek hatte einmal, als er in Wien das Zimmer mit Hitler teilte, ein Mädchen mitgebracht, dem er Musikunterricht gab. Hitler wurde zornig, weil er dachte, das Mädchen sei Kubizeks Freundin. Er beruhigte sich erst, als Kubizek ihm erklärte, daß es sich nur um eine Studentin vom Konservatorium handelte. Er war auch im Privatleben ein „Führer". Wie muß nur diese Gewaltherrschaft, diese despotische Unterdrückung auf das arme Mädchen gewirkt haben, wo Hitler doch – wie wir wissen – die grausame Fähigkeit besaß, andere zu nötigen? Der Ausdruck „arm" kommt mir immer in den Sinn, wenn ich von den Menschen spreche, die Hitler nahestanden, wobei seine Mutter die „ärmste" von ihnen war. Sein „Talent" zur Nötigung zeigte sich darin, wie er Zwang auf die Mitglieder der nationalsozialistischen Partei und auf das deutsche Volk ausübte, indem er eine absolute und bedingungslose Hingabe forderte. Wer sich weigerte, den „überzeugte" er mit seiner Redekunst, seinen künstlichen Tränen oder mit den Fäusten der SA und der SS.

Diese ausgeprägte Fähigkeit, andere zu beherrschen – sowohl im Privatleben als auch im öffentlichen Leben – muß man sich deutlich vor Augen halten, wenn man beurteilen will, wie stark Hitler Geli unter seiner Kontrolle hatte. Zumal er extrem eifersüchtig war... Feststeht – unabhängig davon, ob er nun eine sexuelle Beziehung zu Geli gehabt hat oder nicht – daß Hitler der Großinquisitor dieses Mädchens war, ebenso wie der des deutschen Volkes. Anscheinend war sie auch gewalttätig, und noch dazu ziemlich provozierend. Sie setzte sich zur Wehr, wo sie konnte – aber wer könnte sich schon gegen Hitler verteidigen, vor allem zu diesem Zeitpunkt, als Hitler mit seinen 40 Jahren alle Kompulsionen voll entwickelt hatte und sie ihren gefährlichsten Ausdruck fanden? Mit leiser Stimme klagte sie darüber, daß ihr Onkel „ein Ungeheuer" sei und daß er ihr Vorschläge machte – sicherlich sexuelle Perversitäten –, die sich niemand vorstellen könne. Geli wollte nach Wien flüchten, zu ihrer Mutter. Aber die verschlossenen Türen und die latente, unheilvolle Bedrohung hinderten sie daran. Vergeblich rang sie darum, sich aus den Klauen des Ungeheuers zu befreien. Die psychologische Qual war für Geli unerträglich geworden, und in ihrer Verzweiflung beging sie Selbstmord. Ich glaube nicht, daß Hitler sie getötet hat, und er hat auch niemanden dafür bezahlt, daß er sie tötet. Doch ich bin davon überzeugt, daß er der psychologische Urheber ihres Selbstmordes ist. Es war das Ende einer griechischen Tragödie, bei der Hitler selbst am Ende niedergeschmettert dalag, als Opfer und Opferpriester seiner Kompulsionen... Einige Wissenschaftler, wie etwa Raymond Cartier, behaupten, diese inzestuöse Periode zwischen 1929 und 1931 sei sicherlich die Lebensphase gewesen, in der Hitler sich noch am wenigsten als Unmensch gezeigt habe.

Hitlers Beziehung zu Eva Braun, die er kurz vor ihrem gemeinsamen Selbstmord noch heiraten wollte, war dagegen vollkommen oberflächlich. Sie war niemals so intensiv, voller Dramatik und nie so leidenschaftlich wie die Beziehung zu Geli Raubal... Hitlers Vater Alois war ein eingefleischter Schürzenjäger, aber seine Beziehungen zu Frauen waren sehr viel normaler als die seines Sohnes Adolf.

Diagnose von Hitlers mentaler Veranlagung, deren Grundlage die Kompulsionen bildeten

Nach meiner Klassifizierung der mentalen Veranlagungen des Menschen, die auf der Funktionsweise unseres Gehirns beruhen, gibt es Menschen, die über zufriedenstellende geistige Fähigkeiten verfügen, korrekt wahrnehmen und denken, ohne Schwierigkeiten logisch argumentieren und nachdenken, sich in Zeit und Raum orientieren sowie objektiv und realistisch urteilen. Diesen Geisteszustand bezeichne ich als *normal*, ich spreche dann von der sogenannten *ersten Mentalität*...Bei anderen Menschen funktionieren diese geistigen Fähigkeiten jedoch nicht so reibungslos: ihr Wahrnehmungsvermögen ist gestört, sie halluzinieren oder leiden unter Wahrnehmungstäuschungen; ihre Intelligenz ist nicht anpassungsfähig, solche Menschen sind nicht in der Lage, Lösungen für die Probleme zu finden, die im Leben auf sie zukommen, sie phantasieren; sie haben Schwierigkeiten, sich in Zeit und Raum zu orientieren; die Urteile, zu denen sie gelangen, sind häufig absurd – nicht objektiv, sondern subjektiv, weil die Gehirnfunktionen dieser Menschen gestört sind. Sie verlieren den Bezug zur Realität. Andere wiederum leiden an Ängsten und Panikattacken, Phobien, an Obsessionen oder an zerebralen Krampfanfällen: das sind die Geisteskranken im klassischen Sinne, die Psychotiker, Neurotiker oder Epileptiker, mit ihrer ganz spezifischen Symptomatik. Der Geisteszustand dieser Patientengruppe ist *pathologisch*, ich spreche hier von der *zweiten Mentalität*... Bis hierher entspricht dies der traditionellen Einteilung: man kennt zwei Geisteszustände, den normalen und den pathologischen, wobei letzterer Erkrankungen wie Schizophrenie, die bipolare oder auch manisch-depressive Psychose, die Neurose sowie die verschiedenen Formen der Epilepsie mit einschließt... Der weite Bereich der *starken Kompulsionen, die süchtig machen*, der immer schon existiert hat, bleibt dabei unberücksichtigt: diese Kompulsionen sind eindeutig im Gehirn lokalisiert und führen zu ganz bestimmten Verhaltensstörungen, die das natürliche Verhalten der menschlichen Spezies verändern und durch nicht-angepaßte Verhaltensweisen ersetzen. Sie sind pathologisch – *und dies bei Menschen mit vollkommen normalen geistigen Fähigkeiten*! Diesen Geisteszustand bezeichne ich als *kompulsiv*, es ist die *dritte Mentalität*. Und *dies ist der Geisteszustand Adolf Hitlers*, zumindest nach all dem, was wir bisher über ihn erfahren haben.

7. Adolf Hitler war von Geburt an manisch-depressiv veranlagt und ist es sein Leben lang geblieben

Warum ist es so schwer, Hitlers Wesen zu verstehen, sein Verhalten und seine Handlungsweise? – Der Grund liegt meiner Auffassung nach sicherlich darin, daß der Biograph, der Hitlers Geisteszustand und seine Psyche zu erfassen sucht, die Entdeckung machen wird, daß es sich bei Adolf Hitler um die komplizierteste Persönlichkeit in der Geschichte der Menschheit handelt... Ich habe mich intensiv mit berühmten Männern beschäftigt, die die Geschichte entscheidend geprägt haben: mit Alexander dem Großen, mit Cäsar und mit Dschingis Chan, mit Napoleon und mit Bolívar – bei keinem von ihnen war so viel Mühe erforderlich, um zu einem Verständnis der Persönlichkeit zu gelangen. Mit Ausnahme von Simón Bolívar, über den ich drei Biographien schreiben mußte, ehe ich am Ziel war. Jede von einem anderen Blickwinkel aus betrachtet: die psychoanalytische Vorgehensweise hat mich nur in die Irre geführt; vom Gesichtspunkt des Psychiaters aus war auch keine Klarheit zu gewinnen. Schließlich bin ich nach der Methode der *modernen Psychologie*, wie ich sie nenne, vorgegangen. Diese Wissenschaft beschäftigt sich auch mit dem Geisteszustand der Völker, die sich ursprünglich im Laufe der Evolution in verschiedene Volksstämme aufgeteilt haben: in solche, die zivilisiert und seßhaft waren auf der einen Seite, und in barbarische Nomaden auf der anderen Seite. Den

Geisteszustand dieser Völker bezeichne ich als *vierte Mentalität*. Und schließlich gehört in diesen Bereich der modernen Psychologie die *dritte Mentalität* oder *auch die Theorie der starken Kompulsionen*.

In Adolf Hitlers Gehirn war nämlich eine ganze Vielfalt von geistigen Kräften wirksam, deren Dynamik nicht leicht zu erfassen ist. Auf den ersten Blick ist die Psyche dieses einzigartigen Mannes auch heute noch, im Jahr 2006, verwirrend, obwohl inzwischen so viele gelehrte und kompetente Forschungsarbeiten von Historikern und Biographen vorliegen. Dennoch gibt es nach wie vor keine psychologische Untersuchung, die zufriedenstellende Ergebnisse liefern konnte. Von den bekannten psychoanalytischen „Interpretationen" einmal abgesehen, die von den Biographen und Historikern nicht anerkannt worden sind. Sie waren einfach zu subjektiv und hypothetisch, entbehrten jeder realen Grundlage. So war zum Beispiel vom „Ödipus-Komplex" die Rede, vom „Kastrationskomplex", von „Sadomasochismus" und von „Homosexualität" – all dies war keine ausreichende Erklärung.

Der Geisteszustand jener gemischten Ethnien, die aus der Vermischung von zivilisierten Menschen und Barbaren entstanden waren, war bisher weitestgehend unbekannt. Dieser gemischte Geisteszustand, der aus der Hybridisierung und Vermischung zwischen zivilisierten Völkern und barbarischen Nomaden entstanden ist, als Folge der „Völkerwanderungen" oder besser gesagt: nach tausendjährigen Kriegen, die ab 3.000 v. Chr. stattgefunden haben, wie ich anfangs erwähnte. Im Laufe dieser Kriege sind die beiden großen Äste der menschlichen Evolution immer wieder aufeinander gestoßen und haben schließlich ihre Gene und Kulturen ausgetauscht. Da diese Gene heterogen waren, also jeweils aus verschiedenen evolutiven Ästen stammten, konnten sie sich nicht zu einem gemeinsamen Ast vereinigen. So ist im Laufe von 5.000 Jahren das sogenannte *gemischtrassige Gehirn der*

Menschheit entstanden... Daher habe ich jene *vierte Mentalität* hinzugefügt: den Geisteszustand, der dominant zivilisiert-seßhaft bzw. barbarisch-nomadisch bestimmt ist.

Auch die *dritte Mentalität oder die Theorie der starken Kompulsionen* war bisher nicht bekannt. Somit hatten wir keinen Zugang zu der außerordentlichen Vielfalt der Kompulsionen. Das sind krankhafte Verhaltensstörungen, ungewöhnliche Verhaltensweisen, *die durch die schwach mutagene Wirkung des Alkohols hervorgerufen werden. Die mutierten Gene beeinträchtigen dann auf vielfache Weise das Gehirn*, so daß zahlreiche Kompulsionen entstehen, wie wir dies bei Adolf Hitler erlebt haben. Diese Gene werden nach dem Zufallsprinzip und den Mendelschen Regeln weitervererbt: sei es auf *ähnliche* Weise, wobei die Kinder von Alkoholikern ähnlich oder genauso alkoholkrank sind wie der entsprechende Elternteil; oder auf *nicht ähnliche* Weise, so daß die Kinder von Alkoholikern eine Vielfalt von Kompulsionen entwickeln, die anscheinend gar nichts mit Alkoholismus zu tun haben. Dies konnten wir am Familienstammbaum der Familie Hitler, geborene SCHICKLGRUBER, beobachten, der traurige Berühmtheit erlangt hat... Auf diese Weise und aufgrund *extrinsischer* Faktoren, wie der Aufnahme von Alkohol seit seiner Entdeckung vor 9.000 Jahren, ersetzen die kompulsiven Verhaltensweisen nach und nach die natürlichen, *intrinsischen* Verhaltensweisen, die unsere Spezies im Laufe der Evolution in den zerebralen Strukturen entwickelt hat. Die Folge ist, daß die Menschheit sich zunehmend in eine kompulsive Menschheit verwandelt, ohne daß uns dies bewußt ist.

Bei Hitler muß man unbedingt diese Phänomene aufdecken; man muß das Wissen über die *Mentalität der gemischtrassigen Völker* und die *dritte Mentalität* in den Erkenntnisprozeß miteinbeziehen – ansonsten bleiben zwei wesentliche Dimensionen seiner Natur unerkannt: die Mischung von barbarischen und zivilisierten Veranlagungen, die in seinem Wesen verborgen liegt, und die kompulsive Komponente.

Hitlers außergewöhnlicher Geisteszustand erschöpft sich allerdings nicht in den genannten Dimensionen, so bedeutsam und entscheidend sie auch für sein Wesen sein mögen:

Von Kindheit an wurde deutlich, daß Hitlers Geisteszustand nicht nur kompulsiv, sondern auch pathologisch war, denn seine Gehirnfunktionen waren gestört. Die Funktion der Neurotransmitter Noradrenalin und Serotonin war beeinträchtigt, so daß es zu Stimmungsschwankungen kam, die deutliche Auswirkungen auf sein Verhalten hatten. Manische und depressive Phasen sowie Zeiten, in denen er an Wahnvorstellungen litt, wechselten einander ab.

Kurz – bei Adolf Hitler kamen alle vier Mentalitäten zusammen: der erste oder normale Geisteszustand (so konnten alle zivilisierten Veranlagungen Hitlers zum Ausdruck kommen: seine künstlerische Begabung, die sich beim Malen und in seinen architektonischen Fähigkeiten zeigte, seinem Faible für Musik, seinem rhetorischen Talent sowie all jenen Fähigkeiten, die ihm erlaubten, sich angemessen in der Gesellschaft zu benehmen); der zweite oder pathologische (manisch-depressive, von Wahnvorstellungen geprägte) Geisteszustand; der dritte oder kompulsive Geisteszustand und schließlich auch der vierte Geisteszustand. Bei Hitler waren die barbarisch-nomadischen und kriegerischen Veranlagungen dominant..

So unglaublich komplex war Adolf Hitlers Geisteszustand, deshalb ist es so ungeheuer schwer, seine Psyche zu verstehen!

Nachdem ich Hitlers erste, dritte und vierte Mentalität beschrieben habe, möchte ich nun auf seine zweite Mentalität zu sprechen kommen, die pathologische.

Die manisch-depressive Erkrankung ist durch Gemüts- oder auch Stimmungsschwankungen gekennzeichnet (nebenbei gesagt, halte ich die in der Wissenschaft übliche Reduzierung dieser Erkrankung auf reine Stimmungsschwankungen für zu simpel). Feststeht, daß der Betroffene immer wieder in einem Kreis hin und her pendelt zwischen Phasen der Euphorie und überschwenglicher Hochstimmung – das ist der eine Pol des Kreises – und Phasen der Niedergeschlagenheit, wo er des Lebens überdrüssig ist – das ist der depressive Pol. Deshalb bezeichnet man diese Erkrankung als bipolar.

Während der manischen Phase „genießt" der Betroffene einen exaltierten Gemütszustand: er hat das Gefühl, er weiß alles und kann alles, sein Ego bläht sich auf, und er fühlt sich allen anderen überlegen. Er ist hyperaktiv, körperlich sehr widerstandsfähig und entfaltet sämtliche psychischen Fähigkeiten. Er besitzt ein beneidenswertes Selbstwertgefühl, denn er hält sich für ein höheres Wesen, dem niemand das Wasser reichen kann und verkündet euphorisch seine größenwahnsinnigen Ideen. Die Worte sprudeln nur so aus ihm heraus, er gilt als geschwätzig oder als jemand, der an Redesucht leidet, weil in Gesprächen – oder besser gesagt: in seinen Monologen, denn er läßt gar nicht zu, daß ihn jemand unterbricht – ein solcher Wortschwall aus ihm herausströmt. Alles läuft in dieser Phase mit ungeheurer Geschwindigkeit ab: er nimmt alles sehr schnell und scharf war, er denkt schnell, sein Vorstellungsvermögen funktioniert wie der Blitz, er bewegt seine Muskeln schnell, deshalb wandert er ständig umher, und manchmal schläft er überhaupt nicht – oder wenn, dann nur wenige Stunden. Seine Energie kennt keine Grenzen. Aufgrund seines übertriebenen Handlungsdranges unternimmt er alle möglichen Sachen, die er manchmal erfolgreich zu Ende führt, manchmal aber auch einfach wieder abbricht. Denn er wechselt von einer Unternehmung zu nächsten, und das geht endlos so weiter. Er kann sehr liebenswürdig sein, doch wenn man ihm widerspricht oder ihn unterbricht, reagiert er sehr gereizt und kann sogar in seiner Gewalttätigkeit gefährlich werden. Sein Überlegenheitsgefühl steigert sich immer mehr; es kann sein, daß er sich für eine bedeutende Persönlichkeit hält, die großartigste überhaupt. Das kann so weit gehen, daß er sich selbst vergöttert und sich selbst für Gott hält oder den Schöpfergeist. Nicht selten hat der Betroffene das Gefühl – und äußert das dann auch –, er sei dazu ausersehen, eine wichtige Mission zu erfüllen, oder er fühlt sich als Werkzeug einer Gottheit oder der Vorsehung. Und er redet, redet ohne Unterlaß, schnell und ununterbrochen, ohne irgend jemandem das Wort zu überlassen, mit dem er in einer wahren Ideenflut spielt. Wenn die Manie schlimmer wird, kommt es auch zu Verwirrtheitszuständen und der Betroffene redet nur noch Unsinn.

Der manische Zustand läßt sich in verschiedene Grade einteilen, wie jede Erkrankung. Sie reichen von der sogenannten *Hypomanie*, die dauerhaft sein kann und sich so äußert, daß sie nur durch die Energie des Betroffenen auffällt, seine Exaltiertheit, seine Hyperaktivität, Grandiosität und Kraft, ohne daß es zu Verwirrtheitszuständen kommt. Bis hin zum *schweren manischen Anfall*, der manischen Psychose. Dabei handelt es sich dann schon um Wahnsinn und derjenige muß zur Behandlung in eine psychiatrische Klinik.

Der depressive Pol ist die Kehrseite der Manie. An die Stelle der Selbstüberschätzung tritt jetzt das Minderwertigkeitsgefühl; an die der Hyperaktivität die Energielosigkeit; statt überschäumender Lebensfreude empfindet der Betroffene nun nur noch Desinteresse und ist des Lebens überdrüssig; er redet nicht mehr ununterbrochen, sondern versinkt in tiefes Schweigen; an die Stelle der Expansion tritt das Sich-zurückziehen; an die der Euphorie, das Unglücklichsein; statt ungebremster Unternehmungslust, die Apathie; der Betroffene hält sich nicht mehr für einen Auserwählten, der in der Welt und in der Geschichte eine wichtige Mission erfüllen muß, sondern nur noch für einen überflüssigen Nichtsnutz; Bedeutungslosigkeit statt Größe; Entmutigung statt Enthusiasmus; statt überschäumendem Handlungsdrang nur noch das Bedürfnis, im Bett die Decke über den Kopf zu ziehen: die Betroffenen haben das Gefühl, sie sind überhaupt nichts wert, können absolut gar nichts, sind zu nichts zu gebrauchen. Während der Maniker meist ein gesteigertes Bedürfnis nach Sexualität hat, ist der Depressive impotent. Während der Maniker jubelt, ist der Depressive niedergeschlagen. Im Gegensatz zum Maniker, der sich ausgesprochen frei und zufrieden fühlt, macht sich der Depressive bittere Selbstvorwürfe und klagt sich erbarmungslos selber an. Statt Leben und Handlungsdrang, Tod und Selbstmord.

Ebenso wie die Manie tritt auch die Depression in verschiedenen Graden auf, von der leichten Depression bis hin zur schweren Melancholie mit Wahnvorstellungen, der Psychose oder dem Wahnsinn, der dann die Einweisung in eine psychiatrische Klinik erforderlich macht. Was die Ursachen der manisch-depressiven Erkrankung betrifft, so besteht allgemeiner Konsens darüber, daß sie erblich ist. Der Konkordanzindex bei eineiigen Zwillingen beträgt zwischen 70 und 80 %, während dieser Index bei zweieiigen Zwillingen zwischen 15 und 20% liegt. Das beweist, daß die Ursachen genetisch bedingt sind. Das sieht man auch bei Kindern, die adoptiert wurden: stammen sie von manischen oder depressiven Patienten, so ist die Gefahr, daß sie an derselben Störung erkranken viermal so hoch wie bei Adoptivkindern, deren Eltern nicht an dieser Erkrankung litten.

Bei der Untersuchung von Adolf Hitlers Familienstammbaum habe ich herausgefunden, daß über die Linie von Hitlers Vater Alois überwiegend Gene mit barbarischen Veranlagungen und starken Kompulsionen weitergegeben wurde, zivilisierte Veranlagungen waren nur sehr schwach vertreten. Bei Hitlers Mutter Klara habe ich keine Veranlagung zu kompulsiven Verhaltensstörungen entdeckt. Aber sie litt unter Depressionen! Das verraten die Schilderungen über sie und ihre vom Schmerz „verschleierten" Augen, wie Kubizek sich ausdrückte. Mit ihrer Energielosigkeit und ihren Minderwertigkeitsgefühlen war sie viel verletzlicher als ihr Mann Alois für die ungeheuerlichen Angriffe ihres Sohnes Adolf. Alois konnte sich verteidigen und auch zum Gegenangriff übergehen; Klara ergab sich passiv und ohnmächtig ihrem Schmerz... Von ihr hat Adolf Hitler seine manisch-depressive Erkrankung geerbt. Alois war energiegeladen, aber nicht manisch, noch nicht einmal hypomanisch. Sein übertriebener Bewegungsdrang hing mit seiner nomadisch-barbarischen Veranlagung zusammen.

Die manisch-depressive Erkrankung kam bei Adolf Hitler schon als Kind zum Ausdruck. Aufgrund eines merkwürdigen Zufalls sind meines Wissens zwei Photographien aus seiner Kindheit erhalten. Die erste stammt aus der Grundschulzeit in Leonding, als Hitler 10 oder 11 Jahre alt war. Das andere Photo wurde in der Realschule in Linz aufgenommen. Beide Photos sind in Kubizeks Buch *Adolf Hitler: mein Jugendfreund* abgebildet. Auf dem ersten Klassenphoto sieht man Hitler in der letzten Reihe. Er steht in der Mitte, die Arme sind vor der Brust verschränkt, die Haltung ist typisch für jemanden, der sich allen anderen überlegen fühlt. Überheblich und arrogant, das Photo entspricht genau dem Bild, das wir uns von ihm in seiner Zeit als Führer machen. Auf dem zweiten Klassenphoto steht er wieder in der letzten Reihe, aber ein bißchen geduckt, nicht so herausfordernd wie auf dem ersten Bild. Und er hat sich einen Platz gesucht, wo er sich ein wenig verstecken kann, ganz rechts außen in der Reihe, als wolle er am liebsten gar nicht bemerkt werden. Auf dem ersten Photo sieht man den manischen „Auserwählten"; auf dem zweiten den depressiven Versager, passend zu den Tiefschlägen, die er durch sein wiederholtes Scheitern in der Schule erlitten hat.

Raymond Cartier hat eine ganz ähnliche Beobachtung gemacht, er kann sich allerdings die beiden unterschiedlichen Haltungen Adolf Hitlers nicht erklären:

„Auf einer Photographie sieht man 45 Schüler, die stufenförmig um ihren Lehrer herum gruppiert sind. Adolf steht in der Mitte der obersten Reihe, mit verschränkten Armen, arrogantem Blick und einer Haltung, die vielleicht bereits die eines Führers ist. Doch die Schlußfolgerung, die aus diesem Dokument gezogen wurde, wird durch ein späteres Klassenphoto abgeschwächt, auf dem Hitler ganz außen in einer tieferen Reihe steht[155] und sehr viel weniger dominant wirkt."[156]

Das nächste Mal erfahren wir aus Kubizeks Buch etwas über Hitlers manisch-depressive Erkrankung. Vorher war mir allerdings schon bei Marlis Steinert die Bemerkung aufgefallen, daß Hitler sich als Kind lieber mit Worten als mit Fäusten zur Wehr setzte. Doch auch abgesehen von diesem Hinweis ist Hitlers Geschwätzigkeit sowohl als Kind als auch als Jugendlicher ganz offensichtlich. Ein eindeutiges Symptom seines manischen Redendranges. Bei ihm existierte die manische Hyperaktivität neben seinem nomadischen Bewegungsdrang, der in seinem Gehirn verankert war. Seine überzogene Selbsteinschätzung und sein Gefühl, mehr wert zu sein als alle anderen, die Gewißheit, daß aus ihm der berühmteste Künstler der Welt werden würde – wie er seiner Mutter gegenüber immer wieder behauptete –, tragen das charakteristische Siegel der Hypomanie oder der leichten Manie. Das Gefühl, er sei der Größte, ist bei Hitler angeboren. Daher blickte er voller Geringschätzung auf seine Schulkameraden und sogar auf seine Lehrer herab. Hitler hielt sich zweifellos von kleinauf für jemanden, der einer höheren Rasse angehörte, für jemanden, der von der Vorsehung dazu berufen war, eine bedeutende Mission in der Geschichte zu erfüllen. Dieses Gefühl der Grandiosität, das mit seiner Manie zusammenhing, bestimmte nicht nur sein unmittelbares Verhalten, sondern auch das Schicksal des erwachsenen Hitler, der schon sehr früh in seinem politischen Leben ohne den geringsten Skrupel behauptete, er sei der

---

[155] Das stimmt nicht ganz: Hitler steht in der obersten Reihe, allerdings versteckt er sich so, daß es aussieht, als stünde er weiter unten – es sei denn, Cartier bezieht sich auf ein anderes Photo. (Mauro Torres)

[156] Raymond Cartier, ebd. S. 16

Führer aller Deutschen und daher 1920 unangefochtene und unanfechtbare Machtbefugnisse in der gerade erst aufkeimenden Partei für sich beanspruchte. Hitler sollte sein Leben lang aus diesem manischen Gefühl der Allmacht und Grandiosität heraus agieren – außer natürlich während seiner depressiven Diastolen. Hinzukam seine ungeheure Hyperaktivität und Redseligkeit. Dies erklärt die frenetische Begeisterung, mit der er sich ab 1920 in die Politik stürzte und den Wahnsinn seiner Kriegstreiberei ab 1933, sowohl innerhalb Deutschlands als auch auf internationaler Ebene.

Diese Beobachtungen haben alle seriösen Hitler-Forscher gemacht, von denen ich sie übernommen habe. Mit dem Unterschied, daß diese ihnen nicht die erhellende Bedeutung gegeben haben, die darin verborgen liegt. Deshalb versteht man viele Verhaltensweisen Hitlers nicht, die mal von seiner Manie oder Hypomanie, mal von seinen eindeutig depressiven Phasen geprägt waren.

Der manisch-depressive Zyklus bestimmt den Rhythmus von Hitlers Lebenslauf, er umfaßt alle Dimensionen seiner Existenz.

Kubizek, der mit Hitler eng befreundet war und auch seiner Mutter sehr nahe stand, liefert uns eine Information aus erster Hand über Hitlers Jugendzeit. Die folgende, sehr treffende Schilderung stammt aus dem Jahr 1906:

„Nach außen hin bekundete sich dieses Suchen nach einem neuen Weg in *gefährlichen Depressionen*. Ich kannte diese Gemütszustände meines Freundes, die in krassem Gegensatze zu seiner ekstatischen Hingabe und Aktivität standen, nur zu gut und wußte, daß ich ihm dabei nicht helfen konnte. Er war in solchen Stunden unzugänglich, verschlossen, fremd. Es kam vor, daß wir uns einen oder zwei Tage lang überhaupt nicht trafen. Ging ich dann in die Humboldtstraße, um ihn wiederzusehen, empfing mich seine Mutter mit großem Erstaunen: 'Adolf ist fortgegangen', erklärte sie. 'Er muß ja ohnedies auf der Suche nach Ihnen sein.' Tatsächlich wanderte Adolf damals, wie er mir erzählte, tagelang, nächtelang allein und einsam durch die Fluren und Wälder in der Umgebung der Stadt. Wenn ich ihn dann wiederfand, war er sichtlich erleichtert, mich um sich zu wissen. Fragte ich aber, was er denn habe, so bekam ich zur Antwort: 'Laß mich in Ruh'' oder ein barsches 'das weiß ich selber nicht.' Wenn ich dann weiter in ihn drang, fühlte er wohl meine Anteilnahme und sagte dann, milder gestimmt: 'Schon gut, Gustl, aber helfen kannst du mir auch nicht.' Dieser zwiespältige Zustand dauerte mehrere Wochen lang."[157]

An anderer Stelle schreibt Kubizek: „Wie oft saß ich damals, als Adolf seine kritischen Depressionen hatte und allein durch die Wälder lief, bei Frau Klara in der kleinen Küche, hörte bewegten Herzens ihre Klage und *versuchte mich in dem schwierigen Experiment, diese vergrämte Frau zu trösten* [...].

Die kleinbürgerliche Welt, in der er (Hitler) leben mußte, war ihm im tiefsten Herzen verhaßt geworden. [...] Alles in ihm kochte und gärte. *Er war hart und unzugänglich.* Ich hatte es in diesen Wochen nicht leicht mit ihm."[158]

Und später bekennt Kubizek, der einzige Mensch, mit dem Hitler zu dieser Zeit Umgang hatte – denn er wollte noch nicht einmal seine Mutter oder seine Schwester sehen –: *„Sein Gemütszustand bereitete mir von Tag zu Tag mehr Sorge. Niemals früher hatte ich diese selbstquälerische Art an ihm entdeckt. Im Gegenteil! Was sein Selbstbewußtsein anging, besaß er meiner Erfahrung nach eher zu viel davon als zu wenig. Doch das schien jetzt ins Gegenteil umzuschlagen. Immer tiefer wühlte er sich in seine Selbstvorwürfe hinein. Doch bedurfte es nur einer einfachen Um*schaltung [...] *und die gegen sich selbst gerichtete Anklage wurde*

---

[157] August Kubizek, ebd. S. 125
[158] ebd. S. 128/129

zu einer Anklage gegen die Zeit, gegen die ganze Welt. In sich überstürzenden Haßtiraden schleuderte er der Gegenwart seinen Zorn entgegen, allein und einsam, gegen die gesamte Menschheit, die ihn nicht verstand, die ihn nicht gelten ließ, von der er sich verfolgt und betrogen fühlte. [...] Ich saß, die Finger stumm auf der Klaviatur, am Flügel und hörte ihm zu, aufgewühlt von seinen Haßgesängen [...]."[159]

Dies sind grundlegende Offenbarungen, die uns nicht nur den manisch-depressiven Hitler vor Augen führen, sondern auch erklären, warum ein großer Teil seiner zerstörerischen Kritik an der Gesellschaft, den Habsburgern, ja einfach an allem – die ihn in den Kampf, die Politik und schließlich in den Krieg trieb – stark von diesen Phasen des melancholischen Hasses bestimmt war: wir müssen bedenken, daß Hitler nicht studiert hatte und kein philosophischer Denker war. Ihm fehlten die theoretischen Werkzeuge, um zu einer kritischen Sicht der Welt, in der er lebte und der Menschheit, der bürgerlichen Gesellschaft, der politischen Parteien, des Marxismus und des Judentums zu kommen. Seine harte und radikale, unerbittliche „Kritik" gegen „alles" ist auf seine persönlichen Erlebnisse zurückzuführen, seine Gemütszustände in Linz, Wien und später in Deutschland: seine „granitene Weltanschauung", die voller Haß und Rachegelüste war, wurde zum großen Teil aus dem maßlosen Haß geschmiedet, der während der Phasen tiefer Depression in Hitler keimte, zusätzlich gespickt mit seinem einzigartigen kompulsiven Haß, die dann beide zusammenwirkten. Die Zeitungslektüre – und Zeitungen waren ja das Einzige, was Hitler las – tat ein Übriges, um das Irrationale, das aus seinem kranken Gehirn hervorsprudelte, in eine sachliche Form zu bringen.

Verfolgt man diese Linie der Analyse weiter, *so erscheint es nicht abwegig, zu behaupten, daß der hyperaktive und geschwätzige Maniker den Haß und die „Kritik" des Depressiven in die*

---

[159] ebd. S. 165

Tat umsetzte. Diese Determinismen dürfen wir nicht vergessen – auch nicht diejenigen, die ich zuvor bereits ausführlich dargelegt habe –, wenn wir Hitler in seinen Gefühlen, seinen Leidenschaften, seinen „Weltanschauungen" und seinen wortreichen Reden, in denen er links und rechts alles kritisierte und anklagte, verstehen und wissen wollen, warum er sich in diese ungeheure und ununterdrückbare Hyperaktivität gestürzt hat – mit fatalen Folgen für Deutschland, Europa und die ganze Welt.

Jedem Wissenschaftler, der sich ernsthaft mit Hitler befaßt hat, ist die frenetische Begeisterung aufgefallen, mit der Hitler sich während seiner manischen Phase 1932 in den Wahlkampf gestürzt hat. Es war der reinste Höhenflug – 50 Massenkundgebungen in einer Woche, und dazu noch etliche weitere Reden! Nur wenige haben jedoch seine bitteren depressiven Krisen bemerkt, die dadurch gekennzeichnet waren, daß Hitler nicht in Passivität verharrte, sondern allem gegenüber Haßgefühle, Ressentiments, erbarmungslose und übersteigerte Kritik äußerte – es war die Kritik eines Wahnsinnigen! Die Wissenschaftler haben auch das Hin- und Herpendeln zwischen den beiden Polen eines Kreises nicht bemerkt, das Schwanken vom Pol der manischen Exaltiertheit hin zum entgegengesetzten Pol tiefer Depression, die vom Haß eines Geistesgestörten erschüttert war. Ich habe bereits Cartiers scharfsinnige Beobachtung zitiert, daß Hitler sein ganzes Leben in einer paradoxen Situation verbracht hat: sein Leben war eine Mischung aus „Passivität und frenetischer Begeisterung"[160]...

Sie werden sich fragen, wie Hitlers kompulsiver Haß zusammen mit dem Haß des verärgerten und verbitterten Depressiven zum Ausdruck kam. Die Antwort lautet, *daß es nicht wenige Fälle gibt, bei denen die dritte Mentalität, in dem die Patienten ihre Kompulsionen ausleben, während gleichzeitig ihre geistigen Fähigkeiten normal funktionieren, sich mit dem zweiten Geisteszustand vermischt, wo die normalen geistigen Fähigkeiten aus dem*

---

[160] s. Fußnote 141

Gleichgewicht geraten sind. So vermischen sich die Kompulsionen mit Symptomen von Geisteskrankheiten: kompulsiver Haß + melancholischer Haß = Haß in der zweiten Potenz. Das war der Haß, der in Hitler brodelte. Es war ein solch glühender Haß, daß einige Autoren – wie Kershaw und Bullock – ihn als „primären Haß" bezeichnet haben oder auch als „viszeralen Haß", als etwas Unmenschliches... So war Adolf Hitler.

Hierzu ein konkretes Beispiel. August Kubizek war einmal Zeuge, als Hitlers „viszeraler" Haß zum Ausbruch kam. Hitler war von der Akademie der Schönen Künste in Wien abgelehnt worden, die Motive waren vollkommen gerechtfertigt – wir wissen ja, daß Hitler sich auf die Aufnahmeprüfung gar nicht vorbereitet hatte, sondern der Meinung war, es würde ein „Kinderspiel", wie damals auf der Schule in Linz oder in Steyr:

„'Diese Akademie!', schrie er", erinnert sich sein Freund August Kubizek.

„'Lauter alte, verkrampfte, verzopfte Staatsdiener, verständnislose Bürokraten, stupide Beamtenkreaturen! Die ganze Akademie gehört in die Luft gesprengt!' Leichenblaß war sein Antlitz, der Mund ganz schmal, die Lippen fast weiß. Aber die Augen glühten. Unheimlich, diese Augen! Als läge aller Haß, dessen er fähig war, nur in diesen lodernden Augen."[161]

Hitlers Erkrankung bestand zwar darin, daß er immer wieder von einem Pol zum anderen pendelte, von der Depression zur Manie, dennoch gab es kritische Momente, in denen die Depression sehr ernste Dimensionen annahm. Die nächste Stufe, die sehr tief reichte und lange andauerte, war die Melancholie, die zweifellos vom Herbst 1909 bis etwa zum Sommer 1910 seine ständige Begleiterin war. Während dieser Zeit wirkten Hitlers kompulsive Faulheit, die ihn daran hinderte, einer praktischen Arbeit nachzugehen, und die Energielosigkeit und Apathie der Depression zu-

---

[161] ebd. S. 167

sammen, so daß er sehr niedergeschlagen war und bis in den tiefsten Bettelstand hinabsank. Er ließ sich gehen, verkam im Dreck, sein Ego war zusammengebrochen, und er war vollkommen am Boden zerstört: es kam ihm noch nicht einmal in den Sinn, daß er ja malen konnte und sich auf diese Weise seinen Lebensunterhalt hätte verdienen können, um sich wieder aus dem Sumpf zu ziehen. Ein anderer Bettler mußte ihn erst anstacheln – Reinhold Hanisch –, damit er aus seiner melancholischen Betäubung erwachte.

Der Selbstmord war ein Ausweg, den Hitler immer schon in schwierigen Situationen in Betracht gezogen hat. *Der Selbstmord war für ihn etwas ganz Leichtes und Natürliches. Ein wertvolles Hilfsmittel, das einem zur Verfügung stand, um bestimmten widrigen Umständen zu entkommen...* Denken wir nur an seine Reaktion, als Generalfeldmarschall von Paulus 1942 in Stalingrad aufgegeben und sich den Russen ausgeliefert hat: Wie ist es möglich, daß er sich ergeben hat, *wo er sich doch einfach eine Kugel hätte durch den Kopf schießen können*?, fragte sich Hitler damals wütend... Weil es für ihn leicht war, sich zu erschießen, glaubte er, daß das für alle anderen auch völlig normal sei...

Bei dem mißglückten Versuch der Machtergreifung 1923 in München nahm Hitler drei bayerische Beamte als Geiseln, darunter den Minister von Kahr, und sagte ganz ruhig zu ihnen, indem er auf seine automatische Pistole wies: sie ist mit vier Kugeln geladen; sollte das Unternehmen scheitern, sind drei Kugeln für Sie und die letzte für mich... Als Geli Raubal Selbstmord begangen hatte, fiel Hitler in eine tiefe und dauerhafte Depression, und man fürchtete schon, er würde sich umbringen... 1932, angesichts der drohenden Spaltung der nationalsozialistischen Partei durch die Auseinandersetzung mit Gregor Strasser, sagte Hitler: wenn die Partei sich teilt, werde ich die Angelegenheit dadurch erledigen, daß ich mir eine Kugel verpasse. 1933, in den ersten Januartagen, formulierte er dieselbe Drohung für den Fall, daß er nicht Reichskanzler werden würde. Und 1936, als er sich in das verantwortungslose Abenteuer stürzte, das Rheinland zu besetzen, war er ganz ruhig... denn sollte das Unternehmen scheitern, hielt er die „Lösung" schon bereit, ein einfaches Hilfsmittel: abdrücken und sterben.

Ich habe mich ausführlich damit beschäftigt, warum der Melancholiker Hitler immer so leicht auf den Selbstmord zurückgegriffen hat. Wir haben ja gesehen, daß es für ihn vollkommen unverständlich war, warum von Paulus sich der Roten Armee ergeben ha, statt sich umzubringen. Wir wissen, wie der ausdrückliche Befehl für die Ostfront gegen Rußland lautete: kein Rückzug! Das hieß mit anderen Worten eindeutig: bis in den Tod! Als im Mai 1945 die alliierten Truppen von Osten und Westen her in Deutschland eindrangen und Berlin unter Beschuß nahmen, bestand Hitler darauf, daß die deutschen Truppen bis zum letzten Mann kämpften, was für ihn so viel bedeutete wie: die Tapferen sollen sterben, nur Feiglinge werden überleben!

Also bin ich zu der ziemlich wahrscheinlichen Schlußfolgerung gelangt, daß Hitler sich wohl Folgendes überlegt haben muß: Da ich mich im letzten Augenblick umbringen werde, soll sich Deutschland doch mit mir umbringen! Für ihn war das eine glückliche Lösung, was daran deutlich wird, daß er kurz vor seinem Tod ganz gelassen in seinem Bunker sitzt, wie dies bei allen Selbstmördern der Fall ist, bei denen der Selbstmord genetisch bedingt ist. Und ich übertreibe nicht, wenn ich behaupte, daß Hitler sich bei all seinen militärischen Abenteuern (angefangen mit der provozierenden Entscheidung beim Abkommen zum Versailler Vertrag, Deutschland wieder aufzurüsten bis hin zur ebenso dreisten Besetzung des Rheinlandes und der Annexion von Österreich und der Tschechoslowakei – die irrtümlicherweise als brillante politisch-diplomatische Schachzüge Hitlers bezeichnet worden sind, die das deutsche Volk dazu veranlaßten, in mystischem Patriotismus zu schwelgen und die den Führer in den

Ruhmeshimmel gehoben haben, wobei dies der unsinnigste Ruhm war, den wir in der Geschichte jemals erlebt haben), in den wenigen Augenblicken der Reflexion, die nicht seinen kriegerischen Zielen gewidmet waren, wohl gesagt hat: *Schlußendlich, wenn wir den Krieg verlieren, den ich unverantwortlicherweise und wie ein kleiner Junge provoziert habe, bringen wir uns eben einfach um – Deutschland und ich!* Und damit war er der Wahrheit sehr nahe, denn Hitler schoß sich ganz locker und als sei es das Einfachste von der Welt eine Kugel durch den Gaumen, und Deutschland war nur noch ein Trümmerfeld... Hitlers militärische Abenteuer *trugen ihn von Erfolg zu Erfolg bis hin zur endgültigen Katastrophe* – ein schreckliches Paradox, das historisch durch die Tatsachen belegt ist. Jedes Kind wußte, daß die Alliierten Hitler zermalmen würden, als sie vom Westen und von der Ostfront her in Deutschland eindrangen.

Es waren sowohl manische als auch barbarische Determinismen, die Hitler in diese „politisch-kriegerischen" Abenteuer trieben, die *am Anfang* den Eindruck vermittelten, als seien es große Siege – und ihm den Mythos des Supermannes eintrugen – doch alle führten zu fatalen „Ergebnissen":

„Ob freilich summa summarum die Fehlgriffe Hitlers von seinen intuitiv-richtigen Entscheidungen aufgewogen werden, – das jetzt schon einwandfrei und gültig entscheiden zu wollen, dürfte schwer sein. Auf jeden Fall aber war all dies nur für den *Verlauf*, nicht für den *Ausgang* des Krieges von Belang. Verhängnisvoll dagegen wirkte Hitler zweifellos auf politischem Gebiet, wo er im Vertrauen auf die Lenkung der 'Vorsehung' und auf seinen militärischen Genius genaugenommen bereits 1941 kapituliert hat."[162]

Ich möchte diesen Gedankengang noch radikaler fassen und behaupte, daß Hitler aufgrund seiner manischen und barbarischen

---

[162] Helmut Heiber, Hitlers Lagebesprechungen, Stuttgart 1962, S. 31

Impulse bereits seit 1936 „kapituliert" hatte, mit der Besetzung des Rheinlandes, nicht erst seit 1941 mit dem Einmarsch in die Sowjetunion.

Bei A. Toynbee ist zu lesen,

„daß General Ludwig Beck Hitlers Kühnheit[163] mit besonderem Argwohn betrachtete, die seiner Ansicht nach nur in den Krieg führen konnte", und

„daß Deutschland auf lange Sicht nicht in der Lage sei, einen Krieg durchzustehen."[164]

---

[163] „manische, hyperaktive und barbarische Kühnheit", wie ich ergänzen möchte... (Mauro Torres)

[164] Arnold Toynbee, La Europa de Hitler, Madrid 1985, S. 43

8. Hitlers seltsamer Antisemitismus war auf einen chronischen systematisierten Wahn zurückzuführen, und zwar in der klinischen Form „verfolgter Verfolger"

Hitlers Antisemitismus hat sich für die Forscher mit vollem Recht zu einem echten Rätsel entwickelt, weil er als etwas sehr Merkwürdiges, Bedeutendes und Besonderes innerhalb des allgemeinen Antisemitismus wahrgenommen wird, den das jüdische Volk im Laufe der Geschichte aufgrund seiner ethnischen, religiösen und ökonomischen Besonderheiten hervorgerufen hat. Und auch aufgrund seiner Bräuche, die dazu führen, daß sich das jüdische Volk von den Nationen absondert, die ihm seit der ursprünglichen Diaspora im 2. Jahrhundert unseres Zeitalters Gastfreundschaft gewährt haben. So sind im allgemeinen keine tiefen Bindungen zu den Gesellschaften der gastgebenden Völker entstanden, zum Beispiel weil die Eheschließung mit Andersgläubigen verboten ist oder auch weil das jüdische Volk in gewisser Weise separat lebt, wie eine kleine Gemeinde innerhalb der autochthonen Gemeinschaft. Diese Besonderheit der Juden, verbunden mit eigentlich positiven Eigenschaften wie etwa ihrem ökonomischen Wohlstand, den sie durch ehrliche Arbeit erworben haben, hat ihnen Antipathie und einen gewissen Antisemitismus eingetragen, der jedoch mit einem Zusammenleben und sogar einer Integration in nicht-jüdische Familien vereinbar war. In vielen Fällen ist der Antisemitismus allerdings auch sehr aggressiv geworden, wie etwa in Spanien während des 15. und 16. Jahrhunderts, als die Juden vertrieben und gewaltsam verfolgt wurden.

Im 14. Jahrhundert hat sich der Antisemitismus in Europa allgemein verbreitet und war in fast allen Ländern zu beobachten, vor allem in Frankreich, Deutschland, Rußland und Österreich.

Mit der Veröffentlichung des Buches *Versuch über die Ungleichheit der Menschenrassen* von Graf Arthur de Gobineau nahm die Rassenlehre 1854 allmählich Gestalt an. Darin wird, ausgehend vom Rassenbegriff, die proletarische Bewegung bekämpft und die Aristokratie verherrlicht. Gobineau predigt die Unterscheidung von verschiedenen Rassen, wobei er die Schwarzen als niedere Rasse betrachtet und die Weißen rein germanischer Abstammung als einzige zivilisierte Rasse.

Richard Wagner hat Gobineau in Rom kennengelernt und war fasziniert von ihm und seinen rassistischen Theorien. Diese Begeisterung teilte er seinem Schwiegersohn Houston Stewart Chamberlain mit, der das Buch und Gobineaus Ideen in einem Werk mit dem Titel *Die Grundlagen des 19. Jahrhunderts* verarbeitet hat. Darin kam ganz eindeutig der tiefverwurzelte Antisemitismus von Wagner und Chamberlain zum Ausdruck. Die zentrale These, die später auch Hitler übernehmen sollte, bestand in der Behauptung, daß es eine Verschwörung der Juden zur Ausrottung der germanischen Rassen gebe. Diese Idee von der „Verschwörung der Juden" wurde von Richard Wagner mit radikalem Fanatismus verteidigt, obwohl der jüdische Generalmusikdirektor der Bayerischen Staatsoper, Hermann Levi, zu seinen glühendsten Verehrern zählte. Aber der Antisemit Wagner hat Levi immer mißtraut und die erwähnte Verschwörung auch dafür verantwortlich gemacht, wenn bei den Aufführungen seiner Opern einmal irgendetwas schiefging…

Der bekannte Gelehrte Franz Neumann schreibt in seinem bedeutenden Buch *Behemoth, Struktur und Praxis des Nationalsozialismus 1933-1944*:

„Der Rassismus wurde zunehmend zum puren Antisemitismus: in dem Maße, wie sich die Doktrin der deutschen Rassenüberlegenheit durchsetzte, entwickelte sich auch die antisemitische Gesinnung fort."[165]

Der erste radikale Antisemit war Martin Luther, der mit seinen sarkastischen Bemerkungen, wie man die Juden aus Deutschland vertreiben sollte, eine sehr aggressive Haltung an den Tag legte:

„'Land und Straßen', sagt Luther", nach einem Zitat bei Neumann, „'stehen ihnen offen, sie mögen in ihr Land ziehen, wann sie wollen, wir wollten gerne Geschenke dazu geben, daß wir ihrer los wären, denn sie sind uns eine schwere Last, wie eine Plage, Pestilenz und eitel Unglück in unserem Lande.' [...] Wenn die Juden gehen, soll man ihnen 'alle Barschaft und Kleinod an Silber und Gold' nehmen; [...] 'daß man ihre Synagogen oder Schulen mit Feuer anstecke'; 'daß man ihre Häuser desgleichen zerbreche und zerstöre... Dafür mag man sie etwa unter ein Dach oder Stall tun wie die Zigeuner... in der Verbannung und gefangen, wie sie ohne Unterlaß vor Gott über uns Zeter schreien und klagen.' [...] Die Herrschaft Napoleons hatte den Juden in Deutschland die rechtliche Emanzipation gebracht, und der Kampf gegen Napoleon wurde dort zu einem Kampf gegen all das, was mit seinen Reformen erreicht worden war. [...] Seit den Befreiungskriegen ist der Antisemitismus in Deutschland stets eine politische Kraft gewesen."[166]

Man könnte die Beschreibung der Entwicklung, die der Antisemitismus genommen hat, endlos fortsetzen.

---

[165] Franz Neumann, Behemoth: Struktur und Praxis des Nationalsozialismus 1933-1944, Frankfurt 1998, S. 143
[166] ebd. S. 144/145

Doch das Besondere bei Adolf Hitler ist, daß sein Antisemitismus in Mord und Völkermord mündet. Und dieses Phänomen löst Ratlosigkeit unter den Biographen und Historikern aus. Woher stammt ein solcher Haß? Wann ist aus Hitler ein Antisemit geworden, der morden und ein ganzes Volk auslöschen will?

Diese Frage hat sich vor kurzem auch der bedeutende Gelehrte Ian Kershaw im ersten Band seines umfangreichen Werkes *Hitler, 1889 – 1936* gestellt:

„Warum und wann wurde Hitler zu dem *fixierten, pathologischen* Antisemiten, als den wir ihn von seinen ersten politischen Schriften im Jahr 1919 bis zur Abfassung des Testaments im Berliner Bunker 1945 kennen? *Da sein paranoider Haß politische Entscheidungen zeitigte, die in der Ermordung von Millionen Juden gipfelten, ist die Frage zweifellos wichtig. Die Antwort darauf ist indes weniger klar, als uns lieb ist.* Tatsächlich wissen wir nicht sicher, warum, noch gar wann Hitler sich in einen *manisch* besessenen Antisemiten verwandelt hat."[167]

Zwei Aspekte habe ich in diesem äußerst wichtigen Text durch Kursivdruck hervorgehoben: zum ersten die Ausdrücke „fixiert", „pathologisch", „paranoid" und „manisch", weil ich sie für unangemessen halte, um Hitlers Antisemitismus zu beschreiben, sie gehen am eigentlichen Problem vorbei; zum zweiten betone ich Kershaws Aussage, mit der er akzeptiert, daß die Lösung des Problems, das Hitlers Antisemitismus aufgibt „weniger klar" ist „als uns lieb ist."

Daraus ergibt sich für mich als Psychologe die unumgängliche *Verpflichtung*, eine besondere Anstrengung zu unternehmen, um mit den Werkzeugen, die mir als Experte für den menschlichen Geist zur Verfügung stehen, eine Lösung des Rätsels zu finden. Denn ich stimme mit Kershaw darin überein, daß es sich hier um eine äußerst wichtige Frage handelt, sowohl wegen der Millionen

---

[167] Ian Kershaw, ebd. S. 97

Juden, die Hitler zum Opfer gefallen sind, als auch wegen der Tatsache an sich. Man muß einfach wissen, bis zu welchem Punkt ungeheurer Brutalität sich die menschliche Natur entwickeln kann… Diese Verpflichtung ist mit sehr viel Mühe verbunden, aber wie dem auch sei – diese Arbeit ist unumgänglich und muß in Angriff genommen werden, wenn man diese neue Dimension von Adolf Hitlers Gehirn verstehen will. Mein Gott, *wie viele Dimensionen hat dieses Gehirn!*

Die Frage nach dem „Wann" ist von fundamentaler Bedeutung, sie ist die Voraussetzung für jede Argumentation. Wenn wir von einem anderen Aspekt in Hitlers Leben ausgehen, werden wir uns unweigerlich verirren. Und ebenso wie Hitler 1919 in München in seinem Artikel gegen die Juden – oder besser gesagt: über „die Judenfrage" – zwischen der „emotionalen" und religiösen Herangehensweise auf der einen Seite, und der rationalen auf der anderen Seite differenziert hat, die den Rassenaspekt mit einbezieht und die seiner Meinung nach vorzuziehen sei, so sehe ich in Hitlers Antisemitismus ebenfalls zwei Aspekte: *den Moment des persönlichen Erlebens und die Phase des theoretischen, logisch folgernden, rational begründenden Überlegens* … Wenn es uns gelingt, den Moment des persönlichen Erlebens zu finden, sind wir wahrscheinlich auf dem richtigen Weg; gelingt es uns nicht, so wird jede Argumentation vergeblich sein. Denn sich mit dem rational begründenden Hitler zu befassen, wäre genauso, als ließe man sich von seinen tendenziösen Reden einwickeln, die auf das persönliche Erlebnis folgten.

Deshalb möchte ich zunächst einmal darauf hinweisen, daß sich hinter Hitlers ausschließlich intellektueller antisemitischer Argumentation ein subjektiver Faktor verbirgt, der eindeutig irrational ist – nicht emotional! – und der sich zu dem zentralen Kern entwickelt hat, um den alle Argumente kreisen, als seien sie seine Hülle, die ihn einschließt und unsichtbar macht. Diesen „Kern" gilt es zu entdecken, denn darin steckt das persönliche Erlebnis, aus dem Hitlers Antisemitismus entstanden ist.

Wann war der kritischste Moment in Hitlers geistiger Verfassung? Wann war er am unglücklichsten, einsamsten, überspanntesten, exzentrischsten und deprimiertesten, wann hat er sich am elendesten gefühlt? Das wissen wir ganz genau, ich habe bereits ausführlich darüber berichtet: es war der Zeitpunkt, als Hitler jeden Kontakt zur realen Welt abbrach – selbst zu seinem besten Freund Kubizek – und in eine autistische Existenz flüchtete. Er war extrem einsam und schwermütig, weil er jede Hoffnung aufgegeben hatte, jemals als Student an der Akademie der Schönen Künste in Wien aufgenommen zu werden. Etwa um die Zeit, als er obdachlos war und keine Möglichkeit hatte, sich durch Arbeit seinen Lebensunterhalt zu verdienen, und sein Leidensgenosse Reinhold Hanisch, der ebenfalls Bettler und sein Mitbewohner im Obdachlosenheim in Meidling war, ihn zwischen Herbst 1909 und Weihnachten desselben Jahres durch seine Gesellschaft erlöste. Hanisch beschreibt einen verwahrlosten, verhungerten, erschöpften Hitler, der vom ewigen Herumziehen durch die Straßen der Stadt ganz wunde Füße hatte. Über seinen Geisteszustand verliert er kein einziges Wort – er war auch gar nicht in der Lage, diesen einzuschätzen. Aber er läßt sich leicht erraten, da wir ja zwei wesentliche Eigenschaften bereits kennen (dabei möchte ich mich jetzt nicht auf Hitlers kompulsive Veranlagung fixieren, die für sein Elend verantwortlich war): die melancholische Depression, die ihn beherrschte und sein exzentrisches, „seltsames" Verhalten, wie Kubizek sich ausdrückte, das er mit seiner Schwester Paula gemeinsam hatte, die – wie ich bereits erwähnte – ganz zurückgezogen in ihrer Mansarde lebte und niemanden sehen wollte... Die klinische Erfahrung zeigt, daß solche Phasen der Einsamkeit häufig dazu führen, daß das Gehirn dieser Menschen merkwürdige Ideen produziert, Illusionen, bis hin zu Halluzinationen und echten Geistesstörungen, vor allem bei einem Menschen wie Hitler, der sich damals in einem sehr kritischen Zustand befand. Tagelang, wochenlang, monatelang streifte er wie ein Schlafwandler durch die Straßen von Wien, grübelnd, geistesabwesend, in sich zurückgezogen und in Gedanken versunken, in völliger Einsamkeit, ohne jede Verbindung zur Menschheit – und auf einmal, ganz unerwartet:

„Als er so ohne Ziel durch die buntgemischte Menschenmenge schlenderte, stieß er auf eine *Erscheinung,* die in einen weiten Kaftan gehüllt war: das war der erste orientalische Jude, den seine Augen je zu Gesicht bekommen hatten... Nach dem *Schauder,* den das Bild des Juden im Kaftan in ihm ausgelöst hatte, beschließt er, seine Zweifel durch Lesen aus dem Weg zu räumen." So schildert Helmut Heiber das Erlebnis in seinem Buch *Hitler: Habla el Führer.*[168]

Bei Alan Bullock ist dagegen die folgende Version zu lesen:

„[...] als ich einmal so durch die innere Stadt strich, *stieß ich plötzlich auf eine Erscheinung in langem Kaftan* mit schwarzen Locken. 'Ist dies auch ein Jude?', *war mein erster Gedanke.* So sahen sie freilich in Linz nicht aus. *Ich beobachtete den Mann verstohlen und vorsichtig. Allein, je länger ich in dieses fremde Gesicht starrte* und forschend Zug um Zug prüfte, *um so mehr verdrehte sich in meinem Gehirn die erste Frage zu einer anderen Fassung*: 'Ist dies auch ein Deutscher?' Wie immer in solchen Fällen, begann ich nun zu versuchen, mir die Zweifel durch Bücher zu beheben. *Ich kaufte mir damals um wenige Heller die ersten antisemitischen Broschüren meines Lebens.*"[169]

Professor Alan Bullock formuliert die folgende Überlegung, ohne sich dabei jedoch konkret auf das soeben geschilderte Erlebnis Hitlers zu beziehen:

---

[168] Helmut Heiber, Hitler: Habla el Führer, Barcelona 1973, S. 20
[169] Alan Bullock, Hitler: eine Studie über Tyrannei, Düsseldorf 1969, S. 19/20

„Auf all den Seiten, die Hitler in 'Mein Kampf' den Juden widmet, bringt er *nicht eine einzige Tatsache*, die seine wilden Behauptungen beweisen könnte. Das ist allerdings logisch, *denn Hitlers Antisemitismus bezog sich nicht auf Sachverhalte; er war reine Phantasie*. Wer diese Seiten liest, *tritt in die Welt eines Wahnsinnigen ein*, in eine Welt, die von häßlichen, verzerrten Spukgestalten bevölkert wird. Der Jude ist kein menschliches Wesen mehr; er ist eine mythische Figur geworden, ein grimassenschneidender, glotzäugiger Teufel, der mit infernalischen Kräften ausgestattet ist. Und in diese Inkarnation des Bösen hinein *projiziert Hitler alles, was er haßt, fürchtet – und begehrt*."[170]

Bullock bezieht sich hierbei auf Hitlers eigene Beschreibungen des Juden, wie etwa die folgende:

„'Gab es denn da einen Unrat', so Hitler in seinem Buch *Mein Kampf*, ‚eine Schamlosigkeit in irgendeiner Form, vor allem des kulturellen Lebens, an der nicht wenigstens ein Jude beteiligt gewesen wäre? So wie man nur vorsichtig in eine solche Geschwulst hineinschnitt, fand man, wie die Made im faulenden Leibe, oft ganz geblendet vom plötzlichen Lichte, ein Jüdlein.'"[171]

An anderer Stelle spricht Hitler von „der *alptraumhaften Vision* der Verführung von Hunderttausenden deutscher Mädchen durch widerliche krummbeinige jüdische Bastarde."[172]

In Bullocks Überlegungen und Zitaten kommt eindeutig zum Ausdruck, daß Hitler sich in einem Zustand des Phantasierens und des „Wahnsinns" befand, und zwar nicht im Jahr 1909 in Wien, von dem wir jetzt reden, sondern 1924, also 15 Jahre später!

---

[170] ebd. S. 20
[171] ebd. S. 20
[172] zitiert bei Alan Bullock, Hitler und Stalin: parallele Leben, Berlin 1991, S. 42

Kehren wir noch einmal zu Hitlers „Vision" in den Straßen von Wien zurück, indem wir eine andere Autorität zu Rate ziehen, Ian Kershaw:

„'Als ich einmal', *erzählt Hitler in seinem Buch 'Mein Kampf',* ,*so durch die innere Stadt strich, stieß ich plötzlich auf eine Erscheinung* in langem Kaftan mit schwarzen Locken. «Ist dies auch ein Jude?», war mein erster Gedanke. So sahen sie freilich in Linz nicht aus. *Ich beobachtete den Mann verstohlen und vorsichtig.* Allein, je länger ich in dieses fremde Gesicht starrte und forschend Zug um Zug prüfte, um so mehr verdrehte sich in meinem Gehirn die erste Frage zu einer anderen Fassung: «Ist dies auch ein Deutscher?»'."[173]

Wir haben es hier mit drei Versionen zu tun, die in der entsprechenden Übersetzung dasselbe Erlebnis schildern:

Bei Helmut Heiber heißt es: „Als er so ohne Ziel durch die buntgemischte Menschenmenge schlenderte, stieß er auf eine *Erscheinung,* die in einen weiten Kaftan gehüllt war [...]."

In der Version von Alan Bullock: „[...]als ich einmal so durch die innere Stadt strich, *stieß ich plötzlich auf eine Erscheinung in langem Kaftan* [...]."

Und die Übersetzung bei Ian Kershaw lautet: „Als ich einmal [...] *so durch die innere Stadt strich, stieß ich plötzlich auf eine Erscheinung* in langem Kaftan mit schwarzen Locken. 'Ist dies auch ein Jude?' [...] *Ich beobachtete den Mann verstohlen und vorsichtig.*"

Die drei Autoren stimmen darin überein, daß Hitler auf eine „*Erscheinung*" trifft, die in einen langen Kaftan gehüllt ist. Bullock und Kershaw fügen aber etwas hinzu, das von grundlegender Be-

---

[173] Ian Kershaw, ebd. S. 97

deutung ist: „Ich beobachtete den Mann verstohlen und vorsichtig."[174] So steht es auch bei Kershaw.[175]

Eduardo Montoya de la Rica formuliert diesen letzten Satz in seinem Buch *Adolf Hitler* noch genauer: „Ich beobachtete dieses Individuum mit Beharrlichkeit und großer Vorsicht."[176]

In der spanischen Übersetzung von *Mein Kampf*, auf die ich mich beziehe, heißt es:

„Observé al hombre sigilosamente, y, a medida que me fijaba en su extraña fisonomía, rasgo por rasgo, fue transformándose en mi mente la primera pregunta en otra inmediata: ¿Será también éste un alemán?"[177]

Hier haben wir das dramatische Erlebnis entdeckt: diese unerwartete „Erscheinung". Fremdartig und gefährlich kommt sie Hitler vor, denn er betrachtet sie verstohlen und mit großer Vorsicht. Ich will damit sagen, daß Hitler plötzlich halluzinierte, als er wie ein Besessener schlafwandlerisch durch die Straßen von Wien streifte. Die „Erscheinung" hat sich in sein Bewußtsein gedrängt wie ein Alptraum. Es war mehr als ein Traum, denn Hitler hatte Angst vor diesem fremden Wesen, das ganz in einen schwarzen Kaftan gehüllt war... *Weder die rationalen Überlegungen noch die gesamte Lektüre der Zeitungen und antisemitischen Broschüren der vergangenen 15 Jahre konnten seine seltsame Vision verschleiern, denn sie ist noch in seiner Beschreibung aus dem Jahr 1924 zu spüren.* Der Grund ist klar: Hitler sollte während dieses gesamten Jahres und sein ganzes Leben

---

[174] s. Fußnote 169
[175] s. Fußnote 173
[176] Eduardo Montoya de la Rica, Adolf Hitler, Madrid 2004, S. 46
[177] Adolf Hitler, Mi lucha, Barcelona 1995, S. 54 (Ich beobachtete den Mann heimlich, und in dem Maße, wie ich mir seiner fremdartigen Physiognomie bewußt wurde und jeden einzelnen Gesichtszug wahrnahm, verwandelte sich in meinem Geist die erste Frage in eine zweite, die unmittelbar daraus folgte: Ist das auch ein Deutscher?) Anm. d. Übersetzerin

lang – bis zu dem Zeitpunkt, als er im Bunker in Berlin sein Testament diktiert, in dem er immer noch voller Zorn das jüdische Volk attackiert – weiter von seiner beängstigenden Wahnvorstellung besessen bleiben. Und diese Furcht vor den Juden war schon so groß, daß er nur in Ruhe sterben konnte, wenn er sie alle vernichtete!

Diagnose: Adolf Hitler litt unter einem chronischen systematisierten Verfolgungswahn, seine Verfolger waren die Juden.

Diese plötzliche „Erscheinung", die sich in Hitlers Bewußtsein drängte, *war ein pathologisches Produkt der schöpferischen Gehirnstrukturen der rechten Großhirnhemisphäre, die zu diesem Zeitpunkt der mentalen Krise krank war* – und zwar aufgrund der besonders anomalen Bedingungen, unter denen Hitler die Straßen von Wien durchstreifte. Dieses pathologische Produkt, das zwar im Wachzustand erschaffen wurde, aber unter sehr schlechten psychologischen Bedingungen, war eindeutig eine Halluzination. Sie trägt die typischen Merkmale eines intensiv erlebten Traumes oder Alptraumes. Diese Träume bezeichnet man als paradoxen Schlaf, da es sich um Kreationen handelt, die während unseres Schlafes entstehen.

Dies ist die Ätiologie der Wahnvorstellungen, die sich aus meiner Forschungsarbeit ergeben hat. Es handelt sich – und so war es auch bei Hitler – um pathologische kreative Wahrnehmungen. Hitlers Erlebnis hing damit zusammen, daß die schöpferischen Strukturen der rechten Großhirnhemisphäre in der konkreten Situation, die er gerade durchlebte, schlecht funktionierten. (Dies entspricht auch den Forschungsergebnissen, die meine Studien über das schöpferische Gehirn ergeben haben. Im Normalfall sind diese schöpferischen Strukturen die organische Grundlage der genialen Kreationen des Menschen und der Träume, die er während des Schlafes produziert. Funktionieren diese schöpferischen Strukturen jedoch nicht richtig, so kann es während des Tages zu Wahnvorstellungen kommen – dies hat meine klinische Erfahrung bestätigt). Bei Hitler wurde die Funktionsstörung sicherlich dadurch ausgelöst, daß der Fluß der für diese schöpferischen Strukturen zuständigen chemischen Neurotransmitter unterbrochen war. *Und diese Halluzination*, die ein rein pathologisches Produkt war – das betone ich nochmals – *wurde zu einem Kernerlebnis*, um das sich alle rationalen Überlegungen herum gruppierten, die Hitler ab dem Zeitpunkt anstellte, da er wieder zu Bewußtsein kam. Denn halluzinatorische Kreationen sind unbewußt – ebenso wie die Kreationen der Genies und unsere Träume. In meinem Buch *Das Genie und die moderne Psychologie* (2005) habe ich dargelegt, daß jede Schöpfung unseres Geistes – die Wahnvorstellung, der Traum oder die Kreation des Genies –, die unvermittelt auftaucht, also in einem Augenblick plötzlich entsteht, mit blitzartiger Geschwindigkeit (wie z.B. Intuitionen) elektrische Synapsen verwendet, um schnell und nach Art einer Halluzination in Erscheinung zu treten. Denn diese Synapsen arbeiten schnell und unmittelbar, während die chemischen Synapsen sequentiell arbeiten, langsamer und rational. *Und diese Erscheinung traf Hitler wie ein Blitz*, wie er selbst bekannte, als er – 15 *Jahre später*! – sein Buch *Mein Kampf* diktierte und *immer noch unter den Auswirkungen dieser Halluzination litt...*

Antoine Porot schrieb 1977 in seinem *Diccionario de Psiquiatría* über die Ursachen von Wahnvorstellungen:

„In der klinischen Psychiatrie kommt es häufig zu krankhaften Zuständen, die von Wahnvorstellungen begleitet sein können. Manche sind flüchtig und vorübergehender Art, wie bestimmte Auflösungen des Bewußtseins, die nur zeitweilig auftreten. Das kann man bei Wahnvorstellungen und traumähnlichen Zuständen beobachten."[178]

Die klassischen Psychiater gehen davon aus, daß zwischen Wahnvorstellungen und Träumen eine Verbindung besteht, aber

---

[178] Antoine Porot, Diccionario de Psiquiatría, Barcelona 1977, S. 330

sie sagen nicht, daß es der schöpferische Mechanismus ist, der beide Phänomene einander annähert. Im ersten Fall handelt es sich um eine pathologische Kreation, im zweiten um eine normale.

Was ist denn eigentlich eine Wahnvorstellung?

Im Allgemeinen wird sie definiert als „Wahrnehmungsstörung oder fehlgeleitetes Urteilsvermögen".[179]

Nach meiner Definition sind Wahnvorstellungen, wie bereits dargelegt, pathologische Kreationen der schöpferischen Strukturen der rechten Großhirnhemisphäre, die aufgrund einer Dysfunktion der entsprechenden chemischen Neurotransmitter nicht mehr normal funktionieren. Dabei kann es sich um verschiedene wahnhafte, mystische Ideen oder Themen handeln, um Verfolgungswahn, Anspruchswahn oder erotischen Wahn. Man spricht dann von polymorphem Wahn. Konzentriert sich die Wahnvorstellung auf ein einziges Thema, so bezeichnet man dies als systematisierten Wahn.

Ein Wahn kann akut auftreten und vorübergehend sein, aber es gibt auch chronische Wahnzustände, die über einen langen Zeitraum anhalten können, sogar mehrere Jahre lang. Einige Wahnvorstellungen sind ganz offenkundig absurd und unzusammenhängend, leicht zu erkennen; andere dagegen sind verdeckt. Der Patient verbirgt sie hinter seinen logischen Argumenten. Diese Menschen sind in der Lage, sogar Fachleute von ihren Vorstellungen zu überzeugen. Sie bringen ihre Themen oder Argumente so vor, als seien sie ganz normal und einleuchtend, vor allem wenn die ursprünglich pathologischen Kreationen in wohl überlegte Begründungen und rationale Argumente gekleidet werden. Denn diese Patienten sind vollkommen von dem überzeugt, was sie sagen und wenden ihre ganze Begabung und ihr gesamtes Wissen auf, um ihre Wahnvorstellung zu verteidigen: *für den Pa-*

---

[179] ebd. S. 329

tienten ist seine Wahnvorstellung realer als die Wirklichkeit selbst. In seinen Augen erscheint sie als etwas Unbestreitbares, und wenn er darüber spricht, bedient er sich der spitzfindigsten Argumente und Beweise. Wehe demjenigen, der es wagt, zu widersprechen! Diese Menschen können gewalttätig sein und sehr gefährlich werden. Sie stellen das Irrationale als etwas Vernünftiges dar und bedecken es mit allem Wissen, das ihnen zur Verfügung steht, um ihren Wahn zu verbergen. Sie selbst sehen es allerdings nicht so, daß sie ihren Wahn verbergen – nach ihrem Verständnis verteidigen sie nur die ihrer Meinung nach richtige Vorstellung. Denn wenn es für sie überhaupt etwas Reales in dieser Welt gibt, dann ist es ihre Wahnvorstellung. *Warum sie so fest davon überzeugt sind? Weil sie sie mit eigenen Augen gesehen haben; sie haben sie gespürt; sie haben sie gehört.* Eine Frau, die in meiner Behandlung war, sagte jedesmal, wenn sie wieder in ihrem Wahn war: „Herr Doktor, wieso wollen Sie mir denn nicht glauben? Ich habe es doch mit meinen eigenen Augen gesehen, ich habe gehört, was ich ihnen erzählt habe…!"

Da sollte nur jemand wagen, Adolf Hitler zu erklären, daß diese „Erscheinung", auf die er so unerwartet stieß, als er durch die Straßen der Wiener Altstadt streifte, eine Wahnvorstellung war!... Hitler muß diese Wahnvorstellung mit großem Eifer verteidigt haben.

Dabei möchte ich betonen, daß es sich in diesem Fall nicht um eine „Wahrnehmungsstörung" gehandelt hat, denn es war niemand da, den er hätte wahrnehmen können. Es handelt sich hier um *eine echte halluzinatorische Neuschöpfung, es gab kein Objekt, von dem sie hätte ausgehen können. Es war kein „Jude, der in einen schwarzen Kaftan gehüllt war" in Sicht. Daher schreibt Bullock auch: „Hitlers Antisemitismus bezog sich nicht auf Sachverhalte; er war reine Phantasie."*[180]

---

[180] Alan Bullock, Hitler: eine Studie über Tyrannei, Düsseldorf 1969, S. 20

Wir müssen bedenken, daß Hitler von seiner Veranlagung her besonders empfänglich war für Halluzinationen, und daß dies nicht das einzige Mal war, daß er halluzinierte. Während dieser mentalen Krise in Wien, die sich zwischen 1909 und 1910 über Monate hinzog, muß er mehrfach Sinnestäuschungen und Halluzinationen gehabt haben, über die wir allerdings wenig wissen. Denn wie die Hitler-Forscher festgestellt haben, gibt es dazu in Hitlers Buch *Mein Kampf* nur spärliche und genau kalkulierte autobiographische Informationen, da das Buch ganz unverhohlen mit politischen Absichten geschrieben wurde. Hitler war also sehr vorsichtig mit seinen Äußerungen, weil er von sich das Bild eines Menschen vermitteln wollte, der über allen anderen stand – das Bild eines Messias oder eines Führers – denn die Nationalsozialisten schmiedeten bereits mit Pauken und Trompeten (wobei Hitler selbst die dröhnendste Pauke war…) am „Mythos" seiner Grandiosität. Sein Name sollte in alle Himmelsrichtungen hinausposaunt werden – da sollten wir nicht erwarten, daß Hitler solch heikle und schwerwiegenden Schwächen zeigen und damit Anlaß geben würde, ihn als „Verrückten" abzustempeln… In den Fällen jedoch, wo ihm selbst nicht bewußt war, daß er phantasierte oder halluzinierte – er lebte ja, wie gesagt, ständig mit dieser Wahnvorstellung vom „Juden im schwarzen Kaftan" – schilderte er ganz „naiv" seine seltsame Vision. Ich glaube noch eine weitere halluzinatorische Kreation zu erkennen, als Hitler ganz bestürzt eine Arbeiterdemonstration der sozialdemokratischen Partei beobachtet. Wieder erzählt er völlig „arglos":

„Mit welch anderen Gefühlen starrte ich nun in die endlosen Viererreihen einer eines Tages stattfindenden Massendemonstration Wiener Arbeiter! *Fast zwei Stunden lang stand ich so da und beobachtete mit angehaltenem Atem den ungeheuren menschlichen Drachenwurm, der sich da langsam vorbeiwälzte.*"[181]

---

[181] Adolf Hitler, Mein Kampf, S. 43

Ich hebe die Stelle durch Kursivdruck hervor, um darauf aufmerksam zu machen, daß das Bild des „menschlichen Drachwurms" als Ausdruck für die vorbeimarschierenden Arbeiter nicht so sehr eine poetische Metapher ist, als vielmehr eine halluzinatorische Kreation Hitlers zu einem Zeitpunkt, als alles „in ihm gärte", wie Kubizek sich ausdrückte. Hitler war in sich gekehrt, einsam, exzentrisch, gedankenversunken und geistesabwesend, sein Gehirn war gestört.

Klinische Beobachtungen von klassischen Psychiatern wie Henri Ey, R. Bernard und Ch. Brisset verschaffen uns mehr Klarheit über die Wahnvorstellung, wie ich sie dargestellt habe und wie sie bei Hitler auftrat:

„*Die Wahnvorstellung taucht überraschend plötzlich auf,* manchmal nach einer starken Gefühlsregung oder wenn der Patient sich überanstrengt hat, meist jedoch ohne ersichtlichen Grund: sie bricht heftig hervor, '*mit der Unmittelbarkeit einer Inspiration*', sagt Magnan. 'In dem Moment, wo der Wahn auftaucht', fügt Magnan hinzu, 'ist er bereits aufgebaut, mit all seinen Teilen. Von Anfang an ist er umgeben von seinem Gefolge, den sensorischen Störungen. Es ist ein unmittelbarer Wahn (*délire d'emblée*)... Klassischerweise unterscheidet man vor allem Überzeugungen und Intuitionen, die in die Psyche einbrechen. Halluzinationen sind... *wie Inspirationen, aufgezwungene Vorgänge...* Der Wahn wird im Bereich des Bewußtseins erlebt wie eine *Erfahrung, die nicht zu leugnen ist...* Die geistige Klarheit bleibt intakt, und der Kranke kommuniziert weiterhin mit anderen Menschen, ist ausreichend orientiert, paßt sich einigermaßen an seine Umgebung an und kann deutlich sprechen... Der Wahn «*drängt sich dem Kranken auf wie Träume dem Träumer*»'."

Was nun die Umstände betrifft, unter denen die Wahnvorstellung auftritt, so schildern die genannten Autoren eine klinische Beobachtung, die mit dem übereinstimmt, was wir bei Adolf Hitlers manisch-depressiven Stimmungsschwankungen festgestellt haben:

„Die Stimmung wechselt ständig. *Die Wahnvorstellung, die ganz unvermittelt auftaucht, ist tatsächlich mit heftigen Gemütsschwankungen verbunden.* Einmal ist der Betroffene *überschwenglich und kommunikativ wie ein Maniker.* Dann wieder befallen ihn starke Beklemmungsgefühle, *mehr oder weniger so wie bei einem Melancholiker.* Dies erklärt seine hartnäckige Schweigsamkeit, die Todesgedanken... Der Kranke wirkt daher manchmal ganz aufgedreht, dann wieder deprimiert, meistens jedoch ist er beides auf einmal. Er lebt sozusagen in einem Zustand gemischter Gefühle. Dieser Wechsel zwischen – oder diese Kombination von – Erregtheit und Gehemmtsein ist so charakteristisch für dieses Aufflammen des Wahnsinns, daß viele Fachautoren ihn der manisch-depressiven Störung zuordnen. Daher ist es in der Praxis manchmal schwierig, eine Differentialdiagnose zu stellen zwischen einem Wahn und einer manisch-depressiven Krise."[182]

Aufgrund seiner manisch-depressiven Erkrankung, unter der Hitler ganz offensichtlich litt, war er natürlich für Wahnvorstellungen empfänglich. Ich möchte allerdings nochmals ausdrücklich darauf hinweisen, daß der Mechanismus des Wahnsinns in einer Störung der schöpferischen Fähigkeit der rechten Großhirnhemisphäre gründet – ebenso wie die normal funktionierende rechte Großhirnhemisphäre Träume erzeugt. In meinen Büchern habe ich dies ausführlich dargelegt. Sowohl die Wahnvorstellung als auch der Traum ist eine Kreation der rechten Großhirnhemisphäre. Deshalb schreiben diese Autoren, daß die Wahnvorstellung „überraschend plötzlich" auftaucht, – ebenso wie die Träume – oder „mit der Unmittelbarkeit einer Inspiration" hervorbricht – ebenso wie die Intuitionen des schöpferischen Genies

---

[182] Henri Ey, Tratado de Psiquiatría, Barcelona 1969, S. 289-291

– oder auch, daß sich die Wahnvorstellung dem Kranken aufdränge „wie Träume dem Träumer".

Und um es noch konkreter zu formulieren: die Wahnvorstellung drängt sich unerwartet plötzlich auf, wie dies bei Hitlers „Vision" oder seiner „Erscheinung" der Fall war, als er durch die Straßen der Stadt streifte. Ohne daß er sich das bewußt vorgenommen hätte, brach die Vision mit der Geschwindigkeit eines Blitzschlages ein, ungeheuer schnell. Denn jede Kreation – die normale wie die pathologische – nutzt die unmittelbaren elektrischen Synapsen, um sich auszudrücken. Und es geschieht immer unbewußt, denn diese Kreationen werden durch die kreativ-halluzinatorischen Neuronen der rechten Großhirnhemisphäre erzeugt. Das sind sehr alte Strukturen, die bereits existierten, ehe sich die bewußten Funktionen entwickelt hatten. Diese Kreationen sind halluzinatorischer Art – deshalb arbeiten die Neuronen mit elektrischen Synapsen – und sie sind unbewußt.

Kurz: jede Wahnvorstellung ist eine unmittelbare, halluzinatorische, pathologische und unbewußte Kreation – dies ist das eigentliche Unbewußte.

Wahnvorstellungen können akut auftreten und vielfältige Formen annehmen, was die Thematik betrifft, von der sie ausgehen. Und sie können vorübergehend sein, vor allem heute, da Neuroleptika eingesetzt werden – was beweist, daß Wahnvorstellungen durch eine Funktionsstörung der chemischen Neurotransmitter verursacht werden.

Doch es gibt auch Wahnvorstellungen, die andauern, die sich chronisch in dem betroffenen Patienten festsetzen. Der Wahn kann sich steigern, und er ist immer unumstößlich, da er – wie ich bereits erwähnte – für den Patienten von ergreifender und erregender Realität ist. Die Wahnvorstellung ist für ihn objektiver als die echte Wirklichkeit, die er nicht so dramatisch erlebt. Heute sprechen viele Autoren davon, daß Wahnvorstellungen auf einer tiefgreifenden Persönlichkeitsstörung beruhen. Dieser Ansicht bin ich nicht – denn das Problem liegt in einer Störung der geistigen Verfassung. Diese bestimmt als letzte Instanz alle Verhaltensweisen, die normalen wie die pathologischen: es sind die Strukturen der Großhirnrinde mit ihren unbewußten kreativ-halluzinatorischen Neuronen, die sich der elektrischen Synapsen bedienen, um ihre Informationen schnell und unmittelbar zu übermitteln, die zeitweise gestört sind, wenn jemand an einem akuten, vorübergehenden Wahn leidet – bzw. über einen langen Zeitraum, wenn es sich um einen chronischen, dauerhaften Wahn handelt. Adolf Hitlers Wahn war chronisch und dauerte sehr lange an, denn er setzte mit seiner ersten Wahnvorstellung Ende 1909 ein – einer Phase, in der Hitlers geistiger Zustand, wie gesagt, sehr kritisch war – und endete erst mit seinem Tod im Mai 1945.

Wie komme ich zu der Behauptung, daß es sich hier um einen chronischen „systematisierten" Wahn handelt?

Das hängt mit der Art und Weise zusammen, wie im Geist des Patienten, ausgehend von einem halluzinatorischen Kernerlebnis – im Fall Adolf Hitlers war es die „Vision des Juden im schwarzen Kaftan", in anderen Fällen liegt eine Störung des Urteilsvermögens zugrunde – zahlreiche Ideen und Vorstellungen zusammengesetzt oder hinzugefügt werden. Dies geschieht jetzt aber vollkommen bewußt und mit Absicht. So entsteht ein ganzes pathologisches System, eine geschlossene Anzahl von Argumenten, die ein vollkommen zusammenhängendes Ganzes ergeben, weil es dem Patienten gelingt, seine Argumente vollkommen logisch und rational darzulegen. Auf diese Weise will er andere davon überzeugen, daß das, was er in seinem Wahn erlebt hat, tatsächlich der Wahrheit entspricht. Was zunächst eine bloße „Wahrnehmung" war, der kein realer Gegenstand zugrundelag, verwandelt sich so in das Gerüst, auf dem ein komplettes System aufgebaut wird, dessen Teile miteinander verknüpft sind und so dieses große Ganze ergeben – den chronischen systematisierten Wahn.

Man geht davon aus, daß solche Systeme in den Fällen aufgebaut werden, wo es sich um einen chronischen Wahn handelt. Diese wirken auch am glaubwürdigsten und überzeugendsten, weil das ganze System auf logischen Argumenten aufgebaut ist. *Daher werden solche Wahnvorstellungen auch leicht von anderen übernommen*: Hitlers antisemitisches Wahnsystem, das sehr zusammenhängend und absolut schlüssig wirkte, ist von einer ungeheuren Mehrheit der Deutschen leidenschaftlich angenommen worden, noch dazu, wo Hitlers rhetorische Begabung diesen Wahn noch attraktiver erscheinen ließ.

Mit gutem Recht wird man einwenden: wenn Adolf Hitler wahnsinnig war, dann hätte man das gemerkt. Er hat sich aber ganz im Gegenteil als verständiger Mann erwiesen, mit ausreichendem Urteilsvermögen, um die politischen und militärischen Aufgaben „geschickt" zu bewältigen. Er sei doch ein eloquenter Redner gewesen und auch in seinem Privatleben habe es keinerlei Hinweise auf eine Geistesstörung gegeben... Ich wäre der Letzte, der das leugnen würde. Und nicht nur das: im Laufe der Jahre hätten sein Talent und seine Intelligenz mit Sicherheit Schaden genommen, dennoch starb Hitler in geistiger Klarheit, wie jeder andere normale Mensch.

Tja – der chronische systematisierte Wahn isoliert sich eben von der Gesamtheit der geistigen Funktionen, er „kapselt sich ab", um es einmal ganz grob, aber wahrheitsgetreu auszudrücken. Er respektiert alle anderen geistigen Fähigkeiten, sie werden nicht angegriffen, degenerieren nicht und erfüllen weiterhin ihre Pflichten. So verfügen die Betroffenen über eine normal funktionierende Auffassungsgabe, ein normales Urteilungsvermögen, die Fähigkeiten rational zu denken, zu analysieren und Zusammenhänge herzustellen, ihre räumliche und zeitliche Orientierung funktioniert, ihr Abstraktions- und Reflexionsvermögen, sie können die Wirklichkeit und die Welt um sich herum wahrnehmen – kurz: das gesamte Gehirn eines Patienten, der an einem chronischen systematisierten Wahn leidet, funktioniert so, daß er mit seiner Umwelt Kontakt aufnehmen kann. Und so war es auch bei Hitler.

Beim chronisch systematisierten Wahn, von dem wir hier sprechen, ist es so, als würden die schöpferischen halluzinatorischen und unbewußten Strukturen, die den Wahn geschaffen haben, mit der Produktion dieser Art von geistigen Phänomenen zur Ruhe kommen, oder als ob sie, sobald sie ihre pathologische Kreation erschaffen haben, wieder normal funktionieren und keine Wahnvorstellungen mehr hervorbringen – ganz anders als bei bestimmten Formen des akuten Wahns, wo aus diesen Strukturen immer wieder neue Wahnvorstellungen hervorsprudeln, sei es erotischer oder mystischer Art, sei es in Form von Verfolgungsängsten. Doch beim chronisch systematisierten Wahn setzt sich die Wahnvorstellung, umgeben von einem ganzen System von Argumenten und „theoretischen" Begründungen, dermaßen in den zerebralen Nervenbahnen fest, daß sie Teil der unumstößlichen Glaubenssätze der betroffenen Person wird, wie eine felsenfeste Überzeugung, die von logischen Argumenten und dem Urteilsvermögen gestützt wird. Und je überzeugter der Patient von seinem Wahn ist, desto erfolgreicher überträgt er diese Wahnvorstellung auch auf andere, die ihrerseits ebensowenig erkennen, daß sie es mit einer Wahnvorstellung und einem Wahnsinnigen zu tun haben und nicht mit einer philosophischen Doktrin moralischer, religiöser oder politischer Art.

Wir werden noch sehen, wie Hitler, unmittelbar nach seiner Vision nichts Eiligeres zu tun hatte – wie er uns erzählt –, als „die Judenfrage" in Zeitungen und antisemitischen Schmähschriften zu „studieren". Und mit Hilfe dieser Lektüre gelang es ihm, sich in dem Maße zu beruhigen, wie er das Erlebnis in ein System von Glaubenssätzen umgestalten konnte:

Das war damals in Wien, gegen Ende des Jahres 1909, bevor oder nachdem er seine Beziehungen zu Reinhold Hanisch abgebrochen hatte (dieser erklärte allerdings, er habe Hitler nie etwas gegen die Juden sagen hören). Ich würde also sagen, es war Ende diesen Jahres, als Hitler sich im Männerheim besser eingelebt hatte, sich nicht mehr so fremd fühlte, weniger in sich gekehrt und exzentrisch war, daß er auf der Grundlage seiner antijüdischen Lektüre – ausgehend von der Wahnvorstellung, die er erlebt hatte – das aufbauen konnte, was er ganz stolz und ungeniert als seine „Weltanschauung" bezeichnete, deren vorherrschender und zentraler Kern der seltsame mörderische Haß auf die Juden war. Und diese Weltanschauung war so wahnsinnig – es war die Frucht seiner halluzinatorischen Vision – daß er, als er 1924 sein Buch Mein Kampf diktierte, großspurig erklärte, *sie ruhe seit Wien auf einer granitenen Grundlage und nichts habe ihren Inhalt verändert (!), ohne zu merken, daß er durch diese Aussage seine Wahnvorstellung verteidigte, die hart wie Stein war, feststand, unbeweglich war, nicht durch logische Argumentationen zu widerlegen, die ihr etwas entgegenhalten könnten, und vor allem: immun gegen jede Selbstkritik, sollte er die überhaupt je einmal formuliert haben.*

Wie wenn wir in der Nacht einen schrecklichen Alptraum gehabt haben und wieder in der Realität aufwachen und uns sagen „Es war nur ein Traum!", so muß es Hitler ergangen sein, als er nach dem Schrecken – den ihm die Vision des Juden versetzt hatte, der in einen schwarzen Kaftan gehüllt war und den er mit äußerster Vorsicht beobachtete – seine „Weltanschauung" fix und fertig vor seinem geistigen Auge sah. Sie war die Grundlage für seinen unerschütterlichen Entschluß, die gefährlichen Juden „auszulöschen". Wir können mit Sicherheit davon ausgehen, daß Hitlers „Weltanschauung" vom ersten Moment an vollständig aufgebaut war – wie er selbst sagt, mußte er später weder etwas ändern noch etwas hinzufügen. Diese Weltanschauung war abhängig von Hitlers „halluzinatorischer Vision", *dieses Erlebnis bildete ihren zentralen Kern, der mit einer rationalistischen Ideologie umklei-*

det wurde, die Hitler der antisemitischen Literatur entnahm, die er nach seiner Halluzination gefunden und eifrig „studiert" hatte, um seine Beklommenheit und die panische Angst – wie nach einem Alptraum – zu beruhigen. Denn er fühlte sich psychotisch bedroht durch diesen Juden, den er nur verstohlen und mit großer Vorsicht beobachten konnte:

„Hitlers Sprachgebrauch an der Stelle in 'Mein Kampf' verrät eine krankhafte Angst vor Unsauberkeit, Schmutz und Krankheit, die er sämtlich mit Juden assoziierte.", bemerkt Kershaw. „*Wo immer ich ging, sah ich nun Juden'*", äußert sich Hitler, nachdem der die 'Erscheinung' jenes gefährlichen Juden im Kaftan gesehen hat, *„'und je mehr ich sah, umso schärfer sonderten sie sich für das Auge von den anderen Menschen ab."*[183]

Dieser Text ist sehr aufschlußreich: seinen wilden kompulsiven Haß auf die Juden trug er schon seit Linz in sich, denn in Hitler löste alles Haß aus – bei ihm war es allerdings nicht der allgemeine Haß, den viele gegen die Juden hegten, sondern ein kompulsiver, „viszeraler" Haß – („Meiner Erinnerung nach ist Adolf Hitler bereits als ausgeprägter Antisemit nach Wien gekommen.")[184]. Dieser kompulsive Haß, sage ich, hatte entscheidenden Einfluß darauf, daß seine halluzinatorische Vision vom Juden so bedrohlich und gefährlich auf ihn wirkte. Es war eine schreckliche Vision, als wolle der Jude Hitler verfolgen und sich an ihm rächen – warum sonst hätte er ihn so „heimlich" und mit solcher „Vorsicht" betrachten sollen? Von diesem Moment an *verwandelten sich die Juden in Feinde und in seine Verfolger. Doch nicht die realen Juden, sondern „seine" Juden, die er wie in einem Alptraum erfunden hatte und die sehr viel gefährlicher waren als die realen Juden*. Denn in dem augenblicklichen psychotischen Geisteszustand, in dem Hitler sich befand, sah er die Gefahr in übertriebener Größe und dramatisierte sie, genauso, wie

---

[183] Ian Kershaw, ebd. S. 98
[184] August Kubizek, ebd. S. 94

dies im Alptraum geschieht. Daher sagte er verschreckt: *"Wo immer ich ging, sah ich nun Juden, und je mehr ich sah, umso schärfer sonderten sie sich für das Auge von den anderen Menschen ab."*[185] Es waren keine realen Juden, die er jetzt überall sah, sondern Juden, die sich in seinen von der Halluzination geblendeten Augen vom Rest der Menschheit „absonderten"...

Dies ist der Hitler, den wir untersuchen müssen, wenn wir den *entscheidenden Moment in seiner Existenz verstehen wollen, der dann die verhängnisvollsten Verbrechen auslösen sollte – nicht gegen die „Juden", die vor Hitlers vom Wahnsinn geblendeten Augen erschienen waren, sondern gegen die realen Juden, die nicht vom Rest der Menschheit zu trennen sind...*

Die Halluzination wurde sehr schnell zu einem systematisierten Wahn. Hitler blieb kaum genügend Zeit, um in aller Ruhe „billige antisemitische Literatur" zu lesen; Zeitungen und Broschüren oder auch die Zeitschrift *Ostara* – all dies war keine seriöse Lektüre. Jedenfalls wollte Hitler sich so die erforderlichen „Kenntnisse" zum Aufbau seiner „Weltanschauung" aneignen, um schließlich auf dieser Basis die notwendigen Maßnahmen zu seiner Verteidigung gegen die seltsamen jüdischen Verfolger, die er überall sah, zu ergreifen:

Der chronische Wahn wurde bald zu einem systematisierten Wahn, denn Hitler hatte es in seiner panischen Angst sehr eilig. Außerdem vollzieht sich die Systematisierung häufig sehr schnell, *wenn sich der chronische Wahn nur um ein einziges Thema dreht. Hitlers Halluzination entwickelte sich zu einem Verteidigungssystem in der klinischen Form „verfolgter Verfolger".* Das bedeutet:

Da Hitler sich verfolgt fühlte, verwandelte er sich selbst in einen Verfolger, um sich zu verteidigen.

---

[185] Ian Kershaw, ebd. S. 98

Der Ausdruck „vernichten" nahm auf Hitlers Lippen und in seinen Plänen Gestalt an: *die einzige Form, wie man sich gegen die jüdische Bedrohung, diese allgemeine und „weltweite Verschwörung", wehren konnte* – die jetzt schon nicht mehr Hitler allein galt – *war die Auslöschung aller Juden vom gesamten Planeten.* Nicht ein Einziger sollte überleben. Deshalb versäumte Hitler es auch nicht, der Nachwelt vor seinem Tod *den Schutz der germanischen Rasse* – das Problem der Einzelperson Hitler wird also universalisiert – *vor der „jüdischen Gefahr"* ausdrücklich ans Herz zu legen...

Ian Kershaw bezieht sich auf die Aussagen von Reinhold Hanisch, der behauptet hatte, Hitler habe sich in heuchlerischen Erklärungen positiv über die Juden geäußert. Den folgenden Kommentar möchte ich gern glossieren:

„*Gemäß dieser Argumentation hat er erst später den inneren Haß als geschlossene 'Weltanschauung' rational*, so wie er es verstand, *gefaßt*, die Weltanschauung, die mit dem *Antisemitismus als Kern* in den frühen zwanziger Jahren feste Gestalt annahm. *Demnach bleibt die Ausgestaltung des Antisemitismus zur Ideologie einer weiteren kritischen Phase in Hitlers Entwicklung vorbehalten*, den Monaten zwischen dem Kriegsende und seinem 'politischen Erwachen' in München im Jahr 1919."[186]

Nein. Der psychologische Prozeß vom Zeitpunkt der Halluzination an bis zum Aufbau des systematisierten Wahns in Hitlers „Weltanschauung" mußte sehr rasch ablaufen, innerhalb von wenigen Wochen. Denn Hitlers Geisteszustand war so, daß er sich von diesem schrecklichen Erlebnis, das ihn verfolgte, befreien und es als Fundament für eine rationale „Theorie" verwenden wollte, die ihn von dem Irrationalen erlösen sollte. *Er hatte Angst, verrückt zu werden.* Und das wird nicht die einzige Situation gewesen sein, wo dies der Fall war – Kubizek hat uns ein

---

[186] Ian Kershaw, ebd. S. 105

Beispiel geschildert. Als Hitler in seinem Buch *Mein Kampf* beschreibt, wie er sich (wahrscheinlich gleich am nächsten Tag nach seiner Vision) auf die Lektüre antisemitischer Zeitungen gestürzt hat, vermittelt er uns das Bild eines von Angst erfüllten Mannes, der einzig und allein bei der Lektüre Zuflucht suchen konnte, um seinen panischen Schrecken zu beruhigen. So versteht es auch Helmut Heiber in seinem Buch *Hitler: Habla el Führer,* allerdings zieht er daraus nicht alle Konsequenzen:

„Nach dem Schauder, den das Bild des Juden im Kaftan in ihm ausgelöst hatte, beschließt er, seine Zweifel durch Lesen aus dem Weg zu räumen."[187]

Es ging also sehr schnell, daß Hitler seine Vision verschleierte, indem er vor der Gefahr warnte – immer sprach er von der Gefahr! – die die Juden darstellten. Und zwar nicht nur für ihn, sondern für alle Arier. *Daher müsse man sie auslöschen: Diese Begründung genügte ihm, um seine Wahnvorstellung in ein universelles System einzubinden,* das allerdings in keinster Weise ein philosophisches Konzept war – das gab seine Zeitungslektüre nicht her – sondern ein ganz elementares. Es reichte jedoch aus, um diese „Weltanschauung" aufzubauen, die die jüdische Gefahr sowie die weltweite Verschwörung der Juden anprangerte – und die Notwendigkeit propagierte, die Juden „zu vernichten".

Mit diesem ursprünglichen und grundlegenden System stand Hitler vollkommen alleine da. Er hatte keinen Gefährten, mit dem er über seine beklemmende Angst hätte sprechen können, denn er vertraute niemandem mehr, schon gar nicht Hanisch – wenn der überhaupt noch bei ihm war. Er befreite sich von dem „Schauder", der ihn seit seiner Vision ergriffen hatte, indem er an dessen Stelle nicht ein anderes Erlebnis setzte, das ihn auf den Boden der Tatsachen zurückbrachte, sondern eine vollkommen rationale „Weltanschauung", die nun nicht mehr ihn allein betraf, sondern

---

[187] Helmut Heiber, ebd. S.20

das gesamte arische Volk... *Die Konstruktion dieser Theorie ist also unmittelbar erfolgt...* In einem Punkt hat Kershaw allerdings Recht: die „Ausgestaltung des Antisemitismus zur Ideologie" vollzog sich tatsächlich erst langsam. Stärker ausgearbeitet erscheint sie erst in Hitlers erstem Artikel aus dem Jahr 1919, den ich erwähnt hatte. Und Hitler hat das System im Laufe seines Lebens ständig erweitert – wie das bei jedem chronischen Wahn der Fall ist. *Das Wesentliche stand jedoch spätestens zu Beginn des Jahres 1910 fest*, und in diesem Sinne verstehe ich auch Hitlers Aussage, als er in seinem Buch berichtet, seine „Weltanschauung" sei in Wien bereits abgeschlossen gewesen, und er habe später nichts mehr hinzufügen müssen. *Ich weise darauf hin, daß Hitlers Entschluß, das gesamte jüdische Volk „zu vernichten" bereits vom ersten Augenblick an feststand, denn nur so konnte er sich angesichts der semitischen Bedrohung beruhigen*: indem er die *niedere Rasse* „in die Luft sprengte"[188], wie er es an jenem Tag mit der Akademie der Schönen Künste machen wollte, als er abgelehnt worden war.

Wir müssen jetzt verfolgen, wie Hitler seine Wahnvorstellung nach dem „Schauder", den die Vision in ihm ausgelöst hatte – um Helmut Heibers glückliche Ausdrucksweise weiter zu benutzen –, in ein System eingebaut hat.

„Wie immer in solchen Fällen (er bezieht sich auf seine Vision)", schreibt Hitler in seinem Buch *Mein Kampf*, „begann ich nun zu versuchen, mir die Zweifel durch Bücher zu beheben. Ich kaufte mir damals um wenige Heller die ersten antisemitischen Broschüren meines Lebens."[189] – Ich mache den Leser darauf aufmerksam, daß Hitler hier zugibt, zum ersten Mal in seinem Leben Bücher gekauft zu haben.

---

[188] August Kubizek, ebd. S. 167
[189] Adolf Hitler, ebd. S. 59/60

Man muß sich auch vergegenwärtigen, daß er dies 15 Jahre nach seiner Vision geschrieben hat. Er hatte also genügend Zeit, sie in sein System einzubinden. Und selbst da ist noch zu spüren, wie intensiv er diese Vision erlebt hat und wie sehr er bemüht ist, die Halluzination mit rationalen Begründungen zu tarnen, die er im Laufe der Zeit gesammelt hat.

„Ich wurde dann wieder rückfällig auf Wochen, ja einmal auf Monate hinaus." schreibt Hitler weiter. „Freilich daran, daß es sich hier nicht um Deutsche einer besonderen Konfession handelte, *sondern um ein Volk für sich*, konnte ich auch nicht mehr gut zweifeln; […]. *Wo immer ich ging, sah ich nun Juden*, und je mehr ich sah, um so schärfer sonderten sie sich für das Auge von den anderen Menschen ab. Besonders die innere Stadt und die Bezirke nördlich des Donaukanals wimmelten von einem Volke, das schon äußerlich eine Ähnlichkeit mit dem deutschen nicht mehr besaß. […] Eine große Bewegung unter ihnen, die in Wien nicht wenig umfangreich war, trat auf das Schärfste für die Bestätigung des völkischen Charakters der Judenschaft ein: der Zionismus. […] An ihrer Zusammengehörigkeit änderte sich gar nichts. […] Daß es sich hier um keine Wasserliebhaber handelte, konnte man ihnen ja schon am Äußeren ansehen, leider sehr oft sogar bei geschlossenem Auge. *Mir wurde bei dem Geruch dieser Kaftanträger später manchmal übel. Dazu kamen noch die unsaubere Kleidung und die wenig heldische Erscheinung.* Dies alles konnte schon nicht sehr anziehend wirken; abgestoßen mußte man aber werden, wenn man über die körperliche Unsauberkeit hinaus plötzlich die moralischen Schmutzflecken des auserwählten Volkes entdeckte. Nichts hatte mich in kurzer Zeit so nachdenklich gestimmt als die langsam aufsteigende Einsicht in die Art der Betätigung der Juden auf gewissen Gebieten. Gab es denn da einen Unrat, eine Schamlosigkeit in irgendeiner Form, vor allem des kulturellen Lebens, an der nicht wenigstens *ein* Jude beteiligt gewesen wäre? Sowie man nur vorsichtig in eine solche

Geschwulst hineinschnitt, fand man, wie die Made im faulenden Leibe, oft ganz geblendet vom plötzlichen Lichte, ein Jüdlein. […] Es genügte schon, eine der Anschlagsäulen zu betrachten, die Namen der geistigen Erzeuger dieser gräßlichen Machwerke für Kino und Theater, die da angepriesen wurden, zu studieren, um auf längere Zeit hart zu werden. *Das war Pestilenz, geistige Pestilenz, schlimmer als der schwarze Tod von einst, mit der man da das Volk infizierte.* Und in welcher Menge dabei dieses Gift erzeugt und verbreitet wurde! […] man bedenke, daß auf einen Goethe die Natur immer noch leicht zehntausend solcher Schmierer der Mitwelt in den Pelz setzt, die nun als Bazillenträger schlimmster Art die Seelen vergiften. Es ist entsetzlich, aber nicht zu übersehen, daß gerade der Jude in überreichlicher Anzahl von der Natur zu dieser schmachvollen Bestimmung auserlesen schien. […]

Ich begann damals, sorgfältig die Namen all der Erzeuger dieser unsauberen Produkte des öffentlichen Kunstlebens zu prüfen. Das Ergebnis war ein immer böseres für meine bisherige Haltung den Juden gegenüber. […] So wurde ich langsam unsicher. Beschleunigt wurde die Entwicklung aber durch Einblicke, die ich in eine Reihe anderer Vorgänge erhielt. Es war dies die allgemeine Auffassung von Sitte und Moral, wie man sie von einem großen Teil des Judentums ganz offen zur Schau getragen und bestätigt sehen konnte. […] Dann aber flammte es auf. Nun wich ich der Erörterung der Judenfrage nicht mehr aus […]. Wie ich aber so in allen Richtungen des kulturellen und künstlerischen Lebens und seinen verschiedenen Äußerungen nach dem Juden suchen lernte, stieß ich plötzlich an einer Stelle auf ihn, an der ich ihn am wenigsten vermutet hätte. Indem ich den Juden als Führer der Sozialdemokratie erkannte, begann es mir wie Schuppen von den Augen zu fallen. […] Daß die sozialdemokratische Presse überwiegend von Juden geleitet war, lernte ich allmählich kennen; […]. Da ich mich nun überwand und diese Art von marxistischen Presseerzeugnissen zu lesen versuchte, die Abneigung aber in eben diesem Maße ins Unendliche wuchs, suchte ich nun auch die Fabrikanten dieser zusammengefaßten Schurkereien näher kennenzulernen. Es waren, vom Herausgeber angefangen, lauter Juden. Ich nahm die mir irgendwie erreichbaren sozialdemokratischen Broschüren und suchte die Namen ihrer Verfasser: Juden. […] *Ich stand manches Mal starr da.* Man wußte nicht, was man mehr bestaunen sollte, ihre Zungenfertigkeit oder ihre Kunst der Lüge. *Ich begann, sie allmählich zu hassen.* […] Von der Erfahrung des täglichen Lebens angeregt, begann ich nunmehr, den Quellen der marxistischen Lehre selber nachzuspüren. […] mußten die einstigen Urheber dieser Völkerkrankheit wahre Teufel gewesen sein; […]."[190]

„Es war für mich", fährt Hitler in seiner Schilderung fort, „die Zeit der größten Umwälzung gekommen, die ich im Inneren jemals durchzumachen hatte. *Ich war vom schwächlichen Weltbürger zum fanatischen Antisemiten geworden.* […] Siegt der Jude mit Hilfe seines marxistischen Glaubensbekenntnisses über die Völker dieser Welt, dann wird seine Krone der Totentanz der Menschheit sein, *dann wird dieser Planet wieder wie einst vor Jahrmillionen menschenleer durch den Äther ziehen.* […] So glaube ich heute im Sinne des allmächtigen Schöpfers zu handeln: INDEM ICH MICH DES JUDEN ERWEHRE, kämpfe ich für das Werk des Herrn."[191]

Ich bitte zu beachten, daß der „Jude" den ganzen Planeten bedroht – und Hitler!

Dem Leser wird nicht entgangen sein, daß Hitler – nachdem er seinen Wahn mit rationalen Argumenten verschleiert und zu einer „Weltanschauung" umgemünzt hat – sein System auf den gesamten Kosmos ausweitet. Und von ebenso großer Bedeutung ist

---

[190] ebd. S. 60-68
[191] ebd. S. 69/70

sein Bekenntnis, *daß er sich des Juden erwehren muß*. Sein chronisch systematisierter Wahn tritt also in Form des verfolgten Verfolgers auf, aufgrund der irrationalen Panik, die er während seiner Halluzination erlebt hat.... Und noch wichtiger ist die „Lösung", die Hitler für diese Verteidigung findet: er verwandelt sie in eine universelle Lösung, *denn er kämpft nun nicht mehr um seinetwillen gegen die Juden, sondern für die Menschheit, für Deutschland, für das Werk des Herrn*...

Damit war ein einzigartiger Antisemitismus entstanden, den es zuvor in der Geschichte noch nie gegeben hatte: *der Antisemitismus Adolf Hitlers, der zu Mord und Völkermord führte*! Nur Hitler verfügte über die Waffen, um dies zu erreichen: seine kompulsive Kriminalität und seine barbarische Veranlagung. Denn es galt, alle Juden auf dem gesamten Planeten zu „vernichten", nur so konnte man Ruhe finden und mußte keine Angst mehr haben, daß sie mit den höheren arischen Rassen „aufräumen" – oder, auf die persönliche Ebene bezogen: Adolf Hitler weiter verfolgen würden.

9. Hitler verteidigt sich gegen den „gefährlichen Verfolger *Jude*": Auschwitz

Hitlers „Endlösung" zum Schutz gegen den Verfolger JUDE

„Vor der Machtergreifung der Nationalsozialisten war Deutschland noch nie durch besondere 'Vernichtungstendenzen' aufgefallen. Ganz im Gegenteil: viele Juden aus dem Osten hatten in den 1920er Jahren gerade in Deutschland Zuflucht gesucht. […] Es gibt etwas in der Mentalität der Nationalsozialisten, das sie von den zahlreichen Verbrechern anderer totalitärer Regime unterscheidet. […] Ich kann behaupten, daß die nationalsozialistischen Kriegsverbrecher, die ich kennengelernt habe, anders waren als die übrigen."[192]

Dazu kann ich sagen: dieses „Etwas" in der Mentalität der Nationalsozialisten, das sie von den übrigen Verbrechern unterscheidet, heißt *Adolf Hitler*. Ein Mann, dem es mit seiner eindeutig militaristischen „Politik" und seinem Führungsstil gelungen ist, die führenden Nationalsozialisten mit seinem systematisierten antisemitischen Wahnsinn anzustecken. Mit einem Antisemitismus, der „anders" war, der zu Mord und Völkermord führen sollte. Er hat es geschafft, in ihnen das Potential an kompulsiver Kriminalität und ihre barbarische Mentalität zu wecken.

Deshalb kann ich Laurence Rees nicht zustimmen, wenn er sagt:

---

[192] Laurence Rees, Auschwitz, Barcelona 2005, S. 18

„Es wurden nicht einzelne Nationalsozialisten durch grobe Drohungen genötigt, selbst zu morden. Nein, dies war ein gemeinsames Unternehmen von Tausenden von Menschen, die sich entschlossen, nicht nur teilzunehmen, sondern Initiativen zur Lösung des Problems beizutragen, wie man in nie zuvor versuchtem Ausmaß Menschen töten und ihre Leichen beseitigen könnte."[193]

Nein. Jeder andere Tyrann hätte den aggressiven Antisemitismus entfesseln können, der darin bestand, die Juden zu verfolgen und zu vertreiben. *Aber ohne Hitler und seine besondere mentale Konstitution wäre der nationalsozialistische Antisemitismus nicht möglich gewesen.* Selbstverständlich haben führende Nationalsozialisten wie Himmler, Heydrich, Höß und tausend andere eigene Initiativen beigesteuert, *aber die großen Züge der Vernichtungskampagne und die „Endlösung der Judenfrage" kamen von ganz oben,* und an den Befehlen zur Verfolgung, zur Deportation, zu Verbrechen und Völkermord wurde nichts verändert, das nicht zuvor mit dem Führer besprochen worden wäre. Erst wenn dieser grünes Licht gegeben hatte, schritten die Nationalsozialisten zur Tat und führten ihre „spezielle" Art der Ermordung durch, lebten ihren „besonderen" Haß aus und vollzogen ihren „besonderen" Völkermord.

Genau darin besteht das Charakteristische des nationalsozialistischen Antisemitismus: *er unterlag den wahnsinnigen Eingebungen Adolf Hitlers, die ihn tiefgreifend und zwanghaft prägten. Hitler drückte ihm seinen persönlichen „eigentümlichen" Stempel auf,* seit er am 30. Januar 1939 seine düstere „Prophezeiung" verkündet hatte, nach der die Juden von der Erdoberfläche ausgelöscht würden, sollten sie einen weiteren Weltkrieg entfesseln, wie sie dies bereits beim Ersten Weltkrieg getan hätten. Davon war Hitler felsenfest überzeugt, und darin liegt der Schlüssel zum Verständnis dieses Gedankenganges. Es handelt sich nicht um

---

[193] Laurence Rees, Auschwitz, Berlin 2005, S. 21/22

einen Schwindel oder einen Vorwand, der Hitler gerade ins Konzept paßte.

Warum die Juden ausgelöscht werden sollten? *Weil Hitler absolut davon überzeugt war, daß die Juden die mächtigsten – und vor allem die gefährlichsten – Feinde der arischen Völker waren.* Er sah in ihnen die Urheber einer weltweiten Verschwörung, die die zivilisierte Welt bedrohte; die Mulitplikatoren des sowjetischen Bolschewismus; die Inspiratoren des Marxismus und der deutschen Sozialdemokratie. Folglich mußten sie vernichtet werden, denn sonst würden sie ihrerseits das deutsche Volk vernichten und mit ihm alle Arier Europas: so wie Hitler die Dinge sah, war es ein Kampf um Leben und Tod – *sie oder wir, es gab keine andere Alternative!*...

Erinnern wir uns an Hitlers pathetische und unheilverkündende, unumstößliche Überzeugung – typisch für seinen systematisierten Wahn –, die ich aus Hitlers Buch *Mein Kampf* zitiert habe, denn sie spiegelt den Geisteszustand wider, der Hitlers weltumspannenden Antisemitismus antrieb. Demzufolge war er – und damit Deutschland und die gesamte arische Welt – einer nahe bevorstehenden universellen Bedrohung durch die Juden ausgesetzt:

„Siegt der Jude mit Hilfe seines marxistischen Glaubensbekenntnisses über die Völker dieser Welt, dann wird seine Krone der Totentanz der Menschheit sein, dann wird dieser Planet wieder wie einst vor Jahrmillionen menschenleer durch den Äther ziehen. [...] So glaube ich heute im Sinne des allmächtigen Schöpfers zu handeln: INDEM ICH MICH DES JUDEN ERWEHRE, kämpfe ich für das Werk des Herrn."[194]

Hier haben wir den „eigentümlichen" Kern von Adolf Hitlers Antisemitismus, der von seinem systematisierten Wahn gesteuert wurde. Hier sitzt die Triebfeder für Hitlers „Prophezeiung", daß die Nationalsozialisten den gefährlichen jüdischen „Bazillus"

---

[194] Adolf Hitler, ebd. S. 69/70

vernichten würden, der den Planeten infizierte und sich überall zu verbreiten drohte.

Viele nationalsozialistische Führer – wenn nicht sogar alle – waren wohl grausame Antisemiten, aber das psychologische Ziel der totalen Vernichtung, ohne „sentimentale Rücksichtnahme", wie Goebbels sagen würde, geht auf Hitler zurück. Er war besessen von der Furcht vor dem düsteren Juden seiner Vision, von dem er sich nie hat befreien können und der ihn dazu drängte, sich mit solch panischer Angst zu „erwehren", daß die einzige Art, das zu erreichen und endlich Ruhe zu finden vor dem Feind, der ihn unerbittlich verfolgte, darin bestand, sie alle zu vernichten.

Sogar die Kinder – denn aus ihnen würden die zukünftigen Rächer erwachsen. Hitlers Prophezeiung, die er ständig wiederholte – überraschend häufig, wie Kershaw meint –, zeigt seinen unbeugsamen Willen, mit allen Juden ein für alle Mal „aufzuräumen", sollten sie erneut einen Weltkrieg auslösen. Da er jedoch selbst dabei war, einen zweiten Weltkrieg zu entfesseln, und ihm dies schließlich auch gelang, indem er den Vereinigten Staaten den Krieg erklärte, war sichergestellt, daß sich seine „Prophezeiung" erfüllen würde: *Hitler formulierte die Prophezeiung, und er sorgte auch dafür, daß sie in Erfüllung ging.*

Diese Hypothese berechtigt durchaus zu der Behauptung, daß Hitler die unsinnige Invasion in die Sowjetunion aus rein subjektiven „Motiven" heraus angezettelt hat, weil er nämlich glaubte, dort die stärkste „jüdisch-bolschewistische" Macht zu finden. Denn strategisch gesehen war es unverständlich, daß er überraschend eine zweite Front im Osten eröffnete, wo er bereits im Westen so stark gefordert war. Er hat die Situation unterschätzt, weil er zu übereilt vorging, nicht objektiv genug war und sich nicht ausreichend vorbereitet hatte: er hätte das Ausmaß von Stalins Macht, seine unbegrenzten geographischen, klimatologischen und militärischen Ressourcen studieren müssen. So aber war Stalin zwar im ersten Moment überrascht, und Hitler konnte in seinem Blitzkrieg drei Millionen Kriegsgefangene verzeichnen. Aber sechs Monate später, im Dezember 1941, fiel er beim ersten Zusammenstoß mit der Roten Armee auf die Nase. Ebenso war Hitlers Entscheidung, daß hinter der deutschen Reichswehr die schreckliche SS stehen müßte, um den Juden und Kommunisten in den besetzten Gebieten den Rest zu geben, ein deutliches Zeichen dafür, daß sein Hauptanliegen – abgesehen von den realen Zielen, Rohstoffe und „Lebensraum" zu gewinnen – darin bestand, den Feind „JUDE" (in großen Lettern) zu vernichten.

AUSCHWITZ ist für mich mehr als der Name einer polnischen Stadt. In diesem Begriff sind symbolisch alle Schritte zusammengefaßt, die Adolf Hitler vollzogen hat, damit seine Prophezeiung (die er zwanghaft durchsetzen mußte) sich erfüllte: er würde das jüdische Volk bis auf das kleinste Molekül vernichten, weil er es als seinen gefährlichsten Feind betrachtete. Rational begründete Hitler sein Vorgehen damit, daß Juden und Kommunisten – und für ihn war das praktisch dasselbe – hinter den Schußlinien des Ersten Weltkrieges eine Verschwörung angezettelt hätten, damit Deutschland den Kampf verlöre. Es ist von ungeheurer Bedeutung, daß Hitler am Ende dieses Krieges zu dieser unumstößlichen Überzeugung gelangt war, die er 1919 in seinem antisemitischen Artikel zum Ausdruck brachte. Dies legt die Vermutung nahe, daß seine Wahnvorstellung aus Wien mit neuen Argumenten eine weitere Systematisierung erfuhr, wie zum Beispiel dem, daß der „Dolchstoß", den die deutsche Niederlage von 1918 darstellte, von Juden versetzt worden sei. So hatte sich bis 1924 in Hitlers Kopf die folgende feste Überzeugung herausgebildet, die er dann in seinem Buch *Mein Kampf* zum Ausdruck brachte – wobei sein Wahn deutlich spürbar und unverhüllt zum Ausdruck kommt: Deutschland wäre viel erspart geblieben, wenn man im Ersten Weltkrieg „Giftgas" gegen diese „zwölftausend hebräischen Zerstörer der Nation" eingesetzt hätte…

Diese fixe und unveränderbare Idee – wie jede Wahnvorstellung – war in Hitlers Gehirn „eingekapselt" und blieb wie sie war. Seine Prophezeiung vom 30. Januar 1939 bedeutete somit nichts anderes als die „Endlösung" der „Judenfrage". AUSCHWITZ ist die Realisierung der „Vergasung", die man im Ersten Weltkrieg „versäumt" hatte, als Hitler gerade einmal ein kleiner Gefreiter war. Nun jedoch, als Oberbefehlshaber der Wehrmacht, konnte er die „verhängnisvolle Unterlassung" zu korrigieren. Denn sollte er es nicht tun – davon war Hitler felsenfest überzeugt – würden die gefährlichen Juden die arischen Völker zerstören. Eine solche Macht schrieb er ihnen zu!...

AUSCHWITZ war die „Endlösung", nicht die „harmlose" *Reichskristallnacht*, in der „gerade einmal" 400 Juden ermordet, 1.000 Synagogen angezündet, 30.000 hebräische Bürger in Konzentrationslager gesteckt und andere dazu gezwungen worden waren, das Land zu verlassen... Nein. Für Hitler war damit sein persönliches Problem nicht gelöst – ihn konnte nur eine globale „Vernichtung" beruhigen. Nicht einmal Himmlers Vorschlag, den Begriff „Jude" endgültig dadurch abzuschaffen, daß man die Juden nach Afrika oder nach Sibirien schickte, war für Hitler akzeptable: er brauchte eine *radikale* Lösung, die Juden mußten mit Stumpf und Stiel vernichtet werden – AUSCHWITZ ...

„Ich will heute wieder ein Prophet sein", sagte Hitler in der bereits erwähnten Rede vom 30. Januar 1939: „Wenn es dem internationalen Finanzjudentum in und außerhalb Europas gelingen sollte, die Völker noch einmal in einen Weltkrieg zu stürzen, dann wird das Ergebnis nicht die Bolschewisierung der Erde und damit der Sieg des Judentums sein, sondern *die Vernichtung der jüdischen Rasse in Europa.*"[195] Das war in der Tat eine „Endlösung"!

---

[195] Alan Bullock, Hitler und Stalin: parallele Leben, Berlin 1991, S. 784

Nach und nach, in einem unheimlichen Crescendo, bereitete sich AUSCHWITZ – das reale Auschwitz in Polen – technisch darauf vor, daß aus seinen Duschen Giftgas auf Tausende von Menschen herabströmte, die an irgendeiner körperlichen oder geistigen Behinderung litten, um so das Programm der „Euthanasie" zu erfüllen, das Hitler per Erlaß im Oktober 1939 angeordnet hatte. Diese Verordnung galt auch für Kinder, damit sie erst gar nicht die Pubertät erreichten und womöglich Nachkommen zeugten, die dann dem Staat zur Last fielen. Wie es zu der Entscheidung kam, Auschwitz in ein Massenvernichtungslager für Juden zu verwandeln, schildert Rudolf Höß, der überführte Mörder und Direktor von Auschwitz in seinem Geständnis nach dem Krieg:

„Während des Sommers 1941 befahl Himmler mich zu sich und teilte mir mit, der Führer habe angeordnet, daß man die Endlösung der Judenfrage in Angriff nehmen solle. Und daß wir uns darum kümmern müßten. Wegen der Transportwege und der Abgeschiedenheit habe ich Auschwitz gewählt."[196]...

Hatte Hitler ihm das gesagt oder war das seine eigene Idee? Die Frage erübrigt sich eigentlich, denn nichts, was die Judenfrage anging, geschah ohne Hitlers Zustimmung, auch wenn die Durchführung letztlich dem „Stil" des jeweiligen sadistischen Mörders überlassen blieb... Für den Fall, daß noch Zweifel daran bestehen sollten, daß diese Morde und der Völkermord auf Hitlers direkte Anregung zurückzuführen sind, zitiere ich eine Eintragung aus Himmlers Tagebuch, die um 1990 entdeckt wurde und vom 18. Dezember 1941 stammt. Nach einer Besprechung mit dem Führer in seinem preußischen Refugium, das unter dem Namen „Wolfsschanze" bekannt war, notierte Himmler:

„Judenfrage: vernichten wie Freischärler."[197]

---

[196] Laurence Rees, Auschwitz, Barcelona 2005, S. 100
[197] ebd. S. 128

„Obwohl kein schriftliches Dokument gefunden worden ist, das Hitler direkt mit einem Befehl zur Durchführung der 'Endlösung' in Verbindung bringt, zeigt dieses Material über jeden vernünftigen Zweifel hinaus, daß er in jenem Dezember die antijüdischen Maßnahmen gefördert, gelenkt und intensiviert hat. Es ist wahrscheinlich, daß auch ohne den Katalysator des Kriegseintritts der USA die Deportationen der Juden nach Osten auf Hitlers Befehl schließlich zu ihrem Tod geführt hätten. Die Wut und Frustration, die Hitler bei der russischen Gegenoffensive vor den Toren Moskaus am 5./6. Dezember empfunden haben muß, hat ihn vermutlich bereits geneigt gemacht, seine Wut weiter an den Juden auszulassen. Pearl Harbour bewirkte dann eine mörderische Klarheit in Hitlers Denken. Die heuchlerischen Ausreden führender Nationalsozialisten, die Juden würden nur deportiert und im Osten in Lagern festgehalten, wurden fallengelassen. So oder so – ihnen drohte jetzt die Vernichtung."[198]

Aber Auschwitz sollte sich noch bis 1944 gedulden müssen, ehe es voll zum Zuge kam. Das unheilbringende Crescendo von Mord und Völkermord mußte zunächst die fatalen Stufen der Vernichtungslager erklimmen, die dem Tod bessere Erträge brachten: Lager, die versteckt in den polnischen Wäldern lagen, wie Chelmno, das erste, dann Belzec, Sobibór und schließlich Treblinka – Orte, wo die barbarische und kompulsive Mentalität das Leben von Millionen von Juden und Sowjetbürgern einforderte. Das bedeutet: von den 5 ½ Millionen Kommunisten, die die Nationalsozialisten gefangengenommen hatten, sind 3 ½ Millionen verhungert, erfroren oder zu Tode gefoltert worden – vorsätzlich...

„Es war kein Zufall", schreibt Kershaw, „daß der Krieg im Osten zu einem Genozid führte. *Das ideologische Ziel der Auslöschung des 'jüdischen Bolschewismus' stand im Mittelpunkt, nicht am Rande dessen, was man bewußt als einen 'Vernichtungskrieg'*

---

[198] Laurence Rees, ebd. S. 116/117

angelegt hatte. [...] Die deutsche Kriegsführung im Rußlandfeldzug sollte sich schnell zu einem umfassenden Völkermord-Programm entwickeln, wie es die Welt noch nie gesehen hatte."[199]

Die durch Kursivdruck hervorgehobene Textpassage soll verdeutlichen, was ich bereits zuvor betont habe: daß Hitler sich jetzt gegen Rußland wandte, hatte pathologische Ursachen – er wollte seinen Verfolger dort vernichten, wo er seiner Meinung nach die größte Macht besaß. Es ist erschreckend, wie gefährlich ein Wahnsinniger werden kann, wenn er zum Diktator einer Nation wird!

Meine These, die psychopathologisch begründet ist und nicht mit der von Kershaw übereinstimmt, wird dennoch durch folgende Aussage des kompetenten Hitler-Forschers bestätigt:

„Hitler sprach während des Sommers und Herbstes 1941 zu seinem engeren Gefolge häufig in den brutalsten Ausdrücken über die ideologischen Ziele des Nationalsozialismus bei der Zerschlagung der Sowjetunion. [...] Das war genau die Phase, da aus den Widersprüchen und dem Mangel an Klarheit in der antijüdischen Politik *ein Programm zur Ermordung aller Juden im von den Deutschen eroberten Europa konkrete Gestalt anzunehmen begann.*"[200]

Diese konkrete Form, alle Juden zu töten, ist nach meiner Auffassung Hitlers systematisiertem Wahn als verfolgtem Verfolger entsprungen, in dem festen und bewußten Glauben, daß er sich nur durch die Vernichtung aller Juden – einschließlich der Kinder, die später zu Rächern werden könnten – von diesem bedrohlichen Alptraum des „gefährlichen" Juden im schwarzen Kaftan befreien konnte... Ich betone, daß dieses Ziel Priorität besaß und wichtiger war, als der eigentliche Krieg gegen die Sowjetunion.

---

[199] Ian Kershaw, Hitler 1936-1945, München 2002, S. 617
[200] ebd. S. 617

Vor allem, da für Hitler Juden und Bolschewiken zu einem einzigen Feindbild verschmolzen: dem jüdischen Bolschewismus.

Und Hitler wollte absolute Gewißheit, daß sein Feind auch wirklich tot war. Schritt für Schritt verfolgte er die Entwicklung des Völkermordes, daher übermittelte Gestapo-Chef Heinrich Müller den Gruppenführern der SS auch folgenden Befehl Hitlers, wie wir bei Kershaw nachlesen können:

„Dem Führer sollen von hier aus lfd. Berichte über die Arbeit der Einsatzgruppen im Osten vorgelegt werden."[201]

Im Folgenden zitiere ich einige sehr wichtige Äußerungen, die meine These bestätigen, daß Hitlers Furcht die Antriebskraft für seinen unbeugsamen Willen war, „alle" Juden zu vernichten, weil es angeblich zu gefährlich sei, wenn auch nur ein einziger am Leben bliebe. Es handelt sich um Aussagen von Goebbels, der praktisch Hitlers Echo war:

„Goebbels brachte seine Befriedigung zum Ausdruck, als er Mitte August (1941) einen detaillierten Bericht über Ereignisse im Ostseeraum erhielt: 'In den großen Städten wird ein Strafgericht an den Juden vollzogen. Sie werden von den Selbstschutzorganisationen [...] massenweise auf den Straßen totgeschlagen.' Er zog eine direkte Verbindung zwischen diesen Morden und Hitlers 'Prophezeiung' vom Januar 1939: 'Das, was der Führer prophezeite, tritt ein, daß, wenn es dem Judentum gelingen würde, wieder einen Krieg zu provozieren, es damit seine Existenz verlieren würde.' Drei Monate später, als er Vilnius besuchte, sprach Goebbels erneut von 'grauenhaft[er]' Vergeltung der örtlichen Bevölkerung an den Juden. 'Zu Tausenden sind sie niedergeschossen worden', und sie würden immer noch zu Hunderten 'fusiliert'. Die übrigen Juden seien in Ghettos zusammengepfercht worden und arbeiteten zum Nutzen der örtlichen Wirtschaft. [...] Er beschrieb die Juden als 'die Läuse der zivilisierten Mensch-

---

[201] ebd. S. 621

heit. *Man muß sie irgendwie ausrotten, sonst werden sie immer wieder ihre peinigende und lästige Rolle spielen.* Nur wenn man mit der nötigen Brutalität gegen sie vorgeht, wird man mit ihnen fertig. *Wo man sie schont, wird man später ihr Opfer sein*".[202]

Wie wir wissen, ist der chronische systematisierte Wahnsinn ansteckend: bei Goebbels wird deutlich, daß er – als einer von Hitlers engsten Vertrauten – den Wahn bereits tief in sich aufgenommen hat.

„Wo man sie schont", *sagt Goebbels, als wäre er in Hitlers Haut geschlüpft*, „wird man später ihr Opfer sein."...

Kershaw vermeidet es zwar nicht, diese Verhaltensweisen als pathologisch zu bezeichnen, aber er beschreibt sie ganz allgemein, ohne sie klinisch genau zu definieren:

„*So sahen die extrem pathologischen Ausdrucksformen von Gefühlen aus* [...]"[203], schreibt er. Kershaw untermauert sein Urteil mit den Worten, die Feldmarschall Walter von Reichenau an die deutschen Soldaten richtet: „Deshalb muß der Soldat für die Notwendigkeit der harten, aber gerechten Sühne am jüdischen Untermenschentum volles Verständnis haben. [...] Nur so werden wir *unserer geschichtlichen Aufgabe gerecht, das deutsche Volk von der asiatisch-jüdischen Gefahr ein für allemal zu befreien.*"[204]

Und Kershaw weist genau auf den Kern von Hitlers Ziel hin, wenn er schreibt:

„Weil *die Juden als erste Gruppe der Ausrottungspolitik* angesehen wurden, hieß das, daß kein besonderer Auftrag zu ihrer 'Behandlung' innerhalb der allgemeinen Zuständigkeit für die Gewährleistung von Ruhe und Ordnung notwendig war. *Das war die*

---

[202] ebd. S. 621
[203] ebd. S. 621
[204] ebd. S. 622

Perspektive zu Beginn des Feldzugs, unter der Voraussetzung, daß Juden die gefährlichste Opposition gegen die Besetzung bildeten. Im Umgang mit den Juden im Osten konnte Himmler als selbstverständlich annehmen, daß er 'dem Führer entgegen arbeite.'"[205]

Dies entspricht genau der Auffassung, die ich hier vertrete: *daß nämlich bei der Kampagne gegen die Sowjetunion „die Juden als erste Gruppe der Ausrottungspolitik" ins Visier genommen wurden*, aufgrund der Gefahr, die sie für Hitler darstellten. *Und ich behaupte, daß die hyperbolische Überbewertung der Gefährlichkeit der Juden – denen Hitler die Verantwortung für den Ersten und Zweiten Weltkrieg, und jetzt für die Macht Rußlands zuschob –, eindeutig in Hitlers krankhafter Furcht vor den Juden begründet lag.*

Die weltumspannende Dynamik, die Hitlers systematisierter Wahn annahm, können wir nur begreifen – und damit vermeiden, daß meine These als Phantasterei hingestellt wird – wenn wir Hitler selbst zu Wort kommen lassen, den ich hier nochmals zitiere:

„INDEM ICH MICH DES JUDEN ERWEHRE, kämpfe ich für das Werk des Herrn."[206]

Ein Geständnis, das den unverhofften Vorteil besitzt, daß der Führer sich hier wie jemand äußert, der persönlich verfolgt wird. Und zwar im Jahr 1924, ehe die Verfolgungsjagd auf Deutschland, Europa und den gesamten Planeten ausgeweitet wurde...

Wenn man den Juden die Zügel schießen lasse, wird Hitler sehr bald äußern, würden sie die unsinnigsten Pläne in die Tat umsetzen... Denn wenn nur *ein* Staat *eine* jüdische Familie toleriere, so würde damit der grundlegende Bazillus für einen erneuten Verfall freigesetzt...

---

[205] ebd. S. 627
[206] Adolf Hitler, ebd. S. 70

Die Nationalsozialisten hatten noch keine endgültige Entscheidung getroffen, um Hitlers Vorschlag einer „Endlösung" in Angriff zu nehmen, mit der alle Juden in Europa vernichtet werden sollten. Doch die Dynamik von Völkermord und Verbrechen war irreversibel.

Hitlers düstere „Prophezeiung" erfüllte sich allerdings mit einer Zuverlässigkeit, die man schon „fast als unheimlich" bezeichnen könnte, wie Goebbels sich sehr aufschlußreich äußerte.

Entgegen Hitlers Erwartungen war der deutsche Blitzkrieg gegen die Sowjetunion alles andere als ein kleiner Spaziergang. Ende 1941 mußte Hitler – der eigentlich nach Beendigung dieses Krieges die globale Vernichtung der Juden entfesseln wollte – akzeptieren, daß der Krieg sich bis in das Jahr 1942 hinziehen würde. Aber er ertrug es nicht, seine Pläne gegen die Juden weiter auf die lange Bank zu schieben:

„Die 'Endlösung der Judenfrage' konnte so lange nicht warten. *Wenn sich der Sieg über den Bolschewismus hinauszögerte, so seine Schlußfolgerung, sollte der Zeitpunkt zur Abrechnung mit seinen mächtigsten Gegnern, den Juden, nicht länger verschoben werden.*"[207]

Ian Kershaw gelangt nach seiner großartigen Forschungsarbeit über das Phänomen „Hitler" zu dem eindeutigen Ergebnis, daß der Jude – oder auch der „bolschewistische Jude" oder der „asiatische Jude" – für den Führer den gefährlichsten Feind darstellte. Diese Überbewertung der „Gefährlichkeit" der Juden kann aber objektiv durch nichts gerechtfertigt werden – weder durch historische noch durch militärische, politische oder soziale Begründungen. *Deshalb ist es vollkommen berechtigt, daraus die Schlußfolgerung zu ziehen, daß Hitler unbewußt subjektivem Unsinn gehorchte. Konkreter ausgedrückt: er gehorchte den Impulsen seines alten chronischen systematisierten Wahns des verfolgten*

---

[207] Ian Kershaw, ebd. S. 638

Verfolgers. Dieser Wahn war äußerst ansteckend. Er verbreitete sich rasch unter den führenden Nationalsozialisten und infizierte auch einen großen Teil des deutschen Volkes. Ein Wahn, der durch die stringente Propaganda von Joseph Goebbels – dem Nazi-Chef, der am intensivsten und bis ins Mark hinein von Hitler infiziert worden war, viel stärker noch als Göring, Heß, Himmler, Heydrich, Rosenberg – in alle Winde verstreut wurde und ab Mitte der 1920er Jahre das Bewußtsein aller Nationalsozialisten ergriffen hatte.

Wie wir gesehen haben – und im folgenden Zitat erneut sehen werden –, kommt Ian Kershaw, der renommierteste unter Hitlers Biographen, immer wieder auf den archimedischen Punkt zurück, um die innersten Triebfedern von Hitlers geistiger Dynamik zu entdecken: *seine Furcht vor den Juden.* Deshalb denke ich, daß Ian Kershaw und ich vollkommen übereinstimmen – bis auf die Tatsache, daß er leider nicht bis zu den eigentlichen Quellen vordringt (Hitlers Wahnvorstellung und seine panische Angst), da sein Werk eben historisch angelegt ist und nicht psychologisch.

„Hitlers Verantwortung für den Völkermord an den Juden", schreibt Kershaw, „kann nicht in Frage gestellt werden. Doch trotz all seiner öffentlichen Tiraden gegen die Juden, die immer öfter Anstöße zu extremer Gewalt boten, und trotz all seiner dunklen Hinweise, daß seine 'Prophezeiung' erfüllt werde, *war er immer wieder darauf bedacht, die Spuren seines Engagements beim Mord an den Juden zu verbergen. Vielleicht fürchtete er sogar ihre 'Macht' und ihre 'Vergeltung'.*"[208] (!!!)

Ganz bestimmt. Wenn Hitler den Juden eine solche Macht zugestand, daß er deswegen zwei Weltkriege auslöste – *ein offenkundiges Unrecht, das er aber ohne jeden Zweifel für gerechtfertigt hielt* –, so war die logische Folgerung, daß sie „gefährlich" und mit äußerster „Vorsicht" zu behandeln waren. Ebenso wie er

---

[208] ebd. S. 647

seine „Erscheinung" in den Straßen von Wien äußerst vorsichtig beobachtet hatte, wie er in seinem Buch 1924 schildert – noch fünfzehn Jahre nach dem Erlebnis! In diesem Moment frage ich mich: wenn es Hitler nach so vielen Jahren – nachdem sein Wahn in ein System eingebettet worden und zu seiner „Weltanschauung" geworden war –, nach so vielen rationalen Begründungen, die sich wie einhüllende Schichten um den halluzinatorischen Kern der Wahnvorstellung von Ende 1909 gelegt hatten, nicht gelungen war, in seinem Buch – das ja seine Fehler kaschieren und propagandistisch für seine „Politik" werben sollte – seinen Wahn zu verbergen: *wie schwerwiegend und mächtig muß dann seine ursprüngliche Halluzination gewesen sein, welche Angst muß sie ihm eingeflößt, welche Beklemmungsgefühle in ihm ausgelöst haben, über die er mit niemandem gesprochen hat – mit niemandem sprechen <u>konnte</u>, auch nicht mit einem engen Freund wie August Kubizek, den er zu dem Zeitpunkt bereits im Stich gelassen hatte?* Das wird nicht der erste Anlaß gewesen sein, wo er fürchtete, verrückt zu werden. Denn zumindest *eine* andere Situation hat ja Kubizek geschildert, wie ich bereits erwähnte.

Die Jahre vergingen, und Hitler hatte die Juden anscheinend vergessen. Jetzt tauchen sie mit aller Macht wieder in seinen Reden auf. Hitler war ein Kalkulator alter Schule und hoffte, daß es zum Krieg gegen die Sowjetunion kommen würde, damit er seinen antisemitischen Zorn entladen konnte, wie er es nie zuvor mit dieser sich ständig wiederholenden Beharrlichkeit getan hatte. In einer Rede vom 8. November 1941, mit der er sich an die alten militanten Gründer des Nationalsozialismus wandte, nutzte er die Gelegenheit, um das Thema der Judenfrage wieder aufzunehmen und wiederholte seine Befürchtungen bezüglich der Semiten:

„[...] er habe erkannt, daß die Juden die Antreiber einer weltweiten Konfrontation seien. England, das unter jüdischem Einfluß stehe, sei die treibende Kraft der 'Weltkoalition gegen das deutsche Volk' gewesen. Aber es sei unvermeidlich, daß die Sowjetunion, 'der größte Diener des Judentums', sich eines Tages gegen das Reich stellen würde. *Seitdem sei klar, daß der sowjetische Staat von jüdischen Kommissaren dominiert werde. Auch Stalin sei nicht mehr als 'ein Instrument in der Hand dieses allmächtigen Judentums'.* Hinter ihm würden 'all diejenigen Juden stehen, die in einer zehntausendfachen Verästelung dieses gewaltige Reich führen.' *Diese 'EINSICHT', so Hitler, habe ihn schwer bedrückt und gezwungen, sich der Gefahr aus dem Osten zu stellen.*"[209]

Damit ist meine These bewiesen, die ich zuvor aufgestellt habe: *daß Hitler sich aus subjektiven Motiven heraus und aufgrund seines Wahns gegen die Sowjetunion gewandt hat* – so erklärt sich diese ungeheure Fehlentscheidung, die sogar einem Kind schon aufgefallen wäre… Ich hebe außerdem das Substantiv EINSICHT hervor, das Hitler verwendet, um darauf hinzuweisen, daß ihm die „allmächtige" Gefahr der Juden bewußt geworden ist. In ihm klingt noch der ferne Widerhall der Erinnerung an das halluzinatorische Erlebnis in Wien, wo er plötzlich den gefährlichen Juden „gesehen" hatte...

Inzwischen hatte AUSCHWITZ bis zum Ende des Jahres 1942 – nach den Berechnungen der SS – das Leben von vier Millionen Juden eingefordert. Gleichzeitig bestand Hitler darauf, daß seine „Prophezeiung" auch genau erfüllt wurde, denn schließlich trügen die Juden die Schuld daran, daß es zum Zweiten Weltkrieg gekommen war:

„[...] daß dieser Krieg nicht so ausgehen wird, wie es sich die Juden vorstellen, nämlich daß die europäisch-arischen Völker ausgerottet werden, sondern das Ergebnis dieses Krieges die Vernichtung des Judentums sein wird. Zum ersten Mal wird diesmal das echte altjüdische Gesetz angewendet: ‚Aug' um Aug', Zahn um Zahn! [...]. *Und es wird die Stunde kommen, da der böseste*

---

[209] ebd. S. 650

Weltfeind aller Zeiten wenigstens auf ein Jahrtausend seine Rolle ausgespielt haben wird."[210] Das war Hitlers sehnlichster Wunsch, damit er endlich zur Ruhe kommen konnte!

Nach Chelmno, Belzec, Sobibór und Treblinka im Jahr 1942, deren Vernichtungslager mit ihren Giftgas-Duschen die makabre Bilanz von vier Millionen toten Juden und unendlich viele gefolterte Menschen hinterlassen hatten – Lager, deren Zerstörung die Nationalsozialisten selbst übernahmen, nachdem ihr schauriger Auftrag erfüllt war –, kam Auschwitz. Diese Vernichtungslager verwandelten sich 1944 in das Epizentrum des Massenmordes, dem fast alle ungarischen Juden zum Opfer fielen.

Ungarns ungeheure Reichtümer weckten Hitlers Habgier, und er bemächtigte sich dieser Schätze, die kaum unter dem Krieg gelitten hatten, ohne Schwierigkeiten. Nach dem Beutezug des Barbaren, der am 19. März 1944 in Ungarn eingefallen war, kam nun das Verbrechen: da Deutschland zu diesem Zeitpunkt in einer verzweifelten Situation war, wurden dringend Arbeitskräfte für die Rüstungsindustrie gebraucht. Daher wurden die arbeitsfähigen Juden aussortiert, die anderen sollten sofort eliminiert werden. Die Juden sollten aus Ungarn verschwinden und nach Auschwitz geschickt werden – das entsprach auch dem Plan der ungarischen Behörden. Die Gaskammern lagen unterirdisch, so war es für die Mörder ein Leichtes, das Gift einzulassen, sobald die Kammer vollständig mit ungarischen Juden gefüllt war. Leiter dieser Folter- und Vernichtungskammer war kein Geringerer als der überführte Mörder Rudolf Höß, der somit aus dem breiten Erfahrungsschatz seines unheilvollen Gewerbes schöpfen konnte. Wie er nach dem Krieg erklärte, hat er sich nie schuldig gefühlt. Er habe seine Befehle immer von Himmler erhalten. Der wiederum berief sich auf die allerhöchsten Befehle, die er von Adolf Hitler bekam und ohne die er gar nichts tun konnte.

---

[210] ebd. S. 655

„Die Informationen über Massenmorde in Auschwitz vom Juni und Juli 1944 hatten politische Auswirkungen.", schreibt Laurence Rees. „Im Zuge der Massendeportationen ungarischer Juden erreichten Admiral von Horthy, den ungarischen Staatschef, zahlreiche Protestschreiben. Auch Pabst Pius XII., der später für sein Versäumnis, die Vernichtung der Juden öffentlich zu verurteilen, herbe Kritik erntete, appellierte an von Horthy, die Deportationen zu beenden. [...] Am 9. Juli wurden die Deportationen offiziell eingestellt."[211]

Auschwitz ist Hitlers Werk, aber es brandmarkt auch die Alliierten, weil sie nichts unternommen haben, um den Holocaust zu verhindern, der sich dort abgespielt hat. Sie einigten sich noch nicht einmal darauf, den Ort zu bombardieren: er blieb unbeschädigt stehen, als düsteres Beispiel dafür, wie tief der Mensch sinken kann, wenn er von einer barbarischen und kompulsiven Veranlagung gelenkt wird, die ihn so weit bringt, daß er – ohne mit der Wimper zu zucken – den brutalsten Völkermord und die unbarmherzigsten Verbrechen begeht.

Hitler starb in der unerschütterlichen Überzeugung, daß er mit seinem Mord und Völkermord an den Juden im Recht war; besessen von seinem systematisierten Wahn. Am Abend vor seinem Selbstmord diktierte er sein „politisches Testament", in dem seine ganze Sorge nach wie vor auf die Zerstörung seines Feindes gerichtet war – als fürchte er, dieser könnte ihn auch nach seinem Tod noch verfolgen:

„Es ist unwahr", diktierte er, „daß ich oder irgendjemand anderes in Deutschland den Krieg im Jahr 1939 gewollt habe. Er wurde gewollt und angestiftet ausschließlich von jenen internationalen Staatsmännern, die entweder jüdischer Herkunft waren oder für jüdische Interessen arbeiteten. [...] *Es werden Jahrhunderte vergehen, aber aus den Ruinen unserer Städte und Kunstdenkmäler*

---

[211] Laurence Rees, ebd. S. 330/331

*wird sich der Haß gegen das letzten Endes verantwortliche Volk immer wieder erneuern, dem wir das alles zu verdanken haben: dem internationalen Judentum und seinen Helfern [...]."*²¹² „Ich habe auch keinen Zweifel darüber gelassen, daß, wenn die Völker Europas wieder nur als Aktienpakete dieser internationalen Geld- und Finanzverschwörer angesehen werden, *dann auch jenes Volk mit zur Verantwortung gezogen werden wird, das der eigentlich Schuldige an diesem mörderischen Ringen ist: Das Judentum!*"²¹³

Er habe auch ganz klar gesagt, daß diesmal nicht Millionen von Kindern der arischen Völker Europas sterben, noch Millionen von Erwachsenen, noch Hunderttausende von Frauen in ausgebombten Städten verbrennen würden, *ohne daß der wahre Verantwortliche für seine Schuld würde zahlen müssen...*

„Außerdem will ich nicht Feinden in die Hände fallen, die zur Belustigung ihrer verhetzten Massen ein neues, von Juden inszeniertes Schauspiel benötigen."²¹⁴

Überaus aufschlußreich ist auch, daß Hitler hier von seiner persönlichen Angst spricht, die Juden könnten sich sogar noch über seinen Leichnam lustig machen...

In letzter Instanz kommt er immer wieder auf seinen „gefährlichen" persönlichen Feind zurück, den „Juden im schwarzen Kaftan", der plötzlich vor ihm aufgetaucht ist, wie ein Alptraum, und dem er nie entfliehen konnte. Weder durch kompulsive Verbrechen, noch durch barbarischen Völkermord, niemals. Denn eine Halluzination kann man nicht töten, sie ist ein Vision ohne Objekt, eine phantasmagorische Kreation von Hitlers krankhaftem Gehirn...

---

²¹² Marlis Steinert, ebd. S. 607
²¹³ Alan Bullock, ebd. S. 784
²¹⁴ Marlis Steinert, ebd. S. 607

10. Der barbarische Schicklgruber erwacht

Wenn wir auf diesem entscheidenden Moment im Leben Adolf Hitlers zu sprechen kommen, dürfen wir uns nicht auch das vereinfachte Urteil zu Eigen machen, das für Historiker und Biographen bereits zu einem Gemeinplatz geworden ist:

„Der Erste Weltkrieg hat Hitler erst möglich gemacht."[215]

So steht es zum Beispiel bei Ian Kershaw, dem berühmten Biographen, den ich in dieser Abhandlung schon so häufig zitiert habe. Diese Auffassung könnte zu dem Gedanken verleiten, Hitlers Karriere hätte mit diesem Ereignis ihren Anfang genommen. Und dann würden wir nicht verstehen, warum der Erste Weltkrieg diesen einen Menschen auf so besondere Weise geformt hat. Warum ist gerade Adolf Hitler aus dieser weißglühenden Schmiede so verwandelt hervorgegangen und nicht irgendein anderer?

Meine Methodologie als Psychologe und Historiker bewahrt mich davor, ein solches Urteil zu übernehmen. Wenn ich die Wahrheit über Hitlers Entwicklung herausfinden, vor allem aber erfahren will, wie sich seine Mentalität herausgebildet hat, die zwangsläufig seinem Gehirn entsprungen ist, muß ich methodologisch so vorgehen, daß ich den allgemeinen Linien von Hitlers innerer Dynamik folge und aufmerksam auf die Kontinuität dieser Richtlinien achte, die von seinen Vorfahren in der Vergangenheit bis in die Zukunft hineinreichen. Dabei darf man die intermediären

---

[215] Ian Kershaw, Hitler 1889-1936, Stuttgart 1998, S. 109

Umstände nicht vergessen, die zwischen dieser Vergangenheit und der Gegenwart liegen. Vor allem im Bereich der Geschichte und der Psychologie kann man zu keiner wahren Erkenntnis gelangen, ohne die Kontinuität und die Art und Weise zu berücksichtigen, wie durch den Stimulus von Kräften der Gegenwart neue Formen und Verhaltensweisen entstanden sind. Gleichzeitig darf man nie außer Acht lassen, *daß diese unmittelbaren Kräfte auf einen Boden fallen, der bereits vorhanden und vorherbestimmt war. Aus der Interaktion von beiden entspringt das Neue.*

Der Adolf Hitler, der aus dem Ersten Weltkrieg hervorgegangen ist, ist ein neuer Adolf Hitler. Und um das Neue gerade in diesem Menschen zu begreifen, muß man wissen, welche Kräfte aus der Vergangenheit in seinem Gehirn mit diesen neue Kräften, die jetzt auf ihn einwirken, aneinanderstoßen. Wenn wir diese Verpflichtung gegenüber den Gesetzen der Erkenntnis nicht ganz genau einhalten, bleibt uns das Verständnis jedes Menschen versagt, im Fall Adolf Hitler gilt das allerdings in ganz besonderem Maße. Denn seine Mentalität gehört zu den komplexesten der Geschichte und der Psychologie, meiner Ansicht nach ist es die komplexeste überhaupt. Hitlers Mentalität ist sehr viel komplexer als die von maßgeblichen Persönlichkeiten, bei denen ich mein Erkenntnisvermögen bisher habe anwenden können.

Denn der Adolf Hitler, der am 25. Mai 1913 in München angekommen war – den Geldbeutel gut gefüllt mit der Erbschaft, die er nach Vollendung seines 24. Lebensjahres von seinem verhaßten Vater erhalten hatte –, sollte während der nächsten fünfzehn Monate zunächst einmal das Leben fortsetzen, das er in Linz geführt hatte. Es war derselbe Parasit und Nichtsnutz, der sich darauf beschränkte, Bilder abzuzeichnen, denen der göttliche Funke des wahren Künstlers fehlte, weil er sich nicht die Mühe machte, sorgfältig an ihnen zu arbeiten. An dieser Stelle möchte ich an das erinnern, was Werner Maser geschrieben hat: Hitler hatte Talent, nach dem Urteil eines Fachmannes, der sich einige von

Hitlers Aquarellen und Ölbildern angeschaut hat, sogar ein „außergewöhnliches" Talent[216], aber er war zu faul, „sich auf die Straße zu stellen und zu malen."[217] Deshalb begnügte er sich damit, schlechte Kopien anzufertigen, die er dann in den Cafés, auf der Straße und in Wirtshäusern verkaufte. Am Abend „studierte" er – was bei ihm bedeutete, daß er sich allenfalls eifrig mit Zeitungen und Broschüren beschäftigte. Denn aufgrund seiner kompulsiven Arbeitsscheu war es für ihn unmöglich, seriöse Bücher zu lesen, wie dies bei allen Menschen der Fall ist, die an dieser schwerwiegenden Verhaltensstörung oder Erkrankung leiden. Oder, um es mit Ian Kershaws fachmännischem Urteil auszudrücken:

„Hitler praktizierte seine Form des Bohemien-Daseins – in Cafés herumzulungern, in Zeitungen und Zeitschriften zu schmökern und auf die Gelegenheit zu warten, den Umsitzenden eine Kampfrede über ihren politischen Irrweg zu halten. Über die eigene Zukunft wußte er kaum mehr als einst im Wiener Männerheim."[218]

Als Hitler in München ankam, war er außerdem ausgerüstet mit seiner „Ideologie", die er von dem antisemitischen Pangermanisten Georg von Schönerer übernommen hatte, der eindeutig ein Rassist war. Und von Karl Lueger, dem Begründer der christlichsozialen Partei, einem ausgewiesenen Antisemiten und Verführer der Massen. Noch wichtiger als seine politischen Präferenzen waren aber vielleicht seine gewalttätigen kompulsiven Haßgefühle gegen den Parlamentarismus, die Sozialdemokratie, den Marxismus und sein Antisemitismus, die er ebenfalls in Wien entwickelt hatte und die nun zu Passionen werden sollten, die sein zukünftiges Handeln bestimmten.

---

[216] Werner Maser, ebd. S. 108
[217] ebd. S. 96
[218] Ian Kershaw, ebd. S. 123

Vor allem aber muß genau untersucht werden, in welchem geistigen Zustand Hitler nach München kam, *wie sein Gehirn zu diesem Zeitpunkt beschaffen war. Die erste oder normale Mentalität* war deutlich zu erkennen: er konnte sich – eher schlecht als recht, aber immerhin… – den gegebenen Umständen anpassen, da er über ein vernünftiges Urteilsvermögen verfügte und mit anderen Menschen zusammenleben konnte. So weit man bei jemandem, der sehr zurückgezogen und einsam lebt, dabei aber – statt sich freundlich mit anderen zu unterhalten und Freundschaften zu schließen, wie die anderen Männer im Wiener Obdachlosenheim – den anderen ständig mit endlosen Reden über Politik oder die Musik Wagners in den Ohren liegt, überhaupt von einem „sozialen Leben" sprechen kann. Ein wichtiger Bestandteil seiner problematischen Fähigkeit, sich der Realität anzupassen, war seine Arbeit als Maler, auf die ihn ein anderer Obdachloser gebracht hatte: Reinhold Hanisch. Mit dem Erlös dieser Arbeit verdiente er sich sein täglich Brot – und vor allem die Süßigkeiten und Sahnetorten, mit denen er seine unstillbare Eßsucht befriedigte.

Hitlers zweite oder pathologische Mentalität äußerte sich in seiner manisch-depressiven Erkrankung, die zwischen dem *hyperaktiven Pol* mit dem Gefühl der Grandiosität und dem *depressiven Pol* mit dem Gefühl der vollkommenen Wertlosigkeit hin und her pendelte.

Das Gefühl der Grandiosität, war bereits sehr ausgeprägt, als Hitler noch gar nichts darstellte – welchen Grad mußte es erst erreichen, als er Reichskanzler war und als unfehlbarer Führer für seine internationalen „politischen" Abenteuer verehrt wurde? Seinen Blitzsieg über Frankreich, seinen ebenfalls blitzartigen Einmarsch in Polen und die ersten Monate seiner überraschenden Invasion in der Sowjetunion. Alles flüchtige Siege, die dann am Ende katastrophale Folgen hatten – ein deutliches Zeichen, daß Hitler ein Mann war, der sich einfach blind ins Abenteuer stürzte. Dabei hielt er sich in seinem manischen Anfall von Grandiosität für eine bedeutende Persönlichkeit der Weltgeschichte, die von der Vorsehung geschickt worden war. In diesem Zustand blähte sich sein Ego auf, hinzukam seine Geschwätzigkeit oder Logorrhö, der pathologische Keim seiner zukünftigen überwältigenden Redekunst.

Im Gegensatz dazu standen die Phasen der depressiven Energielosigkeit, begleitet von dem Gefühl, gar nichts wert zu sein. Kennzeichnend waren hier der fehlende Schwung bei der Arbeit, der Pessimismus und das Gefühl der Nichtigkeit. Das Ego fiel in sich zusammen, blitzartig leuchteten Suizidgedanken auf...

Hinzukam, daß sein chronischer, systematisierter Wahn in Form des verfolgten Verfolgers, der dann aus Angst und Haß gegen die Juden zu Mord und Völkermord führte, einen ganz herausragenden Platz im Bereich dieser pathologischen oder zweiten Mentalität einnahm und Hitlers Verhalten bestimmte... Hitler war also sowohl von seiner manisch-depressive Erkrankung, als auch von seinem antijüdischen Wahn geprägt, als er in München ankam, und beide sollten sein Verhalten weiterhin beeinträchtigen und unbewußt inspirieren – sein Leben lang.

Auch *die dritte oder kompulsive Mentalität* war Teil von Hitlers geistigem Gepäck auf seiner Fahrt nach München. Dazu gehörten alle möglichen Arten von kompulsiven Haßgefühlen und Gewalt, die sich gegen die Sozialdemokraten, die Marxisten und den Parlamentarismus wendeten; Haßgefühle, die er nicht etwa durch das Studium seriöser Literatur schürte, sondern – wie ich wegen der historischen Bedeutung, die dies für Hitlers politische Karriere haben sollte, bereits so häufig betont habe – durch die Lektüre von Zeitungen und Zeitschriften, die er auch in München weiter „studieren" sollte, und für den Rest seines Lebens.

Der Haß gegen die Juden nahm dabei eine separate Stellung ein, den hatte Hitler auf ganz besondere Weise in seine sogenannte „Weltanschauung" eingekapselt, in deren Zentrum der wahnsinnige antisemitische Haß stand... Ebenso wie der kompulsive Haß war auch die universelle Arbeitsscheu, die ihn sowohl vom ernsthaften Studium als auch von jeder regelmäßigen praktischen Betätigung abhielt, bei Hitler angeboren – beide begleiten ihn nach München, wo sie eine einzigartige Metamorphose durchmachen, die allerdings nur partiell erfolgt: die universelle Arbeitsscheu wird Hitler weiter beeinträchtigen. Andere Kompulsionen, wie die Gewalttätigkeit, die Boshaftigkeit, die Mythomanie, die Rachsucht, die Mordsucht, die Eßsucht und der Inzest sollten im Laufe der Geschichte auf brutale Weise Gelegenheit haben, sich zu entfalten.

Die vierte, dominant barbarisch-nomadische Mentalität schließlich war in München latent vorhanden und wartete unbewußt darauf, daß sie zum Ausdruck kommen konnte. Denn bisher fehlte die Gelegenheit dazu. Wie wir gesehen haben, ging diese Mentalität genetisch auf die zahlreichen Familienmitglieder der Schicklgruber-Sippe zurück, die sich in die Berge und Wälder im äußersten Nordwesten Niederösterreichs zurückgezogen hatten. Von dort stammt der genetische Strom, der die DNA von Alois Hitler erreichte. Er hatte ihn nach dem Zufallsprinzip geerbt und gab ihn auf dieselbe Weise an seinen Sohn Adolf Hitler weiter, dessen Gehirn so von der barbarischen Mentalität geprägt wurde. Schauen wir uns an, wie diese Mentalität von Kindheit an in Hitler zum Ausdruck kam, wie sie zu einer tiefgreifenden und molekularen Triebfeder wurde, die ihn unwiderstehlich dazu drängte, kriegerische Bücher zu lesen und entsprechende Neigungen zu entwickeln. Vor allem die Romane von Karl May spielten hier eine Rolle, die für Hitler wichtiger waren als seine Schulbücher, mit denen er sich aufgrund seiner angeborenen Lernfaulheit kaum beschäftigen konnte. Aber seine Leidenschaft für den Krieg war so stark, daß die barbarische Mentalität über die kompulsive Faulheit siegte. Wir haben ja bereits gesehen, wie diese Leidenschaft für den Krieg – ein Ausdruck seiner barbarischen Veranlagung – sein Leben lang andauerte. Sie war so stark, daß Hitler 1942 – als man annehmen sollte, er sei mit dem Krieg voll ausgelastet, den er in der Sowjetunion ausgelöst hatte – Zeit fand, seine faszinierenden Karl-May-Bände zu lesen, die er sogar seinen Generälen empfahl... Aber diese vorherrschende barbarische Mentalität hatte sich bis dahin auf Hitlers Lektüre und sein Faible für den Krieg beschränkt. Sie wartete auf die Gelegenheit, endlich auch in der Praxis zum Ausdruck kommen zu können!

Ich hatte schon erwähnt, daß diese vierte Mentalität bei Hitler auch eine zivilisierte Dimension besaß, im Gegensatz zur barbarisch-nomadischen Dimension, die bei ihm vorherrschend war. Und ich hatte die Vermutung geäußert, daß diese genetisch von Hitlers unbekanntem Großvater väterlicherseits abstammte, der wahrscheinlich ein zivilisierter und künstlerisch veranlagter Mensch war. Und daß Adolf Hitler von ihm nach dem Zufallsprinzip die entsprechenden Veranlagungen geerbt hatte, wie seine Begeisterung für chorale Musik, die er 1898 im Kloster von Lambach entdeckte, wo er den ersten Gesangsunterricht im Chor des Klosters erhielt. Auf Anregung von Alois, seinem Vater, der diese Chorgesänge und diese Musik ebenfalls gern hörte. Schon früh gab es außerdem in der Grundschule – und später auch in der Realschule, wo er im Gegensatz zu allen anderen Fächern im Zeichnen die Note „vorzüglich" erhielt – deutliche Hinweise darauf, daß Hitler Talent zum Malen und Zeichnen besaß. In Wien sollte sich dann später noch herausstellen, daß er auch architektonisch begabt war. Verhängnisvoll war die Tatsache, daß er seine künstlerischen Begabungen aufgrund seiner kompulsiven Faulheit niemals hat entwickeln können, allerdings blieb er sein Leben lang ein Anhänger der Kunst, der Musik Wagners und der monumentalen Architektur. Es ist erwiesen, daß Hitler noch im Bunker in Berlin, kurz vor seinem Tod, mit Freude die Modelle angeschaut hat, die sein offizieller Architekt entworfen hatte...

Damit will ich zeigen, daß Hitlers künstlerische Berufung tief in ihm verwurzelt war. Sie wurde jedoch von seiner kompulsiven Faulheit sabotiert, die er unglücklicherweise geerbt hatte – also unverschuldetermaßen, was ich an dieser Stelle nochmals deutlich zum Ausdruck bringen möchte. Ohne diese Kompulsion zur Faulheit, die ihn vom Studium abhielt, hätte Hitlers Schicksal einen anderen Verlauf genommen – und damit auch das Schicksal Deutschlands und Europas. Denn wäre Hitler Künstler geworden – Maler oder Architekt – und hätte ein richtiges Kunststudium an der Universität absolviert, wäre zwar mit Sicherheit auch der Krieger in ihm erwacht, aufgrund der starken Erblast des barbarischen Nomaden: *aber Hitler hätte das Barbarische mit dem mächtigen Gegengewicht des zivilisierten Menschen ausgleichen können.* So wäre ein militärischer Staatsmann ganz eigener Prägung in die Geschichte eingegangen, eine Art moderner Bismarck, statt eines brutalen Führers, Abenteurers, Nomaden, Mörders und Völkermörders, der mit jedem Sieg Deutschland ein Stück weiter in die größte Tragödie der Geschichte hineinführte... Doch von diesen Wunschvorstellungen einmal abgesehen, bin ich davon überzeugt, daß Hitlers künstlerische Berufung – zu der ich auch seine Redekunst zähle, nachdem er die Phase der rein manischen Geschwätzigkeit erst einmal hinter sich gelassen hatte – sehr tief in ihm verwurzelt war, in seiner DNA. Daher muß er sie von seinem unbekannten Großvater väterlicherseits geerbt haben...

Für die Behauptung, die ich soeben aufgestellt habe, übernehme ich die volle Verantwortung als Psychologe und Historiker: wenn Adolf Hitler nicht die Kompulsion zur Faulheit geerbt hätte, die ihm ein ernsthaftes Studium unmöglich gemacht hat, hätte sein Schicksal mit Sicherheit einen anderen Verlauf genommen – und damit auch das Deutschlands und Europas. Hierin sehe ich die ganz besondere Eigenart Hitlers! Er ist ein Mann, der in der Geschichte der Menschheit einzigartig ist. Ich sagte bereits, daß keiner der großen Kriegsherrn, mit denen ich mich beschäftigt habe, mit ihm zu vergleichen ist. Ihre Persönlichkeit war nicht so komplex, denn ihre Gehirne wurden nicht durch eine solche Vielfalt von mentalen Determinismen bestimmt. Darunter waren einige positive, vorherrschend waren jedoch diejenigen, die die niederträchtigsten Handlungen auslösten, die die Menschheit je erlebt hat... Hätte Hitler nicht das Pech gehabt, ein durch Alkohol mutiertes Gen zu erben, das zweifellos von seinem Onkel väterlicherseits (Franz Schicklgruber) stammte, dann zunächst an seinen Vater Alois weitergegeben wurde (zusammen mit einer Vielfalt anderer Kompulsionen) und schließlich an ihn, Adolf Hitler – wobei dieses Gen in ihm, ebenfalls nach dem Zufallsprinzip, ein ganzes System von Kompulsionen hervorrief, das ihn in einen Nichtsnutz verwandelte, der unfähig war, konzentriert zu lernen –, so hätte die zivilisierte Dimension dazu geführt, daß aus ihm ein bedeutender Architekt oder Maler geworden wäre – denn er hatte das Zeug zu einem herausragenden Künstler – und ein gebildeter Redner statt eines theatralischen Demagogen. Und diese zivilisierte Dimension hätte seine schreckliche barbarische Dimension, seinen Drang zum Völkermord, Abenteuer und nomadischen Expansionismus abgemildert... Hitlers kompulsive Faulheit hat der Geschichte einen üblen Streich gespielt! Wer hätte gedacht, daß eine Beeinträchtigung des Gehirns, die das Verhalten verändert – wobei es sich um eine *kompulsive* Störung handelte, was sehr schwerwiegend ist – derartige Folgen haben und von solch weltweiter Tragweite sein kann!

Sicher ist, daß in dem Barbaren Adolf Hitler – „dieser wilden Bestie", wie jener weise Menschenkenner, der bayerische Ministerpräsident Heinrich Held ihn bezeichnete – der schreckliche Kriegsherr triumphierte, der in ihm steckte, da Hitler seine zivilisierte Veranlagung nicht entwickeln konnte. Er war zwar rhetorisch sehr begabt, doch diese an sich zivilisierte Eigenschaft verwandelte sich bei ihm in ein Instrument des Genius des Bösen ...

Dieser Mann, der bei seiner Ankunft in München im Mai 1913 noch gar nichts erreicht hatte und ein absoluter Niemand war, barg in seinem Gehirn jene ungeheuren Kräfte, allerdings im Stadium der potentiellen Möglichkeiten. Sie hätten ohne weiteres latent bleiben können. Denn als Hitlers Hedschra von Wien nach München stattfand, floh er vor dem österreichischen Militärdienst – nicht weil er es ablehnte, im Heer der Habsburger zu dienen, wie er vorgab, sondern weil er zu faul war. Er wollte sich nicht als Rekrut der Disziplin unterwerfen. Als er nach München zog, lockte ihn mehr das berühmte künstlerische Ambiente dieser Stadt, wo er sich als Maler oder Architekt verwirklichen wollte – was ihm in Wien ja nicht gelungen war. Doch München bot ihm nicht das, was er suchte, sondern präsentierte ihm ganz im Gegenteil genau die Gelegenheit, das Potential seiner barbarischen Mentalität typisch Schicklgruberscher Machart in die Tat umzusetzen…

Von seiner Tradition her war Deutschland sehr empfänglich für eine imperialistische Politik, denn es gab noch Ressentiments, weil Deutschland 1880 bei der Verteilung der afrikanischen Kolonien so schlecht weggekommen war. Das war ein günstiger Nährboden für die Entwicklung eines Führerkultes, der die Herrschaftsform Bismarcks fortsetzen würde. Eine antijüdische Grundstimmung war zu spüren und auch Expansionsdrang… Aber nichts davon – auch keine anderen sozialen oder ökonomischen Phänomene – deutete auf die Entstehung eines Dritten Reiches mit den Charakteristika hin, die Hitler ihm dann aufoktroyiert hat. Meiner Ansicht nach hat Hitler mit seiner komplexen psychologischen Veranlagung, die in der deutschen Geschichte und selbst in der Weltgeschichte einzigartig ist, *die deutsche Tradition aus dem Gleichgewicht gebracht* und ihr eine Richtung aufgezwungen, die dieser Tradition und der besonderen Eigentümlichkeit der Deutschen fremd war. *Hitler* – mit seiner speziellen und einmaligen persönlichen psychologischen Veranlagung!

– hat einen historischen Zyklus begonnen und abgeschlossen, der essentiell neu war, noch nicht bekannt und einzigartig, ganz persönlich und nach den politischen und sozialen Gewohnheiten Deutschlands bis zu diesem Zeitpunkt nicht absehbar – auch wenn es Ähnlichkeiten gab. Es war ein neuer Zyklus, der mit Hitler anfing und mit Hitler endete, er war ungewöhnlich und einzigartig. Dieser Zyklus hätte, wenn er die deutsche Tradition logisch fortgesetzt hätte, durchaus von Kriegen und einer Führerpersönlichkeit geprägt sein können, er wäre möglicherweise imperialistisch, antimarxistisch und antisemitisch gewesen: aber er hätte nicht zum Dritten Reich in der bekannten Form geführt, noch zum Weltkrieg, noch zur Katastrophe – und auch nicht zur nationalsozialistischen Partei:

„Eine tausendfach gestellte Frage", schreibt Marlis Steinert, „die man auch künftig immer wieder stellen wird, lautet: Warum hat sich der Nationalsozialismus gerade in Deutschland und nicht in einem anderen Land entwickelt und etabliert? Wie kam es, daß das Land Goethes und Beethovens, Marx' und Einsteins so tief sinken und derart scheußliche Verbrechen begehen oder tolerieren konnte? Welches sind die Besonderheiten, die die Deutschen dazu bewegt haben, sich auf eine Politik der Zerstörung einzulassen, während andere europäische Länder, in denen ähnliche Ideen und Probleme auftauchten, dieser Versuchung entweder nicht erlegen sind oder sie, wie beispielsweise Italien, in weniger radikalen Formen überstanden haben?"[219]

Auch andere Wissenschaftler haben sich diese Fragen gestellt. Man hat persönliche Ursachen angeführt, sozioökonomische und ideologische – doch kein Erklärungsversuch hat zu einem Konsens geführt, der dieses Problem zufriedenstellend gelöst hätte.

Meine Antwort auf diese Fragen und andere, die man vielleicht noch formulieren könnte, lautet: *Adolf Hitler war aufgrund seines*

---

[219] Marlis Steinert, ebd. S. 61

ungewöhnlichen Gehirns und der mentalen Ströme, die daraus hervorsprudelten und ihn in ein absolut einzigartiges Exemplar der menschlichen Spezies verwandelten, derjenige, der zunächst einmal die nationalsozialistische Partei ins Leben rief, mit den besonderen Eigenschaften, die sie von den traditionellen Parteien unterschied. Die hervorstechendste war die Kriegstreiberei, die auf Hitlers ganz persönliches, unerschütterliches und geheimes Ziel gerichtet war. Hinzukam die Absicht, die Hitler fest entschlossen verfolgte, das deutsche Volk unmißverständlich und unweigerlich für einen neuen Krieg zu mobilisieren. Und zwar von dem Augenblick an, da Hitler gestählt aus dem Schmelztiegel des Ersten Weltkrieges aufgetaucht war, ausgerüstet mit allen Waffen, die er für die Durchsetzung seines unumstößlichen Planes benötigte, und zusätzlich unterstützt durch die Hartnäckigkeit, die er von seiner Großmutter Maria Anna Schicklgruber geerbt hatte. „Mit traumwandlerischer Sicherheit" geht er „den Weg, den mich die Vorsehung gehen heißt"[220] – anfangs nur Schritt für Schritt, während er sein *Charisma* als Führer aufbaut und allmählich Sicherheit gewinnt. Dann, als er alle Macht in Händen hält, geht er mit atemberaubender Geschwindigkeit seinem verhängnisvollen Schicksal entgegen, bis er seine „Mission" erfüllt hatte und der „Traumwandler" in den Abgrund stürzte: Adolf Hitlers esoterische Mission, die Mission des exzentrischen Einzelgängers, den wir kennen – nicht die von irgend jemand anderem, auch nicht die von Deutschland.

Deshalb ist Hitler vom psychologischen Standpunkt aus gesehen ein vollkommen überraschendes Phänomen, das in der deutschen Tradition ganz fremd war. Er tauchte plötzlich auf wie ein Blitz aus der Hölle, der in sich selbst seinen Anfang und sein Ende hat. Wie ein diabolisches Wesen, das sich für einen Moment lang in die Geschichte des deutschen Volkes einnistet, es vorübergehend

---

[220] Ian Kershaw, Der Hitler-Mythos: Führerkult und Volksmeinung, München 2003, S. 106

überwältigt und blendet, es verführt und in einen Rausch der Bewußtlosigkeit hineinzieht, indem er es auf Gedeih und Verderb den <u>magischen</u> Kräften dieses einzigartigen menschlichen Phänomens unterwirft, *ohne daß es sich von ihm befreien kann.* Ebenso wie es den vier Menschen ergangen ist, die Hitler nahe standen – seiner Mutter, Kubizek, Geli und Eva Braun – und die sich aus Angst nicht von ihm lösen konnten. So erging es auch dem deutschen Volk. Wie betäubt blieben die Deutschen selbst nach Hitlers Tod noch zurück, ohne zu wissen, wie ihnen geschah: *Hitler war ein Tsunami, der in einem bestimmten historischen Augenblick die Menschen überflutet und nur Ruinen zurückgelassen hat. Deshalb war das deutsche Volk vollkommen verwirrt, nachdem die Katastrophe vorüber war. Denn die Deutschen mußten mit der paradoxen Situation fertig werden, daß sie Hitler zwar mit 93% ihrer Stimmen gewählt und ihm die absolute Macht überlassen, aber dennoch nicht bewußt an seinem diabolischen Heldenepos teilgenommen hatten.* Die Deutschen widmeten sich dem Wiederaufbau und versuchten, von dem Moment an, da der *politische und kriegerische Umsturz* 1920 eingesetzt hatte, die zerrissenen Enden der historischen Tradition wieder zusammenzuknüpfen, die durch die Verblendung während des Hitler-Regimes unterbrochen worden war. Durch dieses merkwürdige menschliche Phänomen, das in der Vergangenheit aufgetaucht ist und auch in der Zukunft wieder auftauchen kann. Deshalb ist es so dringend notwendig, das einzigartige geistige Erdbeben zu erkennen, das jedes beliebige Land der Erde erschüttern kann, und das tatsächlich zur Zeit die Länder erschüttert, wenn auch mit geringerer zerstörerischer Kraft und auf einer niedrigeren Stufe der historischen Skala.

Hitler war so einzigartig in der deutschen Geschichte – ein eindeutiges Zeichen dafür, welch ein Einzelgänger und Exzentriker er war – daß noch nicht einmal die höchsten Führungspersönlichkeiten der nationalsozialistischen Partei ihn wirklich kannten:

keiner von ihnen hatte sich so weit vorgewagt, daß er mit Hitler per Du war. Geschweige denn, daß irgend jemand ihm Befehle erteilt oder seinen Plänen widersprochen hätte. Jeder kam auf Zehenspitzen und so lautlos wie möglich zu den Zusammenkünften mit dem Führer. Vielleicht haben Stabschef Röhm und die Brüder Strasser die selbstmörderische Kühnheit besessen, sich ihm entgegenzustellen – aber das mußten Röhm und Georg Strasser dann bei passender Gelegenheit (1934) auch mit ihrem Leben bezahlen, und Otto Strasser mußte aus Deutschland fliehen, ehe Hitlers Pranken ihn ergreifen konnten... Wenn also selbst die führenden Politiker der nationalsozialistischen Partei Hitler bis zum Schluß blind gehorchten – mit Ausnahme von Heß und Himmler in letzter Minute –, ohne daß einer von ihnen überhaupt wußte, wer er eigentlich war (abgesehen von Heinrich Held, dem bayerischen Ministerpräsidenten, den ich schon erwähnte, der aber kein führendes Mitglied der NSDAP war), *wenn also die führenden Nationalsozialisten keine Ahnung hatten, wen sie da als Führer vor sich hatten, wie muß es da erst dem deutschen Volk ergangen sein, das ihm wie ein kollektives, willenloses Werkzeug gehorchte?*

Ehe jedoch das Erdbeben anfing, müssen wir uns der Erschütterung zuwenden, die Hitler selbst erleben mußte, damit die *vierte Mentalität oder die geistige Veranlagung, die überwiegend barbarisch geprägt war,* aus ihrem latenten Stadium wachgerüttelt und aktiviert wurde. Dies geschah über Hitlers Redekunst und sein besonderes Verständnis von Politik, die für ihn „ein Mittel zum Zweck" war. Worin dieser geheime Zweck bestand, daran gab es keinen Zweifel: der Zweite Weltkrieg!

Wir dürfen jedoch nicht erwarten, daß diese Erschütterung von Hitlers Gehirn durch die scharfsinnigen und tiefschürfenden Anregungen weiser Überlegungen ausgelöst wurde. Hitler hat sich keineswegs fieberhaft über die großen Werke und Abhandlungen zum Thema Krieg, Politik, Ökonomie, soziale Reformen und Geschichte gebeugt. Wir kennen ihn inzwischen gut genug, um zu wissen, daß seine kompulsive Faulheit ihn rigoros daran hinderte, die aktuellen Werke der maßgeblichen Autoren zu lesen. Doch lassen wir den kompetenten Ian Kershaw zu Wort kommen, den ich für ausgesprochen glaubwürdig halte:

„Wie in Wien diente Hitlers Lektüre nicht der Aufklärung oder dem Studium, sondern der Bestätigung der eigenen Vorurteile. Meist las Hitler wahrscheinlich in Cafés, wo er wie gewohnt die für die Gäste ausgelegten Zeitungen verschlang."[221]

Der Anlaß für die zerebrale Erschütterung mußte daher im Bereich des praktischen Handelns zu suchen sein, und zwar durch eine Tätigkeit, die Hitler nicht zuwider war. Denn seine kompulsive Arbeitsscheu erstreckte sich ja auch auf jegliche Form der praktischen Arbeit, wie wir gesehen haben. So war er in Wien schließlich zum Bettler geworden. Welche Tätigkeit konnte das aber sein, bei der er nicht den Verdacht hegte, es könne sich um Arbeit handeln, um diese verhaßte Arbeit? Der Militärdienst war es nicht; ich erwähnte ja bereits, daß Hitler der Verpflichtung, sich beim österreichischen Heer zu melden, ausgewichen war. Diese Wehrpflicht bestand seit 1909, und jeder, der ihr nicht nachkam, wurde bestraft. Ich hatte auch gesagt, daß diese Weigerung Hitlers nicht damit zusammenhing, daß er nicht unter Habsburgern dienen wollte, sondern damit, daß ihm die disziplinierte Arbeit eines Rekruten nicht paßte…

Die einzige Tätigkeit, die Hitler akzeptieren konnte, mußte mit den Nervenbahnen der Großhirnrinde der rechten Großhirnhemisphäre zusammenhängen. Sie bilden die organische Grundlage der vierten Mentalität, von hier aus werden die barbarischen Verhaltensweisen gesteuert. Bei Hitler war die barbarische Veranlagung so stark, daß sie nur auf eine Gelegenheit wartete, um zum Ausdruck zu kommen. Diese Tätigkeit, die den leiden-

---

[221] Ian Kershaw, Hitler 1889-1936, Stuttgart 1998, S. 122

schaftlichen Enthusiasmus dieses Mannes weckte – und bei der seine ungeheure kompulsive Faulheit nicht zum Tragen kam – konnte nur der Krieg sein: nicht der Militärdienst, nicht das Studium der Kriegskunst, nein – der Krieg schlechthin! Zu Hitlers Büchern zählte das Werk *Vom Kriege* des preußischen Generals Carl von Clausewitz, ebenso wie Volksausgaben der Werke Schopenhauers: aber keiner kann beweisen, daß Hitler diese Bücher auch tatsächlich gelesen hat.

Ich möchte den Leser an etwas erinnern, das von größter Wichtigkeit ist und das ich zu Beginn dieser Abhandlung erläutert habe: in den letzten Jahren des Jungpaläolithikums und zu Beginn des historischen Neolithikums sind aus dem evolutiven Prozeß zwei Volksgruppen hervorgegangen – die zivilisierten Völker und die barbarischen Völker. Die zivilisierten Völker hatten diesen Zustand erreicht, weil sie von Populationen abstammten, die etwa um 40.000 v. Chr. aus Afrika vor allem nach Europa gekommen waren, wo sie ihre Entwicklung vervollständigten. Denn sie waren Nomaden, Jäger und Sammler – und geniale Künstler. Sie hatten das erste Goldene Zeitalter der Menschheit geschaffen, die Höhlenkunst der Eiszeit. Wir haben diese modemeren Völker die Völker des Homo sapiens genannt. Es waren die Menschen von La Madeleine, die – auch das hatten wir gesagt – während des Jungpaläolithikums in Europa, im asiatischen Nahen Osten und in Nordafrika mit drei anderen Völkern zusammenlebten: mit den Menschen von Cro-Magnon, den Menschen von Aurignac und den Neandertalern. Da sie sich in der Zeitspanne des Jungpaläolithikums befanden, waren alle vier Völker während dieses Zeitraumes am Ende des Paläolithikums noch im Evolutionsprozeß begriffen, also in der Zeit zwischen 40.000 v. Chr. (als die drei ersten Völker aus Afrika ankamen) und 10.000 v. Chr. (als das Jungpaläolithikum endet und – nach meiner Theorie – das Neolithikum und die eigentliche moderne Geschichte beginnt)...

Die Völker der Menschen von La Madeleine nahmen eine sehr glückliche Entwicklung, vor allem in Bezug auf das Gehirn, das uns hier besonders interessiert. Es fand eine Ablösung der mentalen Funktionen statt, d.h. das Bündel der rationalen, verbalen und bewußten mentalen Fähigkeiten, die überwiegend in der linken Großhirnhemisphäre lokalisiert sind, lösten das Bündel der kreativ-halluzinatorischen und unbewußten mentalen Fähigkeiten, die zum größten Teil in der rechten Großhirnhemisphäre lokalisiert sind, in ihrer Vorherrschaft ab oder traten an ihre Stelle. Auf diese Weise und dank der aufsteigenden Entwicklung des Gehirns *verfügten die Völker der Magdaléniens nun über ein modernes Gehirn: die linke Großhirnhemisphäre war dominant, was zur Folge hatte, daß diese Völker seßhaft wurden und den unwiderstehlichen Drang verspürten, die Zivilisation aufzubauen.* Sie zeigten neue Verhaltensweisen, die sie grundsätzlich von den Nomaden unterschieden: sie entwickelten ein wohl durchdachtes produktives Wirtschaftssystem mit Landwirtschaft und Viehzucht; da sie seßhaft waren, konnten sie auch Häuser bauen, Dörfer und Städte, in denen sie friedlich lebten und sich im Rahmen einer modernen Sozialstruktur dem Aufbau der Zivilisation widmeten. *Immer wenn sich das Gehirn veränderte, veränderte sich damit auch das Verhalten…*

Bei anderen Völkern vollzog sich diese positive evolutive Entwicklung jedoch nicht. In ihrem Gehirn gab es keine Ablösung der mentalen Funktionen, weil die rechte Großhirnhemisphäre dominant blieb. Woher ich das weiß? Weil diese Völker weiterhin dieselben Verhaltensweisen an den Tag legten wie während des Jungpaläolithikums: sie lebten nach wie vor als Nomaden, Jäger und Sammler; Häuser und Städte waren ihnen verhaßt. Sie zogen weiterhin durch die Steppen, die Wüsten und die Berge oder lebten in Höhlen, als die modernen Zeiten des historischen Neolithikums anbrachen. *Sie änderten ihr Verhalten nicht, weil ihr Gehirn sich nicht veränderte.* Es gab auch keine Ablösung der archaischen mentalen Funktionen der rechten Großhirnhemisphäre durch die modernen – rationalen, sprachlichen und bewußten – Fähigkeiten. *Daraus schließe ich, daß das Verhalten dieser Völker weiterhin von der rechten Großhirnhemisphäre bestimmt wurde. Sie waren auf Raubzüge aus, gewalttätig und verspürten den unwiderstehlichen Drang, die Zivilisation zu zerstören.*

Zwei Kategorien von Völkern, die zivilisierten und die barbarischen. Jede Gruppe pflegte eine Lebensweise, die im vollkommenen Gegensatz zu der der anderen stand: zwangsläufig mußte es also zu einer heftigen Konfrontation zwischen beiden kommen. Das war die ursprüngliche Tragödie der Menschheit, wie ich es genannt habe: die erste evolutive Aufspaltung – keine kulturelle – in Völker, die einander feindlich gegenüberstanden.

Wenn die zivilisierten Völker aus den modernsten Volksgruppen des Homo sapiens, den Magdalénien, hervorgegangen sind – wie sieht es dann mit der biologischen Abstammung der barbarischen Völker aus? Ich denke, daß sie aus einem Hybridisierungsprozeß zwischen den sehr archaischen Neandertalern und den Menschen von Cro-Magnon und/oder den Menschen von Aurignac hervorgegangen sind. Letztere zählen zwar zu den modernen Völkern, wiesen aber noch die primitiven Protuberanzen des Schädelknochens auf. Andere Anthropologen und Genetiker sind der festen Überzeugung – und dabei stützen sie sich auf die mitochondriale DNA –, daß die modernen Völker, die aus Afrika gekommen sind, die archaischen Populationen *ersetzt* haben, entweder nach kriegerischen Auseinandersetzungen oder weil sie mit ihren moderneren Produktionsverfahren besser an die Umweltbedingungen angepaßt waren. Mitochondriale DNA hin oder her – vom ethnologischen Standpunkt aus betrachtet sehe ich nicht eine einzige Volksgruppe, die diesen Planeten bewohnt, sondern zwei – die zivilisierten Völker und die barbarischen Völker.

Da ihre Gehirne verschieden waren, galt dies auch für ihre Lebensweise. Es gibt archäologische Beweise – wie Stadtmauern oder militärische Festungen, die zur Verteidigung errichtet worden waren – die belegen, daß es kriegerische Auseinandersetzungen zwischen zivilisierten und barbarischen Völkern, zwischen seßhaften Populationen und Nomaden gegeben hat.

Meine Forschungen haben ergeben, daß die barbarischen Nomaden in ihren vorwiegend kriegerischen Verhaltensweisen durch die archaische rechte Großhirnhemisphäre gesteuert wurden. *Deshalb habe ich behauptet, daß der Krieg die Nervenbahnen in Adolf Hitlers rechter Großhirnhemisphäre angeregt hat, und daß dadurch seine barbarischen Verhaltensweisen aktiviert wurden. So ist seine leidenschaftliche Begeisterung für den Krieg, die bis zu diesem Zeitpunkt nur latent vorhanden war, wieder erwacht...* Da in Hitler auch die vierte Mentalität angelegt war, die bei ihm überwiegend barbarisch bestimmt und auch besonders mächtig war – wie seine Handlungsweise bis zu diesem Zeitpunkt gezeigt hat – war es vollkommen natürlich und logisch, daß seine unwiderstehliche Leidenschaft für den Krieg stärker war als die kompulsive Abscheu gegen jegliche Form der Arbeit. So zeigte sich Hitler plötzlich überraschend leistungsfähig und hyperaktiv, was kriegerische Maßnahmen anbetraf. Dabei spielte seine manische Veranlagung eine nicht zu unterschätzende Rolle, die als dynamische Antriebskraft für seinen übersteigerten Eifer diente und auch später immer wieder dienen sollte, wenn es um seine politische Kriegstreiberei bzw. – nach meiner Auffassung – um seine kriegstreiberische Politik ging. Denn bei Hitler waren Krieg und Politik eng miteinander verknüpft, für ihn war Politik eine Fortsetzung des Krieges und dieser eine Fortsetzung der Politik, beide Verhaltensweisen bildeten eine unauflösbare Einheit.

Deutschland erklärte also am 01. August 1914 Rußland den Krieg – kurz nach der Ermordung des österreichischen Thronfolgers Erzherzog Franz Ferdinand in Sarajevo Ende Juni desselben Jahres, einem Ereignis, das die Spannungen zwischen diesen Ländern zur Explosion bringen sollte. Am folgenden Tag, dem 02. August, gab es eine große Demonstration auf dem Münchner Odeonsplatz. Kaiser Wilhelm II. sprach zu der Menge von deutschen Nationalisten, die sich auf dem riesigen Platz vor ihm drängelten. Dabei formulierte er einen Satz, der berühmt wurde und widerspiegelt, daß das deutsche Volk geschlossen für den Krieg war: „Ich kenne keine Parteien mehr", sagte er, „ich kenne nur noch Deutsche…"

Inmitten dieser Menge steht auch Adolf Hitler, zu diesem Zeitpunkt noch ein vollkommen unbekannter Mann. Als Bettler haben wir ihn kennengelernt, als Herumtreiber ohne festes Ziel. Er unterscheidet sich allerdings von der im Patriotismus schwelgenden Menge dadurch, daß seine Begeisterung etwas Mystisches hat: der bekannte Photograph Heinrich Hoffmann hat diese Menschenmenge aufgenommen, und irgendwo hat er dabei einen Mann entdeckt, in dessen Haltung etwas Ekstatisches lag[222]– es war Adolf Hitler, der dem Himmel für die Gelegenheit dankte, diesen erhabenen Augenblick erleben zu dürfen…womit er den Weltkrieg meinte! Es gab niemanden, den der furchtbare Schrei nach Kampf und Tod mehr bewegt hätte: seine „Begeisterung" war natürlich nicht mit der Begeisterung der anderen zu vergleichen. In ihm fand sie einen viel tieferen Widerhall, da er ein geborener Kriegsherr war, im Zustand der Latenz, der nur auf seine Gelegenheit gewartet hatte.

Hitler bekennt dies selbst – und diesmal gibt es keinen Grund, ihm nicht zu glauben:

„Mir selber kamen die damaligen Stunden wie eine Erlösung aus den ärgerlichen Empfindungen der Jugend vor. Ich schäme mich auch heute nicht, es zu sagen, daß ich, *überwältigt von stürmischer Begeisterung*, in die Knie gesunken war und dem Himmel

---

[222] Photographie s. ebd. S. 308

aus übervollem Herzen dankte, daß er mir das Glück geschenkt, in dieser Zeit leben zu dürfen."[223]

Und wie nicht anders zu erwarten, war Hitlers Liebe zum Krieg und zum Tod auch tausendmal größer als seine „Liebe zu Büchern", wie er es nannte...

„Denn es stand bei mir von der ersten Stunde an fest, daß ich im Falle eines Krieges – der mir unausbleiblich schien – so oder so die Bücher sofort verlassen würde."[224]

Von wegen Bücher... Krieg!!!

Und damit wir später einige seiner Handlungsweisen verstehen, wo er Risiken eingeht, ohne auf die Gefahren zu achten, sollten wir uns anschauen, wie in Hitler von jetzt an aus seiner depressiven Veranlagung heraus – der Schattenseite seiner manischen Hyperaktivität – ganz unverhüllt die Todessehnsucht aufkeimt, die Gefährtin der Tapferkeit:

„Ich wollte nicht für den habsburgischen Staat fechten, *war aber bereit*, für mein Volk und das dieses verkörpernde Reich *jederzeit zu sterben*."[225]

Und wenige Seiten weiter schreibt er:

„Die Freiwilligen des Regiments List[226] hatten vielleicht nicht recht kämpfen gelernt, allein, *zu sterben wußten sie* wie alte Soldaten."[227]

Kriegslust und Todessehnsucht – in diesem Fall der Hang zum Suizid – sind zwar genetisch unterschiedlichen Ursprungs, bei Hitler neigten sie aber dazu, sich miteinander zu verbinden.

---

[223] Adolf Hitler, ebd. S. 177
[224] ebd. S. 179
[225] ebd. S. 179
[226] ... dem Hitler zugeteilt worden war ... (Mauro Torres)
[227] ebd. S. 181

Und die Antwort seines Gehirn auf diesen Ruf der Barbarei war so unmittelbar und so entschieden, daß er sich diesmal sofort als Freiwilliger meldete:

„Am 3. August reichte ich ein Immediatgesuch an Seine Majestät König Ludwig III. ein, mit der Bitte, in ein bayerisches Regiment eintreten zu dürfen. [...] Als ich mit zitternden Händen das Schreiben geöffnet hatte und die Genehmigung meiner Bitte mit der Aufforderung las, mich bei einem bayerischen Regiment zu melden, *kannten Jubel und Dankbarkeit keine Grenzen.*"[228]

Daran habe ich nicht den geringsten Zweifel. Der Schlachtruf hat mit seinem Widerhall aus der Welt der Ahnen die Kräfte und Nervenbahnen zum Schwingen gebracht, die Hitlers barbarische Veranlagung unterstützten. Von daher die frenetische Begeisterung und seine grenzenlose Freude. Denn endlich hatte ihn der faszinierende Aufruf zum Krieg erreicht, auf den sein Gehirn schon seit 25 Jahren gewartet hatte, ohne daß dies Hitler bewußt war. Deshalb stellt sich durchaus die Frage: was wäre aus Hitler geworden, wenn es diesen Ruf nicht gegeben hätte?

Der Ausbruch des Krieges bedeutete für Hitler zunächst einmal, daß sein potentielles barbarisches Wesen in ihm erwachte. Zweitens war es für ihn aber auch eine Erlösung. Nicht – wie so oft behauptet wird – weil Hitler mit seiner Zugehörigkeit zum Heer eine Art Zuhause gefunden hätte, das er bereits als Jugendlicher mit seiner Abreise nach Wien verloren hatte. *Eine Erlösung vielmehr in dem Sinne, daß er den für ihn einzig möglichen Schicksalsweg entdeckt hatte, auf dem er arbeiten und seine Kräfte sowie seinen Tatendrang einsetzen konnte*, da seine kompulsive Faulheit ihm den Zugang zu jeder anderen Form der Beschäftigung versperrte. Mit seiner dürftigen Arbeit als „Künstler" war er ja zum absoluten Scheitern verurteilt, da er ohne Kunststudium – das er aufgrund seiner Verhaltensstörung nicht durchhalten

---

[228] ebd. S. 179

konnte – langfristig nur weiter Postkarten oder Bilder abzeichnen oder dem Hirngespinst nachhängen konnte, aus ihm würde einmal ein berühmter Architekt. Und davon konnte man nicht leben... Hitler selbst wird meine These dadurch bestätigen, daß er sich keiner normalen Arbeit widmen konnte. Er konnte nur Reden halten, sich politisch betätigen und Krieg führen. Bis an sein Lebensende würde er keiner regelmäßigen und systematischen Arbeit nachgehen können... Aller Wahrscheinlichkeit nach hätte er, wenn er die Erbschaft seines Vaters aufgebraucht hätte, wieder in ein Obdachlosenheim gehen müssen, das so ähnlich war wie das Männerheim in Wien, wo man ihn drei Jahre lang aufgenommen hatte. Denn vom Verkauf seiner schlechten Bilder hätte er nicht leben können – und um sie besser zu machen, dazu war er schlichtweg zu faul, wie wir von Werner Maser wissen... Hitlers Zukunft sah also nicht gerade rosig aus!

Doch sein Gehirn barg diese mächtige Berufung zum Krieg. So war es für ihn ein Glück – für Deutschland und Europa jedoch ein Fluch – daß er die Gelegenheit hatte, diese Veranlagung allmählich zu entwickeln. Der Höhepunkt war erreicht, als Hitler – indem er seinem unwiderstehlichen und unkontrollierbaren inneren Drang gehorchte – den Zweiten Weltkrieg entfesselte. Die Schuld sollte er allerdings dann, getreu seinem chronischen und systematischen antisemitischen Wahn, den Juden zuschieben.

Kriegslüstern war Adolf Hitler bereits, als er Anfang 1915 an einen Freund in München schrieb:

„[...] *und jeder von uns hat nur den einen Wunsch, daß es bald zur endgültigen Abrechnung mit der Bande kommen möge, zum Draufgehen, koste es, was es wolle [...]*!"[229]

Das ist nicht der Hitler, den wir bisher kennengelernt haben! Kaum hat der Krieg begonnen, schon ist er wie verwandelt – hyperaktiv, draufgängerisch, todesmutig... Das gibt schon sehr zu

---

[229] Ian Kershaw, ebd. S. 133

denken: „Der Krieg hat Hitler zu dem gemacht, was er war" ist leicht gesagt. So plötzlich? Denn es ist doch überraschend, daß dieser Vagabund und Bettler, der bis dahin zu faul zu allem war, jetzt auf einmal so aktiv wird und vor lauter Tatendrang und Kampfeslust nicht mehr zu bremsen ist. Nur wenige Monate nach Kriegsbeginn finden wir ihn so verändert vor, wie nach einer Metamorphose, noch ehe er überhaupt an der „endgültigen Abrechnung" beteiligt war... Als ob der Krieg ihn bereits fertig vorgefunden hätte – bereit, in Aktion zu treten. Und es besteht nicht der geringste Zweifel daran, *daß diese vierte, barbarische Mentalität nicht passiv auf ihren „Einsatz" gewartet hat*, sondern daß diese Veranlagung durch mentale Resonanzen auf irgendeine Weise – nicht durch Studium, das möchte ich ausdrücklich betonen! – während der jahrelangen Latenzzeit gereift ist und befruchtet wurde, ohne daß Hitler dies bewußt war, und ohne daß er sich dies vorgenommen hätte. Es war vielmehr so, daß die barbarische Veranlagung durch bestimmte zerebrale Nervenbahnen angeregt wurde und sich dank der Hitlerschen Faulheit in Ruhe entwickeln konnte. Allein durch die Dynamik von Hitlers Leidenschaft – die zu diesem Zeitpunkt lediglich als Idee existierte und die er durch seine Zeitungslektüre und das Lesen von Karl Mays Kriegsabenteuern sozusagen „trainiert" hat.

Den Hitler, der den Krieg um jeden Preis verlangt, den kennen wir nicht. Das beweist, daß seine Gehirnstruktur mit Molekülen ausgestattet war, die einen günstigen Nährboden für Krieg bildeten – und zwar nur für den Krieg. Und daß die Nervenbahnen, die zu der Neuronengruppe in der Großhirnrinde der rechten Großhirnhemisphäre gehörten und die organische Grundlage für Hitlers barbarisches Verhalten bildeten, indem sie diese Neuronen mit ihren geheimsten und intensivsten Kriegssehnsüchten stimulierten, überraschend aktiv waren und bereit, den Impuls für Hitlers barbarisches Verhalten zu geben.

Hitler, der sich freiwillig als Soldat gemeldet hatte, erhielt am 16. August den Befehl, sich in der Elisabeth-Schule zu melden, wo Kommandant List eine Kampfeinheit aufstellte. Er zog also Soldatenstiefel und Kriegsuniform an.

Die Streitkräfte von Kommandant List drangen in Belgien ein, und die Verwüstungen des Krieges nahmen ihren tragischen Lauf. Hitlers Kriegshysterie erreicht ihren Höhepunkt. Aber das Regiment List verblutet bereits nach Hitlers erster Feuertaufe, am 29. Oktober 1914 – der Kommandant von Hitlers Regiment, Oberst List, wird von einer Granate getroffen und stirbt. Trotzdem behält die Kampfeinheit während des gesamten Krieges weiter den Namen „Regiment List", während Oberstleutnant Engelhardt die Stelle des Kommandanten übernimmt. Hitler wird zum Gefreiten befördert – über diese Position wird er auch nicht hinauskommen – und übernimmt im Regimentsstab die Funktion eines Meldegängers, die er bis zum Ende des Krieges ausüben wird. Am 17. November werden alle seine Kameraden von einer englischen Granate getötet, nur Hitler überlebt... Hitler hat Glück gehabt, die Menschheit nicht.

Hitler zieht sich vorübergehend von der tödlichen Schußlinie an der deutschen Westfront zurück. Seine Kameraden fangen sogar schon an zu murren. Er ist als Meldegänger im Stabshauptquartier des Regiments List stationiert, wo er darauf wartet, eine Nachricht zu irgendeiner Kampfeinheit bringen zu dürfen, wann immer der telegraphische Kontakt zur Kommandozentrale unterbrochen ist. Dies ist dann der Fall, wenn Maschinengewehrfeuer oder Granaten die Kabel zerstört und damit die Kommunikationsverbindungen zu den Soldaten der Vorhut gekappt haben. Die Meldegänger mußten den Geschützfeuern und Granatengeschossen trotzen, um dringende Befehle zu übermitteln, die über den Ausgang einer Schlacht entscheiden konnten. Die Tapferkeit und Schnelligkeit, mit der Hitler an der französischen Front als Meldegänger seine Pflicht erfüllt hat, trug ihm am 02. Dezember 1914 das Eiserne Kreuz II. Klasse ein.

Der Krieg verschärft sich und für Hitler kommt die Stunde, wo er sich dem Tod gegenüber sieht, als er auf dem französischen Schlachtfeld von Neuve Chapelle unter einem Hagel von Granatsplittern Befehle zu den verschiedenen Bataillonen transportiert. Wie andere Soldaten, die als Meldegänger die Verbindung zwischen dem Stabshauptquartier und Kampfeinheiten herstellen, deren genauen Standort niemand kennt, stürzt sich Hitler unerschrocken auf seine Aufgabe. Von ihm hängt es ab, ob die Befehle des Kommandanten exakt ausgeführt werden oder nicht.

Dadurch, daß Adolf Hitler seine kriegerische Veranlagung ausleben kann, verwandelt er sich – wie zu erwarten war – in einen „Kriegsfanatiker", und das wird er bis an sein Lebensende bleiben. Er erfüllt seine Pflicht mit solcher Leidenschaft, daß man meinen könnte, es hinge von ihm ab, ob der Kampf gewonnen wird oder nicht. Er läßt nicht zu, daß seine Kameraden irgendetwas unternehmen, das dem militärischen Befehl zuwiderläuft. Und daß sie darüber Witze machen, daß Deutschland den Krieg verliert, findet er geschmacklos. Er ist nach wie vor der exzentrische Einzelgänger, der schon den Mitbewohnern im Wiener Männerheim aufgefallen war; einsam in die Lektüre seiner „Bücher" vertieft, wie er es nennt, wenn er seine ewigen Zeitungen liest. In seinem Buch *Mein Kampf* behauptet er sogar, er habe in seinem Rucksack immer einen Band von Schopenhauer bei sich gehabt (bei sich gehabt vielleicht – aber gelesen hat er darin mit Sicherheit nicht...). Mürrisch und eigenbrötlerisch wie er ist, hat er weder Freunde noch menschliche Gefühle. Seine ganze Zuneigung schenkt er einem Foxterrier. Die Berge von Leichen, über die er steigen muß, um die Befehle seiner Vorgesetzten zu überbringen, lassen ihn vollkommen kalt. Im Gegensatz zu den anderen Soldaten, die das Bedürfnis hatten, sich mitzuteilen, die Witze machten, rauchten, tranken oder Post von ihren Familienangehörigen erhielten, hatte Hitler niemanden, der ihm schrieb. Und er hatte auch niemanden, dem er schrieb. *Sein Fixpunkt war der Krieg, und den behielt er als unerschrockener und flinker Gefreiter im Auge, ohne mit der Wimper zu zucken.*

Wenn die Befehlshaber einen freiwilligen Meldegänger für die Kontaktaufnahme zu einem besonders gefährdeten Vorposten suchten, war Hitler als Erster zur Stelle; wenn ein Kamerad seine Pflicht aus irgendeinem Grund nicht erfüllen konnte, schon war Hitler da, um seine Aufgabe zu übernehmen. Hitler war so abgebrüht und fanatisch in seinem unbeugsamen Kampfwillen, daß er es sogar mißbilligte, als die Deutschen und die Engländer sich am Weihnachtstag einmal zum Zeichen der Freundschaft die Hand reichten, obwohl sie sich wenige Stunden später bereits wieder gegenseitig vernichten würden. Ihm waren eben sogar flüchtige Zeichen menschlicher Sympathie während der kurzen Kampfpausen fremd: *er war in seiner Eigenschaft als Gefreiter des deutschen Heeres der personifizierte Krieg*!

Warum man Hitler nicht befördert hat wie andere Soldaten, zum Beispiel Georg Strasser – der später ebenfalls Mitglied der NSDAP werden sollte und den Hitler dann am 30. Juni 1934 ermordet hat... –, der zum Oberleutnant ernannt wurde? Hitler kam über den Status des Gefreiten nicht hinaus, setzte aber später zu einem schwindelerregenden Karrieresprung an und ernannte sich gleich selbst zum Oberbefehlshaber der deutschen Wehrmacht... Meiner Ansicht nach ist Hitler nicht befördert worden, weil seine Vorgesetzten zwar seinen Mut und seine Leistungsfähigkeit lobten, gleichzeitig jedoch bemerkten, daß er ein merkwürdiger Einzelgänger war, der nur mit Hunden zusammenleben konnte. Daß ihm menschliches Mitgefühl fehlte und er den Krieg in übertriebenem Maße liebte, daß er grausam war und dem Tod gleichgültig gegenüberstand. Mit dieser Veranlagung konnte er unmöglich eine herzliche Verbindung zu einer Gruppe von Soldaten herstellen, die erforderlich war, wenn sie seine Befehle ausführen sollten. Dasselbe Problem wird auftauchen, nachdem er den Oberbefehl über die deutsche Wehrmacht an sich gerissen hat: wegen seiner Arroganz, seines Größenwahns, seiner Besserwisserei und seiner Herrschsucht kommt es zu schweren Konflikten mit seinen Generälen und zu Verständigungsproblemen, die ihn den Krieg kosten. Er weckt Haßgefühle in seinen Offizieren, die sich schließlich am 20. Juli 1944 in einem Anschlag auf Hitler manifestieren. Der überlebt zwar das Attentat, aber nicht unbeschadet.

„Der tapfere Gefreite Hitler", schreibt Cartier, „war und blieb Gefreiter. Wiedemann erklärt, warum. Im Stabshauptquartier des Regiments List, wo alle Vorgesetzten einhellig Hitlers Unerschrockenheit und seine Einsatzbereitschaft anerkannten, war man der Meinung, daß er sich nicht als Unteroffizier eigne. Ihm fehlte das entsprechende soldatische Auftreten. Er neigte beispielsweise dazu, den Kopf zur rechten Schulter hin zu neigen, wenn er sprach. Und er war unfähig, eine Antwort oder eine Information kurz und präzise zu formulieren. Also blieb er Meldegänger: er überbrachte Befehle, erteilte aber keine."[230]

Marlis Steinert schildert eine Beobachtung über Hitlers kriegerisches Wesen, die ich nicht übergehen möchte:

„Sind sie Mörder gewesen, Teufel oder menschliche Wesen mit Nerven aus Stahl, deren Wille zum 'unumschränkten Herrscher' wurde? Die Schrecken des Krieges hinterließen bei fast allen Soldaten ein tiefes Trauma; angesichts der Unmöglichkeit, das Blut, die Schreie der Verwundeten oder das Röcheln der Sterbenden zu vergessen, wurden manche zu Pazifisten, während andere versuchten, einen verborgenen Sinn darin zu entdecken, und den Tod in der Schlacht zu einem wahren Kult erhoben. Hitler zählte sicherlich zu dieser zweiten Kategorie. *Der Krieg war für ihn ein Teil des Lebens, erschien ihm als etwas Unvermeidliches.*"[231]

---

[230] Raymond Cartier, ebd. S. 73
[231] Marlis Steinert, ebd. S. 90

In diesem Sinne schreibt auch Kershaw:

„Die gleiche Erfahrung, die Hitler ein 'Hohelied' auf den Krieg singen ließ, bekehrte den expressionistischen Dramatiker und Schriftsteller Ernst Toller zum Pazifisten und linken Revolutionär. Während Hitler die Niederlage als Verrat empfand, sah Toller den Krieg selbst als den Verrat. 'Der Krieg ließ mich zum Kriegsgegner werden.', schrieb er. [...] Die Kriegserfahrungen trennten die Menschen weit mehr, als daß sie sie einten: [...] vor allem aber Annexionisten und Imperialisten – Menschen, die leidenschaftlich an den Krieg glaubten –, gegen jene, die ihn verabscheuten, für wertlos erachteten und verurteilten."[232]

Und Marlis Steinert wirft noch eine Frage auf, bei der sie leider nicht Hitlers genetische Veranlagung miteinbezieht:

„Die Frage drängt sich auf", schreibt sie, „ob es diese Gemetzel des Ersten Weltkriegs waren, die ihn später so viel Gefallen an Gewalt, Grausamkeit und Kälte gegenüber menschlichem Leid finden ließen, oder ob er einfach nur wie die meisten Soldaten ums nackte Überleben kämpfte [...]."[233]

Wie nicht anders zu erwarten, regte sich auch Hitlers antisemitischer Wahn wieder, an dem er Ende 1909 in Wien erkrankt war: als er sah, wie entmutigt die Soldaten in Berlin waren – wo Hitler sich vorübergehend zur Genesung aufhielt, da er eine Verletzung am Oberschenkel erlitten hatte – machte er dafür die Juden verantwortlich. Er wunderte sich darüber, daß (wie er sagte) so viele Juden auf Verwaltungsposten saßen und nur so wenige an der Front waren… Das war eine vorsätzliche Verleumdung, die Hitler Jahre später äußerte. Raymond Cartier schreibt diesbezüglich:

„Es sind sorgfältige Studien dazu durchgeführt worden, wie die Juden sich während des Ersten Weltkrieges verhalten haben. 'Die überwiegende Mehrheit der deutschen Juden', so der gewissen-

---

[232] Ian Kershaw, ebd. S. 138
[233] Marlis Steinert, ebd. S. 90

hafte Historiker Dietrich Bronder, 'hat sich den Nationalisten und sogar den Chauvinisten angeschlossen.' Jüdische Wissenschaftler stellten sich mit Begeisterung in den Dienst des deutschen Kampfes. Deutschland hätte den Krieg nur wenige Wochen durchhalten können, wenn der jüdische Chemiker Fritz Haber die britische Blockade nicht dadurch zum Scheitern gebracht hätte, daß er die Ammoniak-Synthese entdeckte und so die Herstellung von Giftgasen perfektionieren konnte. Der jüdische Präsident der AEG, Walter Rathenau, organisierte die deutsche Rüstungsindustrie mit einer Effizienz, die mit der seines späteren Nachfolgers Albert Speer, wie dieser selbst bekannte, nicht zu vergleichen war. Von 100.000 mobilisierten jüdischen Soldaten dienten 80.000 an der Front. 10.000 hatten sich als Freiwillige gemeldet, darunter der jüngste von allen, die sich freiwillig zum Krieg gemeldet hatten: Josef Zoppes. Er hat an der französischen Front beide Beine verloren. 12.000 Juden wurden getötet, das sind 2% bei einem nationalen Durchschnitt von 3,5%. Angesichts dieser letzten Zahlen ist nicht zu leugnen, daß ihre hohe Intelligenz den Juden dazu verholfen hat, daß sie weniger Verluste erlitten haben. Letzteres gilt aber auch für die Arbeiterklasse, weil die Arbeiter vorwiegend in der Rüstungsindustrie tätig waren. Es gibt keine Belege, die Hitlers ungehobelte Verallgemeinerung rechtfertigen würden, die er von seinem 'Erholungsurlaub' in Berlin mitgebracht hat."[234]

Ian Kershaw ergänzt diese Ausführungen:

„Es bestand so gut wie kein Unterschied zwischen den Anteilen der Juden und der Nicht-Juden im deutschen Heer im Verhältnis zur Gesamtbevölkerung, und zu den vielen, die sich im Feld auszeichneten, gehörten auch einige aus dem Regiment List."[235]

Das sind seriöse Zeugenaussagen, die beweisen, daß Hitlers haßerfüllte Anschuldigungen gegen die Juden nichts anderes waren

---

[234] Raymond Cartier, ebd. S. 77
[235] Ian Kershaw, ebd. S. 135

als der Ausdruck seines systematisierten antisemitischen Wahns, der sich bereits in seinen ersten Erklärung während des Krieges gezeigt hatte.

Es muß betont werden, daß Hitler mit großem Interesse die Berliner Museen besucht hat. Dadurch wird seine tiefverwurzelte künstlerische Veranlagung deutlich, die sich auf die Moleküle gründete, die er von jenem unbekannten Großvater väterlicherseits geerbt hatte.

Noch stärker war jedoch das genetische Fundament seiner barbarisch-kriegerischen Mentalität: von Berlin aus schreibt er an das Stabshauptquartier und bringt darin seinen „brennenden" Wunsch zum Ausdruck, wieder dem Regiment List angehören zu dürfen. Man entspricht seinem Wunsch am 10. Februar 1917: Hitler kann zu seiner alten Einheit zurückkehren, dem zweiten Regiment der bayerischen Infanterie, das inzwischen in der Nähe von Vimy stationiert ist.

In seinem fieberhaften Enthusiasmus für den Krieg redete Hitler unablässig auf seine Kameraden ein, die ihm kaum noch zuhörten oder sich über ihn lustigmachten. Er beklagte sich über das mangelnde Pflichtgefühl der Soldaten; er wollte Kriegsminister werden, um die „Verräter" an die Wand zu stellen (die nach seiner Auffassung mit Sicherheit Juden waren); und der Gipfel war, daß der fanatische Kriegsfan Hitler die oberste Machtbefugnis über das Heer beanspruchte, dem er vorwarf, es sei viel zu weichlich. Alle Kräfte müßten auf ein einziges Ziel konzentriert werden: den Sieg!

Das Regiment List, in dem Hitler als Gefreiter dient, wird erneut nach Flandern verlegt. Die Soldaten stürzen sich auf das blutige Schlachtfeld voller Schlammlöcher, zwischen denen die Meldegänger im Laufschritt ihre Botschaften hin und her transportieren müssen... Adolf Hitler ist so begeistert vom Krieg, daß er bis dahin nie die Genehmigung für einen Heimaturlaub in Anspruch genommen hat, den das Regiment seinen Soldaten gewährte. Pausen und Unterbrechungen des Krieges sind ihm ganz besonders verhaßt. Erst im Sommer 1917 nimmt er dieses Angebot „zum ersten Mal" an und besucht die Heimat seiner Vorfahren: er fährt nach Spital in Österreich, dem Geburtsort seines Vaters Alois.

Ende des Jahres kehrt Hitler in sein Regiment List zurück und kämpft direkt an der Front gegen die Franzosen. Rußland signalisiert, daß es zur Kapitulation bereit ist, es kommt zu Friedensverhandlungen in Brest-Litowsk. Mit dem Kriegseintritt der Vereinigten Staaten gegen Ende des Krieges neigt sich die Waage zugunsten der Alliierten.

Sozialisten und Kommunisten hatten diesen schrecklichen Weltkrieg immer verurteilt. Angeführt vom Spartakusbund unter Karl Liebknecht und Rosa Luxemburg (beide Juden) streiken die deutschen Arbeiter nun für den Frieden. Eine Million Menschen legen in Deutschland ihre Arbeit nieder, der Streik wird jedoch in wenigen Tagen niedergeschlagen. Hitler nimmt ihn später zum Anlaß, um Deutschlands Niederlage zu erklären. Der militärische Druck Deutschlands richtete sich mit aller Macht gegen Franzosen und Engländer an der Westfront, und die Deutschen standen bereits kurz davor, zu siegen. Die Friedensaktion der kommunistischen Arbeiter hat die Deutschen nicht nur geschwächt, sondern vor allem auch die Alliierten im Westen angestachelt, ihre Anstrengungen bei Verteidigung und Angriff nochmals zu erhöhen.

General Ludendorff startet am 27. Mai einen massiven Angriff gegen das französische Heer, spaltet es auf und schlägt so eine breite Bresche, durch die das Regiment List eindringen kann. Hitler ist hellauf begeistert von dieser kriegerischen Barbarei. Es gelingt den Deutschen, unweit von Paris die Marne zu überqueren, aber das preußische Heer und die Bayern, unter denen sich auch Hitler befindet, werden durch die Bombenangriffe und die Bleikugeln der Franzosen zurückgedrängt. Am Abend des 19. Juli muß der Gefreite Adolf Hitler der Vorhut seiner Division den Befehl zum Rückzug überbringen. Hitler blieb die Genugtuung, daß er unter den letzten deutschen Soldaten war, die im Juli 1918 am nächsten an Paris herangekommen waren... Er würde bis zum 14. Juni 1940 warten müssen, bis er die Lichterstadt – diesmal vernichtend geschlagen und gedemütigt – als Oberbefehlshaber an der Spitze der siegreichen deutschen Wehrmacht betreten kann, der unbesiegt unter dem Triumphbogen hindurch marschiert!

Doch vorerst ist Hitler mehr als zufrieden mit dem Eisernen Kreuz, das ihm am 04. August 1918 im französischen Le Cateau verliehen wird, wohin sich sein dezimiertes Regiment List zurückgezogen hat, um sich neu zu organisieren. Als Auszeichnung für einen einfachen Gefreiten war dieses Eiserne Kreuz I. Klasse, das Hitler für seine Tapferkeit und seinen leidenschaftlichen Einsatz als Soldat zuerkannt wurde, durchaus etwas Besonderes, das nicht den üblichen Gepflogenheiten entsprach.

Während das deutsche Volk die Illusion hegt, England, Frankreich und die Vereinigten Staaten – die sogenannte „Entente" – besiegen zu können, teilen die Oberbefehlshaber der deutschen Truppen, Hindenburg und Ludendorff, am 29. September der Kaiserlichen Regierung ihre traurige Überzeugung mit, daß man dringend sofort ein Waffenstillstandsabkommen schließen müsse, um eine Katastrophe zu verhindern... Die Truppen hielten zwar noch stand, es könne aber jederzeit an der Front zu einem Zusammenbruch kommen. In seiner Nachricht bedauert General Ludendorff, „seiner Hoheit mitteilen zu müssen, daß die Truppen keine 24 Stunden mehr auf ein Waffenstillstandsgesuch warten können." Und Hindenburg schreibt kurz darauf: „Die Heeresleitung erachtet es heute, wie am 29. September, für unbedingt notwendig, ein Friedensangebot zu unterbreiten."[236]

---

[236] Raymond Cartier, ebd. S. 86

Die Oberbefehlshaber sind davon überzeugt, daß nichts mehr zu machen ist; alles ist verloren, auch wenn es an der Front noch nicht zur entscheidenden Niederlage gekommen ist. Bei einem erneuten Angriff der Alliierten würden die deutschen Truppen unweigerlich zusammenbrechen. Viele haben jedoch das Gefühl – und dazu gehört auch Hitler –, daß es keine Niederlage gegeben hat und daß das deutsche Heer intakt ist. Aber ich wiederhole: das war eine Illusion. Wenn für Deutschland und Österreich alles verloren war, würde das den Zerfall des Kaiserreiches bedeuten und die schrecklichste Demütigung, die man sich vorstellen konnte – und so war es dann auch. Die Kapitulation, hieß es, war ein Dolchstoß in den Rücken! Dieser Satz sollte später in Hitlers Reden immer wieder auftauchen.

Zu alledem wird das Regiment List in den letzten Kriegstagen, um den 14. Oktober 1918 herum, noch mit einem Hagel von Senfgas-Granaten angegriffen. Hitler spürt ein Brennen in den Augen und kann kaum noch zwei Schritte weit sehen. Am 21. Oktober kommt er ins preußische Lazarett von Pasewalk. Die Blindheit, die das Senfgas hervorgerufen hat, ist nur vorübergehend. Und in diesem Zustand, halb blind, erreicht ihn die unerhörte Nachricht, daß der Krieg verloren und noch dazu eine sozialistische Revolution ausgebrochen ist, die die Kaiserkrone der Hohenzollern in den Dreck geschleudert hat. Das war zu viel für Hitler: er wirft sich auf seine Pritsche, bricht in zornige Tränen aus, voller Haß auf diejenigen, die er später „Verräter" nennen wird!

Diese Schlußfolgerung überrascht uns nicht. Psychopathologisch gesehen ist sie allerdings sehr beunruhigend, denn sie wird von Hitlers chronischem Wahn diktiert, in dessen Zentrum der Jude steht. Das führt zu der Überlegung – die wir ja schon kennen, weil wir diesen Gedanken bereits ausführlich analysiert haben – daß Hitlers antisemitischer Wahn fest in seinem Gehirn verankert war, eingekapselt, eingebunden in seine „Weltanschauung". Zusätzlich zu Hitlers Antimarxismus, der rationaler ist, wenn auch nicht frei von krankhafter Leidenschaft, wird er zur axialen Linie seiner kriegstreiberischen Politik, die schließlich an der Ostfront im Kampf gegen die Sowjetunion scheitert. Einem Kampf, der aus rein subjektiven Motiven heraus geführt wurde – denn selbst ein einfacher Gefreiter konnte erkennen, wie absurd der Kampf war. Hitler ließ sich dabei blind von diesem Determinismus seiner Angst vor den Juden und seinem Haß auf sie leiten, *in dem Glauben, daß er sich nur durch ihre vollständige „Vernichtung" von seiner halluzinierten Verfolgung würde befreien können*, die er manchmal nur auf sich persönlich bezog, ein anderes Mal dann auf das ganze deutsche Volk und die Arier im allgemeinen projizierte. Diese Überzeugung war unumstößlich, und Hitler glaubte daran mit der Sicherheit des tragischen Realismus eines Wahnsinnigen, tief in seinem Inneren. Für sein Publikum und seine Anhänger verpackte er seinen Wahn in rationalisierte Theorien. So behauptete er ohne den geringsten Zweifel und ohne mit der Wimper zu zucken:

„INDEM ICH MICH DES JUDEN ERWEHRE, kämpfe ich für das Werk des Herrn."[237]

Nun gut. Als Hitler, der im Lazarett von Pasewalk seiner Genesung entgegengeht, am 10. November 1918 also die Nachricht erhält, daß Deutschland geschlagen ist und die Revolution das Kaiserreich der Habsburger gestürzt hat, ruft er ganz spontan aus – ohne daß es irgendeine Veranlassung dazu gäbe, es sprudelt einfach mit aller Macht aus der unbewußten Quelle seines Wahnsinns –:

„Mit dem Juden gibt es kein Paktieren, sondern nur das harte Entweder-Oder. Ich aber beschloß, Politiker zu werden."[238]

---

[237] Adolf Hitler, ebd. S.70
[238] ebd. S. 225

Hier haben wir den Kern, der Hitlers zukünftiges Handeln bestimmen wird: mit den Juden – und hier sind nicht die allgemeinen, ganz normalen Juden gemeint, sondern die „äußerst gefährlichen und allmächtigen Juden" Adolf Hitlers. Die stammen aus der Zeit, als die kranken Strukturen in der Großhirnrinde von Hitlers rechter Großhirnhemisphäre diese Wahnvorstellung geschaffen, diese Juden geformt und geschmiedet haben. „Mit diesen Juden, die auf diese Weise unbewußt ersonnen wurden, gibt es kein Paktieren. Entweder... oder – ich aber beschloß, Politiker zu werden!" Um sie von der Erdoberfläche auszulöschen...

Hitler war immer ein Einzelgänger. Er ist es jetzt in Pasewalk, und er wird es auch in Zukunft sein. Seine Entscheidungen „bespricht" er nur mit seinem Hund – also mit niemandem.

Von jetzt an wird diese Tatsache ein sicherer Leitfaden für uns sein: Hitler vertraute niemandem seine geheimen Entscheidungen an – weder die persönlichen noch die politischen oder militärischen. Er ist sich seines chronischen antijüdischen Wahns nicht bewußt, aber er hat doch eine gewisse Ahnung – wie viele Wahnsinnige – denn er hat seine klaren Momente. Dann ahnt er etwas von seinem antijüdischen Determinismus, der – wie wir gesehen haben – nicht die Gesamtheit seiner intellektuellen Fähigkeiten erfaßt, sondern isoliert von den übrigen Gehirnfunktionen aktiv ist, ohne Hitlers Begriffsvermögen zu beeinträchtigen. Ohne zu verhindern, daß er wie jeder normale Mensch lebt und Beziehungen eingeht. Sein rationales Denken ist intakt, sein Reflektionsvermögen, seine Fähigkeit zu analysieren und Verbindungen herzustellen – alles, was ihm ein Verhalten und ein Anpassungsvermögen ermöglicht, die akzeptabel sind, auch wenn er nach wie vor ein exzentrischer Einzelgänger ist wie seine Schwester Paula Hitler. Deshalb kam auch niemand auf die Idee zu sagen, Hitler sei verrückt – auch heute noch nicht. Und wenn es jemand tat, so glaubte man ihm nicht, denn diese Bezeichnung ist nie konkreter erläutert worden. *Außerdem hatte Hitler erstaunliche Fähigkei-*

ten, sowohl als Politiker als auch als Kriegsherr. Aber – und das ist entscheidend, wenn man ihn richtig einschätzen will – sie waren darauf ausgerichtet, zu zerstören. Er war ein Genius des Bösen! Zum Beispiel als er ganz wild darauf war, in die Tschechoslowakei einzufallen.

„Einige der Bemerkungen, die Zweifel an seiner Zurechnungsfähigkeit anmeldeten, reflektieren das Gefühl britischer Staatsmänner jener Zeit, daß sie es mit jemandem zu tun hätten, der die Grenzen rationalen Verhaltens in der internationalen Politik überschritten habe. Nach Ansicht des britischen Botschafters Nevile Henderson war Hitler *'total verrückt geworden'* und wollte um *jeden Preis Krieg*. Er habe *'die Grenze zum Wahnsinn überschritten'*. Solche Überlegungen waren nicht völlig falsch.", schreibt Kershaw. „Das Frühjahr 1938 war eine Zeit, da Hitlers Besessenheit, seine 'Mission' in seiner persönlichen Lebenszeit zu erfüllen, allmählich wichtiger zu sein schien als kühle politische Berechnung. Wie Goebbels in der bereits zitierten Passage formuliert hatte, wollte Hitler persönlich das 'große deutsche Reich' erleben."[239]

Es gab viele Menschen, denen Hitler „verrückt" vorkam. Aber sie sagten das ganz allgemein, ohne näher zu definieren, ob es sich um manischen Größenwahn oder einen systematisierten Wahn in Form des verfolgten Verfolgers handelte – Hitler litt an beiden Erkrankungen, und sie bestimmten seine Entscheidungen, die Deutschland, Europa, die Juden und die Marxisten in den apokalyptischen Holocaust führten... Sogar einige maßgebliche deutsche Persönlichkeiten forderten, man solle ihn „einsperren" – aber nur wenige nahmen das ernst. *Niemand hat am Anfang geahnt, daß Hitler der Tsunami der Geschichte war, und deshalb hat man ihn nicht rechtzeitig aufgehalten!...*

---

[239] Ian Kershaw, Hitler 1936-1945, München 2002, S. 142/143

Sein gesamtes rationales Denkvermögen, seine Intuition, seine Fähigkeiten zu Analyse und Reflektion, all seine Genialität – über die er zweifellos verfügte – waren *unbeirrbar darauf ausgerichtet, etwas zu schaffen, um etwas anderes zu zerstören*: er baute die nationalsozialistische Partei auf als Sprungbrett zur größtmöglichen Machtposition – um dann als Kanzler und Präsident des Dritten Reiches sein zerstörerisches Werk zu vollenden. Zwei Monate nach seiner Machtergreifung begann er schon mit der Vernichtung der oppositionellen Parteien, indem er sich den Vorwand mit dem Reichstagsbrand ausdachte. Daran wird seine brutale Fähigkeit, „politisch" zu zerstören, ganz deutlich. Außerdem ersann sein Geist Gefängnisse, in denen er den Willen seiner Opfer brach, wie etwa das Konzentrationslager in Dachau. Nur wenig später hatte er den „genialen" Einfall, wie er die vorzeitige Wiederaufrüstung Deutschlands äußerst effizient durchsetzen konnte, in der geheimen oder auch ganz unverhüllten Absicht, sich dem Ausland zuzuwenden, um die internationale Zerstörung voranzutreiben. Als Psychologen Stalin darauf aufmerksam machten, daß Hitler verrückt sei, warf er sie mit seiner üblichen kompulsiven Herrschsucht hinaus – wir erinnern uns, daß er, wie Hitler, von einem primitiven Familienstammbaum mit alkoholkranken Vorfahren abstammte – und rief zornig: 'Kommt mir nicht mit solchen Geschichten! Hitler soll verrückt sein? Schaut euch doch an, wozu dieser Mann fähig ist!'

Und in der Tat erhielt die Sowjetunion zu diesem Zeitpunkt gerade sehr treffsichere Schläge von den deutschen Truppen, die innerhalb von weniger als drei Monaten weit in ihr Territorium vorgedrungen waren und drei Millionen russische Kriegsgefangene zu verzeichnen hatten. Wie sollte jemand, der dazu imstande war und so viel Talent besaß, das beste Heer der Welt auf die Beine zu stellen, verrückt sein?...

Genau an diesem Punkt richtet sich die Hitlersche Sphinx zu ihrer vollen Größe auf, um die Psychologen mit ihren Rätseln herauszufordern. Diese sehen sich gezwungen, mit scharfem Verstand bis zu dem Geheimnis vorzudringen, das tief verborgen hinter Adolf Hitlers Rationalisierungen liegt. Dieser Mann war ein lebendes psychologisches Paradox: seine rationale Argumentation war einwandfrei, er war in der Lage, seine Argumente mit einer beneidenswerten Beredsamkeit in seinen langen Reden, die stundenlang andauerten, miteinander zu verflechten. Er überzeugte die größten Skeptiker, ohne daß diese auch nur die kleinste Spur von Wahnsinn an ihm bemerkten. Und dabei litt er nicht nur an einer manisch-depressiven Psychose, sondern auch an einer Wahnvorstellung, die ihn von dem Tag an, als sie entstanden war, nicht mehr losließ. Diese ist nie entdeckt worden, obwohl sie bei Historikern und Biographen Erstaunen ausgelöst hat, die sich nicht erklären können, wie, wann und warum Adolf Hitler diesen einzigartigen Antisemitismus entwickelt hat. Einige bezeichnen ihn als „pathologisch", erklären aber nicht, warum. Andere nennen ihn „obsessiv" oder „viszeral", geben dafür aber ebensowenig eine Begründung an. Sie kommen zwar in die Nähe der Diagnose „Wahn", weisen aber nicht nach, wann genau dieser Wahn entstanden ist, noch um welche Art es sich handelt und sie erläutern auch nicht, wie sich diese Wahnvorstellung im Laufe der Jahre entwickelt hat, ohne daß sie den Menschen aufgefallen ist, die ab 1920 längere Zeit mit Hitler Kontakt hatten. Ich sage nicht „seinen Verwandten", denn Verwandte hatte er keine mehr. Aber seinen „Kameraden", die ihn in seinem politischen Kampf begleiteten – wobei „Kameraden" in zahlreiche Anführungszeichen zu setzen ist, denn im Prinzip hatte Hitler die auch nicht. Die Psychologen haben uns auch nicht erklärt, wie diese Wahnvorstellung zu solch einer mächtigen Triebfeder in Hitlers Gehirn werden konnte, die seine wichtigsten Verhaltensweisen bestimmte, neben den manischen Determinismen, die seine frenetische Kriegslüsternheit und seinen Expansionsdrang auslösten, den depressiven Determinismen, die dafür sorgten, daß der „Spieler" Hitler in einem politisch-militärischen Abenteuer mit aller Entschiedenheit alles auf eine Karte setzte, mit dem Hintergrund, daß ja die Kugel für den Selbstmord bereitlag, sollte das Unternehmen scheitern…; und seine barbarischen Determinismen, denen es zu „verdanken" war, daß Hitler sich rein um des Krieges willen für den Krieg begeisterte und daß er blind daran glaubte – was im höchsten Maße gefährlich war – man könne alle Probleme durch Krieg lösen, und nur durch den Krieg. Gegen jedes beliebige Land, auf das er in seinem wilden Karrierestreben gerade Lust hatte, auch gegen Europa oder die ganze Welt.

Da Hitler in seiner Kriegslüsternheit – von der er seit seiner Machtergreifung ganz besessen war und wie von Sinnen – Deutschlands Innenpolitik vernachlässigte, mahnten einige Nationalsozialisten dies schüchtern an.

„Seine Antwort lautete, auf ihre Beschwerden werde man nach dem Krieg eingehen. Dies", schreibt Kershaw, „spiegelte einen Grundzug von Hitlers Denken wider: *Krieg galt ihm als Allheilmittel*. Was für Schwierigkeiten es auch immer geben mochte, sie würden und könnten nur durch Krieg gelöst werden. […] Nur Krieg und Expansion könnten die Antwort auf Deutschlands Probleme liefern."[240]

Jedem Leser wird einleuchten, wie gefährlich dieser historische Tsunami war, der von so vielen psychologischen Determinismen angetrieben wurde.

Mit einem Wort: das Paradox, an dem Adolf Hitler litt, bestand darin, *daß seine Psychose sich rational äußerte*. Als sei sie das Produkt einer gründlichen und reiflichen Überlegung oder sogar das Ergebnis eines ekstatischen Augenblicks, wie die „Ekstase von Pasewalk", wie Hitler glauben machen wollte. Einige seriöse Biographen haben diese Darstellung dann auch übernommen. Als sei seine Wahnvorstellung das Ergebnis sorgfältigen Nachdenkens oder einem geistigen Zustand der Ekstase zu verdanken,

---

[240] Ian Kershaw, ebd. S. 252

sagte Hitler, als er am 10. November 1918 von der Niederlage Deutschlands und dem Zusammenbruch des Kaiserreiches erfuhr – wie zuvor zitiert:

„Mit dem Juden gibt es kein Paktieren, …"[241]

Aber dieses Urteil war nicht das Produkt reiflicher Überlegungen, es ist Hitlers Gehirn ganz automatisch entsprungen. Mit gründlichem Nachdenken hatte das überhaupt nichts zu tun, sein Geist hat es einfach an den Haaren herbeigezogen. Es war für ihn eine unwiderlegbare Wahrheit, etwas, das feststand, nicht zu bestreiten und ganz selbstverständlich war. Nicht jedoch für einen aufmerksamen Beobachter wie den scharfsinnigen französischen Biographen Raymond Cartier, dem auffällt, daß Hitler – nachdem er durch einen Pastor erfahren hatte, daß Deutschland besiegt und in die Hände der Alliierten gefallen war, der Engländer, Franzosen, US-Amerikaner, der gesamten Entente also – zu einer solchen Schlußfolgerung kam.

„Diese Schlußfolgerung ist erstaunlich.", schreibt Cartier. Er versteht nicht, woher sie stammt und worauf Hitler sich bei seiner Behauptung stützt:

„In Wirklichkeit traf die Juden ja keine Kollektivschuld am Untergang Deutschlands. Aber Hitler hatte Sündenböcke gefunden, denen er die Schuld in die Schuhe schieben konnte. So fand er eine Erklärung für die ihm unerklärliche Niederlage."[242]

So weit zu Cartiers Verwunderung über Hitlers unerklärliche Schlußfolgerung – aber woher ist sie denn so plötzlich hervorgesprudelt wie ein Geysir aus der Traumwelt?

Sie brach, wie viele von Hitlers verwirrenden Äußerungen und Verhaltensweisen, aus jenem mentalen Abszeß hervor, der in sein Gehirn eingekapselt war. Unbeweglich und isoliert, aber sehr ak-

---

[241] Adolf Hitler, ebd. S. 225
[242] Raymond Cartier, ebd. S. 87

tiv und voller deterministischer Dynamik. Sein chronischer Wahn war umso weniger für den Beobachter zu erkennen, je mehr er in ein System eingebettet war, das diesen glühenden, aber verborgenen Kern umhüllte. Wie einen Vulkan, der durch die Macht des Wahnsinns in ein Gebirge aus Argumenten und Rationalisierungen gegen die Juden eingeschlossen war. Diese entbehrten bewußt jeder Grundlage, enthielten jedoch zahlreiche Begründungen und Beweisführungen, die Hitlers „Studien" ergeben hatten. Denn nachdem er die „Erscheinung des seltsamen und gefährlichen Juden im schwarzen Kaftan" in Wien gesehen hatte, als er in entrücktem Geisteszustand durch die Straßen streifte, hatte ihn panische Angst ergriffen und er hatte sich, wie er in seinem 1924 diktierten Buch schildert, auf die Lektüre von Zeitungen und Zeitschriften wie *Ostara* gestürzt, die er aus den Presseerzeugnissen ausgewählt hatte, die am stärksten antisemitisch geprägt waren.

Mit Hilfe dieses Wirrwarrs an Begründungen und Beweisen verpackte Hitler seine Wahnvorstellung in das System seiner „Weltanschauung", dieser „granitenen" Überzeugung, zu der er später – nach seinen eigenen Worten – *nur Weniges hatte „hinzulernen müssen, zu ändern brauchte ich nichts."*[243]

Der unbewegliche, aber glühende Kern dieser „Weltanschauung" war sein Verfolgungswahn, seine Angst vor den Juden und die Reaktion, die er zu seiner Verteidigung gegen den „gefährlichen" Juden einnahm: nur wenn er die Juden in Europa und der ganzen Welt vollständig auslöschte, würde er wieder frei und in Frieden leben können...

Kurz: *Hitler litt an einem rationalisierenden Wahn.* Klinikärzte im 19. Jahrhundert haben diese Erkrankung bereits erwähnt. Diese Form des Wahns ist insofern vollkommen paradox, als der Kranke seine Wahnvorstellung rational begründet. Es handelt

---

[243] Adolf Hitler, ebd. S. 21

sich bei Hitler um einen chronischen, systematisierten Wahn, der um die fixe Idee des Antisemitismus kreist und die übrigen geistigen und intellektuellen Fähigkeiten verschont und nicht beeinträchtigt. Der Wahn äußert sich in der Form des verfolgten Verfolgers, die äußerst gefährlich und ansteckend ist, umso mehr, wenn der Wahnsinnige ein gewandter Redner ist wie Adolf Hitler. Beim rationalisierenden Wahn handelt es sich um eine Psychose, die schwer zu erkennen und zu durchschauen ist. Auf den ersten Blick fällt sie nicht auf.

Wie könnte man diese besondere Form des Wahnsinns bei Adolf Hitler aufdecken?

Er selbst führt uns in seinem Buch *Mein Kampf* auf zwei Fährten. Hitler hat es diktiert, denn so ausführlich hätte er selbst niemals schreiben können. Das Buch ist sozusagen als lange Rede zu verstehen, in der er ganz deutlich pathognomonische Symptome, also typische Kennzeichen seiner Krankheit, preisgibt – fünfzehn Jahre, nachdem er unbewußt seine Wahnvorstellung geschaffen hat!

Da ist zunächst einmal Hitlers Halluzination in Wien, seine „Vision" ohne reales Objekt, also ohne realen Juden im Kaftan. Hitler beobachtet ihn mit äußerster „Vorsicht", aber sehr eindringlich, weil er zweifellos Angst vor ihm hat. Später wird er immer wieder von der „Gefährlichkeit" der Juden reden – diese Wahrnehmung steht in offensichtlichem Kontrast zur Wirklichkeit, denn die Juden waren in keinster Weise gefährlich, und sind es auch heute nicht, ebensowenig wie die Christen oder die Araber – und davon, wie ungeheuer mächtig sie seien. Sie hätten eine „weltweite Verschwörung" angezettelt und seien sogar in der Lage, zwei Weltkriege zu entfesseln, unter denen die Menschheit zu leiden hatte – dabei war es Hitler selbst, der den Zweiten Weltkrieg ausgelöst hatte... Urteile wie diese, die in so eklatantem Widerspruch zu den offensichtlichen Tatsachen stehen – wie z. B. auch in dem Fall, den wir gerade besprochen haben (Hitlers

Behauptung, die Juden seien für Deutschlands Niederlage im Ersten Weltkrieg verantwortlich) – sind pathognomonische Symptome und typische Hinweise darauf, daß derjenige, der sie äußert, eine Wahrnehmungsstörung hat und aus einem Wahn heraus urteilt. Denn es handelt sich nicht etwa um ein Fehlurteil oder eine Wahrnehmung, bei der man sich eben geirrt hat, sondern um eine eindeutige Psychose. Genauso, als würde jemand felsenfest behaupten, die Nonnen des Trinitarierordens seien extrem gefährlich. Sie seien auch für den Anschlag auf die „Zwillingstürme" des World Trade Centers in New York verantwortlich. Dazu würden wir sagen, daß derjenige, der so redet, vollkommen übergeschnappt ist...

Hitler sagt außerdem, daß die unerwartete Vision, die er in den Straßen Wiens hatte, eine „Erscheinung" war oder ein „Phänomen". Ich weise nochmals darauf hin, wie erstaunlich es ist, daß Hitler hier ein Erlebnis aus dem Jahr 1909 schildert; die Tatsache, daß er nach so vielen Jahren – 1924 – darauf zurückkommt, zeigt, daß er das, was er mit 20 Jahren „gesehen" hat, auch noch mit 35 „sieht". Das beweist, daß es sich nicht um einen akuten, sondern um einen chronischen Wahn handelt und legt nachdrücklich die Vermutung nahe, daß der „gefährliche Jude" eine Halluzination war. Hitler mußte diese halluzinatorische Wahrnehmung mit äußerster Vorsicht beobachten, die Vision flößte ihm also große Angst ein, eine halluzinatorische Angst, eine sehr tiefgreifende Angst, von der er sich niemals erholen würde. Und deshalb ruft er so pathetisch aus:

„Indem ich mich des Juden erwehre, kämpfe ich für das Werk des Herrn."[244]...

Wir haben es hier mit einem eindeutigen Fall von Verfolgungswahn zu tun, der zwar chronisch, im Jahr 1924 aber noch sehr lebendig ist, wie ich soeben gezeigt habe. Genauso lebendig wie im

---

[244] ebd. S. 70

Mai 1945, als Hitler am Abend vor seinem Selbstmord sein politisches Testament verfaßt. Denn darin weitet er einmal die Gefahr, die der Jude repräsentiert, auf alle „Arier" aus, dann wieder personalisiert er sie und bezieht sie speziell auf sich, besessen von der Angst, sein Leichnam könnte einem Teil des Judentums noch als demütigendes Schauspiel dienen. Außerdem schließt er mit der flehentlichen Bitte, die Juden von der ganzen Welt auszulöschen. Es besteht also kein Zweifel, daß es sich um einen *chronischen Wahn* handelt, und daraus folgt, daß es ein systematisierter Wahn ist, der sich um ein einziges Thema dreht – die Juden. Denn beim akuten Wahn spielen meist mehrere Themen eine Rolle, wobei der Betroffene von einem zum nächsten übergeht. Mal geht es um erotische Phantasien, mal um mystische, mal um größenwahnsinnige Vorstellungen, mal um politische Themen. Nein, bei Hitler geht es um ein einziges Thema. Es ist ein *monothematischer Wahn*, der um die fixe Idee des gefährlichen und abscheulichen Juden kreist...

Wenn dieser Wahn nun chronisch und systematisiert ist, so ist er auch ansteckend – die Menschen übernehmen diese Wahnvorstellung, weil sie sehr logisch wirkt und auf rationale Argumente aufgebaut ist. Sie ist überzeugend, vor allem wenn sie aus dem Mund eines so geschickten Redners wie Adolf Hitler kommt. *Aufgrund seiner Fähigkeit, einen anderen Menschen – ja, ganze Menschenmassen – anzustecken, gelang Adolf Hitler die „Heldentat", seinen Wahn auf viele Menschen zu übertragen: zunächst auf die Anführer der nationalsozialistischen Partei, und dann auf das deutsche Volk.* Wobei wir immer unterscheiden müssen zwischen Hitlers Wahn und dem *endemischen Antisemitismus*, der in Österreich, Deutschland und vielen anderen europäischen Ländern verbreitet war, um nicht zu sagen in allen. Es gab eine allgemeine Antipathie gegenüber den Juden, Ressentiments bis hin zu Neid. Das hing mit ihrer Lebensweise zusammen, die nicht immer gerechtfertigt war und auch nicht gerade förderlich, wenn man Freundschaft schließen möchte. Die Juden integrierten sich nicht, sie paßten sich nicht der Lebensweise ihres Gastgebervolkes an. Außerdem sind „die Juden, die Geld haben" (denn es gibt auch „Juden, die kein Geld haben", die genauso einfache Proletarier sind wie die anderen, wie der US-amerikanische Schriftsteller John Dos Passos schreibt…), die reichen Juden also sehr darauf aus, noch mehr Geld zu verdienen. Sie sind Geschäftsleute oder in der Finanzbranche tätig. Und wenn viele Nicht-Juden Opfer dieser kapitalistischen Habgier werden, so bedeutet das, wie Karl Marx schrieb – ein Jude ohne Geld! –, daß wir in gewissem Sinne alle einen Juden in uns tragen. Dieser Antisemitismus äußerte sich aber in üblichen Emotionen, nicht in einem so abgrundtiefen Haß, noch in dieser panischen Angst vor Verfolgung. Auch wenn wir bei Luther die Gelegenheit hatten zu erleben, mit welcher Aggressivität er die Juden aus seiner Pfarrei vertreiben wollte…

Der Antisemitismus, der Hitler beherrschte, war völlig anders, grundlegend anders. Wie August Kubizek versicherte, war Hitler seit seiner Zeit in Linz Antisemit. Dort waren sogar seine Lehrer Antisemiten, aber das war endemischer Antisemitismus. *Hitler wechselte jedoch von diesem endemischen Antisemitismus von Linz zum antisemitischen Wahn von Wien*, der nach meinen Untersuchungen von dem Augenblick an *chronisch und systematisiert* war, als Hitler auf die „Erscheinung" des Juden im Kaftan traf: von da an erlag Hitler vollkommen einem *Antisemitismus, der auf Mord und Genozid ausgerichtet war*, denn sein Wahn äußerte sich in der pathologischen Form des *verfolgten Verfolgers*. Dementsprechend entwickelte er, da er sich tödlich bedroht fühlte (er als Individuum auf der einen Seite, die germanischen arischen Völker als Kollektiv auf der anderen Seite) ein gefährliches Verteidigungssystem – wie es bei allen Patienten der Fall ist, die an Verfolgungswahn leiden. Sie können sehr gefährlich werden (jeder Klinikarzt weiß das), denn sie bewaffnen sich mit einem

Dolch oder mit einem Revolver, um sich mit aller Entschiedenheit gegen den angeblichen Verfolger zur Wehr zu setzen, den sie an der kleinsten Handbewegung „erkennen" können – und dann nimmt das psychotische Verbrechen seinen Lauf. Hitlers Verteidigungssystem gegen den angeblichen jüdischen „Verfolger" wurde umso gefährlicher, je mächtiger Hitler ihn einschätzte. Das ging schließlich so weit, daß er nach seiner Machtergreifung im Dritten Reich die Funktion des Reichskanzlers und die des Reichspräsidenten an sich gerissen hatte und damit automatisch die Oberbefehlsgewalt über die deutsche Wehrmacht in Händen hielt, die er mit seinem Wiederaufrüstungsprogramm in kurzer Zeit in das mächtigste Heer Europas verwandelte. Hinzukamen die paramilitärischen Truppen: zunächst die SA, die – nachdem er in der „Nacht der langen Messer" ihren Kommandanten ermordet hatte – durch die furchteinflößende SS ersetzt wurde. Mit diesen Waffen ausgerüstet vollzog Hitler, der mit seinen wahnsinnigen Drohungen gegen die Juden keineswegs spaßte, die Verbrechen und den Völkermord von AUSCHWITZ: das war der Antisemitismus, mit dem Hitler die führenden Nationalsozialisten und das deutsche Volk infizierte, eine typische *kollektive Folie à deux*, wie die alten französischen Klinikärzte sich ausdrückten.

Auch auf die Gefahr hin, die Symptomatik von Hitlers Wahn wiederholt zu beschreiben, möchte ich doch zur Verdeutlichung Hitlers Bekenntnis nochmals hervorheben, daß er in Wien seine „Weltanschauung"[245] aufgebaut hat, mit dem „Antisemitismus als Kern"[246], wie Ian Kershaw schreibt. Fix und fertig, auf einem „granitenen" Fundament. Und daß er daran nichts Wesentliches verändern mußte, denn das Wesentliche war der Antisemitismus (hinzukommen würden später der Antikommunismus, der Antimarxismus, der Antiparlamentarismus, die Forderung nach „Lebensraum", um die deutsche Überbevölkerung unterzubringen –

---

[245] ebd. S. 21
[246] Ian Kershaw, Hitler 1889-1936, Stuttgart 1998, S. 105

Lebensraum, der sich im Osten fand, in Polen und in der Sowjetunion... Doch all dies war von sekundärer Bedeutung, vorrangig war der Antisemitismus Hitlerscher Prägung).

„Ich habe zu dem, was ich mir so einst schuf, nur Weniges hinzulernen müssen, zu ändern brauchte ich nichts."[247]

Nichts von dem, was er „hinzugelernt" hatte, hat also etwas an dieser „Weltanschauung" verändert. Der intelligente Leser merkt sofort: wenn der zentrale Kern dieser „Weltanschauung" der Antisemitismus ist, spricht Hitler, wenn er seine „Weltanschauung" erwähnt, von seinem systematisierten Wahn, der sich einzig und allein um das Thema Antisemitismus drehte. Und daß Hitler uns in seiner Ignoranz glauben machen will, ihm als großem Philosophen sei es gelungen, eine „Weltanschauung" zu entwerfen. Aber er sprach von einer Vision, die auf ein einziges Thema fokussiert, denn für ihn war „die Welt seine Vorstellung", im Sinne Schopenhauers. Für Hitler reduzierte sich die Welt auf einen einzigen Punkt: den Juden. Das war seine einzige Vorstellung – und es war eine Halluzination.

Hitlers „Weltanschauung" entspricht also seinem chronischen systematisierten Wahn, der sich nur um ein einziges Thema dreht, das durch unendlich viele theoretische Rechtfertigungen und Erklärungen eingehüllt und verborgen wird. Doch dahinter verbirgt sich der Kaftan des seltsamen, äußerst gefährlichen Juden...

Quod erat demonstrandum.

---

[247] Adolf Hitler, ebd. S. 21

11. Bewaffnet mit seiner barbarischen Mentalität stürzt sich Hitler auf die Eroberung der Macht, um den Zweiten Weltkrieg zu entfesseln

Aus dem Ersten Weltkrieg ist Adolf Hitler wie aus einer Metamorphose hervorgegangen. Nicht weil er seinen alten mentalen Ballast abgeschüttelt hätte: er war nach wie vor ein Mensch, der sich unter dem Joch eines komplexen Systems von Kompulsionen zu beugen hatte (Gewalttätigkeit, Boshaftigkeit, Haß, Rachsucht, Grausamkeit, potentielle Mordsucht, Eßsucht, Arbeitsscheu – sowohl, was ein konzentriertes Studium betraf, als auch die Verrichtung einer systematischen Tätigkeit anderer Art). Daher war es ihm unmöglich, ein gezieltes Studium zu absolvieren und so ein *gebildeter* Führer werden. Jemand, der sehr viel Arbeit in seine politische Tätigkeit und ab 1933 dann in seine Aufgaben als Staatsmann investiert hätte. Stattdessen war Hitlers Genius gezielt auf Niedertracht und Zerstörung gerichtet. Er „konnte" sich auch nicht durch konzentriertes Studium ernsthaft mit Kriegsführung befassen, überließ sich ganz seiner Intuition und dem gesunden Menschenverstand. Das erklärt die bekannte Tatsache, daß Hitler die Probleme, die während des Krieges gegen die Sowjetunion auf ihn zukamen, mit der Mentalität eines Gefreiten anging und versuchte, sie mit den Methoden zu lösen, die er im Ersten Weltkrieg kennengelernt hatte. Deshalb war Hitler auch nie ein Stratege, der das Ganze im Blick hatte, sondern immer der Gefreite, der auf die Einzelheiten fixiert war. So kam es zu schweren Auseinandersetzungen mit den Generälen der deutschen Wehrmacht, die eine akademische Ausbildung hatten. Hitler war aufgrund seiner grenzenlosen Faulheit nach wie vor der gescheiterte Künstler, manisch-depressiv und selbstmordgefährdet, so daß er ständig zwischen euphorischer Hyperaktivität und Apathie hin und her pendelte, die ihn an den Rand des Selbstmordes brachte. Und er war immer noch besessen von seinem chronisch systematisierten Wahn nach dem psychologischen Muster des verfolgten Verfolgers, der die Juden fürchtet und abgrundtief haßt...

Trotzdem erkennen wir ihn nicht wieder, als er 1919 aus dem Krieg auftaucht: *Es ist ein anderer Hitler*! Ich will damit auf keinen Fall behaupten, es sei eine neue Dimension in Hitlers Mentalität aufgetaucht. Damit würde ich berühmten Hitler-Forschern zustimmen, die meinen:

„Der Erste Weltkrieg hat Hitler erst möglich gemacht."[248]

Nein, so einfach ist es nicht. Das hieße, Hitlers Vergangenheit zu vergessen. Vor allem seine umfangreiche genetische Ausstattung, die er über die Vererbung von seinen Vorfahren mitbekommen hat. Wenn wir uns zu sehr auf die Umweltbedingungen fixieren – angesichts der vielfältigen Stimuli dieses Krieges, die tief in Hitlers Gehirn eingedrungen sind und es bedeutend geprägt haben – vernachlässigen wir die genotypische Substanz dieses Mannes, ohne die man nicht erklären kann, warum der Krieg in ihm, *und nur in ihm*, eine solche Verwandlung ausgelöst hat.

Sagen wir also, daß die Dimension der vierten oder auch barbarischen Mentalität in Hitler erwacht und aktiv geworden ist. Sie war bereits vorhanden, bis zu diesem Zeitpunkt aber noch im latenten Zustand. Die kriegerischen Neigungen, die bei Hitler schon als Kind in Erscheinung traten, haben diese Dimension

---

[248] Ian Kershaw, ebd. S. 109

zwar angeregt, doch aus ihrem Schlaf erwachte sie erst, als die Kriegstrompete erschallte, um sie aufzuwecken...

Und während viele andere, die an diesem Krieg teilgenommen hatten, zu Pazifisten wurden und den Krieg zutiefst ablehnten, verwandelte sich Hitler in den „Erzverteidiger" des Krieges überhaupt. Als Folge des intensiv glühenden Feuers der kriegerischen Aktivität – mit der Tiefe, Stärke und kontinuierlichen Beharrlichkeit, wie Hitler sie zwischen seinem 25. und 30. Lebensjahr ausübte – ist es nachvollziehbar (da diese Neigung bei Hitler ja in seinen Molekülen und in einer Neuronenpopulation der Großhirnrinde seiner rechten Großhirnhemisphäre angelegt war), daß diese Neuronen, die so eindringlich stimuliert wurden, Verlängerungen der Axone und Dendriten ausbildeten, die wiederum Verbindungen zu anderen neuronalen Verlängerungen herstellten. So entstanden Nervenbahnen, die zur organischen Grundlage von Hitlers kriegerischen Verhaltensweisen wurden, die sich bisher noch nicht entwickelt hatten.

Erinnern wir uns, daß das Gehirn das Organ des Verhaltens ist. Unser Verhalten hat seinen Ursprung in den Strukturen der Großhirnrinde und offenbart sich in einer bestimmten mentalen Dynamik. Diese Dynamik ist umso mächtiger, je bedeutender die Gene sind, die letztendlich ab der dritten Embryonalwoche das Gehirn bilden – entsprechend der geerbten genetischen Informationen. Die Vererbung erfolgt nach dem Zufallsprinzip: so wird verständlich, warum Hitler diese oder jene Gene erhalten hat, aber weder sein Vater Alois noch sein Stiefbruder Alois junior. *Man muß sich nur Hitlers frenetische Begeisterung für den Krieg anschauen und die späteren Manifestationen seines Verhaltens, um daraus mit Sicherheit ableiten zu können, daß diese mentale Dynamik, die ihn so energisch in Richtung Krieg trieb – ein Phänomen, das ich als vierte Mentalität oder barbarisch-nomadische Mentalität bezeichnet habe – außerordentlich mächtig war.*

Das ist die neue mentale Dimension, die jetzt nicht mehr nur potentiell und latent vorhanden ist, sondern offenkundig wirksam wird. Die nach Krieg schreit, wie ein Dschingis Chan oder ein Attila und jeder barbarische Nomade. Denn ihre aktiven zerebralen Triebfedern verlangen mit einer Befehlsgewalt nach kriegerischen Auseinandersetzungen, der man sich nicht widersetzen kann. Mit derselben Kraft, wie das Gehirns eines Menschen mit einer dominanten zivilisierten Mentalität unerbittlich den friedlichen Aufbau der Zivilisation fordert.

Jetzt können wir auf einer soliden wissenschaftlichen Grundlage behaupten:

Adolf Hitler ist als barbarischer Kriegsherr geboren, und der Erste Weltkrieg hat ihn dazu gemacht...

Ein ganzes System aus Kompulsionen wird sich in den Dienst der Kriege stellen, die Hitler führen wird. Sie werden das Siegel der Gewalttätigkeit, der Rachsucht, des Hasses, der Grausamkeit und der Niedertracht tragen. Es werden brutale Kriege sein, durchdrungen von Haß auf die Gegner, voller Rachsucht, Gemeinheit und Zerstörungswut auf seine Todfeinde. Hitler wird unerbittlich sein in seinem Vernichtungswillen... In diesen Kriegen wird er auch nicht eine Sekunde die Ängste und Haßgefühle des verfolgten Verfolgers aus den Augen verlieren, die in seiner „Weltanschauung" enthalten sind. Und er wird sich unbarmherzig gegen den gefährlichen (halluzinierten) Juden „verteidigen", und gegen den Marxisten, der ihm als „Werkzeug" dient für eine „weltweite Verschwörung"... Gleichzeitig wird Hitlers frenetische manische Kriegstreiberei mit den apathischen Phasen seiner melancholischen Depressionen abwechseln, wo er sich das Leben nehmen will, wie es letztendlich dann auch geschieht.

Und da haben wir den Gefreiten Adolf Hitler: während andere nach der Niederlage Deutschlands des Krieges überdrüssig sind und nach Hause eilen, bleibt Hitler bei der Münchner Truppeneinheit, der er zugewiesen wurde. Glücklich, von Soldaten umgeben zu sein, die sich seine fanatischen Tiraden gegen die „Verräter" anhören, die Deutschland den „Dolchstoß" versetzt haben und für die Demütigung und die Revolution verantwortlich sind, die die Krone der Hohenzollern zertrümmert hat. Hitler wird in seinem pathologischen Antisemitismus so bösartig – wobei ich mit pathologisch jeweils meine, daß Hitler ein Mörder war, der an einem chronischen Wahn litt – daß die Befehlshaber der Truppe, die „nur" an endemischem Antisemitismus leiden, also weder an Mordsucht noch an krankhaftem Drang zum Genozid, sich gezwungen sehen, Hitler zur Ordnung zu rufen und ihn aufzufordern, sich in seinen Angriffen auf die Juden doch zu mäßigen.

Und noch etwas war neu und sehr wertvoll für Hitler – für Deutschland und für Europa allerdings ein großes Unglück: bei seinen Reden, die er vor den Soldaten hielt, wurde ihm bewußt, daß er „reden konnte" – eine Eigenschaft, die er bis dahin lediglich in sich vermutet hatte. Er hatte aber nie die Gelegenheit gehabt, sie unter Beweis zu stellen.

Und auch hier gilt: *Hitler ist als Redner geboren, und der Erste Weltkrieg hat ihn dazu gemacht...* Denn nach dem Krieg war er nicht mehr der Schwätzer mit manischer Logorrhö, den wir aus Linz kannten, sondern der Redner, der jeden Tag besser wurde, bis er sich schließlich nur wenig später zum perfekten „Trommelwirbel" der nationalsozialistischen Partei entwickelt hatte.

Als er nach dem Angriff mit Senfgas-Granaten durch die Engländer halb blind im Lazarett von Pasewalk lag, hat er uns – nachdem er von der deutschen Niederlage erfahren hatte – seine programmatische Entscheidung mitgeteilt:

„Mit dem Juden gibt es kein Paktieren, sondern nur das harte Entweder-Oder. Ich aber beschloß, Politiker zu werden"[249]

---

[249] Adolf Hitler, ebd. S. 225

Wenn Hitler diese „Entscheidung", Politiker zu werden, getroffen hat, nachdem er von Deutschlands Niederlage erfahren und beschlossen hatte, daß die Juden die Schuldigen waren – wobei er diese „Erkenntnis" nicht aus der Realität ableitete, sondern aus seinem chronischen systematischen antisemitischen Wahn – liegt die Vermutung nahe, daß von diesem Moment an – und die Zukunft wird das bestätigen – *Hitlers „Politik" nicht im traditionellen Sinne verstanden werden darf, sondern daß der Begriff hier eine unheilverkündende Bedeutung hat: „Politik als Mittel zum Zweck", wie Hitler sich ausdrückte. Und der Zweck – so behaupte ich – bestand erstens darin, an die Macht zu kommen.* Das wird Hitlers fixe Idee sein, die er nicht mehr aufgeben wird bis zum 30. Januar 1933, als er Reichskanzler des Dritten Reiches wird. *Und zweitens darin, nun endlich seine Rache gegen die verräterischen und gefährlichen Juden in die Tat umsetzen zu können*: „Wenn man vor dem Ersten Weltkrieg 15.000 Juden mit Giftgas vernichtet hätte, hätte man den Tod von Millionen von Deutschen verhindert.", wird Hitler, angefeuert von seinem mörderischen antisemitischen Haß, sagen.[250]

Schauen wir uns einmal an, was Hitler später als „Ideal" der nationalsozialistischen Politik proklamiert:

„Neben die Verdammung des Bestehenden stellte Hitler die Vision, die Utopie, das Ideal: die nationale Befreiung durch Stärke und Einheit. [...] nur ein 'hohes Ideal' könne die sozialen Schranken überwinden. Das sei im Nationalismus zu finden [...]. Statt des verfallenen alten Reiches müsse ein neues errichtet werden, auf 'rassischen' Werten, der Auswahl der Besten auf der Grundlage von Leistung, Stärke, Willen, Kampf und einer Befreiung der Begabungen der individuellen Persönlichkeit.[251] Nur der

---

[250] Adolfo Hitler, Mi lucha, S. 488

[251] Hitler habe an anderer Stelle auch angedeutet, der einzige Ausweg bestehe in der Wiederherstellung der außenpolitischen Macht Deutschlands – so Kershaw in Anmerkung 93 zu dieser Textstelle auf S. 419.

Nationalsozialismus könne dies bewerkstelligen. *Die NSDAP gebe sich nicht wie andere Parteien mit der Tagespolitik ab. Die ausgetretenen Pfade der anderen werde sie nicht beschreiten.* 'Was wir versprechen, [...] ist nicht materielle Besserung für einen einzelnen Stand, sondern die Mehrung der Kraft der Nation, *weil nur diese den Weg zur Macht [...] weist.*'"[252]

Es war also nicht die Politik im traditionellen Sinne, der Hitler sich widmen wollte. Es ging nicht um eine Politik, die sich dem Spiel der Machtalternativen mit anderen Parteien unterwirft, sondern um eine „Politik", die den „Weg zur Macht weist" und die „Kraft der Nation mehrt". Aus dem Munde Hitlers, der diese Ziele in einer Rede am 10. September 1930 proklamierte, bedeutete das: Wiederaufrüstung für den Krieg (!) gegen die Feinde, deren Stirn Hitler bereits mit Haß gebrandmarkt hatte...

An dieser Stelle ist es von außerordentlicher Bedeutung, eine Passage aus der *Frankfurter Zeitung* (damals die wichtigste liberale deutsche Tageszeitung) zu zitieren, weil fast immer unterschätzt oder nicht verstanden wurde, daß die „Politik" des Führers unerbittlich nur auf ein einziges Ziel gerichtet war – aus Unkenntnis über Hitlers psychische Konstitution. Eine Verantwortung, die auf die deutschen Fachleute zurückfällt...:

„'Hitler hat keine Gedanken', schrieb die *Frankfurter Zeitung*, 'keine verantwortungsvolle Überlegung, *aber immerhin eine Idee. Er hat einen Dämon.*', hieß es in einem Artikel vom 26. Januar 1928. 'Es handelt sich um *eine manische Idee atavistischer Herkunft,*[253] die die komplizierte Wirklichkeit wegschiebt und *eine primitive Kampfeinheit* an ihre Stelle setzt. [...] *Im Grunde ist Hitler natürlich ein gefährlicher Tor.* [...] Wenn man sich aber fragt, wie der Sohn eines kleinen oberösterreichischen Zollbeamten zu einem Spleen kommt, dann kann man nur eins

---

[252] Ian Kershaw, ebd. S. 419
[253] Genauer gesagt liegt der Ursprung bei seinen Vorfahren, der Sippe der Schicklgruber (Mauro Torres)

sagen: *er hat die Kriegsideologie vollkommen wörtlich genommen und sie fast so primitiv aufgefaßt, als ob man in der Völkerwanderungszeit lebte'.*"[254]

Durch die kursiv hervorgehobenen Textstellen möchte ich betonen, daß es in Deutschland viele Menschen gab, denen durchaus bewußt war, wie „gefährlich" und „barbarisch" Hitler war. Ich vermisse jedoch den Psychologen, der deutlich gemacht hätte, daß es sich nicht um ein intellektuelles „wörtlich nehmen" der Kriegsideologie handelte, sondern daß der Krieg zu Hitlers Veranlagung gehörte, „Teil seines Wesens" war. Das bedeutet, daß diese atavistische kriegerische Veranlagung, die er von seiner Großmutter Schicklgruber geerbt hatte (nicht im Sinne von Lombroso!) – der Vater Alois wurde dabei übersprungen – in den genetischen Code seiner DNA fest eingebettet war.

Ich zitiere auch einige Beobachtungen, die ein scharfsinniger deutscher Journalist zu diesem Thema aufgeschrieben hat, der 1938 aus Deutschland fliehen mußte und nach England ausgewandert ist. Den Aufstieg der Nationalsozialisten hat er aber noch aus der Nähe miterlebt:

„Die NSDAP ist keine 'Partei' im demokratischen Sinne, sondern eine Organisation, die noch autoritärer ist als das von ihr beherrschte Dritte Reich.[255] [...] *Die Nazis sind tatsächlich von Natur aus unfähig, im Frieden zu leben.* Das ist die einfache und schreckliche Wahrheit, der man ins Auge blicken muß. Alle ihre Vorwände für ihre Kriege – die übrigens nicht im Jahre 1939 begonnen haben –, mögen es die nur scheinbar berechtigten Klagen über den Versailler Vertrag oder die provokatorischen Lügen sein, die den Angriffen auf Österreich, die Tschechoslowakei und Polen vorangingen, dienen nur dazu, den 'Bourgeois' – sowohl in

---

[254] Ian Kershaw, ebd. S. 386
[255] Sebastian Haffner, ebd. S. 94

Deutschland als auch im Ausland – Sand in die Augen zu streuen."[256]

Von Beginn seiner Karriere an hat Hitler betont, daß seine Politik auf kriegerische Auseinandersetzungen ausgerichtet ist:

„Die öffentlichen Kundgebungen der Nationalsozialisten sind nicht pazifistisch."[257]

Die Anfänge von Hitlers „politischer" Aktivität waren vergleichsweise bescheiden. Im September 1919 schloß er sich einer kleinen politischen Gruppierung an, die unter dem Namen „Deutsche Arbeiterpartei" bekannt war. Diese Partei war von dem Schlosser Anton Drexler gegründet worden, der zu dem Zeitpunkt Vorsitzender war. Hitler ahnte – und damit sollte er Recht behalten – daß er in einer kleinen politischen Organisation seine Fähigkeiten am besten würde entwickeln können. Er wußte ja bereits, daß er „reden konnte", und war überzeugt, daß ihm dieses „Werkzeug" bald dazu verhelfen würde, die Leitung dieser Gruppierung an sich zu reißen, die zur „Mutterzelle" der Nationalsozialistischen Partei werden sollte. Als die Mitglieder seine erste Rede hörten, die so vehement, fanatisch und mitreißend war und die primitivsten Leidenschaften und Kompulsionen in seinen Zuhörern weckte, waren sie völlig überrascht. Auch der Vorsitzende Anton Drexler staunte darüber und forderte Hitler auf, doch ins Führungsgremium einzutreten. Kurze Zeit später bot er ihm sogar den Parteivorsitz an, aber Hitler witterte, daß er damit zum „Organisator" und gezwungen sein würde, systematisch zu arbeiten. Für einen Faulpelz wie ihn war das nichts. Er zog es vor, als Agitator und Propagandist tätig zu sein – und das sollte auch so bleiben bis er Reichskanzler wurde… So bestand seine einzige „Arbeit" darin, Reden zu halten – dazu war allerdings keinerlei Anstrengung oder Disziplin erforderlich, weil die Worte nur so in

---

[256] ebd. S. 91
[257] Ian Kershaw, Hitler 1889-1936, Barcelona 2000, S. 187

Strömen aus ihm heraussprudelten; es war eher schwierig, sie zurückzuhalten und still zu sein...

Hitlers Erfolg stellte sich rasch ein und war durchschlagend: die Münchner Bierstuben, in denen die Parteiversammlungen abgehalten wurden, platzten aus allen Nähten, so viele Leute wollten ihn hören.

An dieser Stelle muß erwähnt werden, daß Hitlers kompulsive Lernfaulheit für seine volksnahen und populistischen Reden sehr hilfreich war: es handelte sich ja nie um akademische Reden – was der Fall gewesen wäre, wenn er sich die Philosophien Goethes, Schopenhauers und Nietzsches tatsächlich eingetrichtert hätte, wie er vorgab... In Wirklichkeit stammte seine „Weisheit und Beredsamkeit" aber aus seiner Zeitungslektüre, die er sehr leidenschaftlich betrieb. Seine Ideen, seine Sprache, seine Argumente, seine Haßgefühle – die sehr zahlreich waren – bezog er täglich aus den Zeitungen und reicherte sie dann mit Hilfe seines unleugbaren Talentes und seines ausgezeichneten Gedächtnisses an, um ihnen mehr Intensität zu verleihen. So machen es alle intelligenten Faulpelze: sie können alles Mögliche, das sie irgendwo gehört oder gelesen haben, so aufplustern, daß sie sehr gebildet wirken. Dann versetzte Hitler sein Publikum mit dem Dynamit seiner Kompulsionen in einen Rauschzustand – und in einem Land wie Deutschland, das eine Bierkultur pflegt und in dem es unter den frenetischen Zuschauern mit Sicherheit viele gab, die kompulsiv waren, war dieses Dynamit besonders wirksam...

Die Mitgliederzahl der Deutschen Arbeiterpartei schnellte in die Höhe, was zweifellos mit Adolf Hitlers feurigen Reden zusammenhing. So konnte man natürlich schon bald nicht mehr auf ihn verzichten. Als die anderen Mitglieder jedoch vorschlugen, die Partei mit einer anderen Bewegung zu vereinigen, deren Anführer auch so gut reden konnte wie Hitler, sprach sich dieser aus kompulsiver Eifersucht gegen eine solche Verbindung aus, bei der seine Monopolstellung in Gefahr geriet. Ein heiliger Zorn überkam ihn, er schrie, stampfte mit den Füßen auf den Boden und trat schließlich aus der Deutschen Arbeiterpartei aus. Aus Angst, ihren unentbehrlichen Führer zu verlieren, baten die Parteimitglieder ihn inständig, doch wieder in die Partei einzutreten. Sie würden auch all seine Bedingungen erfüllen, wenn er nur zurückkäme... Hitlers Bedingung lautete dann „lediglich", daß sie ihm, Adolf Hitler, die uneingeschränkte Macht über die Partei einräumen mußten. Das bedeutete: niemand durfte aufmucken oder sich den Entscheidungen widersetzen, die ihm so in den Sinn kamen. Das war meiner Meinung nach der Beginn des Führerkultes, an diesem Punkt setzte die Vergötterung des Führers ein. Die Nationalsozialisten akzeptierten diesen Kult zwar, aber Hitler hat auch zweifellos dafür gesorgt, diese Vergötterung voranzutreiben.

Die Nationalsozialistische Partei, wie sie nun hieß, war von Anfang an von Kriegslüsternheit geprägt, wie wir gesehen haben. *Das bestätigt meine These, daß ein Barbar wie Hitler, wenn er Politiker wird, der Politik notwendigerweise Kriegslüsternheit einflößen muß, ganz besonders dann, wenn diese Politik als Mittel dienen soll, um die Macht zu erobern und einen internationalen Weltkrieg zu entfachen.*

Es ist also kein Zufall, daß Hitler sich in der zweiten Hälfte des Jahres 1920 mit einem Barbaren wie Ernst Röhm anfreundete. Röhm war damals Stabschef der bayerischen Truppen und hat später, mit Hitlers Zustimmung und Genehmigung, die „Sturmabteilung" (SA) gegründet, die als Kampftruppe im Dienst der Nationalsozialistischen Partei stand. Röhm war für Hitlers Aufstieg von entscheidender Bedeutung: er begleitete ihn bis zum 30. Juni 1934, als Hitler – dann schon Kanzler und Präsident des Dritten Reiches – außer sich war vor Zorn, weil Röhm die Revolution der Nationalsozialisten beschleunigen wollte und Hitlers Kriegspläne durcheinanderbrachte. Er akzeptierte bzw. *erfand* dann den Schwindel, Röhm wolle einen „Staatsstreich" verüben und erteilte den Befehl, Röhm zu töten. Und mit ihm andere führende Mitglieder der NSDAP, die bei dem Führer in Ungnade gefallen waren – wie etwa der große Organisator, Ideologe und Redner Georg Strasser und hundert weitere. Aber am Anfang war Röhm der kriegstreibende Kern der Partei; er war die rechte Hand, die linke – ja sogar das Gehirn der Partei, denn er hat viele Ideen miteingebracht, als die NSDAP außerhalb Münchens noch gar nicht bekannt war.

Die paramilitärischen Kampftruppen haben die Nationalsozialistische Partei ständig eskortiert. Erst als SA oder „Sturmabteilung" unter der Führung von Röhm – mit einer zweijährigen Unterbrechung zwischen 1930 und 1932, als Röhm im Chaco-Krieg an der Seite Boliviens gegen Paraguay kämpfte. Von dort holte Hitler ihn nach Deutschland, damit er eine straff organisierte Truppe auf die Beine stellte, die SA... Nach der „Nacht der langen Messer", in der Hitler die Hauptrolle bei dem Massaker gegen Röhm und zahlreiche andere politische Anführer gespielt hatte, verlor die SA völlig an Bedeutung und wurde durch die SS („Schutzstaffel") ersetzt, einen noch düstereren „Verein" unter der Leitung von Himmler und Heydrich, die für zahlreiche politische Verbrechen und Massenmorde an den Juden verantwortlich waren. Hitlers „Politik" hat zu keinem Zeitpunkt ihre barbarische Dimension verloren, während des gesamten Zeitraumes zwischen 1920 und 1945 nicht. Selbst in den Jahren nicht, als Hitler zwischen 1925 und 1933 versprach, die „legalen" Grenzen zu wahren – bis er dann zum Reichskanzler ernannt wurde...

Parallel zur politischen Kriegstreiberei fand ein „Verzicht" auf Intelligenz und Kultur statt – beides wurde sogar regelrecht verfolgt. Ich weiß nicht, inwieweit diese barbarische Haltung der Nationalsozialisten etwas mit Hitlers Unfähigkeit zu tun hatte, ernsthaft zu studieren und mit seinem „Haß auf die Intellektuellen", über die er sich lustigmachte, weil sie seriöse Bücher lasen:

„Die Hauptschwierigkeit besteht darin", schreibt Haffner, „daß mit diesen intelligenten Nazis der Verzicht auf Intelligenz oder, vielleicht genauer gesagt, deren Pervertierung zu einem zusätzlichen Stimulus des Nationalsozialismus wurde. Denn Intelligenz gehörte zu den Merkmalen, die von dieser Generation instinktiv abgelehnt wurden [...]."[258]

Sehr bezeichnend ist die öffentliche Verbrennung von Büchern deutscher und ausländischer Autoren, die am 10. Mai 1933 organisiert wurde, drei Monate nachdem Hitler als Reichskanzler die Macht an sich gerissen hatte. Die Bücherverbrennung wurde von den Nationalsozialisten in Berlin und in anderen Universitätsstädten organisiert, verbrannt wurden Bücher von Henri Barbusse, Bertolt Brecht, Thomas Mann, Kurt Tucholsky, Arnold und Stefan Zweig, Emile Zola und die von vielen anderen...

Hitlers charismatische Gabe

Nach und nach konzentrierte sich die nationalsozialistische Partei immer mehr auf die Person Adolf Hitler, aufgrund der Faszination und der ungeheuren Macht, die er auf seine Zuhörer und die führenden Köpfe in der Partei ausübte. Hitler verwandelte sich ganz allmählich und in immer stärkerem Maße in den obersten „Macher", in den Messias und in den *Führer*. Diesen Titel haben ihm seine Anhänger verliehen, und Hitler unternahm auch nichts, um dies zu verhindern, sondern schürte die Entwicklung. Der Führer, Adolf Hitler, ist nach der nationalsozialistischen Ideologie das Bindeglied, das Staat, Partei und Volk zusammenhält. Die Bewunderung des Volkes für Hitler wächst stetig an, so wie ein Schneeball schließlich zu einer Lawine wird…

„Das Führerprinzip", schreibt Franz Neumann in seinem ausgezeichneten Buch *Behemoth: Struktur und Praxis des Nationalsozialismus*, „bezeichnet vor allem anderen eine von oben nach un-

---

[258] Sebastian Haffner, ebd. S. 87

ten und niemals umgekehrt aufgebaute Organisationsform. Es herrscht in allen sozialen und politischen Organisationen [...]"[259]

„Adolf Hitler ist der oberste Führer. Er vereinigt in sich die Funktionen des obersten Gesetzgebers, des obersten Regierenden und des obersten Richters; er ist der Führer der Partei, der Wehrmacht und des Volkes. In seiner Person ist die Macht des Staates, des Volkes und der Bewegung vereint."[260]

Der Führer ist der alleinige Gesetzgeber – diese Macht hatte Hitler schon am Anfang seiner Karriere von den Mitgliedern der Deutschen Arbeiterpartei eingefordert: er wollte der Chef sein, mit den Befugnissen eines Diktators, und er wollte „der Einzige" sein, der die Regeln und Entscheidungen der Partei diktierte. Hitler hatte diese Ambitionen meiner Meinung nach bisher geheim gehalten. Aufgrund seines manischen Größenwahns ging er davon aus, daß er den anderen Parteimitgliedern überlegen war. Das Schlimme war, daß die ihm das glaubten und ihm folgten – die Gründe habe ich bereits genannt: Hitler wurde gleich zu Beginn zu einer Person, auf die man nicht mehr verzichten konnte – weil er es verstand, mit seinen vehementen und leidenschaftlichen Reden die Massen zu mobilisieren.

Es war nicht notwendig, Kabinettssitzungen einzuberufen, der Führer war alleiniger Gesetzgeber. Die Minister mußten nicht zu Rate gezogen werden. Was der Führer wollte, war Gesetz – die Gesetzgebung hing allein von seiner Macht ab. Ebenso hatte der Führer die administrative Gewalt in seinen Händen, sie wurde in seinem Namen ausgeübt. Er hatte die oberste Befehlsgewalt über die Streitkräfte, *er war der oberste Richter und unfehlbar*. Seine Macht war legal und nach der Verfassung unbegrenzt. Es ist unnötig, sie zu beschreiben; man kann nicht mit rationalen Begriffen etwas definieren, das keine Grenzen hat.

---

[259] Franz Neumann, Behemoth: Struktur und Praxis des Nationalsozialismus 1933-1944, Frankfurt 1998, S. 114
[260] ebd. S. 115

„Max Weber hat *auf die allgemeine Erscheinung charismatischer Herrschaft hingewiesen und sie von allen rationalen und traditionellen Herrschaftstheorien klar abgegrenzt.* [...] Charismatische Herrschaft ist lange Zeit vernachlässigt und lächerlich gemacht worden, hat aber offenbar weit zurückreichende Wurzeln und wird, wenn die geeigneten psychologischen und sozialen Bedingungen erst einmal vorhanden sind, zu einer machtvollen Antriebskraft. *Die charismatische Macht des Führers ist kein bloßes Trugbild – niemand kann bezweifeln, daß Millionen an sie glauben.*"[261]

Warum ist der charismatische Anspruch zu neuem Leben erweckt worden, wo er doch so primitiv ist? ...

„Das Problem erfordert eine Analyse der *psychologischen Vorgänge, die zu dem Glauben an die wundertätige Kraft eines Menschen führen, einem Glauben, der gewisse* [...] *Neigungen des menschlichen Geistes kennzeichnet.* Die Analyse kann auch zu einem Verständnis des psychologischen Vorgangs führen, der *der Anbetung des Menschen durch den Menschen* zugrundeliegt. Wie Rudolf Otto gezeigt hat, sind Geistesverfassung und angesprochene Emotionen die eines Individuums, das sich von seiner eigenen Unfähigkeit überwältigt fühlt und daher dazu neigt, an die Existenz eines 'Mysterium Tremendum', eines unerklärlichen Geheimnisses, zu glauben. Das Unerklärliche erzeugt Ehrfurcht, Angst und Schrecken. Der Mensch erschaudert vor dem Dämon oder vor Gottes Zorn. Aber seine Einstellung ist ambivalent – *er fürchtet sich und ist fasziniert zugleich.* Er erlebt Augenblicke der äußersten Verzückung, in denen er sich mit dem Göttlichen identifiziert.

Dieser vollkommen irrationale Glaube tritt in Situationen auf, die der Durchschnittsmensch nicht verstehen und rational erfassen kann. [...] *Die am wenigsten von der Vernunft geleiteten Gesell-*

---

[261] ebd. S. 116/117

schaftsschichten wenden sich Führern zu. Wie die Primitiven halten sie nach einem Erretter Ausschau, der ihre Not abwenden und sie aus ihrem Elend befreien soll. [...] *Der Führer macht sich das Gefühl der Ehrfurcht zunutze und fördert es; die Gefolgsleute strömen ihm zu, um ihre Ziele zu erreichen. Gehorsam ist* [...] *ein notwendiges Element der charismatischen Führung* [...]. *Die Gefolgsleute beziehen ihre Macht vom Führer. Dieser muß Macht in ungleichen Dosen verteilen, damit er eine Elite besitzt, auf die er sich verlassen kann, die an seinem eigenen Charisma teilhat und ihm mit diesem Charisma zur Beherrschung der Massen verhilft. Eine charismatische Organisation beruht immer auf striktem Gehorsam innerhalb einer hierarchischen Struktur.*

Aber wenn das genuin religiöse Phänomen des Charismas in den Bereich des Irrationalen gehört, ist seine parallele politische Erscheinung nichts als ein Trick zur Erlangung, Bewahrung oder Vergrößerung der Macht. [...] *Der charismatische Anspruch der modernen Führer fungiert als bewußtes Mittel, Hilflosigkeit und Hoffnungslosigkeit im Volke zu nähren*, Gleichheit zu beseitigen und stattdessen eine hierarchische Ordnung einzuführen, in der der Führer und seine Gruppe den Ruhm und den Nutzen des 'Numen' teilen. [...] *Das Charisma ist absolut geworden: es verlangt nicht Gehorsam gegenüber dem Führer, weil dieser nützliche Funktionen versieht, sondern weil er angeblich übermenschliche Gaben besitzt.*"[262]

Dieser irrationale Faktor in Hitlers „charismatischer Herrschaft", auf die Max Weber so meisterhaft hingewiesen hat, der fast einem religiösen Gefühl gleichkommt, ist von herausragender Bedeutung, wenn man die Idealisierung und Vergötterung des Führers auf der einen Seite und die Unterwerfung des deutschen Volkes auf der anderen Seite verstehen will. Denn so schließen sich wichtige Erkenntnislücken, die nach meinen rationalistischen und wissenschaftlichen Erklärungen der psychologischen Konstitution

---

[262] ebd. S. 129/130

dieses Mannes, der in seinem Wesen von einer solchen Vielfalt von Linien und Strömungen bestimmt wird, noch offen geblieben sind. Hitler hat von dem Tag an, seit er zum absoluten Führer der Deutschen Arbeiterpartei geworden ist, intuitiv gespürt (angesichts seiner kompulsiven Lernfaulheit ist es unmöglich, daß er die Schriften des Soziologen Max Weber studiert hat) – und vom Standpunkt seiner Interessen aus gesehen, lag er damit auch genau richtig… –, daß er auf den unbedingten Gehorsam und die uneingeschränkte Verehrung der Parteimitglieder angewiesen war, wenn er siegen wollte. Dasselbe galt für die Massen: er mußte sie unterwerfen, indem er ihnen suggerierte, daß er übermenschliche wundertätige Kräfte besaß und sie damit von ihrem irdischen Elend erlösen konnte; und indem er ihnen versicherte, daß ein mächtiges Deutschland mit einer überlegenen Rasse auch jeden Einzelnen von ihnen in ein überlegenes Wesen verwandeln würde. Gleichzeitig verlangte er strikten Gehorsam von den führenden Mitgliedern der NSDAP. Bei allen – selbst bei Heß, Göring und Goebbels – war ehrerbietige Furcht zu spüren. Sie hatten das Gefühl, nichts ohne den Willen und die „Erlaubnis" „ihres" Führers machen zu können. Im Laufe der Zeit „durchtränkte" dieses Gefühl regelrecht das Denken der führenden Parteimitglieder und des deutschen Volkes. Und logischerweise war auch Hitler selbst immer stärker davon überzeugt, daß er eine fast übernatürliche Macht besaß – ganz im Sinne seines pathologischen Größenwahns…

Wie war ein solches Bravourstück möglich? Nicht nur durch Kühnheit, sondern auch durch die manische Überzeugung, die schon in Hitlers Kindheit zutage getreten war, daß er allen anderen überlegen sei. Diese Überzeugung gründete sich auf seinen Größenwahn und sein aufgeblasenes Ego, beides verhalf ihm zu dem Selbstvertrauen und zu diesem Glauben an sich selbst, der allen aufgefallen ist, die näher mit Hitler zu tun hatten. So versetzte er August Kubizek als Jugendlicher in Erstaunen über seine hervorragenden übermenschlichen Gaben und brachte ihn dazu, ihn zu verehren, als sei er eine Art Idol oder Gottheit. Im Laufe der Zeit erkannte Kubizek allerdings, wie die Dinge wirklich lagen und sein Mythos verblaßte allmählich. Ihm wurde klar, daß Hitler in Wirklichkeit gar nichts konnte: weder als Musiker, noch als Maler, Architekt, Schriftsteller oder Leser. Was blieb, war eine große Furcht, die er Hitler gegenüber empfand. Daher konnte er sich gegen dessen Verfolgung und Herrschsucht nicht wehren, wenn Hitler ihn mit seinem autoritären Verhalten bedrängte. Auch die Nazi-Chefs beugten sich ergeben und brachten diesem Supermann fast religiöse Ehrerbietung entgegen, der angeblich sogar Wunder vollbringen konnte. Denn die Macht, die Hitler auf die führenden Parteimitglieder und das Volk ausübte, war übermenschlich. Und diese Macht und dieses irrationale Gefühl wurden im Laufe der Zeit immer stärker, bis sie schließlich in einem Führer mit göttlicher Klangfarbe kulminierten.

Aufgrund dieser „charismatischen Herrschaft" Hitlers ist die Behauptung, der Führer habe das deutsche Volk „hypnotisiert" für mich nicht überzeugend. Ich neige eher zu der Vermutung, daß es in Wirklichkeit ein nahezu religiöses Gefühl war, das die Massen dazu veranlaßt hat, sich Hitler mit solcher Absolutheit unterzuordnen. Diese Unterwerfung ging ja sogar so weit, daß viele zu Helfershelfern wurden, was immer der Führer auch tat. Es gibt wohl keinen anderen Führer in der Geschichte der Menschheit, der seine „Untertanen" derart geknechtet hat. *Hitlers Anhänger waren der charismatischen Magie des Führers wehrlos ausgeliefert. Mein wissenschaftlicher Beitrag besteht darin, daß er die manische Selbstüberschätzung Hitlers erklärt, seinen blinden Glauben daran, daß er in Deutschland der Berufene war, der Messias: Ursache war der pathologische Größenwahn, von dem Hitler besessen war. Unglücklicherweise war er rhetorisch so begabt, daß er alle davon überzeugen konnte, daß er der Größte war. Wäre Hitler nicht so ein faszinierender Redner gewesen, wäre sein Größenwahn das geblieben, was er war – pathologisch.* Der Grund dafür, daß alle an seine Grandiosität glaubten – nicht zuletzt er selbst – lag einzig und allein in seiner manischen Redekunst. Erinnern wir uns nur an seine Freude, als er 1919 bei seinen Vorträgen vor den Soldaten merkte, daß er „reden konnte"! Und er war schlau genug, um zu begreifen, daß er mit dieser angeborenen Begabung, die er nur etwas zu perfektionieren brauchte, über eine Goldader verfügte. Mit ihrer Hilfe konnte er nun seine verborgenen Absichten vorantreiben: die Macht erlangen. Und zwar *die ganze Macht*, um endlich Krieg zu führen.

Kann sich irgend jemand Hitler ohne die Macht seiner Worte vorstellen? Worte, die spontan aus ihm heraussprudelten, ohne jegliche Anstrengung oder Mühe. Deshalb wollte er immer die „Werbetrommel", der Propagandist der Partei sein, zumindest so lange, bis er Kanzler des Dritten Reiches wurde. Ab diesem Zeitpunkt verfügte er über die absolute Macht, einschließlich der Oberbefehlsgewalt über die Streitkräfte, und damit war seine Redekunst nur noch von sekundärer Bedeutung. Aber seinen gesamten *Aufstieg* bis 1939 verdankte er vor allem seiner außerordentlichen Fähigkeit, die Massen zu mobilisieren und in einen Rauschzustand zu versetzen – und nicht so sehr seiner angeblichen politischen Genialität. *Mit seiner Redekunst hat er sich sein Charisma geschmiedet.*

Das war der Grund für das unglückliche Schicksal des deutschen Volkes. Es ist nicht hypnotisiert worden, wie ich nochmals betone, sondern war geblendet vom übermenschlichen Glorienschein eines Charismas, das Hitler sich dank seiner Redekunst aufgebaut hatte. Oft bestanden diese Reden nur aus purem Geschwätz, denn für Hitler war es mit keinerlei Mühe verbunden, zu reden – für ihn war es Arbeit, wenn er still sein sollte… Wenn er Reden hielt, geriet seine ganze Hyperaktivität in Bewegung, seine übersteigerten psychischen Reaktionen. Mit manischem Enthusiasmus ließ er seinem mitreißenden, frenetischen Redeschwall freien Lauf... *Das Unglück des deutschen Volkes bestand darin, daß es im Gegensatz zu August Kubizek nicht gemerkt hat, daß Hitler weder ein großer Denker, noch ein richtiger Staatsmann oder Politiker war, sondern ein Geisteskranker, der großartig reden konnte und es deshalb unweigerlich in den Abgrund führte. Die Maske des faszinierenden Redners und des manischen Abenteurers, hinter der Hitler sich versteckte, verhinderte, daß seine Zeitgenossen seinen wahren Kern erkannten. Größenwahn, Redekunst und seine barbarische Veranlagung – das waren die Schlüssel zu Aufstieg und Fall von Adolf Hitler.*

Ein drittes Mal möchte ich Sebastian Haffner zitieren. Nun mit einer Textpassage, in der Hitler seine leeren oder gefährlichen Versprechungen macht – je nach dem, wie man es sieht:

„In seiner Triumphrede auf dem 'Parteitag des Sieges' der NSDAP im Jahre 1933 sagte Hitler sinngemäß das Folgende: Er, Hitler, sei nun nach dem Sieg dazu bereit, sein Geheimnis zu enthüllen. Es bestehe darin, daß er über die Grundlagen des politischen Erfolges nachgedacht habe; seine Gegner hätten das unterlassen. Das Geheimnis bestehe darin, eine 'Weltanschauung' zu verkünden und eine Parole auszugeben, die automatisch die dynamischsten, aktivsten, aufopferungsvollsten, heldenmutigsten und stärksten Charaktere zusammenführe. *Dieser Gemeinschaft der Starken und Energischen könne der Erfolg nicht lange versagt bleiben, da das Starke immer über das Schwache siege.* Der Marxismus oder der Liberalismus könnten immer nur Feiglinge und Schwache anziehen und seien deshalb von einer Doktrin besiegt worden, um die sich Titanen scharen. Er, Hitler, habe das vollbracht. Er habe seinen Anhängern niemals etwas versprochen, sondern ständig Opfer, Risikobereitschaft, Heldenmut von ihnen verlangt. So habe er Gefolgsleute von beispielloser Opfer- und Risikobereitschaft und beispiellosem Heldenmut um sich versammelt. [...] Das Ergebnis sei eine unbesiegbare Schar, 'und diese Schar wird niemals wieder zersetzt und zersprengt werden

[...]'"²⁶³. Es sei schade, daß man diesen Äußerungen nicht mehr Beachtung geschenkt habe, meint Haffner.

Wie vielen anderen Zeichen des Draufgängers Hitler auch, in denen seine „kriegstreiberische Politik" zum Ausdruck kam. Er sorgte sich nicht darum, ob seine Eskapaden zum Erfolg führten oder nicht, denn er hatte automatisch immer eine Lösung parat. Meiner Meinung nach haben die Deutschen das leider nicht verstanden: wenn Hitlers Pläne scheiterten, zog er seine Pistole und brachte sich um.

Doch zurück zu Haffner. Die zuletzt zitierte Textstelle „[...] enthält das Eingeständnis, daß sich die nationalsozialistische Weltanschauung *auf den Plan gründet, eine bestimmte Art von Menschen zu rekrutieren, damit sie eine 'unbesiegbare Schar' bilden, die in der Lage ist, zu erobern und zu beherrschen. Das galt in erster Linie für die politische Kriegsführung im Inneren, aber nun braucht nicht länger erklärt zu werden, daß die ehrgeizigen Bestrebungen weit über die Grenzen Deutschlands hinausgehen.* Tatsächlich muß das Nazilied wörtlich verstanden werden:

'Heute gehört uns Deutschland, und morgen die ganze Welt.'"²⁶⁴

Die Kehrseite von Hitlers Charisma, die er und die nationalsozialistische Propaganda den Deutschen eindeutig aufgezwungen haben, war *die ehrerbietige und unerklärliche Unterwerfung.* Unerklärlich deswegen, weil sie irrationale und pseudoreligiöse Züge trug. Warum unterwarf sich ein gebildetes und fortschrittliches Volk wie das deutsche einem Führer und dem Nationalsozialismus, und warum tolerierte es seine verwerflichen Handlungen? Ich habe an früherer Stelle bereits erwähnt, daß das Phänomen Hitler ein *historischer Tsunami* war, der über das deutsche Volk hinweggerollt ist. Die Deutschen – wie jedes Volk, das Opfer einer Naturgewalt wird – waren an diesem Ereignis nicht bewußt

---

²⁶³ Sebastian Haffner, ebd. S. 77/78
²⁶⁴ ebd. S. 78

beteiligt. Und sie tragen auch keine Schuld, da sie wie von einem physikalischen Element mitgerissen wurden – selbst wenn sie Hitler 93% ihrer Stimmen gegeben und sich seinem absoluten Willen untergeordnet haben, ein politisches Paradox...

Dieses Bild veranschaulicht meines Erachtens die Macht, die Hitler auf Deutschland ausübte – mehr noch als die Partei, die kam erst an zweiter Stelle, nach der Person des Führers:

Hitler war wie eine physikalische Katastrophe, die die deutsche Geschichte getroffen und sich wie ein Fremdkörper brutal in Deutschlands Tradition gedrängt hat. Diese Katastrophe fing mit Hitler an und endete auch mit ihm, selbst wenn es bestimmte gesellschaftliche Tendenzen in Deutschland gab, die einen günstigen Nährboden für das Auftauchen Hitlers boten: die imperialistischen Bestrebungen, die messianische Sehnsucht nach einem starken und autoritären Führer und die rassistischen Forderungen in einigen Medien.

„Die deutsche Variante des Nationalsozialismus im 19. Jahrhundert zeichnet sich hauptsächlich durch eine nicht ohne Emphase erfolgte Betonung des Begriffs *Volk* aus; ein 'Volk', das sich in seinem natürlichen Lebensraum entfaltet [...]. Durch das Volk ist der Einzelne zugleich der Natur und einer 'höheren Wirklichkeit' verbunden. Nach dieser pantheistischen Auffassung der Natur [...] stellt das Volk eine historische Einheit dar, deren Wurzeln in eine sehr weit zurückliegende Vergangenheit zurückreichen. Ihre Vertreter beschwören die „wahren Eigenschaften" der Germanen und stellen der industriellen und städtischen Kultur die mittelalterliche Gesellschaft entgegen. Mit seiner hierarchischen und ländlichen Sozialstruktur versinnbildlicht das mystische Mittelalter für sie die Einheit zwischen dem Volk und seinem Land."[265]

Ein Nationalismus, der von einigen Medien vertreten wurde, ebenso wie der „endemische" Antisemitismus...

---

[265] vgl. Marlis Steinert, ebd. S. 70

Ich bin jedoch der Ansicht, daß diese Eigenschaften der deutschen Tradition zwar Ähnlichkeiten mit der Erscheinung Adolf Hitler aufweisen – dem vollkommen einzigartigen Genius des Bösen –, daß dieses Phänomen aber im Grunde im Gegensatz zur deutschen Tradition stand. Hitler tauchte auf, ohne von der Geschichte eingeladen worden zu sein, wenn er auch im letzten Augenblick seiner Wahl zum Reichskanzler die Unterstützung einflußreicher gesellschaftlicher Kräfte erhalten hat, zum Beispiel die der Grundbesitzer. Aufgrund der tiefgreifenden Erkenntnisse, die ich über die Kräfte gewonnen habe, die in dieser einzigartigen Persönlichkeiten wirksam waren, bin ich zu folgendem Schluß gelangt:

Hitler war der Demiurg des Nationalsozialismus und der dämonische Führer, der sich – ich wiederhole – wie ein Fremdkörper in das deutsche Leben gedrängt hat. Er hat eine Vielfalt von Kräften mobilisiert, um seine kriegerischen „Zwecke" zu erreichen, und er hat einen „historischen" Zyklus begonnen, der mit ihm einsetzte und mit ihm endete.

Das Ungeheuer Hitler ist nicht aus der deutschen Nation heraus geboren, sondern aus dem Schoß der Sippe SCHICKLGRUBER hervorgegangen...

Alles dreht sich darum, wie Hitlers einzigartiges Gehirn beschaffen war!

Werfen wir einen Blick auf die Schlußfolgerungen, zu denen Robert Gellately in seiner bedeutenden Forschungsarbeit über die Beteiligung des deutschen Volkes am nationalsozialistischen „Abenteuer" gelangt ist. In seinem Buch *Hingeschaut und weggesehen* untersucht er, „wie Zwang und Zustimmung miteinander verflochten waren und schließlich, wie und warum das deutsche Volk der nationalsozialistischen Diktatur den Rücken stärkte."[266]

---

[266] Robert Gellately, Hingeschaut und weggesehen: Hitler und sein Volk, Bonn 2003, S. 22

Gellately stellt die Behauptung auf, daß die Angst vor dem Kommunismus den Nationalsozialisten Vorschub geleistet hat. Die Medien hätten dies unterstützt.

„Konservative Zeitungen fragten: 'Wer könnte der marxistischen Gefahr wirksam begegnen?' Neben anderen Faktoren war es die wachsende Sympathie in der umfangreichen rechten Presse, die Hitler zur Macht verhalf."[267]

„In den stürmischen Februar- und Märztagen 1933 war ein Wahlkampf im Gange, bei dem die Nationalsozialisten alle Register zogen, ihre Gegner erbarmungslos unterdrückten und ungeheuren Zulauf verzeichneten. Trotz allem blieb Hitler am 11. März die absolute Mehrheit versagt. Allerdings sollte man die Bedeutsamkeit dieses Umstandes nicht übertreiben – immerhin bekam er die Stimmen von über 17 Millionen Menschen (beziehungsweise 43,9 Prozent der abgegebenen Stimmen). Das Wahlergebnis bescherte den Nationalsozialisten eine knappe Mehrheit der Sitze im Reichstag, wenn sie sich mit ihren nationalistischen Partnern zusammentaten. Hitler zeigte sich als Herr der Lage, und, was genauso wichtig war: *die Mehrheit der Deutschen machte in den folgenden Monaten rasch deutlich, daß sie hinter ihm stand.*"[268]

Robert Gellately fährt fort:

„Wir sind gewohnt, die Wahlen und Volksbefragungen unter Hitlers Diktatur zu ignorieren, doch zeigen tendenziell auch sie, daß sich ein pro-nationalsozialistischer Konsens herausbildete und erweiterte. Im Oktober 1933 zog Hitler das Deutsche Reich aus dem Völkerbund zurück und beraumte ein Plebiszit an, um die Deutschen nach ihrer Zustimmung zu fragen. Das Ergebnis waren 95 Prozent Ja-Stimmen. Nicht weniger spektakulär waren die Ergebnisse der Reichstagswahl, die Hitler gleichzeitig mit dem Plebiszit im November 1933 anberaumte. Das Ergebnis war,

---

[267] ebd. S. 24/25
[268] ebd. S. 26

daß Hitler und seine Partei fast 40 Millionen Stimmen erhielten (92,2 Prozent aller Stimmen). Kaum weniger bemerkenswert war eine Wahlbeteiligung von 95,2 Prozent."[269]

Und später fügt Gellately hinzu:

„Sobald Hitlers Polizei jedoch einmal Geschmack an raschen Maßnahmen gefunden hatte, mit denen sich zeitraubende gesetzliche Verfahrensweisen umgehen ließen, bestand keine Aussicht, daß sie jemals wieder auf dieses Instrument verzichten würde. [...] Am 30. Juni 1934 wurden auf Hitlers Anweisung die Anführer der SA ermordet. Nach dieser 'Nacht der langen Messer' war es mit dem radikalen Ehrgeiz der SA, die noch eine echte soziale Revolution herbeisehnte, ein für allemal vorbei. Die Vorgänge wurden der deutschen Öffentlichkeit zwar als versuchter Staatsstreich des SA-Chefs Ernst Röhm hingestellt, doch machte man sich nicht die Mühe, den Umstand zu bemänteln, daß Röhm exekutiert worden war, ohne daß es auch nur den Schein eines Verfahrens gegen ihn gegeben hätte. Die meisten Menschen akzeptierten, daß Hitler (nicht etwa die Gerichte) die rund hundert Missetäter zum Tode 'verurteilt' hatte. *Nach allem, was wir wissen, machte dieser erste Massenmord in der Geschichte des Dritten Reiches die Deutschen nicht etwa stutzig, sondern warf für Hitler positive politische Dividenden ab.*"[270]

„Der Aufbau des neuen Gestapo-Systems", schreibt Gellately weiter, „gipfelte in einem preußischen Gesetz vom 10. Februar 1936. Nach diesem Gesetz konnte buchstäblich keine einzige Handlung der Gestapo, nicht einmal eine unrechtmäßige Festnahme, einer gerichtlichen Überprüfung unterzogen werden, und niemand konnte auf Schadensersatz klagen. [...] Der einzig mögliche Beschwerdeweg führte nun über eine Berufung zum Gestapo-Hauptamt (Gestapa). Die ganze Tragweite dieser Entwick-

---

[269] ebd. S. 29
[270] ebd. S. 61

lungen wurde nun keineswegs vertuscht, sondern über die Presse der Öffentlichkeit auseinandergesetzt, so daß kein Zweifel mehr bestehen konnte, daß elementare gesetzliche Rechte des Staatsbürgers gekippt worden waren."[271]

„Die Dachauer Lokalpresse berichtete im Laufe des Jahres 1933 über den gewaltsamen Tod von etwa einem Dutzend Gefangenen und behauptete sowohl, daß die Wachen 'aus Notwehr' gehandelt hätten, als auch, daß es sich bei den Opfern 'ohnehin um sadistisch veranlagte Menschen' gehandelt habe.

Wie reagierten die Deutschen auf die Errichtung der ersten Lager? Daß sich nur sehr wenige kritische Stimmen erhoben, haben wir schon gesehen."[272]

„Hitlers Besorgnisse um die Aufrechterhaltung von Ordnung und Disziplin gipfelten in seiner großen Rede vom 24. April 1942 [...]. Niemand, der diese Rede hörte, konnte noch irgendeinen Zweifel an Hitlers tiefsitzendem und völlig wahnhaftem Antisemitismus haben. Er stellte Deutschland als das unschuldige Opfer hin, das 'endlose' Friedensinitiativen ergreife, die alle von den 'verborgenen Kräften' (!!! ...)[273] hinter den Kulissen, das heißt den Juden, vereitelt würden."[274]

„Daß die Polizei ungesetzliche Hinrichtungen in aller Öffentlichkeit erläutern und dabei erwarten konnte, alle Vorbehalte der Öffentlichkeit in dieser Frage zu beschwichtigen, sagt eine Unmenge darüber aus, welche Umgestaltung Deutschland seit 1933 erfahren hatte."[275]

Und über die Denunzianten bei der Gestapo schreibt Gellately:

---

[271] ebd. S. 63
[272] ebd. S. 88
[273] Ausrufezeichen und Auslassungspunkte hat Mauro Torres hier eingefügt, Anm. d. Übersetzerin
[274] ebd. S. 121
[275] ebd. S. 126

„Aus meinen Forschungen über die Betätigung deutscher Bürger als Informanten bin ich nämlich zu dem Schluß gelangt, daß für das Polizeisystem, das nach Informationen gierte, um handeln zu können, die Motive der Denunzianten fast immer zweitrangig waren. Für uns aber sind sie nicht unwichtig, denn wir wollen nicht nur verstehen, wie das System funktionierte, sondern auch, warum Menschen denunzierten, das heißt, warum so viele Leute dem nationalsozialistischen Unrecht zuarbeiteten [...] Im nationalsozialistischen Deutschland kamen nicht nur Denunzianten mit ihren Informationen zur Polizei; es meldeten sich auch Zivilisten, die aus den verschiedensten Gründen für die Gestapo als V-Mann arbeiten wollten."[276]

Und was noch erstaunlicher ist:

„Obwohl die Niederlage vor der Tür stand[277], denunzierten weiter viele Menschen ihre Kollegen, Nachbarn, Freunde und Verwandten bei der Polizei."[278]

Diese kurze Zusammenfassung des ausgezeichneten Buches von Robert Gellately vermittelt einen außerordentlich überzeugenden Eindruck davon, inwieweit das deutsche Volk an den Greueltaten der Nationalsozialisten mitgewirkt hat... Ich möchte Gellatelys Forschungsergebnisse keineswegs in Zweifel ziehen, aber meine These lautet:

Hitler – dieser historische Tsunami – hat das Bewußtsein der Deutschen überrollt.

Viele von ihnen waren potentiell kriminell aufgrund der zahlreichen Kompulsionen, zu denen die Bierkultur in Deutschland geführt hat – wie in den meisten anderen Nationen auch, leider... Insofern waren diejenigen, die sich besonders aktiv an dem Kollektivverbrechen beteiligt haben, Hitler artverwandt. *Aber die Es-*

---

[276] ebd. S. 194/195
[277] Also noch Ende 1944, Anfang 1945
[278] ebd. S. 314

senz des deutschen Volkes hat sich einfach mitreißen lassen, und so kam es zu dem tragischen Paradox, daß die Deutschen mit 93% ihrer Stimmen für Hitlers Politik gestimmt haben, ohne daß ihnen bewußt war, was sie taten – darin bestand eben der Widerspruch. Denn der Aufruhr der Elemente, der durch dieses tellurische Phänomen ausgelöst wurde – das der historischen Tradition Deutschlands völlig fremd war, das einen Kant, einen Hegel, einen Goethe, einen Beethoven, einen Marx, einen Einstein und einen Thomas Mann hervorgebracht hatte, und das sowohl in seiner wissenschaftlichen als auch in seiner industriellen Entwicklung außerordentlich fortschrittlich war –, überrollte physisch den innersten Wesenskern des deutschen Volkes. Die Deutschen wurden also nicht überredet oder hypnotisiert, sie wurden vielmehr das Opfer eines einzigartigen Ereignisses, das an die unaufhaltsame Flutwelle von Attila und Dschingis Chan erinnert…

Der Führer selbst war der Erste unter allen Deutschen, der von einer Vielfalt von unbewußten Determinismen „überrollt" wurde – er hatte seine Handlungen nicht in der Hand! Er war wie ein Bolid, der von Kräften katapultiert wurde, die er nicht kontrollieren konnte, in einen Krieg verwickelt, den er aufgrund seiner wahnsinnigen „Weltanschauung" ausgelöst hatte, angetrieben durch seine geistesgestörte manische Überzeugung, er sei der bedeutendste Mann der Geschichte, sowie von seinen kompulsiven Haßgefühlen und Rachegelüsten. Bestärkt durch seine fanatische und barbarische Weltsicht, derzufolge der Krieg angeblich das universelle Allheilmittel ist. Und während Hitler sich für denjenigen hielt, den die Vorsehung gesandt hatte, und „mit traumwandlerischer Sicherheit" voranschritt, merkte er nicht, daß er in einen Abgrund stürzte und das ganze deutsche Volk mit sich riß.

Denn für ihn war der Selbstmord im Falle eines Scheiterns die letzte Lösung – und daß er unweigerlich scheitern würde, war abzusehen, seit er im Jahr 1920 mit seinem dementen politisch-militärischen Abenteuer angefangen hatte. Sollte der Krieg in letzter

Instanz „nicht" alle Probleme lösen, dann war der Tod doch gleich zur Hand. Es ist so einfach, sich zu erschießen – warum hatte von Paulus das nicht getan statt sich dem Feind zu ergeben? Der Selbstmord ist nach Hitlers schwermütiger Philosophie sehr wohl ein probates Allheilmittel, die optimale Lösung, wenn man gescheitert ist...

All diese unbewußten Determinismen, bei denen nicht ein einziger fehlte, trieben ihr makaberes Spiel mit dem Führer, aber – und das war tragisch – er hat eben auch das geniale deutsche Volk mit sich gerissen, das für einen begrenzten Zeitraum in dieses unsinnige Schicksal getrieben wurde und seine Vernunft ausgeschaltet hat.

In seinem bedeutenden Buch *Der Hitler-Mythos* befaßt Ian Kershaw sich nicht in erster Linie mit Hitlers „eigentümlicher" Persönlichkeit, sondern verfolgt den propagandistischen Prozeß der Image-Bildung. Er untersucht, auf welche Weise der Hitler-Mythos seine „integrative Funktion" erfüllte, die für das Regime sehr wichtig war. Kershaw wollte herausfinden, auf welcher Grundlage dieser Mythos aufgebaut wurde und wie es gelungen ist, ihn aufrechtzuerhalten.

„Es gibt nicht den geringsten Zweifel daran", schreibt Kershaw, „daß der 'Hitler-Mythos' von einem Regime, dem die Notwendigkeit der Herstellung eines Konsenses klar war, als integrative Kraft bewußt konstruiert wurde. Hitler selbst widmete der Bildung seines öffentlichen Images bekanntermaßen größte Aufmerksamkeit."[279]

„Allerdings wurde zu Recht darauf hingewiesen, das 'heroische' Hitlerbild sei 'nicht nur den Massen aufgezwungen, sondern auch von ihnen mitgeschaffen worden.'"[280]

---

[279] Ian Kershaw, Der Hitler-Mythos: Führerkult und Volksmeinung, München 2003, S. 15
[280] ebd. S. 17

„Das rasche Ansteigen der Parteimitgliedschaft zwischen 1930 und 1933 bedeutete jedoch, daß eine ständig wachsende Zahl von Deutschen dem 'Führer-Mythos' zu erliegen begann."[281]

Der Hitler-Mythos wurde so stark, daß er schließlich sogar religiöse Züge annahm:

„Nun hat uns die Gottheit den Retter gesandt,

die Not hat ein Ende genommen,

Freude und Jubel im ganzen Land:

Der Frühling ist endlich gekommen."[282]

„Wenngleich solche Verse [...] kaum den Geschmack der Leute trafen, die keine hartgesottenen Nazis waren, lieferten die dramatischen Veränderungen, die sich Anfang 1933 in Deutschland vollzogen, der Propagandamaschinerie die Gelegenheit, sich voll und ganz auf Hitler zu konzentrieren, und zwar nicht als Parteiführer oder Staatschef, sondern als Angelpunkt der 'nationalen Wiedergeburt'." [283]

„Zwei Ereignisse im Sommer 1934 waren für die weitere Entwicklung des Führer-Images entscheidend: die Niederschlagung des 'Röhm-Putsches' und die Verschmelzung der Ämter des Reichskanzlers und des Reichspräsidenten nach Hindenburgs Tod am 2. August 1934."[284]

„Heute ist Hitler ganz Deutschland."[285]

„Hitler für Deutschland – ganz Deutschland für Hitler."[286]

---

[281] ebd. S. 47
[282] ebd. (zitiert nach W. Beuth), S. 73
[283] ebd. S. 73/74
[284] ebd. S. 89
[285] ebd. S. 90
[286] ebd. S. 90

„Hitler, dessen 'exzentrische' Arbeitsweise erheblich zum administrativen Chaos des Dritten Reiches beitrug", so Kershaw weiter, „wurde als jemand gezeichnet, der sich für sein Volk abmüht, während andere schlafen, unerschöpflich in seinem Arbeitseifer und seinem Streben."[287]

„Hitlers Unfähigkeit zu menschlicher Wärme, zu Freundschafts- und Liebesbeziehungen wurde von Goebbels zum persönlichen Opfer seiner erhabenen Position hochstilisiert. Er schloß seine Lobrede priestergleich:

'Dieses ganze Volk hängt ihm nicht nur mit Verehrung, sondern mit tiefer, herzlicher Liebe an, weil es das Gefühl hat, daß er zu ihm gehört, Fleisch aus seinem Fleische, und Geist aus seinem Geiste ist... Aus dem Volke ist er gekommen und im Volke ist er geblieben... Die Kleinsten nahen ihm mit freundlicher Zutraulichkeit, weil sie empfinden, daß er ihr Freund und Beschützer ist. Das ganze Volk aber liebt ihn, weil es sich in seiner Hand geborgen fühlt wie ein Kind im Arme der Mutter... Wie wir, die eng um ihn versammelt stehen, so sagt es zu dieser Stunde der letzte Mann im fernsten Dorf: «Was er war, das ist er, und was er ist, das soll er bleiben: Unser Hitler!»'

Dieser bemerkenswerte Diskurs – der die Wirklichkeit weniger verzerrte, als sie vollständig auf den Kopf stellte – war nicht nur eine Übung in Schmeichelei eines Menschen, dessen Macht vollständig von Hitler abhing, sondern auch ein Ausdruck von Goebbels' eigener Verehrung für Hitler."[288]

„Wann wurde Hitler selbst ein Opfer des 'Führer-Mythos'? Viele Indizien deuten darauf hin, daß Hitler in den enthusiastischen Wochen nach dem Rheinland-Triumph ein gläubiger Anhänger seines eigenen Mythos wurde. Die Vermutung wird durch die Erinnerungen einiger Zeitgenossen gestützt, die Hitler zu dieser

---

[287] ebd. S. 95
[288] ebd. S. 95

Zeit aus der Nähe beobachten konnten. [...] Neben diesen Quellen deutet auch die Sprache Hitlers öffentlicher Reden auf einen Wandel der Selbstwahrnehmung hin. Vor dem März 1936 sprach er von sich selbst selten in den pseudomystischen, 'messianischen', quasi-religiösen Wendungen, derer sich Goebbels und andere bedienten. Seit seiner Rede in München am 14. März 1936 jedoch, in der er behauptete, er gehe 'mit traumwandlerischer Sicherheit den Weg, den mich die Vorsehung gehen heißt', fehlte die mystische Beziehung zwischen ihm und der 'Vorsehung' selten in seinen wichtigen Reden; und die pseudoreligiöse Symbolik und Stilistik sowie der Glaube an die eigene Unfehlbarkeit wurden zum festen Bestandteil seiner Rhetorik. Stil und Inhalt seiner Reden [...] weisen eindeutig auf ein verändertes Selbstbild hin. Auf dem Reichsparteitag 1936 sprach er selbst von der mystischen Einheit zwischen sich und dem deutschen Volk: 'Das ist das Wunder unserer Zeit, daß ihr mich gefunden habt... unter so vielen Millionen! Und daß ich euch gefunden habe, das ist Deutschlands Glück!' Alles deutet darauf hin, daß das mehr als bloße Rhetorik war. Hitler selbst hatte sich zum 'Führer-Mythos' bekehrt, war ein 'Opfer' der nationalsozialistischen Propaganda geworden. [...] Als sicher dürfte jedoch gelten, daß der Tag, an dem Hitler an seinen eigenen 'Mythos' zu glauben begann, in gewisser Weise den Anfang vom Ende des Dritten Reiches markierte."[289]

„Bislang haben wir uns auf die allgemeine Entwicklung des 'Führer-Mythos' von seinen Ursprüngen bis ungefähr 1936 konzentriert, *als er unleugbar Hitlers Selbstüberschätzung seiner Macht und seinen Wahn der Unfehlbarkeit beflügelte.*"[290]

„Im Zentrum unserer Untersuchung steht dabei das bemerkenswerte Phänomen, daß Hitlers Popularitätszuwachs nicht nur nicht

---

[289] ebd. S. 105/106
[290] ebd. S. 108

von einer wachsenden Popularität der NSDAP begleitet wurde, sondern zum Teil sogar auf deren Kosten ging."[291]

„Nein, meine Herren. Der Führer ist die Partei und die Partei ist der Führer."[292]

[...] „Der Führer wurde [...] assoziiert mit den spektakulären außenpolitischen Erfolgen und der Feier dieser Triumphe, er repräsentierte sozusagen 'die Sonnenseite' des Regimes. Und es war für die Erhaltung des Führer-Mythos außerordentlich wichtig, daß die nationale Politik 'sonnig' blieb, wie seit den ersten Triumphen 1935/36 [...]."[293]

„Zur Zeit seiner letzten nationalen Triumphe in der Friedenszeit war das Hitler-Bild glanzvoller denn je, obwohl noch ein künftiges Attribut fehlte, das des genialen Feldherrn."[294]

„Aber trotz anfänglicher Erfolge im Rußlandfeldzug bedeuteten die militärischen Rückschläge des ersten Winters in Rußland für Hitler das Ende der Schönwetterperiode – die Zeit der leichten Triumphe, die die Basis des Führer-Mythos gebildet hatten, war vorbei. Dies war für Hitlers Popularität der Anfang vom Ende."[295]

„Seit dem Scheitern des Versuchs eines Blitzkrieges gegen die Sowjetunion und nach der Kriegserklärung der USA war es logischerweise sehr schwierig, irgend jemanden außer Hitler für die Verlängerung des Krieges verantwortlich zu machen. Es ist daher sinnvoll, zu untersuchen, warum der Hitler-Mythos angesichts dieser Sachlage nicht schneller zusammenbrach, als es offensichtlich der Fall war."[296]

---

[291] ebd. S. 108
[292] ebd. S. 107
[293] ebd. S. 111
[294] ebd. S. 133
[295] ebd. S. 206
[296] ebd. S. 210

„Auch hier war es der NS-Propaganda (dem genialen Goebbels!) weitgehend gelungen, großen Teilen der Bevölkerung Furcht vor dem einzuimpfen, was eine neue Niederlage mit sich bringen würde. Gewiß stellten sich viele vor, das Leben würde nach einer Niederlage weit schlimmer als unter dem NS-Regime sein […]."[297]

„Die außerordentliche Reihe seiner Erfolge war damit vorbei, und die Kette der Beweise für eine mutmaßliche Unfehlbarkeit schien zum ersten Mal beschädigt. Aber dies dämmerte der immer noch ungeheuer großen Zahl der Hitlergläubigen nur langsam."[298]

„Nach dem ersten Kriegswinter im Osten war Hitlers Popularität ungebrochen […] Da es keine neuen Triumphe mehr zu verkünden gab, tauchte er immer seltener in der Öffentlichkeit auf und hielt immer weniger Reden."[299]

Soweit die Schilderungen des berühmten Ian Kershaw, der sehr viel zum Verständnis Hitlers und seines Mythos beigetragen hat. Genau an diesem Punkt hat Hitler, dieser „eigentümliche" Mensch, also nicht mehr so viele Reden gehalten. Seine Karriere als Redner hatte in der zweiten Hälfte des Jahres 1919 begonnen, als ihm bewußt wurde, daß er „reden konnte". Wie wir gesehen haben, entwickelte sich diese Redekunst zu einem magischen Instrument, das ihn in seinem Größenwahn unterstützte, der angeboren war wie viele andere seiner Eigenschaften auch. Nun konnte er seine Überheblichkeit und sein übergroßes Ego mit einem Inhalt füllen.

Ich wiederhole, daß Hitler ohne diese rhetorische Begabung immer das geblieben wäre, was er in Wien und während der ersten Monate seines Aufenthaltes in München war: ein NICHTS.

Ein Faulpelz, der unweigerlich als Bettler enden mußte.

---

[297] ebd. S. 212
[298] ebd. S. 217
[299] ebd. S. 221

Doch seine Redekunst hat ihn gerettet, und sie kostete ihn keinerlei Mühe. Er mußte dafür nicht „arbeiten", was ihm verhaßt war. Schon als Kind sprudelten die Worte nur so aus ihm heraus, manisches Geschwätz, ohne Anstrengung. Er brauchte in den Cafés und Bierstuben nur die Zeitungen zu „studieren"…

Erstaunlich, aber wahr: Hitler hat nie etwas anderes gekonnt als reden!

Und diese negative Eigenschaft – denn es handelte sich nicht um gelehrte Rhetorik wie bei bedeutenden Politikern und berühmten Philosophen, die ihre Reden durch konsequentes Studium vorbereiten – verwandelte sich aufgrund der besonderen Umstände in Hitlers wichtigste Tugend! Oder, um es psychologisch exakt auszudrücken: durch sein rhetorisches Talent konnte Hitler einem charakterlichen Mangel Inhalt und Substanz verleihen, so daß er später, als Hitler Politiker war, zu einer bedeutenden Tugend wurde.

Als Kind galt er nämlich einfach als anmaßend und dreist: seine Überheblichkeit, sein Optimismus und sein Glaube an sich selbst, seine Selbstsicherheit und sein Gefühl, allmächtig zu sein, die jeder Grundlage entbehren – all dies waren eindeutige Symptome seiner manischen Erkrankung. Wenn er dann von seiner manischen Phase zur Depression wechselte, fing sein allmächtiges Ego an zu bröckeln oder fiel sogar ganz in sich zusammen. Das ging so weit, daß er nur noch sterben wollte.

Hitler ist mit diesem Gefühl, allmächtig zu sein, geboren. In der Grund- und später in der Realschule hatte er allerdings nicht die entsprechend guten Noten, um dieses Gefühl zu stützen. Er hatte seinen Größenwahn über die mütterliche Linie geerbt. Da seine Mutter Klara eindeutig melancholisch veranlagt war, brauchte er als Kind und auch als Jugendlicher eine Zuhörerschaft, die ihm das Gefühl gab, daß er besser war als die anderen. Er brauchte ein Publikum als Resonanzkasten, das ihm für seine überaus große

Bedeutung und sein umfangreiches Wissen Applaus spendete. Worin sein unschätzbarer Wert und seine umfassende Bildung bestand? Das wußte er nicht, aber nichtsdestotrotz fühlte er sich nach wie vor sehr bedeutend, als der Größte überhaupt. Er war jemand, der in die Geschichte eingehen würde – dabei konnte er nicht den geringsten persönlichen Wert nennen, der seine angebliche Überlegenheit konkret gerechtfertigt hätte. Da er von seiner psychischen Konstitution her ein Einzelgänger war, suchte er als Kind und Jugendlicher keine Freunde, sondern „Zuhörer". August Kubizek sollte ihm applaudieren, und dieser war naiv genug, um diesem Wunsch nachzukommen. Er spendete Hitler großzügigen Applaus, während andere Leute sich in Wien über seine angebliche Weisheit lustigmachten.

Kurz: Adolf Hitler war von Geburt an einfach ein Mensch, der „bedeutend" und „überlegen" war. Inwiefern? Das wußte er auch nicht. Vielleicht weil er ein großer Künstler war? Solange er nicht studierte oder sonst irgendwelche Anstrengungen unternahm, um dieser Behauptung eine stichhaltige Substanz zu verleihen, wohl eher nicht. Die Akademie der Schönen Künste in Wien hatte ihn ja nicht deswegen abgelehnt, weil er kein Talent gehabt hätte – er wäre vielleicht nicht der berühmteste Künstler der Geschichte geworden, wie er immer behauptete, *und das ist von entscheidender Bedeutung: er selbst war davon felsenfest überzeugt –*, sondern weil seine Faulheit ihn daran gehindert hat, sich entsprechend vorzubereiten. Oder etwa weil er ein begnadeter Architekt war? Auch nicht, aus denselben Gründen, aus denen er kein berühmter Maler geworden ist. Dennoch beharrte Hitler darauf, daß er ein bedeutender Mensch war. Er war seinen Lehrern und diesen erbärmlichen Mitgliedern der Akademie, die ihn abgelehnt hatten, einfach überlegen. Jawohl, er war „irgendwie" überlegen, das auf jeden Fall. Solange er nicht depressiv war – denn dann verwandelte sich das Überlegenheits- in ein Minderwertigkeitsgefühl, das Ego des Supermannes wurde zum Ego eines Liliputaners...

Wenn man Hitlers Reaktionen begreifen will, ist es von entscheidender Bedeutung, im Auge zu behalten, daß er sich bereits von Kindheit an immer dann für großartig, ja für den Größten überhaupt gehalten hat, wenn seine Gedanken unter dem Einfluß seiner manischen Stimmung standen. Das setzt sich in seiner Jugendzeit fort und bleibt auch später so. *In dieser Phase ist Hitler zutiefst von seiner Großartigkeit überzeugt* und sehr empfänglich für Lobeshymnen und Anerkennung von anderen. Früher waren es die bewundernden Worte des naiven und suggestiblen August Kubizek, der nicht mit Lob sparte und Hitler sogar für ein Genie hielt. *Und Hitler seinerseits ließ sich auch gern davon überzeugen – was noch wichtiger ist*! Für den Kliniker liegt darin nichts Geheimnisvolles: Hitlers Gefühl, er sei eine bedeutende Persönlichkeit, verwandelte oder steigerte sich im Feuer des unangemessenen Lobes zum Größenwahn. Aber – ich wiederhole – nicht auf eine oberflächliche Art und Weise oder im Sinne schlichter Eitelkeit, sondern weil Hitler anfällig war für den authentischen, pathologischen Größenwahn. *Hitler war aufgrund seiner psychischen Konstitution anfällig und ließ sich durch Applaus und Lob zum manischen Wahnsinn hinreißen.* Zu der felsenfesten Überzeugung, daß die Vorsehung ihn auserkoren hatte. Daß sein Charisma ihn zu einer Persönlichkeit machte, die bedeutender war als alle anderen Menschen dieser Welt – *dabei entbehrte diese Erhabenheit jeglicher stichhaltigen Grundlage...*

Was war dann wohl zu erwarten, wenn Hitler dem Applaus von Millionen Deutschen ausgesetzt war?

Es überrascht uns nicht, daß Hitler – wie berichtet wurde – mystische Anfälle hatte, in denen er sich mit der Vorsehung verbunden fühlte und „mit traumwandlerischer Sicherheit den Weg beschritt, den die Vorsehung mich gehen heißt", um die „Mission" zu erfüllen, die ihm immer schon anvertraut war. Hitler glaubte zutiefst und aufrichtig daran, daß er der Gesandte war, der Messias des deutschen Volkes – wenn nicht sogar der ganzen Welt. Der Führer, dem man blind und bedingungslos gehorchen mußte!

Doch ich erinnere daran, daß dies nicht erst nach seinen „trügerischen" diplomatischen Siegen zwischen 1935 und 1936 der Fall war, die die Deutschen so verblüfft haben. All diese waghalsigen Unternehmungen, wie die Wiederbesetzung des Rheinlandes, die Annexion Österreichs und der Einmarsch in die Tschechoslowakei. Die westlichen Mächte schlossen halb die Augen und ließen Hitler erst einmal gewähren, weil die Deutschen ihnen mit ihrer fortschrittlichen Technologie militärisch drei Jahre voraus waren. „Blendende" Schachzüge, die selbst von Experten als brillant bezeichnet wurden. Von einem „politischen Genie" war die Rede... Die Wahrheit sah jedoch anders aus: wäre Hitler tatsächlich ein Staatsmann gewesen, ein politischer Realist, dann hätte er sich nicht auf diese manische Karriere gestürzt, um mit Gewalt den Applaus der Welt zu erzwingen, nach dem er sich immer gesehnt hatte. Eine zügellose Karriere, die – nachdem sie einmal ihre eigene unheilvolle Dynamik erreicht hatte –, nicht mehr aufzuhalten war, bis sie schließlich in den Zweiten Weltkrieg mündete. Wäre Hitler ein echter Staatsmann gewesen, der seine Weisheit dadurch erworben hatte, daß er nächtelang die Wahrheiten gelehrter Bücher studiert hatte, hätte er vorausgesehen, daß von dem Augenblick an, da die alliierten Mächte aktiv geworden waren, jeder weitere Erfolg sich in eine Katastrophe verwandeln würde. Deshalb trieb Hitler – und damit Deutschland, auf das es hier vor allem ankommt – von Erfolg zu Erfolg weiter auf den Abgrund zu. Das soll große Politik sein? Nein – das war Größenwahn! Und der bezog sich, wie gesagt, nicht nur auf die manischen Triumphe der Jahre 1933, 1936 und 1939. Das gilt auch für Hitlers Jugendzeit, als er bei der Wagner-Oper *Rienzi* in Ekstase geriet und sich für die Heldenfigur des Werkes hielt, wie Kubizek erzählte, der diesen Zustand geistiger Entrückung miterlebt hat...

Und es gilt für die Situation, als die Mitglieder der Deutschen Arbeiterpartei ihn verehrten und zum Parteivorsitzenden ernannten, worauf er sofort Forderungen eines allmächtigen Wesens geltend machte: er beanspruchte die alleinige Machtposition eines Diktators und einen fast religiösen Gehorsam gegenüber allen Anordnungen, die er als charismatische Persönlichkeit erteilte. *Dabei hatte er gar nichts vorzuweisen*, nur seine rhetorische Begabung.

Von dem Moment an, als sein angeborener Größenwahn von der Erfahrung gestützt wurde, daß er reden konnte – das war praktisch der Augenblick seiner „ersten" Machtergreifung, als er zum Führer der bescheidenen Deutschen Arbeiterpartei wurde –, war er davon überzeugt, daß er zu einer politischen Persönlichkeit geworden war, auf die man nicht mehr verzichten konnte.

War Hitler bis dahin „der Größte" gewesen, so hatte er jetzt, da er um seine rhetorische Begabung wußte, ein Instrument in der Hand, mit dem er anderen seine Größe aufzwingen konnte, an die er in einem Crescendo – das nur durch seine depressiven Phasen unterbrochen wurde – immer stärker glaubte. *Er war überzeugt von seinem „Mythos", daß die Vorsehung ihn mit absoluter Sicherheit führte.* Leider führte ihn sein manischer Optimismus auch in den Krieg – er war sich sicher, daß niemand es wagen würde, ihn bei seinen „Blitzkriegen" aufzuhalten. Sein Einmarsch in Frankreich schien das zunächst auch zu bestätigen. Wir können mit Sicherheit davon ausgehen, daß Hitlers frenetische Kriegstreiberei –die zusätzlich von seiner barbarischen Mentalität angestachelt wurde – durch seine unkontrollierbare manische Wahnvorstellung bedingt war, daß er allmächtig sei. Erst als General von Paulus mit seinen 90.000 Soldaten der VI. deutschen Kampftruppe vor Stalin kapituliert hatte – wofür Hitler ihm bittere Vorwürfe machte („Der Mann (Paulus) hätte sich erschießen sollen […]")[300] – erhielt Hitlers Manie ihren ersten Dämpfer.

---

[300] Alan Bullock, Hitler: eine Studie über Tyrannei, S. 678

Jetzt, da Hitlers trügerische „leichte Siege" vorüber sind, mit deren Hilfe Joseph Goebbels – dieser andere Genius des Bösen – eine verlogene, aber sehr wirkungsvolle Propaganda durchgezogen hat, in der er Adolf Hitler in den Himmel lobte und in das Bewußtsein und Unterbewußtsein des deutschen Volkes eindrang, wobei er den Deutschen suggerierte, der Führer sei von der göttlichen Vorsehung gesandt worden, um sie von ihrer Armut und ihrer Demütigung zu erlösen – jetzt, nachdem die Tatsachen ergeben haben, daß Hitler weiter nichts war als ein manischer, eingebildeter Taugenichts, der sich einzig und allein auf seine Redekunst stützen konnte – jetzt verstummt er, tritt nicht mehr in der Öffentlichkeit auf und hält auch keine Reden mehr...

Zusammenfassend kann man also sagen: wenn Hitlers angeborene Grandiosität, seine vermeintliche Selbstsicherheit – die häufig durch seine immer wieder auftretenden depressiven Phasen zerstört wurde –, seine Arroganz gegenüber anderen und sein aufgeblasenes Ego keine weitere reale Grundlage hatten als die rhetorische Begabung (sowohl das Gefühl der Grandiosität, als auch die rhetorische Begabung sind auf Hitlers pathologische Veranlagung zurückzuführen; denn seine Redekunst war am Anfang reine Geschwätzigkeit und Logorrhö, erst später hat sie sich zur demagogischen Rhetorik eines echten Redners entwickelt, wenn auch nicht zu der eines gebildeten...), dann *kehrt Hitler in dem Augenblick, wo er „immer weniger Reden hielt" in das Nichts zurück, aus dem er gekommen war...*

Die letzten Worte dieser Abhandlung möchte ich dem bedeutenden Werk von Ian Kershaw *Der Hitler-Mythos* entnehmen, aus dem ich im Zusammenhang mit Kershaws aktueller und sehr umfangreichen zweibändigen Hitler-Biographie wertvolle Kenntnisse über die Handlungen dieses Mannes gewonnen habe. Meine Aufgabe bestand lediglich darin, aufzudecken, *warum* Hitler sich so verhalten hat.

„Die Kluft zwischen der fiktiven Gestalt, die durch Propaganda auf der Grundlage bereits bestehender 'heroischer' Führungsideale geschaffen wurde, und dem wirklichen Hitler ist auffallend.", bemerkt Kershaw sehr zutreffend.[301]

„Und der frühere Chef der Hitlerjugend, Baldur von Schirach", fährt Kershaw fort, „der selbst in Nürnberg an seiner naiven Bindung an Hitler festhielt, schrieb in seinen Erinnerungen immerhin selbstkritisch: 'Diese grenzenlose, fast religiöse Verehrung, zu der ich ebenso beigetragen habe wie…zahllose andere[302], hat in Hitler selbst den Glauben gefestigt, daß er mit der Vorsehung im Bunde sei.'"[303]

„Diese Autobiographien machen ganz deutlich, daß Hitlers eigene Person zunehmend nicht mehr vom Führer-Mythos zu trennen war. […] *Hitler mußte mehr und mehr das konstruierte Image von Allmacht und Allwissenheit 'ausleben'*. Und je mehr er der Verlockung des Führer-Kultes um seine eigene Person nachgab und an seinen eigenen Mythos glaubte, umso mehr wurde sein Urteil durch den Glauben an seine eigene 'Unfehlbarkeit' geprägt. Dadurch verlor er seine Fähigkeit zur Einschätzung dessen, was allein durch seine Willenskraft erreicht werden konnte und was nicht. *Hitlers Fähigkeit zur Selbsttäuschung war seit Mitte der 1920er Jahre, wenn nicht schon früher, hoch entwickelt* und von entscheidender Bedeutung dafür, innerhalb seiner unmittelbaren Umgebung die Überzeugung von der Größe seines Auftrages und der Richtigkeit seines Weges zu dessen Verwirklichung durchzusetzen. Aber nachdem sein Erfolg innerhalb der Bewegung, innerhalb Deutschlands und auf der internationalen Bühne so lange gewachsen war, bis er keine Grenzen mehr

---

[301] ebd. S. 308

[302] Goebbels, Göring, Heß, Ley… steht ergänzend in der spanischen Ausgabe; Ian Kershaw, El mito de Hitler, Barcelona 2003, S. 338 (Anm. d. Übersetzerin)

[303] Ian Kershaw, Der Hitler-Mythos: Führerkult und Volksmeinung, München 2003, S. 321

kannte, steigerte sich die Selbsttäuschung des aus 'Überzeugung' handelnden Ideologen bis zu dem Punkt, da sie letztendlich alle Restbestände des berechnenden und opportunistischen Politikers aufzehrte *und nur einen unersättlichen Zerstörungsdrang übrigließ. Und am Ende stand dann die Selbstzerstörung.*"[304]

Das Schlußwort entnehme ich einem Brief, den General Erich Ludendorff am 31. Januar 1933 an Generalfeldmarschall von Hindenburg richtete, seinen Kriegskameraden aus dem Ersten Weltkrieg, mit dem er gemeinsam das deutsche Heer angeführt hatte. Der Brief wurde einen Tag nach der Ernennung Adolf Hitlers zum Reichskanzler verfaßt – einer Entscheidung von unglaublicher Unvernunft, die vielleicht der Altersschwäche des 84-jährigen Hindenburg zuzuschreiben ist. Desselben Hitler, den General Ludendorff aus nächster Nähe kennengelernt hatte, und zwar zuerst als Gefreiten des Regiments List. Im November 1923 hat er ihn dann, ebenso leichtfertig, bei seinem aberwitzigen Staatsstreich begleitet. Feststeht jedenfalls, daß Ludendorff Hitlers Niedertracht und seine Geistesstörung erkannt hat. Deshalb hat seine Nachricht an Hindenburg die Kraft einer echten Prophezeiung. Eine Prophezeiung, die leider auch nicht dazu verhalf „die Bestie in den Käfig zu sperren"…

Ludendorff schreibt an Hindenburg:

„Sie haben [...] unser heiliges deutsches Vaterland einem der größten Demagogen aller Zeiten ausgeliefert. [...] Ich prophezeie Ihnen feierlich, daß dieser unselige Mann unser Reich in den Abgrund stürzen und unsere Nation in unfaßbares Elend bringen wird. Kommende Geschlechter werden Sie wegen dieser Handlung in Ihrem Grabe verfluchen."[305]

---

[304] ebd. S. 321/322
[305] Ian Kershaw, Hitler 1889-1936, Stuttgart 1998, S. 527

Literaturverzeichnis

Bullock, Alan: *Hitler. Eine Studie über Tyrannei,* Düsseldorf 1969

   ders.: *Hitler und Stalin: parallele Leben,* Berlin 1991

Bussagli, Mario: *Atila,* Madrid 1988

Capra, Fritjof: *La trama de la vida,* Barcelona 1998

Cartier, Raymond: *Hitler, al asalto del poder,* Bogotá 1976

Castillo, Silva: *Nómadas y Pueblos Sedentarios,* hrsg. v. Colegio de México, México 1982

Castro, Fernández u. María Cruz: *La Prehistoria de la Península Ibérica,* Barcelona 1995

Changeux, Jean-Pierre: *Der neuronale Mensch,* Hamburg 1984

Dobzhansky, Theodosius: *Evolución,* Barcelona 1980

Ey, Henri: *Tratado de Psiquiatría,* Barcelona 1969

Gellately, Robert: *Hingeschaut und weggesehen: Hitler und sein Volk,* Bonn 2003

Griffiths, Anthony u.a.: *Genética,* Madrid 1995

Grousset, René: *El Imperio de las Estepas, Atila, Geugiskan, Tamerlán,* Madrid 1991

Haffner, Sebastian: *Germany: Jekyll & Hyde,* München 2001

Hawkes, Jacqueta: *Historia de la Humanidad,* bajo el patrocinio de la UNESCO, vol. 1: *Prehistoria,* Barcelona 1982

Heiber, Helmut: *Hitler. Habla el Führer,* Barcelona 1973

   ders.: *Hitlers Lagebesprechungen,* Stuttgart 1962

Hitler, Adolf: *Conversaciones sobre la Guerra y la Paz,* Bogotá 2002

   ders.: *Mein Kampf,* München 1943

   ders.: *Mi lucha,* Barcelona 1995

Huntington, Samuel: *El Choque de Civilizaciones,* Barcelona 1997

Kandel, Eric R. u. a.: *Neurociencia,* Madrid 1998

Kaplan, Harold: *Klinische Psychiatrie,* Göttingen 2000

Kershaw, Ian: *Der Hitler-Mythos: Führerkult und Volksmeinung,* München 2003

   ders.: *El Mito de Hitler,* Barcelona 2003

   ders.: *Hitler, 1889-1936,* Stuttgart 1998

   ders.: *Hitler, 1889-1936,* Barcelona 2000

   ders.: *Hitler, 1936-1945,* München 2002

Kolb, Bryan: *Neuropsicología Humana,* Barcelona 1986

Kramer, Samuel Noah: *La Historia empieza en Sumer,* Barcelona 1956

Kubizek, August: *Adolf Hitler, mein Jugendfreund,* Graz 1975

Langer, Walter C.: *Das Adolf-Hitler-Psychogramm,* Wien 1973

Lewontin, Richard: *La Diversidad Humana,* Barcelona 1984

Liaño, Hugo: *Cerebro de Hombre, Cerebro de Mujer,* Barcelona 1998

Libro pardo: *Criminales Nazis y de guerra en Alemania Occidental,* hrsg. vom Nationalrat der Nationalen Front des demokratischen Deutschland, Dokumentationszentrum der Staatlichen Archivverwaltung der DDR, Dresden: Zeit im Bild o.J.

Maser, Werner: *Adolf Hitler,* München 1972

Mellaart, James: *Catal Hüyük: Stadt aus der Steinzeit,* Bergisch Gladbach 1973

Ménetrier, Jacques: *Origines de l'occident* (nomades et sédentaires), Paris 1973

Montoya de la Rica, Eduardo: *Adolf Hitler,* Madrid 2004

Neumann, Franz: *Behemoth: Struktur und Praxis des Nationalsozialismus 1933-1944,* Frankfurt 1998

Neumann, Robert: *Hitler: Cenit y Ocaso del Tercer Reich* (= Documentos gráficos), México 1962

Pinel, John P. J: *Biopsicología,* Madrid 2003

Porot, Antoine: *Diccionario de Psiquiatría,* 2 vol., Barcelona 1977

Prawdin, Michael: *Gengiskan,* Barcelona 1986

Rees, Laurence: *Auschwitz,* Berlin 2005

ders.: *Auschwitz,* Barcelona 2005

Rodríguez, Pepe: *Dios nació Mujer,* Barcelona 1999

Sadler, T. W.: *Embriología Médica,* Buenos Aires 1986

Sanmartín, José: *El Laberinto de la Violencia,* Barcelona 2004

Sombart, Werner: *Der Bourgeois,* Hamburg 1988

Steinert, Marlis: *Hitler,* München 1994

Stringer, Christopher u. Clive Gamble: *En Busca de los Neandertales,* Barcelona 1994

Torres, Mauro: *América Latina Dos Veces Herida en sus Orígenes,* Bogotá 2001

    ders.: *Compulsión, Prevención y Tratamiento,* Bogotá 1988

    ders.: *Compulsión y Crímen,* Bogotá 2005

    ders.: *Concepción Moderna de la Historia Universal,* Bogotá 1997

    ders.: *Das Genie und die moderne Psychologie,* Baden-Baden 2005

    ders.: *Dostoyevski, Genio Compulsivo,* Bogotá 1981

    ders.: *El Cerebro Mestizo de la Humanidad,* Bogotá 1998

    ders.: *El Delincuente Compulsivo,* Bogotá 1988

    ders.: *El Incesto y los Genes,* Bogotá 1997

    ders.: *Evolución y Compulsión,* Bogotá 1989

    ders.: *La Desviación Compulsiva de la Evolución del Comportamiento de la Especie Humana,* Madrid 2005

    ders.: *La Tercera Mentalidad o Teoría de las Grandes Compulsiones,* Bogotá 1987

    ders.: *Los Flagelos Psicológicos del Nuevo Milenio: las Compulsiones,* Bogotá 2000

    ders.: *Origen Evolutivo e Histórico del Crimen,* Bogotá 1998

Toynbee, Arnold: *La Europa de Hitler,* Madrid 1985

Twis, Miranda: *Los más Malos de la Historia,* Madrid 2003

Uribe Uribe, Vicente: *El Prodigio de la Evolución,* Bogotá 2001

Weiterhin lieferbar ist im
Deutschen Wissenschafts-Verlag (DWV)
das Buch des Autors:

Mauro Torres: Das Genie und die moderne Psychologie
Aus dem Spanischen übersetzt von Jutta Deutmarg
Baden-Baden: Deutscher Wissenschafts-Verlag 2005
1. Aufl., 261 S., Broschur
Euro 37,90; SFr 61,80
ISBN-13: 978-3-935176-33-0   ISBN-10: 3-935176-33-3

Das Genie ist nicht aus sich selbst heraus zu erklären, sondern steht in Bezug zum Menschen als schöpferisches Wesen, wofür Mauro Torres in dem Buch ‚Das Genie und die moderne Psychologie' den Nachweis erbringt. In diesem Sinne ist das Genie aus einer evolutionstheoretischen Sichtweise zu verstehen. Das von jeher herrschende Interesse daran, die Natur des Genies zu begreifen, hat in jüngster Zeit eine Neubelebung erfahren. Die wissenschaftlichen Erkenntnisse in der Evolutionstheorie und bezüglich der mentalen Gehirnstrukturen sowie das moderne Verständnis vom Träumen und vom Unterbewußtsein, das über die alte freudsche Betrachtungsweise hinausgeht, ermöglichen ein neues und eigenständiges Verständnis. Aus diesen Gründen unterscheidet sich Torres' Ansatz zum Thema des menschlichen Genies grundlegend von den Veröffentlichungen der letzten Jahre.

The genius and modern psychology
Persons gifted with phenomenal brilliance are essential for the evolution of the human race. Without them, it would have not been possible to overcome critical moments our species has been through, and every civilization in particular. Without them, there would be no new ideas or originality, science, art or discoveries. How do they do it? How does their brain work to accomplish such prodigies? Where do these extraordinary beings that create the unexpected and announce the coming of new cultural eras come from? Do geniuses come from a hereditary law, or as the result of chance in the intrinsic formation of the brain with its infinite net of hundreds of thousands of millions of neurons? Is there a relationship between the creativity of a genius and the creator dreams; and therefore, is there a mental relationship between geniuses and the rest of the human beings? In order to answer these types of questions, the author of this fascinating book, Dr. Mauro Torres, has come up with a true renovation of the mind science, because it's only through a modern psychology that the enigmas of the genius can be found, by founding an evolutionary conception of creativity in the course of the human brain's development in the history of mankind, renewing the sense of unconscious and the dynamic of both brain hemispheres with lateral functions.

The result of this process is an original response to the mystery of geniuses.